中国国际
战略评论
2018（下）

CHINA INTERNATIONAL
STRATEGY REVIEW

世界知识出版社

卷 首 语

《中国国际战略评论》的编辑单位是北京大学国际战略研究院（网站 www.iiss.pku.edu.cn），中文版出版单位是世界知识出版社。自2008年创刊以来，我们一直以年度报告的形式，跟踪、分析、评论国际战略形势发生的重大变化。现在献给读者的是第12个报告。在中国外文出版发行事业局和外文出版社的支持下，自2012年开始，《中国国际战略评论》还出版英文版（China International Strategy Review），为海外读者了解我们的观点和研究现状打开了一个窗口。可喜的是，《评论》中英文版都获得了读者一定的认可度，使我们有信心将这个中英双语的系列报告办得更好。

本卷付梓之前的几个月内，世界政治中发生了许多引人注目的事件。在网络时代，信息传递几乎达到了全世界同步，而各国政治变化和国际关系的调整速度也前所未有，"黑天鹅"事件越来越多，令人应接不暇。一方面，我们这个系列报告需要及时跟踪和评论国际政治的变化；另一方面，我们又希望发表的评论文章具有一定的深度和广度，经得起一段时间的考验。

为了更加及时地反映国际形势的变化，我们决定从2018年起，以半年刊的形式呈现给读者，即每年上半年和下半年各出版一本《中国国际战略评论》。本卷《评论》收入的18篇文章和报道，以主题文章为依托，增添了书评专栏，刊载了中国、俄罗斯、法国、美国等国家和地区专家学者的评论，内容涵盖了当前国际上普遍关注的重大现实问题和中国对外关系问题。

我们认真编写这个系列报告，志在广开言路，为战略研究提供更丰富的观点、更深刻的分析。期待读者继续给予支持和指正。

王缉思
2019年1月7日

目 录

专题：新时期的中美关系*

* 冰冻三尺，非一日之寒：对近十年来中美关系的回溯与分析 ———— 1
  胡 然　赵建伟　王缉思

* 世界秩序的变局与中美关系的范式性转折 ———— 29
  达 巍

* 战略竞争时代的中美"贸易战" ———— 39
  李 巍　张玉环

* 寻找竞合状态下的最大公约数：中美科技关系展望 ———— 52
  赵 刚

* 蔡英文上台以后的两岸关系 ———— 61
  节大磊

关于南海国际舆论战及其主要特征分析 ———— 73
　张海文　田秋宝

中国参与全球海洋治理的态势分析与思维路径
罗　刚 106

市场化手段：中国海外安全利益及风险管控的发展方向
温金荣　马鲁平 116

从阿富汗到叙利亚：中国应对恐怖风险的对策
[法] 杜懋之 137

朝核问题与美韩同盟的未来
孙　茹 150

美国宣布退出《巴黎协定》对全球气候治理制度与结构的影响
张海滨　戴瀚程　王彬彬　陈婧嫣 162

美国恢复制裁与伊核协议前途探析
马晓霖 171

美国伊朗政策的特朗普转弯：理解其动因及战略后果
[美] 弗林特·莱弗里特　[美] 希拉里·莱弗里特 185

美国的中亚政策：反俄与反华倾向
[俄] 伊·阿·萨弗兰丘克 199

修正主义视角下的土耳其与美国战略伙伴关系前景探析
唐志超 205

高超音速飞行器及其战略影响
贾子方 216

区域研究、政策研究与战略研究的交叉范本
　　——评弗雷德里克·斯塔尔等《丝绸之路上的长博弈》　229
康　杰

"自由霸权主义"为何注定失败
　　——简评米尔斯海默《大妄想：自由主义理想与国际现实》　237
李　卓

专题：新时期的中美关系

冰冻三尺，非一日之寒：
对近十年来中美关系的回溯与分析

胡 然 赵建伟 王缉思

内容提要：在2009年至2018年的十年里，中美关系虽然保持了基本稳定，但出现了逐渐下滑的明显趋势。时至2018年底，中美关系落入了40年来罕见的低潮。"冰冻三尺，非一日之寒"。本文将过去的十年划分为三个阶段，追溯了各个阶段里中美关系的战略定位、安全和军事关系、经贸关系、政治互动与人文交流。在历史事实的基础上，本文分析了中美关系滑坡的原因，指出两国在国际竞争、经济利益、意识形态等方面的结构性矛盾还处在深化、激化的过程中。在目前情况下，能够争取到的中美关系最佳前景，是中国人所主张的"斗而不破"。

关键词：中美关系 战略互疑 美国政治 内政与外交

中美两国于1979年正式建交。其后的前30年，双边关系经历过许多次跌宕起伏。1989年春夏之交北京的政治风波、1995年台湾地区领导人李登辉访问美国、1999年北约飞机轰炸中国驻南斯拉夫使馆、2001年中美两国军用飞机在海南岛附近上空相撞，分别引发过双边关系的四次严重危机，但危机之后不久便基本恢复常态。2003年前后，中美在国际反恐斗争和朝鲜半岛无核化等问题上加深合作，两国高级官员分别表示双边关系"处于历史上的最好时期"。2008年，美国总统乔治·沃克·布什（George Walker Bush）和他的父亲、前总统老布什等一家11人参加了北京奥运会，显示了中美关系的良好气氛和稳定状态。在这30年

胡然 北京大学国际战略研究院"亚太共同体倡议中美合作研究项目"中方项目主任；赵建伟 北京大学国际战略研究院研究助理；王缉思 北京大学国际关系学院教授、国际战略研究院院长。

里，中美关系给人们的总体印象是"好也好不到哪去，坏也坏不到哪去"。

在2009—2018年的十年里，中美关系虽然保持了基本稳定，但出现了逐渐下滑的明显趋势。双边关系的战略定位从"合作与竞争并存"向"战略竞争为主"转变。安全与外交关系从"斗而不破"转向更大范围的战略博弈，经贸关系从相互依赖的"压舱石"变成了摩擦焦点，原本日益深化的人文交流向相互排斥、缩小规模的方向转变。在本文截稿的2018年年底，很少有观察者对双边关系的良性发展（或者"坏也坏不到哪去"）抱有信心。许多关心中美关系的人士都表示忧心忡忡，担心两国进入长期对抗。本文将十年来的中美关系分为三个阶段进行回溯，在每个阶段分别描述"国家关系的战略定位""安全与军事关系""经贸关系""政治互动与人文交流"四个方面关系的变化，在此基础上探讨导致双边关系下滑的背景和原因。

一、2009年至2012年：战略互疑加深

这一阶段是贝拉克·奥巴马（Barack Obama）总统的第一任期，其间胡锦涛担任中国最高领导人，两位元首互动频繁。奥巴马提出的对外关系指导思想是"不干蠢事"（Don't do stupid stuff），宗旨是不轻易发动对外军事干涉，尽力维护大国关系的稳定。中国则针对中美关系提出建立"新型大国关系"的原则。然而随着中国国力的持续上升，双方在各个领域的矛盾也日益突出起来。

（一）国家关系的战略定位

2009年的中美关系开局良好，时任中国国家主席胡锦涛和美国总统奥巴马4月首次会晤时，明确了"共同努力建设21世纪积极合作全面的中美关系"的新定位，同意建立战略与经济对话新机制。"中美国"（Chimerica）[1] 和"两国集团"（G2）[2] 概念被政策研究者和媒体热议，[3] 但两国官方都未予以认可。

2009年11月14日，奥巴马在东京演讲说："美国不会寻求遏制中国，与中国

---

1 Niall Ferguson and Moritz Schularick, "'Chimeric' and the Global Asset Market Boom", *International Finance*, Vol. 10, No. 3, December 2007, pp.215-239.

2 C. Fred Bergsten, "A Partnership of Equals: How Washington Should Respond to China's Economic Challenge", *Foreign Affairs*, July/August 2008, https://www.foreignaffairs.com/articles/asia/2008-06-01/partnership-equals, 2018年10月10日登录。

3 2009年初，前美国国家安全事务顾问布热津斯基建议，中美之间建设性的相互依存是全球政治和经济稳定的重要根源，现在需全力推进一种非正式的"两国集团"。见 James Jay Carafano, "Why a US-China 'G2' Won't Work: A Failed Idea is Making a Comeback", *The National Interest*, January 6, 2014, https://nationalinterest.org/commentary/why-us-chinese-g-2-wont-work-9653, 2018年10月10日登录。

深化关系也不意味着削弱我们与其他国家的双边联盟。相反,一个强大、繁荣的中国的崛起可以加强国际社会的力量。"[1] 11月15日至18日,奥巴马首次访问中国,两国元首重申"致力于建设21世纪积极合作全面的中美关系,并将采取切实行动稳步建立应对共同挑战的伙伴关系"。

但是,奥巴马首次访华的经历,在美国媒体和总统团队看来并不顺利和愉快。据说奥巴马在中国的公关活动受到中方限制,美国媒体将奥巴马对华的友好接触态度视为对中国的软弱和妥协。在此次访问后,奥巴马及其外交政策团队受挫于国内舆论,决定以更加强势的方式表达美国对华政策。[2]

在此背景下,2010年年初,美国宣布新的对台湾地区军售、[3]谷歌事件、[4]奥巴马会见达赖喇嘛、[5]中美经贸摩擦等问题相继发生,形成自2001年南海撞机事件之后中美关系最严峻的形势。从2010年下半年开始,奥巴马政府的对华政策基调有明显转变,从积极推进双边关系以换取中国在诸多美国关注议题上的合作,转变成重新回归对华"两面下注"的战略。

当美国对华政策怀疑中国的战略意图、中国国内部分媒体渲染解决领土争端和国家统一问题"必有一战"之时,中国外交决策机构及时发现了问题,再次强调中国走和平发展道路的决心。2010年12月,国务委员戴秉国发表了题为《坚持走和平发展道路》的文章,引起世界舆论和美方的积极反应。戴秉国指出:"说中国要取代美国、称霸世界,那是神话。"[6] 2011年9月,中国国务院新闻办公室发表《中国的和平发展》白皮书,强调"中国和平发展的不懈追求是,对内求发展、求和谐,对外求合作、求和平。"[7]但是,这部白皮书几乎没有引起国内外舆论的注意。

---

[1] President Barak Obama, "In Tokyo, Our Common Future", The White House, November 14, 2009, https://obamawhitehouse.archives.gov/blog/2009/11/14/tokyo-our-common-future; 中文译文网址:https://obamawhitehouse.archives.gov/files/documents/2009/november/president-obama-remarks-suntory-hall-chinese.pdf, 2018年10月10日登录。

[2] Jeffery A. Bader, *Obama and China's Rise: An Insider's Account of America's Asia Strategy*, Washington DC: Brookings Institution Press, 2012, pp.57-61.

[3] 2010年1月30日奥巴马政府公布了总额为63.9亿美元的对台(湾地区)军售计划,引发中方再次冻结与美国的绝大多数军事交流。

[4] 2010年初,谷歌公司公开批评中国对其在中国境内的业务进行所谓"官方干涉";同月,美国国务卿希拉里·克林顿要求中国停止网络审查行为,引起了中方的强烈回应。中方怀疑谷歌的行为背后得到美国政府的支持。

[5] 中方认为2008年3月拉萨暴乱事件是美国长期支持海外"藏独"分子的结果。奥巴马于2010年2月在白宫地图室会见达赖喇嘛,引起了中方的激烈批评。

[6] 戴秉国:《坚持走和平发展道路》,中国新闻网,http://www.chinanews.com/gn/2010/12-07/2704984.shtml, 2018年10月10日登录。美国前国务卿基辛格在2011年出版的《论中国》一书中,大段引用了戴秉国在这篇中的观点,见亨利·基辛格:《论中国》,北京:中信出版社,2012年版,第496—501页。

[7] 中华人民共和国国务院新闻办公室:《中国的和平发展》,2011年9月,http://www.gov.cn/jrzg/2011-09/06/content_1941204.htm, 2018年10月10日登录。

2011年1月胡锦涛主席访美，双边关系再次回暖。两国元首发表《中美联合声明》，表示"中美致力于共同努力建设相互尊重、互利共赢的合作伙伴关系，以推动两国共同利益，应对21世纪的机遇和挑战"。[1] 2011年5月，第三轮中美战略与经济对话促成了双方签署"中美全面经济合作框架协议"，并首次纳入中美战略安全对话。

然而，美国在2011年却着力加强同中国周边各国的政治、经济和军事关系。围绕南海问题的冲突一度使海上安全成为双边关系中的首要问题。奥巴马政府发表的关于美国战略重心重新转移至亚洲的言论，引起了中国官方的关切和不满。

2012年2月，时任国家副主席习近平访美前夕提出"努力把两国合作伙伴关系塑造成21世纪的新型大国关系"的设想。6月，胡锦涛主席就中美发展新型大国关系向奥巴马总统提出了建议，奥巴马表示愿意同中方探索构建新型大国关系。

2012年3月，北京大学国际关系学院院长王缉思和布鲁金斯学会约翰·桑顿中国中心主任李侃如（Kenneth G. Lieberthal）发表共同研究报告《中美战略互疑：解析与应对》，指出两国间的战略互疑日趋严重，建议两国采取行动，增进战略互信。[2] 2012年8月，哈佛大学教授格雷厄姆·艾利森（Graham Allison）以"修昔底德陷阱"（Thucydides's Trap）一词比喻中美对抗的潜在危险。[3] 这两篇文章都引发了两国政策分析人士的关注和舆论的注意。

（二）安全与军事关系

2009年至2012年，中美安全与军事关系起伏不定。两国都加强了在亚太海域的军事活动和军力部署，双边军事沟通由于美国对台湾地区军售和海上安全摩擦事件而时断时续，相互安全疑虑逐步加深。美国认为中国在南海、东海主权争端中越来越强势，担心中国海军的活动和综合军力增长会挑战美国的安全利益；中国则认为美国有意利用中国与周边国家的主权争端，以"维护自由航行"或保护盟国安全的名义，联合周边国家牵制中国。

在奥巴马第一任期，中美为实现朝鲜半岛无核化保持了合作态势。然而2010年3月发生的"天安舰事件"和11月发生的"延坪岛炮击事件"导致朝鲜和韩国的关系重回冰点。美韩强化双边同盟及在黄海的敏感区域举行的联合军演，

---

1 《中美联合声明》，中华人民共和国驻美利坚合众国大使馆网站，2011年1月19日，http://www.china-embassy.org/chn/zmgx/zywj/lhsm3/t950771.htm，2018年10月10日登录。

2 Kenneth Lieberthal and Wang Jisi, *Addressing U.S.-China Strategic Distrust*, Brookings Institution, March 2012.

3 Graham Allison, "Thucydides's Trap Has Been Sprung in the Pacific", *Financial Times*, August 22, 2012, https://www.ft.com/content/5d695b5a-ead3-11e1-984b-00144feab49a，2018年10月11日登录。

及美方在朝核问题上对中国的施压导致中美安全关系深受影响，中美彼此间的不信任更加恶化。2010年5月，韩国明确认定当年3月是朝鲜鱼雷击沉了韩国的"天安"号军舰，对朝鲜实行制裁。解决朝核问题上的挫败以及朝韩冲突不断，致使朝鲜半岛安全局势紧张，中美两国对此反应截然不同。再加上美韩在黄海敏感区域军事演习，加剧了中美安全关系紧张和互不信任，致使努力让朝鲜重返朝核"六方会谈"的外交努力效果甚微。

2009年前后，美国日益担心中国在亚太地区对美国构成安全威胁，于是对军事规划、作战理念、兵力部署等进行调整。2009年至2012年，美军酝酿并提出针对中国"反介入/区域拒止"[1]能力的"空海一体战"和"联合介入作战"概念。美国国防部在全球战略收缩的态势中，仍然决定在2020年前将60%的海空力量部署在亚太，[2]并强化在亚太地区的"双边安全联盟"，推动同盟关系网络化，"打造有广泛基础的军事存在"。[3]美军每年在西太平洋地区进行10余项例行大型军演，保持着针对中国的极高频率的海空抵近侦察。中国虽然表示"欢迎美国在亚太地区发挥建设性作用"，[4]但认为美国推行"亚太再平衡"战略并限制中美在一些军事技术领域交流的真实目的是遏制中国的崛起。

2008年马英九上台、台湾当局承认"九二共识"之后，奥巴马政府对台海两岸关系出现的良好态势持欢迎态度。中美维持了军事关系的持续性和稳定性。两军高层领导频繁互访，促进了战略沟通与理解。[5]继2009年中美建立"战略与经济对话"机制后，双方于2011年在此框架下又开设了两国外交和国防部门之间的"战略安全对话"。但另一方面，奥巴马政府却继续维护与台湾地区的军事安全关系，连续在2010年和2011年对台湾地区出售武器，[6]保持美国与台湾地区军事与安全高层频繁互访，密切美国与台湾地区军事交流与培训合作等。其中，中方对美国对台湾地区军售的反应最为强烈，中美两军交流受此影响也最大。

---

1 需要说明的是，中国政府和军方从来没有正式使用或接受过"反介入/区域拒止"的概念，但此概念已经成为美国官方和战略界的主流认知。

2 "Leon Panetta: US to Deploy 60% of Navy Fleet to Pacific," BBC, June 2, 2012, http://www.bbc.com/news/world-us-canada-18305750, 2018年9月23日登录。

3 Hillary Clinton, "America's Pacific Century", East-West Center Honolulu, HI, November 10, 2011, https://2009-2017.state.gov/secretary/20092013clinton/rm/2011/11/176999.htm, 2018年9月23日登录。

4 《杨洁篪：希望并欢迎美国在亚太地区发挥建设性作用》，人民网，2012年3月6日，http://lianghui.people.com.cn/2012npc/GB/239293/17305857.html，2018年10月10日登录。

5 姚云竹等：《中美军事关系：演化、前景与建议》，傅莹、王缉思主编：《超越分歧 走向双赢：中美智库研究报告》，2017年5月。

6 2010年的对台军售是小布什政府时期决定的。2011年9月奥巴马政府公布总值58.5亿美元的对台（湾地区）军售计划。美国连续两年大规模售台武器且总额超过120亿美元，这是自《与台湾关系法》通过以来前所未有的。

从2009年上半年起,中美在南海海域发生多起船舰对峙事件。[1] 尽管事件得以控制,但双方在相关主权争端、安全利益上的分歧日渐加深。奥巴马政府一反前几届政府处理南海问题的"被动反应"方式,开始"主动塑造"。除了外交人员在双边对话和东盟地区论坛[2] 等多边机制平台上提出交涉外,美国以"维护自由航行"的名义强化在南海的军事侦察、巡逻和联合演习,并逐步加强了与菲律宾、越南等东南亚国家的军事合作。中国也加强了在南海地区的海上巡逻。中国与美国、菲律宾、越南等国的海上对峙和摩擦事件时有发生。

在东海问题上,2010年中日撞船事件[3] 和2012年日本政府宣布将钓鱼岛"国有化"的事件,致使中日围绕钓鱼岛主权的争端愈演愈烈。美国名义上表示"在钓鱼岛最终主权归属问题上不持立场",实则宣称"钓鱼岛处于日本的有效控制之下",因此根据《日美安保条约》有义务协助日本保卫该岛。尽管美国声称对日本在中日争端中的挑衅意图进行了制约,但其偏袒日本的态度,以及企图维持在东亚安全事务中的主导权的想法,导致中国加深了对美国战略意图的疑虑。

(三)经贸关系

2009年至2012年,中美经济合作和相互依赖不断加深,两国共同应对国际金融危机,双边贸易和相互投资总额逐年增加,农业、能源、旅游等行业的合作加深。中美也都开始调整各自的宏观经济发展,在国内实行大规模财政刺激计划。美国经济复苏计划包括发行大量主权债券,2008年9月后,中国成为美国最大的债权国,并在随后数年继续增持美国国债。在2011年第三轮中美战略与经济对话时,双方签署"中美全面经济合作框架协议",同年开创了省州长论坛和中美城市合作会议两大地方经济合作机制。[4] 在2012年5月第四轮中美战略与经济对话上,双方同意重启双边投资协定(BIT)谈判。

与此同时,双边经贸关系中的竞争性和摩擦性也开始凸显。奥巴马政府指责中方采取了补贴、倾销、控制人民币升值、限制重要原材料出口[5] 等不公平贸易行为,对来自中国的进口商品频繁采取反倾销、反补贴调查和惩罚性关税,向世

---

1 其中最为引起注意的是2009年3月发生的"无瑕"号事件,即美国海军潜艇监测船"无瑕"号(USNS Impeccable)与5艘中国船只对峙。

2 克林顿国务卿在2010年7月的东盟地区论坛会议上,教促包括中国在内的6个南海岛屿声索国共同建立具有约束力的行为准则,并宣称在该海域"自由航行符合美国的国家利益"。中国外交部长杨洁篪当场对她的言论做出了严厉驳斥,继而中国媒体也进行了强烈谴责。

3 2010年9月7日,中国渔船与日本巡逻船在钓鱼岛海域相撞,中国船员被日方扣押。

4 甄炳禧:《中美经贸合作竞争新态势及前景》,《国际问题研究》,2016年第1期,http://www.ciis.org.cn/gyzz/2016-01/15/content_8536715.htm,2018年10月15日登录。

5 2009年中国对稀土出口的限制,引发了美国政策圈对中国贸易战略方针的疑虑。因为稀土对电子产品和绿色能源领域至关重要,全球90%的稀土供应来源于中国。2012年美国还同欧盟、日本一起向世贸组织提出针对中国限制稀土出口的贸易诉讼,指控中国的做法对美国高技术制造业造成不公平竞争。

界贸易组织（WTO）提起了更多针对中国的诉讼。[1] 美国还一度于2010年将中国列为"汇率操纵国"，2012年宣布创建"贸易执法单位"调查中国等国的不公平贸易行为。美国政府、国会和商界都认为中国的自主创新产业政策、政府补贴和采购支持、技术转让要求对外资不公平，担心中国追求产业发展和技术创新是以美国公司利益为代价的。这成为美国对华经贸谈判的核心议题。

在中国人看来，中美贸易逆差在很大程度上是美国出于政治偏见而管制对华高科技产品出口造成的，[2] 美国也给在美投资和并购美国公司的中国企业设置了无数政治障碍。美国迫使人民币升值的行为是专横、不合理的。不过，中国在2010年至2012年调整了人民币汇率水平和形成机制，降低了这一问题的敏感度。中国2011年修订了《外商投资产业目录》，放松市场准入限制，并将自主创新产品与政府优先采购脱钩。但这些举措未让美方满意。

在知识产权盗窃和网络攻击问题上，两国政府针锋相对地相互指责，美方的忧虑逐年上升。2010年初谷歌宣布退出中国后，美国政府和公司指责中国通过网络攻击和投资审查限制，持续不断地"窃取"美国公司的知识产权信息和敏感军事信息，遭到中方的否认和反击。[3] 网络安全问题的严重性逐年升级，[4] 美国对网络安全的忧患一度到了白热化的程度，美国国家反间谍执行局在2011年指出中国是最活跃的网络入侵者。美国国会2012年建议联邦政府深入调查，并且开始倾向于限制中国的主要通信企业收购美国公司。

（四）政治互动与人文交流

奥巴马上任初期，出于在关键的全球问题上争取中国配合的需要，降低了中国人权、民族、宗教问题在美国对华政策中的位置，但这些政治问题并未从中美关系议程中消失。中国政府认为美国鼓励或支持了2008年3月拉萨暴乱、2009年7月新疆乌鲁木齐暴乱、2010年初谷歌事件、2010年10月诺贝尔和平奖被授予刘

---

[1] 2012年1月24日在年度国情咨文演说上，奥巴马还指出，美国对中国提起贸易诉讼的案例数量是上一届政府的近两倍，而且已经看到成效。见 The White House, Remarks by the President in State of the Union Address, January 24, 2012, https://obamawhitehouse.archives.gov/the-press-office/2012/01/24/remarks-president-state-union-address, 2018年10月15日登录。

[2] 2009年美国国会通过的《国际关系授权法案》的初步审核，规定总统有权将卫星及相关部件从军品出口管制清单中挪出，但又特别注明不适用于对中国等"例外国家"的出口。见张文宗：《美国放松出口管制的虚实 中国不应过高期待》，《瞭望》新闻周刊，2010年9月，http://www.chinanews.com/gj/2010/09-13/2529026.shtml, 2018年10月15日登录。

[3] 李侃如、彼得·W. 辛格：《网络安全与美中关系》，布鲁金斯学会，2011年2月，第4页，https://www.brookings.edu/wp-content/uploads/2016/06/0223_cybersecurity_china_us_lieberthal_singer_pdf_Chinese.pdf, 2018年10月15日登录。

[4] 2009年，有关来自中国的网络攻击导致美国公司丢失知识产权信息的问题开始在美国国会报告中出现。2010年美方围绕知识产权保护问题（尤其是打击假冒伪劣商品）与中国加强交涉，国会报告对中国的怀疑增多，认为中方通过网络攻击窃取的不仅是商业知识产权，还有敏感的军事信息。

晓波等事件。美国参与或支持若干前社会主义国家的"颜色革命",以及2011年中东的"阿拉伯之春"政治运动,进一步加深了中国对美国以各种方式干涉中国内政的疑虑。

一些突发政治事件也影响着两国政治互信和正常合作。2012年,分别出现了重庆市前公安局长王立军到美国驻成都总领事馆滞留"避难"、美国驻华使馆庇护中国盲人律师陈光诚这两个孤立事件。中美双方对这两个事件的处理都比较低调、谨慎,但毕竟耗费了大量的外交和政治资源,凸显了双方政法系统和理念的差异,加深了相互疑虑。

不过,这些孤立事件并未阻碍两国人文交流与合作持续升温,两国社会和人民之间的相互理解程度和好感度仍在上升。2009年两国建立年度中美人文交流高层磋商机制。2009年至2012年中国赴美留学人数和美国来华留学人数攀升,两国开始高等教育合作办学,中美友好城市和友好省州数量也快速增长。

二、2013年至2016年:"新型大国关系"还是"修昔底德陷阱"?

2013年初,奥巴马总统开始其第二任期,在2012年中共十八大上当选为总书记的习近平也于2013年3月出任中国国家主席。2013年至2016年,中美避免了严重的冲突对抗,在南海争端、网络安全等重大热点问题上互有妥协,但在构建中国所主张的"新型大国关系"方面,美国的意向由强转弱,并无实质性进展。在中美关系的各个侧面,美国对华政策都在向消极方向转变。

(一)国家关系的战略定位

2013年至2014年,两国元首和高层官员在不同场合多次对所谓"修昔底德陷阱"的说法表示异议,支持构建新型大国关系的理念。2013年3月,白宫国家安全事务助理多尼隆(Tom Donilon)演讲指出,奥巴马政府不同意中美注定要发生冲突的观点,认为构建更好的中美关系是有可能的,中美元首都支持构建中美新型大国关系的目标。[1] 2013年6月,习近平与奥巴马"庄园会晤"时,奥巴马表示美国愿意与中国构建新型大国关系。9月,两国元首表示,美中同意致力于建立基于务实合作、建设性处理分歧的大国关系新模式。美国欢迎中国继续和平崛起,希望中国能够在维护亚太乃至世界的稳定、繁荣中扮演负责任的角色。

2013年9月,美国国务卿克里(John Kerry)同来访的中国外交部长王毅共同会见记者时说,中美有必要避免陷入将彼此视为战略对手的陷阱。2014年1月,

---

[1] Tom Donilon, "The United States and the Asia-Pacific in 2013," Asia Society, New York, March 11, 2013, http://www.whitehouse.gov/the-pressoffice/2013/03/11/remarks-tom-donilon-national-security-advisory-president-united-states-a, 2018年10月18日登录。

习近平主席在接受外媒专访时指出,我们都应该努力避免陷入"修昔底德陷阱",强国只能追求霸权的主张不适用于中国,中国没有实施这种行动的基因。[1]

但是中美在如何界定"新型大国关系"这一概念、重点议题及其内涵的认知上存在分歧。中方的说法是"不冲突不对抗、相互尊重、互利共赢"。美方同意不冲突不对抗,但没有正面回应相互尊重的原则,从未明确表明对中国政治制度、国内秩序、发展道路的尊重。对于合作共赢,中美强调的具体侧重点不同。中方强调的领域是反对美国对台湾地区军售、美军对中国的抵近侦察,美国的亚太军事同盟针对中国,以及藏独、疆独、人权等涉及中国内政的问题;美方关注的是中国军力增长、朝核、伊朗核、气候变化、海上通道安全、网络安全、知识产权、市场准入、服务贸易等领域。[2]

这一时期,中国提出"一带一路"倡议,建立亚洲基础设施投资银行(AIIB)和丝路基金,发起金砖国家的新开发银行,加深了美国对中国想要"另起炉灶"、挑战其领导的自由主义世界秩序的疑虑。2014年5月,习近平主席在亚洲相互协作与信任措施会议第四次峰会上提出了"共同、综合、合作、可持续的亚洲安全观",在阐释时说:"亚洲的事情归根结底要靠亚洲人民来办……亚洲人民有能力、有智慧通过加强合作来实现亚洲和平稳定。"[3] 这一理念引发美国政策圈的警惕,甚至被一些美国人曲解为中国意图将美国及其安全同盟体系挤出亚太地区。[4]

2015年,美国国内开始了一场对华政策大辩论,主题是"从尼克松政府以来实行的对华接触政策是否失败了?中美关系中合作与竞争并行的态势是否可持续?是否需要改行更加强硬的对华政策?"[5] 一些强硬派要求以"遏制"取代"接触",其代表作是由美国前驻印度大使布莱克韦尔(Robert D. Blackwill)等人撰

---

[1] Nicolas Berggruen and Nathan Gardels, "How the World's Most Powerful Leader Thinks", *Huffington Post*, January 21, 2014, https://www.huffingtonpost.com/2014/01/21/xi-jinping-davos_n_4639929.html, 2018年10月17日登录。

[2] 王缉思、仵胜奇:《中美对新型大国关系的认知差异及中国对美政策》,《当代世界》,2014年第10期,第4页。

[3] 习近平:《积极树立亚洲安全观 共创安全合作新局面——在亚洲相互协作与信任措施会议第四次峰会上的讲话》,新华网,2014年5月21日,http://www.xinhuanet.com/politics/2014-05/21/c_1110796357.htm,2018年10月17日登录。

[4] Ben Blanchard, "With One Eye on Washington, China Plots Its Own Asia 'Pivot'", *Reuters*, July 4, 2014, https://www.reuters.com/article/us-china-diplomacy/with-one-eye-on-washington-china-plots-its-own-asia-pivot-idUSKBN0F82GX20140703; Minxin Pei, "Why China Should Drop Its Slogan of 'Asia for Asians'", *The Straits Times*, December 5, 2014, https://www.straitstimes.com/opinion/why-china-should-drop-its-slogan-of-asia-for-asians, 2018年10月17日登录。

[5] 陶文钊:《美国对华政策大辩论》,《现代国际关系》,2016年第1期,第19—28页;李海东:《当前美国对华政策的辩论、选择与走势分析》,《美国研究》,2016年第4期,第9—36页。

写的报告《修订美国对华大战略》;[1] 一些知华派则建议着力发展基于均势构建的相互容纳、顺应、妥协的接触政策，代表作是蓝普顿（David M. Lampton）的《中美关系接近临界点》[2] 和史文（Michael D. Swaine）的《跨越美国在西太平洋的主导权：稳固中美权力平衡的需要》。[3]

2015年9月习近平主席访美时，强调构建中美新型大国关系是"中国外交政策优先方向"。习近平再次提到："世界上本无'修昔底德陷阱'，但大国之间一再发生战略误判，就可能自己给自己造成'修昔底德陷阱'。"[4] 奥巴马表示不认同守成大国和新兴大国必将发生冲突的"修昔底德陷阱"，相信美中两国有能力管控好分歧，美中之间的竞争应该是建设性和具有积极意义的。[5]

直到2016年底2017年初奥巴马第二任期结束，美国国内对华政策大辩论都还没有结束。然而，从2015年起，美国政策精英群体对美国自身地位及对华政策的反思逐渐加重了奥巴马政府对中国发展道路和国内秩序的失望，对中国外交战略的不满，以及对中美关系认知的悲观情绪。奥巴马政府不再积极回应"构建中美新型大国关系"的定位和建议。中国依旧希望能以更加积极的外交姿态与美国构建一种建设性的稳定关系，但在有关核心利益的问题上愈发强势，对美国欲破坏中国政治稳定和经济繁荣、遏制中国崛起的疑虑有增无减。

（二）安全与军事关系

在这一时期，中美之间既有剑拔弩张的军事对峙，也有握手笑谈的交流与合作。南海、台海、"萨德"（THAAD）导弹防御系统入韩等问题导致两军摩擦不断，但是并未完全影响到两军之间的交流与合作。摩擦与合作相互交织成为中美安全关系的主要特征。包括美国对台湾地区军售、"抵近侦察"和多个领域的军事技术交流限制等横亘在中美军事关系中的障碍仍未得到消除，中美在安全领域的互疑不仅得不到缓解，反而持续加深。

美国对作战概念和军事部署等进行更新与调整。随着中国军事现代化的发展，美国认为自身的技术优势和数量优势受到削弱，分别在2014年提出第三次

---

1 Ashley J. Tellis and Robert D. Blackwill, "Revisiting US Grand Strategy Toward China", *Council on Foreign Relations,* April 2015, https://www.cfr.org/report/revising-us-grand-strategy-toward-china, 2018年10月17日登录。

2 David Mike Lampton, "A Tipping Point in US-China Relations is Upon Us", May 11, 2015, https://www.uscnpm.org/blog/2015/05/11/a-tipping-point-in-u-s-china-relations-is-upon-us-part-i/, 2018年10月17日登录。

3 Michael D. Swaine, "Beyond American Predominance in the Western Pacific: The Need for a Stable U.S.-China Balance of Power", *Carnegie Endowment for International Peace,* April 20, 2015, http://carnegieendowment.org/2015/04/20/beyond-american-predominance-in-western-pacific-need-for-stable-u.s.-china-balance-of-power-pub-59837, 2018年10月17日登录。

4 申孟哲：《大国如何避免"修昔底德陷阱"？》，《人民日报（海外版）》，2015年11月27日，http://paper.people.com.cn/rmrbhwb/html/2015-11/27/content_1636606.htm，2018年10月17日登录。

5 同上。

"抵消战略",[1] 在2015年将此前提出的"空海一体战"和"联合介入作战"概念合并为"全球公域进入与机动联合概念",突出应对中国的"反介入/区域拒止",寻求陆、海、空、陆战队和特种部队五大职能领域的一体化,确保对全球公域的出入自由、充分利用与有效控制。2015年初美国防务界开始酝酿以中国为假想敌的"分布式杀伤"(Distributed Lethality)概念被视为改变游戏规则的作战概念,是"重返制海"的主要战术路径。[2] 军事部署方面,在2015年"亚太再平衡"战略进入第二阶段后,美国宣称"着重提高武器装备的质量,并努力增强和扩大美国在该地区的盟友和伙伴关系";在2016年进入第三阶段后,"将更多最先进的武器装备派往亚太地区,包括F-35第五代战斗机、P-8型反潜侦察机和升级版的维吉尼亚级核潜艇,并大力发展新一代战略轰炸机、无人驾驶潜水装置以及太空和网络新技术"。[3] 美国军方和战略界一致同意增加舰艇数量,应对日益严峻的军事威胁和挑战。

在军事沟通与交流领域,总体上两军高层互访和交往的势头良好,[4] 且向中层和基层深入扩展,安全与对话磋商继续开展,[5] 机制性建设取得重要进展,[6] 双方在非传统安全领域的交流与合作得到加强。然而,美国对中国军事现代化的快速发展及中国海军走向"蓝海"的疑虑也逐渐增多。[7] 总体而言,中美之间的军事互动在摩擦中逐渐走向成熟。中美在面临海空突发事件时,仍表现出开展军事交流与合作的善意姿态,一系列对话和机制增加了双方危机管控的能力。

---

[1] 即试图通过利用美国在无人系统和自动化、远程隐形空中作战、水下战以及复杂系统工程与集成方面的"核心能力",以更多元的方式来投送力量,从而能够在总体上反制对手在"反介入/区域拒止"能力方面的投资,抵消对手的导弹库存或数量优势。见胡波:《美军海上战略转型:"由海向陆"到"重返制海"》,《国际安全研究》,2018年第5期,第83页。

[2] 胡波:《美军海上战略转型:"由海向陆"到"重返制海"》,《国际安全研究》,2018年第5期,第82页。

[3]《美国宣布亚洲再平衡进入第三阶段》,《联合早报》,2016年9月30日,https://www.zaobao.com.sg/special/report/politic/asiapacifics/story20160930-672436,2018年10月17日登录。

[4] 2013年4月中国国务委员兼国防部长常万全应约与美国国防部长哈格尔通电话,对两军关系的发展做出积极评价。同年4月美军参联会主席邓普西访华,5月美军太平洋舰队司令黑尼访华,7月中国人民解放军副总参谋长王冠中访美并参加中美战略与经济对话,8月国务委员兼国防部长常万全访美,9月中央军委委员、海军司令员吴胜利访美,9月美国空军参谋长韦尔什访华,11月美国海军作战部副部长弗格森访华。

[5] 2013年至2016年,中美战略与经济对话连续举办四轮。中美在太空领域的对话明显增多。2014年7月,在第六轮中美战略与经济对话的成果清单中,首次出现了涉及太空合作的内容。2016年5月,中美首次太空安全对话在华盛顿召开。10月20日,中美在华盛顿举行第二轮民用航天对话。

[6] 2014年年底中美两军签订《关于建立重大军事行动相互通报信任措施机制》和《关于海空相遇安全行为准则的谅解备忘录》,2015年9月习近平主席访美前,中美修订完成"海空相遇安全行为准则",详见中华人民共和国国防部和美利坚合众国国防部《关于建立重大军事行动相互通报信任措施机制的谅解备忘录》,国防部网站,http://www.mod.gov.cn/affair/2014-12/05/content_4555795.htm,2014年12月5日。《中美关于海空相遇安全行为准则谅解备忘录》,国防部网站,2014年12月6日,http://www.mod.gov.cn/affair/2014-12/06/content_4555927.htm,2018年10月17日登录。

[7] 中国在吉布提建设军事保障基地,中国海军在亚丁湾护航及中国海军走出西太平洋等行动都引起了美方的高度重视。

美国和中国的军事部门在南海执行"自由航行、抵近侦察"[1]与"依法驱离"的行动已经成为常态化趋势。美方对除中国以外的南海主权声索国的支持由承诺转向实际行动,[2]对越南和菲律宾等国的岛礁建设视而不见,却再三指责中国从2013年底对南沙、西沙部分实控岛礁启动的填礁筑岛工程"明显在把南海军事化"。[3]南海问题呈现出国际化与军事化的趋势,也成为影响中美安全关系的关键变量。

在东海方向,中国于2013年11月划设东海防空识别区。但美日韩三国采取不承认姿态,并派出战机在未通报中国的情况下进入识别区。[4]此后,美国军机多次进入东海防空识别区,中方依据现实情况派军机升空应对。

奥巴马政府时隔四年多于2015年12月宣布向台湾地区出售总额约18.3亿美元的武器装备。2016年5月众议院通过HCR88决议案,重申《与台湾关系法》和"六项保证"是美国与台湾地区关系的基石,再三触及中美安全关系的红线。同年12月,美国众议院通过的《2017财年国防授权法》首次写入推动美国与台湾地区高层军事交流的内容。2016年底候选总统唐纳德·特朗普(Donald Trump)与蔡英文通电话,更是破坏了长期以来中美双方的共识,引发中方对下任美国政府的担忧。

中美在朝核问题上的分歧非但没有解决,反而因2016年美韩强力推动"萨德"入韩变得更加针锋相对。双方对"萨德"问题的性质和彼此战略意图的判断完全相左,对"萨德"的一些关键技术性问题的认识存在巨大差异。中国同韩美两国安全关系的恶化甚至外溢到经贸领域。

---

1 美国海空军在南海海域巡航的次数明显增加,2015年后连续派出"拉森"号驱逐舰、空军B-52战略轰炸机、"威尔伯"号驱逐舰等进入中国实控南海岛礁12海里水域,挑战中国主权。

2 例如,美国支持菲律宾在所谓"南海仲裁案"上的立场,增进美菲安全关系,通过高官访越、军事援助及部分解除对越出售杀伤性武器的禁令等形式提升美越安全关系,以及派军舰在南海岛礁12海里内巡航,进行"抵近侦察"。

3 例如,2015年5月31日,美国国防部长卡特在第14届香格里拉对话会上指责中国的行为是引发南海地区局势紧张的根源,并且警告中国停止岛礁建设。再如,2016年2月23日,美军太平洋总部司令哈里斯在参议院军事委员会的听证会上作证时声称,中国"明显在把南海军事化","中国在谋求第二岛链内的东亚霸权"。

4 中方认为,"中国政府划设东海防空识别区,是为了捍卫中国国家主权和领土领空安全,维护东海上空飞行秩序,符合国际法和国际惯例"。见《外交部抗议日方无理指责中国划设东海防空识别区》,中国政府网,2013年11月25日,http://www.gov.cn/gzdt/2013-11/25/content_2534349.htm,2018年10月25日登录。美方则认为中国划设防空识别区是一个"企图破坏该地区稳定现状的行为"。美国国防长哈格尔在一份措辞强硬的声明中表示,"中国的公告不会改变美国在该地区的军事行动方式"。见 U.S. Department of State, Statement by Secretary of Defense Chuck Hagel on the East China Sea Air Defense Identification Zone, November 23, 2013, http://archive.defense.gov/releases/release.aspx?releaseid=16392,2018年10月17日登录。

（三）经贸关系

2013年至2016年，中美两国的年度双边贸易额在5000亿美元以上，2015年以来互为最大的贸易伙伴国。但是，这一时期中美经贸关系中的多方面矛盾激化，竞争性和摩擦性逐渐盖过了合作性和相互依赖。

尽管中方多次同美方交涉，寻求增强互信，但美国政策圈、商界和学术界对中国经济发展方向和竞争方式的疑虑增多。尤其是网络安全及"盗窃"知识产权问题加深了两国互疑，双边投资协定谈判无果而终。中国的产业升级战略和国企改革也使美国人怀疑中国继续改革开放的决心。更多美国人担心，中国长期的意图是以"国家资本主义"的方式取得科技和战略上的优势，利用美国领导的国际经济体系所带来的红利，进行不公平的竞争。两国也开始在地区经济规则和地缘经济影响力上进行角逐。时至2016年底，美国更加倾向于不承认中国的市场经济地位。

美国指责中方通过网络攻击的方式"盗窃"美国商业机密和军事技术信息的问题，在2013年至2016年愈演愈烈，被美国政策圈提升到威胁经济安全和国家安全的高度，[1]也因"斯诺登事件"受到中方的高度关注。[2]具体摩擦形式从2013年的两国相互指控网络攻击，发展到2014和2015年美国对所谓中国黑客进行司法起诉、[3]政府调查甚至经济制裁，致使中方暂停2013年开启的中美网络安全工作会议。自此，这一议题成为中美经贸关系的首要问题，影响着中美关系的总体气氛，在2015年9月习近平主席访美之前，一度成为美方最关切的问题。

两国元首和高层官员付出了大量的努力来避免分歧扩大化。在2015年9月习近平主席访美之前几天，习近平主席特使、中共中央政治局委员、中央政法委书记孟建柱，率公安、安全、司法、网信等部门有关负责人访问美国，同美方高级官员会谈，双方就共同打击网络犯罪的突出问题达成共识。网络安全问题得到暂时缓解。然而，中美对彼此在网络领域行为的不信任仍在增加。

---

[1] 2013年3月，白宫国家安全事务助理多尼隆公开表示："中国的网络攻击不仅是一个美国国家安全问题，也是很多美国公司被窃取知识产权的严重威胁。"见Tom Donilon, "The United States and the Asia-Pacific in 2013", Asia Society, New York, March 11, 2013, http://www.whitehouse.gov/the-pressoffice/2013/03/11/remarks-tom-donilon-national-security-advisory-president-united-states-a, 2018年10月18日登录。

[2] 2013年6月初，前美国防务承包商雇员斯诺登（Edward Snowden）爆料称，美国网络攻击目标包括多家中国通信公司、银行和党政机构。见Lana Lam, "Edward Snowden: US Government has been Hacking Hong Kong and China for Years", *South China Morning Post*, July 13, 2013, https://www.scmp.com/news/hong-kong/article/1259508/edward-snowden-us-government-has-been-hacking-hong-kong-and-china, 2018年10月18日登录。

[3] 美国法院裁定五名中国军方人员对涉及核电、金属和太阳能产品等行业的多家美国企业进行网络间谍活动。见美国司法部网站公告，2014年5月19日，https://www.justice.gov/usao-wdpa/pr/us-charges-five-chinese-military-hackers-cyber-espionage-against-us-corporations-and, 2018年10月18日登录。

对《中国制造2025》等产业升级、扶植自主创新的政策，美国政策圈和商界的忧虑有增无减。[1] 很多美国企业担心中国政府为实现产业升级战略，通过不公平的补贴、融资、政府采购、技术换市场甚至一些侵犯知识产权的方式来培育国内企业。[2] 多家欧美商会、智库和咨询公司在随后一两年内都发布了相关报告，解读中国产业升级战略可能对外资企业带来的不确定性和不公平竞争。[3]

双边投资协定谈判从2013年至2016年底经历多轮交涉。由于双方在负面清单上的分歧显著，未能在奥巴马总统第二任期内达成协议。中方认为，美方在交通、无线电通信、自然资源等行业的市场准入限制有较强的政治性和随意性。美国商界则对在中国的营商条件和待遇愈发感到"失望"，认为中国并没有向外资开放金融服务、医疗保险等特定行业的决心。[4] 美国国会也在2015年对双边投资协定谈判提出疑虑，担心投资协定会导致中国政府支持的投资会涌入美国，并于2016年建议通过改革美国外资投资委员会（CFIUS）来制止中国国有企业收购或控制美国公司。

贸易逆差和人民币汇率问题在2013年至2016年间不再是中美经贸关系的核心问题，保持着低敏感度。奥巴马政府鼓励中国开放货币政策，力图阻止国会给中国制造麻烦，但并不认可人民币国际化。[5] 值得注意的是，2016年美国总统竞选中，共和党候选人特朗普多次提及对华贸易逆差，严词批评奥巴马政府的对华政策，扬言如果当选必将扭转贸易逆差，为美国创造更多制造业工作岗位。

---

1 2013年5月，美中贸易委员会曾在年度报告中指出，虽然中国中央政府努力落实时任国家主席胡锦涛2011年1月关于取消所有与自主创新产品挂钩的政府采购目录的承诺，仍然有13个省份尚未采取任何措施；2015年的报告显示，仍有12个省份尚未采取措施。2014年，中国公立医院改革强调提高国产医疗器械、医疗设备和药物在医药总消费中的占比。同年6月，中国发布了《国家集成电路产业推进纲要》，并于2015年成立了1万亿人民币的集成电路产业投资基金，主要用于海外并购。这些举动都引起了西方媒体和商界的特别关注，甚至一些美国国会议员建议禁止中国科技公司投资或收购美国公司。

2 Dan Markus and Nick Marro, "'Made in China' Now 'Made by China': Update", The US-China Business Council, May 27, 2015, https://www.uschina.org/%E2%80%98made-china%E2%80%99-now-%E2%80%98made-china%E2%80%99-update, 2018年10月19日登录。

3 US Chamber of Commerce, Made in China 2025: Global Ambitions Built on Local Protections, May 16, 2017, https://www.uschamber.com/sites/default/files/final_made_in_china_2025_report_full.pdf, 2018年10月19日登录; European Union Chamber of Commerce in China, China Manufacturing 2025: Putting Industrial Policy Ahead of Market Forces, March 7, 2017, http://www.europeanchamber.com.cn/en/china-manufacturing-2025, 2018年10月19日登录。

4 中国美国商会2017年1月发布的《中国商业环境调查问卷》显示，81%的受访会员公司认为外资企业在华受欢迎程度不如从前（这个指标在2013年是41%），60%以上的企业认为中国政府在未来三年内不会进一步开放市场。见中国美国商会网站，https://www.amchamchina.org/about/press-center/amcham-statement/2017BCSNEWS, 2018年10月19日登录。

5 2015年5月，国际货币基金组织宣布中国人民币不再是被低估的，但美国财政部长雅各布·卢则表示，人民币并不足以成为储备货币。见杨子岩：《人民币"入篮"能带来什么？》，《人民日报（海外版）》，2015年8月8日，http://paper.people.com.cn/rmrbhwb/html/2015-08/08/content_1596446.htm, 2018年10月19日登录。

经济发展模式问题在中美经贸关系中的地位愈发突出。2013年11月召开的中共中央十八届三中全会引起了美国政策圈的强烈关注。一方面,美方对十八届三中全会提出的全面深化改革蓝图表示期待;另一方面,美方逐渐感到这一蓝图的贯彻执行阻力很大,转而指责中国的改革开放在"走回头路","国家资本主义"的趋势愈发明显。2016年11月,美国商务部长表示,美国不支持在世界贸易组织规则下承认中国的市场经济地位。[1]

中美在亚太地区经济规则和地缘经济影响力方面的竞争也日益激烈,各自寻求与一些亚太国家签订不包含彼此的地区经贸合作安排。美方热衷于"跨太平洋伙伴协议"(TPP),中国则致力于建立"区域全面经济伙伴关系协定"(RCEP)。2015年6月,中国倡导成立了亚洲基础设施投资银行,引起了美国的担心。2015年10月,TPP初步达成后,奥巴马表示:"由于我们95%的潜在客户都居住在美国以外,我们不能允许中国那样的国家制定全球经济规则。"[2]

(四)政治互动与人文交流

2012年11月中共十八大以后,美国政策圈对中国新领导层加强共产党的领导和意识形态工作表示十分"不解",担心中国威胁美国所倡导的"自由主义国际秩序"。中国为完善国内治理、维护政治稳定而进行的一系列立法工作被美国人视为政治上的"倒退"。中国全面从严治党,打击腐败的斗争,被一些美国人曲解为"排除异己的政治斗争",迟迟不愿意与中国展开合作。2014年,奥巴马总统与习近平主席在核安全峰会期间会面时,对中国拒绝给美国多家媒体的驻华记者发放签证表示关切。中国2015年制订的《国家安全法》和《反恐怖主义法》、2016年制订的《境外非政府组织管理法》和《网络安全法》,都被美国人视为是在政治上收紧、限制人权和公民自由的"倒退行为"。多家美国非政府组织和企业都声称,切身感受到其实际运营活动被中国政府所怀疑或限制。它们的反馈加深了美国政策圈对中国政治进程的不满和误解。中国则怀疑美国在幕后煽动支持2014年香港"占中"运动,干涉中国内政。[3]

2015年至2016年,美国国内对华政策大辩论中的一个中心议题,是中国的政治发展方向以及美国是否应继续对华接触以推动中国国内政治变化。很多美国

---

[1] 韩声江:《中国今日到期的"非市场经济地位"是啥?美欧日为何不承认?》,澎湃新闻,2016年12月11日,https://www.thepaper.cn/newsDetail_forward_1578184,2018年10月19日登录。

[2] The White House Office of the Press Secretary, Statement by the President on the Trans-Pacific Partnership, October 5, 2015, https://obamawhitehouse.archives.gov/the-press-office/2015/10/05/statement-president-trans-pacific-partnership, 2018年10月19日登录。

[3]《港媒:密件曝"占中"幕后黑手李卓人收美1300万》,《中国日报》中文网,2014年10月14日,http://world.chinadaily.com.cn/2014-10/14/content_18736839.htm;《美国搅局香港内幕遭曝光 黎智英包揽"占中"广告》,《环球时报》,2014年10月8日,http://china.huanqiu.com/article/2014-10/5158940.html,2018年10月22日登录。

人认为，中国的高速经济发展并没有推动国内政治民主化和市场经济改革。美国学者沈大伟的《中国即将崩溃》一文，[1]虽并不为多数中国问题专家所赞同，但引发的诸多讨论说明美国政策圈对华疑虑上升，负面印象增加。

在这一阶段，中美人文交流继续扩大，但不和谐插曲增多。2013年第四届中美人文交流高层磋商对话将人文交流提升到双边关系更重要的位置，两国致力于加强青年、妇女、文化、体育、科技和教育六大领域的合作。2014年"十万强计划"顺利完成，2015年9月奥巴马宣布美国将启动"百万强计划"，到2020年实现百万美国学生学习中文。[2] 2014年11月起，中美执行为对方公民颁发10年多次入境签证的互惠安排，两国商务旅游往来人员数量不断大幅增长。

但是，美方认为中国的一些政策限制了美国在华的教育、学术交流、社会发展和非政府组织活动，[3]对双边"不对等待遇"的不满情绪开始积累。美方反映，一些发表过批评中国现行政策的意见的美国学者、专家、媒体人士，越来越难以获得访问中国大陆的签证。

三、2017年至2018年：美国视中国为主要战略竞争对手

2017年初特朗普就任美国总统后，中美两国元首交流频繁，就深化两国对话与合作做了一些努力。2017年4月，两国首脑首次会晤时，同意建立中美四个高级别对话合作机制。[4]双边关系似乎开局良好。但是，近两年来更显著的趋势是，美国在双边关系的各个领域对中国步步紧逼，对话与合作机制越来越不通畅，中美关系正面临着全面倒退的危险。

（一）国家关系的战略定位

2017年下半年，美国学界和舆论界的对华政策辩论基本结束，美国的对华态度和政策发生了重大转变。2017年底和2018年初特朗普政府发布的《国家安

---

[1] David Shambaugh, "The Coming Chinese Crackup", *The Wall Street Journal*, March 6, 2015, https://www.wsj.com/articles/the-coming-chinese-crack-up-1425659198，2018年10月22日登录。

[2] 2009年11月，奥巴马总统首次访华期间，提出了"十万强计划"，即从2009年到2014年派遣10万美国学生来华留学，加强中美教育、科技、体育等领域的互动合作，加深两国民众的相互理解。2015年9月，奥巴马总统在习近平主席访美期间宣布，美国将启动"百万强计划"，到2020年实现百万美国学生学习中文。

[3] 例如，中国教育部自2013年以来加强高等学校中外合作办学的质量把关，监管范围包括教学科目和内容，被一些美国人视为是限制校园的学术自由和管理独立性。

[4] 中美四个高级别对话合作机制包括外交安全对话、全面经济对话、执法及网络安全对话、社会和人文对话。

全战略报告》[1]和《国防战略报告》,[2]将中国定性为"修正主义国家"和"战略竞争对手",并提出旨在压缩中国战略空间的"印太地区"概念。美国共和、民主两党,行政部门和国会,各个主要智库,在"强硬对待中国"方面形成了新的共识。美国《国家安全战略报告》称中国、俄罗斯等国利用网络等手段加大对美国和西方国家的政治影响力,国会举行了一系列相关听证会,美国联邦调查局局长和特朗普总统本人甚至说过在美国的大部分中国留学生都可能是间谍,[3]这意味着对华关系首次成为美国国内政治安全的一大关注。

2018年9月美国白宫国安会亚洲事务高级主任博明(Matt Pottinger)明确指出,特朗普政府已经将竞争理念放在对华政策的首要位置。[4]10月4日,美国副总统彭斯(Mike Pence)发表了有关特朗普政府对华政策的讲话,不仅将中国与美国国内政治直接联系起来,再次指责中国试图通过间谍、关税、外宣等方式影响美国国会中期选举,而且全方位地批评中国的国内政治、人权、经贸、外交、外宣、对台湾地区政策、地区行为,等等。[5]彭斯的讲话是中美建交40年来美国高层领导人对中国及其领导人前所未有的强硬抨击,表现出美国欲同中国进行长期全面对抗的战略意向。

相对而言,中国战略界和舆论界关于中美关系和对美政策的讨论方兴未艾,观点多元。中国官方对中美关系的原则立场则未发生重大转变。"构建中美新型大国关系"的提法从官方话语中消失了,但仍然保留了其实质内容("不冲突不对抗、相互尊重、合作共赢"),强调中美之间的共同利益远远大于分歧,希望保持中美关系长期健康稳定发展,通过化解和管控分歧,避免中美合作大局受到干扰。[6]习近平主席在2018年12月29日同特朗普的电话交谈中表示,愿同美方

---

[1] The White House, National Security Strategy of the United States of America, December 2017, https://www.whitehouse.gov/wp-content/uploads/2017/12/NSS-Final-12-18-2017-0905.pdf, 2018年10月22日登录。

[2] U.S. Department of Defense, The 2018 National Defense Strategy of The United States of America: Sharpening the American Military's Competitive Edge, January 19, 2018, https://dod.defense.gov/Portals/1/Documents/pubs/2018-National-Defense-Strategy-Summary.pdf, 2018年10月22日登录。

[3] Greg Price, "China Has Spies across US Universities and FBI is Constantly Monitoring Them, Director Wray Says", Newsweek, February 14, 2018, https://www.newsweek.com/china-spies-universities-fbi-watching-806796; Annie Karni, "Trump Rants behind Closed Doors with CEOs", Politico, August 8, 2018, https://www.politico.com/story/2018/08/08/trump-executive-dinner-bedminster-china-766609, 2018年10月24日登录。

[4] Keegan Elmer, "US Tells China: We Want Competition… but also Cooperation", South China Morning Post, October 1, 2018, https://www.scmp.com/news/china/diplomacy/article/2166476/us-tells-china-we-want-competition-not-cooperation, 2018年10月24日登录。

[5] "Vice President Mike Pence's Remarks on the Administration's Policy Towards China", Hudson Institute, October 4, 2018, https://www.hudson.org/events/1610-vice-president-mike-pence-s-remarks-on-the-administration-s-policy-towards-china102018, 2018年10月24日登录。

[6] 《外交部副部长郑泽光出席第19届中国发展高层论坛并发表演讲》,外交部网站,2018年3月26日,https://www.mfa.gov.cn/web/wjbxw_673019/t1545443.shtml, 2018年10月24日登录。

一道，"推进以协调、合作、稳定为基调的中美关系"。[1]

（二）安全与军事关系

特朗普上台后，美国处理中美军事与安全关系的指导思想发生重大转变，集中体现在新版《国家安全战略报告》将中国定位为美国面临的三大威胁之一。[2] 竞争为主的中美安全关系形态初现。

在安全战略与军事部署方面，特朗普政府发布的《国家安全战略报告》和《国防战略报告》，分别指责中国"在南海建立军事基地的做法危害自由贸易，威胁其他国家主权，并破坏地区稳定。中国发动了一场快速军事现代化运动，旨在限制美国进入该地区的通道，从而令中国更自由地主导地区事务"，及中国"在短期内寻求主导印度太平洋地区，试图取代美国，并在未来达到全球领先地位"。《国家安全战略报告》建议美国"维持在该地区的前沿军事存在，以威慑对手，并在必要的时候击败一切敌人"。[3] 特朗普政府还积极构筑制衡中国的"印太"战略，初步建立美日澳印"四国框架"。

在特朗普执政前两年，中美两军交流呈现出由总体稳定到波折渐显的微妙变化。继两国经贸关系严重受损之后，中美军事交流开始遭受挫折。被中美双方视为2017年重要交流成果的外交安全"2+2"对话机制在2018年下半年遭遇停摆后虽然重新开启，但显示出两国关系恶化的现实。2018年美国国防部以中国在南沙岛礁部署对空和对海导弹以及电子干扰设施为由，宣布取消2017年确认的对中国海军参加"环太平洋2018"联合军演的邀请。[4]

特朗普执政两年来，美国在台湾问题上的一些行动虽然遵循了老套路，但也

---

[1] 《习近平同美国总统特朗普通电话》，新华网，2018年12月30日，http://www.xinhuanet.com/politics/2018-12/30/c_1123927139.htm，2018年12月31日登录。

[2] 报告将"以中国和俄罗斯为代表的修正主义势力与以伊朗和朝鲜为代表的流氓国家，以及跨国威胁组织，特别是圣战恐怖组织"并列为挑战美国及其盟友的三股势力。见 The White House, National Security Strategy of the United States of America, December 2017, https://www.whitehouse.gov/wp-content/uploads/2017/12/NSS-Final-12-18-2017-0905-2.pdf，2018年10月24日登录。

[3] The White House, National Security Strategy of the United States of America, December 2017, https://www.whitehouse.gov/wp-content/uploads/2017/12/NSS-Final-12-18-2017-0905-2.pdf，2018年10月24日登录。

[4] 此外，2018年9月美国政府决定对中国中央军委装备发展部及该部负责人实施的"选择性"制裁给中美军事关系蒙上了阴影。作为回应，中方决定立即召回在美国参加第23届"国际海上力量研讨会"并计划访问美国的海军司令员沈金龙，推迟计划于9月25日至27日在北京举行的中美两军联合参谋部对话机制第二次会议。见《中央军委国际军事合作办公室就美宣布制裁中国军队相关部门及负责人向美方提出严正交涉》，央广网，2018年9月22日，http://news.cnr.cn/native/gd/20180922/t20180922_524367807.shtml，2018年10月9日登录。

实现了一些突破。[1] 特朗普连续两年签署通过的《国防授权法案》及2018年签署的《台湾旅行法》，分别提出要加强美国与台湾地区的防务关系与鼓励双方各级别官员的互访交流。

特朗普终结了奥巴马政府对朝实行的"战略忍耐"政策，在对朝政策上采取强硬措施，加强对朝军事威慑、"极限施压"，甚至准备对朝动武，并以此企图迫使中国"承担更大责任"，压朝屈服。[2] 2018年6月特朗普同朝鲜领导人金正恩在新加坡会晤后，美朝关系明显缓和。特朗普政府对中国在朝核问题上的合作表示感谢，中方也表示鼓励和支持朝美双方继续开展对话并取得积极成果。但是，中美在朝核问题上的战略互疑并未消减，朝核问题也远未解决。

特朗普政府在钓鱼岛问题上的态度基本上延续了奥巴马政府的政策，[3] 并在构筑"印太"战略的背景下就强化美日安全同盟采取了一些措施。2017年以来，美方以中国在南海地区加速推进军事化建设并取得突破性进展为由，在"印太"战略下采取了一系列军事化行动。美国军舰在南海基本形成了比奥巴马时期更为频繁的每两个月一次的例行"航行自由"行动。包括日本、澳大利亚、英国、韩国等在内的美国盟友加入南海军事行动的行列，派遣军事力量进入南沙争议海域，举行双边、多边军事演习。两国海军在南海发生摩擦的事件显示，两军之间发生冲突的可能性增大。[4]

（三）经贸关系

特朗普政府将扭转美方称为"不公平、不对等"的经贸关系视为中美关系中的首要问题，坚持以"对等"（reciprocity）为原则调整对华经济政策，中美经贸关系迅速从"压舱石"变为博弈焦点。美方的抱怨具体包括：贸易逆差越来越大；市场准入不对等；中方在国际贸易和投资领域的竞争手段不公平、不遵守多边规则；中国是非市场经济国家，未履行世贸组织承诺；中国强制美企转让技术，盗窃知识产权，推行"中国制造2025"等政府主导的创新工程，甚至利用在美留学

---

[1] 2018年1月10日，美国众议院通过了旨在鼓励美国和台湾（地区）官员进行外交访问的《台湾旅行法》。2018年8月13日，美国总统特朗普13日在纽约州一处军事基地签署国会参议院和众议院通过的2019财年国防授权法案，军费总额达7163亿美元，再创阿富汗和伊拉克战争以来新高。其中包含要求制定"全政府对华战略"、就加强台军战备提交评估和计划等涉华消极条款。见《外交部：对美签署"2019财年国防授权法案"表示强烈不满》，新华社，北京8月14日电。

[2] 张沱生：《特朗普上台后的中美军事安全关系走向》，《国际战略研究简报》，2017年4月10日。

[3] 美日在2017年12月签署的联合声明中确认《美日安全保障条约》第五条的适用范围，涵盖钓鱼岛，美日反对任何旨在破坏日本对这些岛屿管理的单方面行动"。见 The White House, Joint Statement from President Donald J. Trump and Prime Minister Shinzo Abe, February 10, 2017, https://www.whitehouse.gov/briefings-statements/joint-statement-president-donald-j-trump-prime-minister-shinzo-abe/，2018年10月9日登录。

[4] 2018年1月17日，美国海军"霍珀"号导弹驱逐舰驶入黄岩岛12海里内海域，被视为华盛顿发出的挑战中国占领南海战略地物的强有力信号。2018年9月30日中国军舰"兰州"号和美国军舰"迪凯特"号在南海发生的近距离遭遇事件引发了中美之间的相互指责。

生窃取技术情报；政府过分干预企业，在外企设立中共组织等。

2017年至今，中国增加从美国进口、减少双边货物贸易逆差、开放外资进入特定行业的努力，被美方所忽略。美国不愿再接受中国通过承诺或局部妥协让步来换取美国对中国的经济、贸易和产业政策的"容忍"。[1] 在双边谈判中，美方提出大幅削减贸易逆差和若干中方难以接受的苛刻要求。谈判无果后，美国转而采取单边措施向中国施压。

2017年11月，特朗普总统前首席战略顾问班农（Steve Bannon）在东京演讲，认为西方和一些亚洲国家应当警醒中国要"占领"全球经济。[2] 2017年10月，美国商务部公布报告，解释美国为什么将中国视为非市场经济国家，[3] 并于12月正式反对世界贸易组织授予中国市场经济地位。[4] 特朗普政府顾问纳瓦罗（Peter Navarro）等人认为，中国无法主动改革，要扭转贸易逆差、保护美国的知识产权、技术优势与经济安全，美国反制中国的唯一方法是实施严厉的惩罚性关税措施和投资限制，重点针对中国高端制造和高技术行业。在技术竞争日益激烈的氛围下，2018年10月网络安全问题再次引发热议。[5]

在贸易逆差问题上，2017年4月，美国商务部基于《1962年贸易扩展法》第232条款，对进口钢铁和进口铝启动调查，分析该进口对国家安全的影响。特朗普政府于2018年3月宣布，美国将对进口钢铁征收25%的关税，对进口铝产品

---

[1] 2017年4月中美高层达成的"百日计划"无果而终，美国政府和公司都不满意，7月"中美全面经济对话"未能就经济合作"一年期"计划达成共识。见 Scott Kennedy, "The Stalemate in U.S.-China Economic Talks: Turning a Corner or Going Around in Circles?" *Center for Strategic and International Studies*, August 3, 2017, https://www.csis.org/analysis/stalemate-us-china-economic-talks-turning-corner-or-going-around-circles, 2018年10月26日登录。

[2] Guy Taylor, "Bannon Storms Japan, Bashes US 'Elites' for Bungling Rise of China", *The Washington Times*, November 15, 2017, https://www.washingtontimes.com/news/2017/nov/15/steve-bannon-japan-rails-against-chinas-hegemonic-/, 2018年10月31日登录。

[3] US Trade Representative, People's Republic of China's Non-Market Economy Status Review, October 30, 2017, https://enforcement.trade.gov/download/prc-nme-status/prc-nme-review-final-103017.pdf, 2018年10月31日登录。

[4] David Lawder, "U.S. Formally Opposes China Market Economy Status at WTO", *Reuters*, December 1, 2017, https://www.reuters.com/article/us-usa-china-trade-wto/u-s-formally-opposes-china-market-economy-status-at-wto-idUSKBN1DU2VH, 2018年10月31日登录。

[5] 美国彭博社2018年10月4日报道中国将监控芯片植入苹果、亚马逊等美国大型客机科技使用的服务器，随后遭到苹果等公司的否认。10月5日，路透社称美国国防部的最新报告发现中国日渐对美国国防工业所需的原材料和技术形成挑战。见 Jordan Robertson and Michael Riley, "The Big Hack: How China Used a Tiny Chip to Infiltrate US Companies", *Bloomberg Businessweek*, October 4, 2018, https://www.bloomberg.com/news/features/2018-10-04/the-big-hack-how-china-used-a-tiny-chip-to-infiltrate-america-s-top-companies; Joseph Menn, "Apples Tells Congress It Found No Signs of Hacking Attack", *Reuters*, October 8, 2018, https://www.reuters.com/article/us-china-cyber-apple/apple-tells-congress-it-found-no-signs-of-hacking-attack-idUSKCN1MH0YQ; Phil Stewart and Mike Stone, "Pentagon Sees China as 'Growing Risk' to US Defense Industry", *Reuters*, October 5, 2018, https://www.reuters.com/article/us-usa-military-china/pentagon-sees-china-as-growing-risk-to-u-s-defense-industry-idUSKCN1ME2SN, 2018年10月31日登录。

征收10%的关税。

在知识产权保护和"中国制造2025"问题上，美国贸易代表在2017年8月基于《1974年贸易法》第301条款，对中国政府有关技术转让、知识产权和创新的政策和行为进行调查，分析其是否不当地歧视或限制美国商业。2018年3月美国公布"301调查"报告，对中国侵犯知识产权的指控严重且全面。[1] 同月，特朗普签署了总统备忘录，宣布为回应中国对美国知识产权的侵犯，将指示美国贸易代表对从中国进口的商品征收关税，涉及的商品总计可达600亿美元。[2]

2018年5月到6月，中美高层经贸磋商未能缓解分歧、阻止双方开始频繁加码关税反制措施，贸易战逐步升级。特朗普政府于7月6日、8月23日、9月24日，分别对来自中国340亿、160亿和2000亿美元的进口商品分别加征25%、25%和10%的关税，总额已经接近中国对美出口总量的一半。不仅如此，特朗普还威胁要对另外2670亿美元的中国进口商品加征关税。12月1日，G20峰会期间，中美两国元首会晤达成重要共识，中美贸易战暂时缓和。[3] 中美暂时停止互征新关税，在90天内就强制技术转让、知识产权保护等问题展开谈判。若未达成协议，美国将把对2000亿美元中国商品的进口关税提升至25%。[4]

在限制中国投资方面，美国多位重量级国会议员自2017年主张强化美国外资投资委员会（CFIUS）职能，进一步严密审查中国企业在美国的直接投资，包括考虑以"经济安全""文化安全"为由限制中国投资；将美国外资投资委员会的职权范围扩大到美国的海外合资企业，防范中美合资企业威胁美国的经济和国家安全。[5] 2018年8月13日，特朗普正式签署了《2019财年国防授权法案》，

---

[1] 美方的指控不仅限于知识产权保护不足，还集中于不公平的技术转让制度，歧视性技术许可限制，中国对外投资主要用于收购国外技术，受国家政策影响，网络侵犯或盗窃知识产权和敏感商业信息，国家安全和网络安全法规，反垄断法，标准化法对外资有歧视性或不利于保护知识产权等。见 Office of the United States Trade Representative and Executive Office of the President, Findings of The Investigation into China's Acts, Policies, and Practices Related to Technology Transfer, Intellectual Property, and Innovation under Section 301 of the Trade Act of 1974, March 22, 2018, https://ustr.gov/sites/default/files/Section%20301%20FINAL.PDF, 2018年10月31日登录。

[2] Jeremy Diamond, "Trump Hits China with Tariffs, Heightening Concerns of Global Trade War", *CNN*, March 23, 2018, https://edition.cnn.com/2018/03/22/politics/donald-trump-china-tariffs-trade-war/index.html, 2018年11月2日登录。

[3] 陈赞、王海清：《国务委员兼外交部长王毅向中外媒体介绍中美元首会晤情况》，新华网，2018年12月2日，http://www.xinhuanet.com/world/2018-12/02/c_1123796021.htm，2018年12月10日登录。

[4] The White House, Statement from the Press Secretary Regarding the President's Working Dinner with China, December 1, 2018, https://www.whitehouse.gov/briefings-statements/statement-press-secretary-regarding-presidents-working-dinner-china/, 2018年12月10日登录。

[5] Diane Bartz, "Leading U.S. Senator Urges Changes in Foreign Investment Rules", *Reuters*, June 27, 2017, https://www.reuters.com/article/us-china-usa-investment-cornyn-idUSKBN19H2I5; Diane Bartz, "Oracle Backs Tougher Foreign Investment Bills Aimed at China", *Reuters*, November 16, 2017, https://www.reuters.com/article/us-usa-china-oracle/oracle-backs-tougher-foreign-investment-bills-aimed-at-china-idUSKBN1DF368, 2018年11月5日登录。

《2018年外国投资风险评估现代化法案》(FIRRMA)作为其中一部分也正式成文。新法案强化了国家安全审查机制,重点关注并且区别对待来自中国的投资,特别是高技术领域的投资。[1]

特朗普政府认为中国破坏美国经济和安全的行为涉及学术领域,不仅收紧了对申请高科技专业研修的中国留学生的签证政策,而且开始审查部分高校与中国公司之间的科研合作项目,[2]警惕被聘进入中国"千人计划"的在美华人学者。[3]

特朗普政府2017年1月退出了跨太平洋伙伴协议(TPP),转而以与贸易伙伴重新商定双边或小多边协议的方式来为美国争取更好的条款,并且意图用严苛的贸易条款将中国排除在外。特朗普政府与加拿大、墨西哥重新谈判《北美自由贸易协定》(NAFTA)。2018年10月签订的《美墨加协议》(USMCA)包含关于"非市场经济国家"的条款。美国商务部长罗斯称,此条款是为了弥补贸易协定中那些将中国的贸易、知识产权和产业补贴行为"合法化"的"漏洞",并且该条款或许可以被复制到美欧、美日贸易协定中,用来向中国施压开放市场。[4]

(四)政治互动与人文交流

特朗普执政之初,人权、涉藏、涉疆、网络管控等中国政治中的敏感问题在美国对华政策中没有成为重要考虑。但是到了2018年下半年,特别是11月美国民主党在中期选举中获得众议院多数席位之后,人权、宗教等问题又一次被炒热。一些美国人将中国在新疆设立的教育改造中心视为对维吾尔族人的"人权侵害"。有消息称,特朗普政府正在考虑就新疆问题对中国实施制裁。[5] 12月20日,特朗普总统签署国会两院通过的《西藏旅行对等法》。该法认为中国政府限制包括美国人在内的外国人进入西藏,呼吁中国允许美国记者、外交官和游客不受限

---

1 Jodi Xu Klein, "Donald Trump Signs Defense Bill Imposing Tougher Regulations on Foreign Investments – Including China", *South China Morning Post*, August 14, 2018, https://www.scmp.com/news/world/united-states-canada/article/2159552/donald-trump-signs-bill-named-after-john-mccain, 2018年11月5日登录。

2 黄承婧、郝洲:《美国收紧高科技专业留学生签证,院校与中资公司合作亦遭查》,《财经》杂志,2018年7月8日,https://globalnews.qq.com/article/20180708A0Z90400,2018年11月5日登录。

3 Anthony Capaccio, "U.S. Faces 'Unprecedented Threat' From China on Tech Takeover", *Bloomberg*, June 22, 2018, https://www.bloomberg.com/news/articles/2018-06-22/china-s-thousand-talents-called-key-in-seizing-u-s-expertise, 2018年11月5日登录。

4 David Lawder and Karen Freifeld, "Exclusive: U.S. Commerce's Ross Eyes Anti-China 'Poison Pill' for New Trade Deals", *Reuters*, October 6, 2018, https://www.reuters.com/article/us-usa-trade-ross-exclusive/exclusive-u-s-commerces-ross-eyes-anti-china-poison-pill-for-new-trade-deals-idUSKCN1MF2HJ, 2018年11月5日登录。

5 Edward Wong, "U.S. Weights Sanctions Against Chinese Officials over Muslim Detention Camps", *The New York Times*, September 10, 2018, https://www.nytimes.com/2018/09/10/world/asia/us-china-sanctions-muslim-camps.html, 2018年11月5日登录。

制地前往西藏。[1] 为了对中国施压，法案还要求美国国务卿每年向国会递交报告，指证涉及相关限制政策的中国官员，并限制其进入美国。[2]

美国对中国国内政治发展及其"外溢影响"疑虑加深，甚至史无前例地指控中国干涉美国内政。中共十九大报告提出的向外部世界贡献"中国智慧""中国方案"，为发展中国家提供"全新选择"，被很多美国人视为是对美国世界霸权、西方价值体系的挑战。美方指责中国对发展中国家进行政治"渗透"，[3] 制造所谓的"债务陷阱"。[4] 中共十九大后的外宣和统战工作方式也引起了美方的警惕。美国政府、智库、媒体、国会均进行了一系列活动或报道，批评中国试图影响美国政治、干预美国学术自由、进行间谍活动等。[5] 2018年9月美国总统特朗普公开指责中国试图影响美国即将在11月举行的国会中期选举。[6] 副总统彭斯10月发表的代表特朗普政府对华政策的讲话，严厉地指责"北京正在采用全政府的方式来推进其影响力并谋取其利益。它正在以更为主动和强迫性的方式使用这种力量来干涉我们国家的国内政策并干涉美国的政治"。[7]

两国对一些双边商业或人文交流事务的"政治化"处理，加深了彼此的排

---

1 "Donald Trump Signs Bill on Tibet into Law Despite China Protest", *The Economic Times*, December 20, 2018, https://economictimes.indiatimes.com/news/international/world-news/donald-trump-signs-bill-on-tibet-into-law-despite-china-protest/articleshow/67175620.cms, 2018年12月21日登录。

2 同上。

3 Christopher Walker and Jessica Ludwig, "From 'Soft Power' to 'Sharp Power': Rising Authoritarian Influence in the Democratic World", *National Endowment for Democracy*, December 2017, https://www.ned.org/sharp-power-rising-authoritarian-influence-forum-report/, 2018年11月5日登录。

4 White House Office of Trade and Manufacturing Policy, How China's Economic Aggression Threatens the Technologies and Intellectual Property of the United States and the World, June 2018, https://www.whitehouse.gov/wp-content/uploads/2018/06/FINAL-China-Technology-Report-6.18.18-PDF.pdf; John Hurley, Scott Morris and Gailyn Portelance, "Examining the Debt Implications of the Belt and Road Initiative from a Policy Perspective", *Center for Global Development*, March 2018, https://www.cgdev.org/sites/default/files/examining-debt-implications-belt-and-road-initiative-policy-perspective.pdf, 2018年11月5日登录。

5 2017年12月，美国《国家安全战略报告》称中国、俄罗斯等国利用网络等手段加大对美国和西方国家的政治影响力，甚至对相关国家搞"颠覆"。2017年12月到2018年3月，美国国会举行了一系列听证会，主题例如"中国的长臂：输出中国特色的威权"等，炒作中国通过外宣等方式获取政治影响力、控制敏感话题等，要求加大甄别美国国内的"外国代理人"，限制中国对美国媒体、智库、大学等机构的影响。2018年8月，美国国会美中经济与安全审查委员会发布报告，指责中共中央统战部利用海外华人来影响外国政府和社会，要求美国政府对此予以严加防范。

6 Yara Bayoumy and Michelle Nichols, "Trump Accuses China of 2018 Election Meddling; Beijing Rejects Charge", *Reuters*, September 26, 2018, https://www.reuters.com/article/us-usa-china-un/trump-accuses-china-of-2018-election-meddling-beijing-rejects-charge-idUSKCN1M623Y, 2018年11月7日登录。

7 《副总统迈克·彭斯就本届政府对中国的政策发表讲话》，美国驻华大使馆和领事馆，2018年10月4日，https://china.usembassy-china.org.cn/zh/remarks-by-vice-president-pence-on-the-administrations-policy-toward-china-2-zh/，2018年11月7日登录。

拒。美方提出的指控包括中国鼓励在华外企建立中共党组织,¹ 要求多家外国酒店和航空公司修改其有关港澳台的措辞和标识,² 因涉藏问题而暂停学术交流项目³,等等。美方不满一些在华美国非政府组织的注册、活动受限,美国政府甚至认为中国情报人员遍布美国各高校。⁴ 在美国方面,出现了若干高校关停孔子学院、⁵ 拒绝可能有涉华背景的组织捐助学术研究项目、⁶ 要求中国官方媒体在美分支机构以"外国代理人"的名义进行注册⁷等行为。这些美方的行为影响了中美关系的整体氛围。

美国对中国的战略疑虑导致其收紧涉华人文和科技交流合作。2018年以来,美国执法部门更加关注社会科学领域和涉及"中国制造2025"相关理工科领域

---

1 2017年8月以来,主流外媒报道外国公司在中国被鼓励甚至要求建立中共支部,美欧公司担心中共会不断加大对外资的影响,干预其商业决策。如 Michael Martina, "Exclusive: In China, The Party's Push for Influence Inside Foreign Firms Stirs Fears", *Reuters*, August 24, 2017, https://www.reuters.com/article/us-china-congress-companies/exclusive-in-china-the-partys-push-for-influence-inside-foreign-firms-stirs-fears-idUSKCN1B40JU, 2018年11月7日登录。

2 中国多个政府部门2018年1月责成美国万豪酒店改正其官网将西藏、香港、台湾一起列为"国家"的行为。中国民航局2018年4月致函警告美联航等36家外国航空公司,要求后者修改其全球公开内容中有关台湾、香港、澳门的措辞和标识。

3 美国加利福尼亚大学圣迭戈分校的校报称,2017年6月达赖喇嘛在该校毕业典礼上演讲,其后中方暂停与该校的中美学者交流项目。见 Erik Jepsen, "China Cuts Funding for Visiting Scholars after Dalai Lama Visit", *The Triton*, September 22, 2017, http://triton.news/2017/09/china-cuts-funding-visiting-scholars-dalai-lama-visit/, 2018年11月7日登录。

4 Greg Price, "China Has Spies across US Universities and FBI is Constantly Monitoring Them, Director Wray Says", *Newsweek*, February 14, 2018, https://www.newsweek.com/china-spies-universities-fbi-watching-806796; Bill Gertz, "China Using Students as Spies", *The Washington Times*, April 25, 2018, 2018年11月7日登录。

5 西佛罗里达大学和北佛罗里达大学响应参议员鲁比奥(Marco Rubio)的游说,在2017年末2018年初先后宣布将关停孔子学院。2018年2月美国联邦调查局(FBI)局长表示 FBI 正在对孔子学院采取调查措施。见 Joseph Baucum, "UWF Cuts Ties with Controversial Chinese-affiliated Confucius Institute", *Pensacola News Journal*, February 7, 2018, https://www.pnj.com/story/money/business/2018/02/07/uwf-cuts-ties-chinese-run-confucius-institute-criticized-controversial-chinese-government-affiliated/312966002/; Elizabeth Redden, "North Florida Will Close Confucius Institute", *Inside Higher Ed*, August 16, 2018, https://www.insidehighered.com/quicktakes/2018/08/16/north-florida-will-close-confucius-institute; Bill Gertz, "FBI Investigating Confucius Institutes", *The Washington Times*, February 14, 2018, https://www.washingtontimes.com/news/2018/feb/14/inside-the-ring-fbi-investigating-confucius-instit/, 2018年11月7日登录。

6 2018年1月,得克萨斯大学奥斯汀分校接受参议员克鲁斯(Ted Cruz)的建议,拒绝了一笔来自香港中美交流基金会的捐助,担心该基金会与中国政府关系过于密切可能会影响美国的学术自由。见 Josh Rogin, "University Rejects Chinese Communist Party-linked Influence Efforts on Campus", *The Washington Post*, January 14, 2018, https://www.washingtonpost.com/opinions/global-opinions/university-rejects-chinese-communist-party-linked-influence-efforts-on-campus/2018/01/14/c454b54e-f7de-11e7-beb6-c8d48830c54d_story.html?utm_term=.1d836a1d86b2, 2018年11月7日登录。

7 2018年9月美国司法部下令要求中国两大官方媒体——新华社和中国国际电视台——在美分支机构以"外国代理人"的名义进行注册。见 Kate O'Keeffe and Aruna Viswanatha, "Justice Department Has Ordered Key Chinese State Media Firms to Register as Foreign Agents", *The Wall Street Journal*, September 18, 2018, 2018年11月7日登录。

的中国学者,提防他们在访美期间参与所谓"间谍情报行动"。一些中国学者和官员的赴美签证遇到麻烦,个别学者在美国境内甚至遭遇了执法部门的骚扰和审讯。

四、十年来中美关系下滑的原因

本文回溯了过去十年中美双边关系的历程,发现起伏不定的曲线里,总体趋势是下滑的。2018年底,北京出现了多年不遇的寒流,而中美关系也落入了40年来罕见的低潮。"冰冻三尺,非一日之寒"。同过去突发事件引发的短暂危机相比,这一轮中美关系的寒流具有持续时间长、影响面宽、穿透力强的特征,关系到中美两国无数政治精英、知识阶层、普通民众的前途和命运。只有对近年来中美关系滑坡的背景和原因进行综合分析,才有可能对其前景做出有根据的预判。

首先需要审视近年来的全球政治变化。2008年爆发的全球金融危机,是虚拟经济同实体经济严重脱节的结果。作为发达国家的"带头羊",美国金融监管的放松和滞后,为金融"创新"的泛滥和杠杆的过度延伸提供了条件,暴露了国际资本的贪婪。全球化固然促进了全球经济增长,但也带来了世界范围内贫富差距的持续扩大和更明显的社会分化。冷战结束后全球范围的人口加速流动,强化了不同族群、教派、阶层、国家的自我意识和认同。反感本国"大款"和"大腕"、号称追求平等公正的民粹主义,同诿过于外、相信"非我族类,其心必异"的民族主义相互呼应,同时上升。民粹主义和民族主义对现存政治体制和社会精英充满幻灭感,呼唤威权主义和强人政治的回归。如果说冷战结束后一度出现过将民主、宽容、和谐、多元奉为"政治正确性"的潮流的话,近年来人们更加推崇的是强势政府、强硬外交,于是各国间的地缘政治竞争烽烟四起,此起彼伏。技术创新不仅能提高人民的生活质量,更能成为加强社会管控、限制个人自由、扩大社会不平等、激化国家间竞争的工具。

上述全球政治变化对中美两国的国内政治都产生了深刻的影响。"外交政策始于国内",[1] 换言之,外交从根本上说,是内政的延续,中美关系始于两国国内。在美国,两场社会运动尾随着2008年的金融风暴不期而至,一场是来自左翼的、短命的"占领华尔街"运动,另一场是来自右翼和社会底层的茶党运动。茶党运动所代表的政治势力具有民粹主义、种族主义和排外的民族主义色彩,且得到许多垄断财团

> 全球政治变化对中美两国的国内政治都产生了深刻的影响。"外交政策始于国内",换言之,外交从根本上说,是内政的延续,中美关系始于两国国内。

---

[1] "外交政策始于国内"是美国外交关系委员会主席理查德·哈斯(Richard N. Haass)的一本著作的书名。见理查德·哈斯:《外交政策始于国内:办好美国国内的事》,上海:格致出版社/上海人民出版社,2015年版。

的支持,成为特朗普竞选和执政的重要社会基础。特朗普在上台之前的竞选过程中,就不断攻击中国的贸易行为,指责中国"占了美国经济的便宜","抢了美国人的饭碗"。执政之后,特朗普政府更在所谓中国"盗窃知识产权""强迫美国公司转让技术"等问题上做足文章,把经贸摩擦集中于技术竞争领域。可以明显看出,特朗普政府力图把国内矛盾转移到同中国的经济和技术竞争,为巩固其国内地位和竞选连任服务。

值得注意的是,美国对华政策转向强硬,强调竞争,得到民主共和两党、政府同国会、商界和学界的普遍支持。近年来,在美国政治两极分化、阶级矛盾和族群矛盾日益突出的背景下,高扬民族主义、宣扬"美国至上",形成一种新的"政治正确性",成为维护国内凝聚力的精神武器。在国际恐怖主义对美国本土的威胁式微的情形下,国力迅速上升的中国,就很方便地成为美国的下一个敌国。已故美国政治学者亨廷顿(Samuel P. Huntington)曾经尖锐地指出:"查尔斯·克劳萨默在冷战结束时说,'国家是需要敌人的,一个敌人没有了,会再找一个'。对于美国来说,理想的敌人该是意识形态上以己为敌,种族和文化上与己不同,军事上又强大到足以对美国的安全构成可信的威胁。"[1] 经过十年的观察、犹豫、彷徨,"理想的敌人"在美国政治主流眼中,现在已非中国莫属,鲜有争议。有争议的只是中国对美国构成威胁的程度,以及应对中国挑战的政策和方法。

在中国方面,对国际形势的总体判断一直是内外政策调整的重要考量。一方面,中共十七大到十九大都重申了"和平与发展是当今时代的主题"和"我国仍处于重要战略机遇期"的判断,将这一判断作为坚持改革开放、坚持和平发展道路的基础。另一方面,中国也十分关注国际环境带来的严峻挑战。本世纪初,在美国为代表的西方国家煽动和支持下,若干原社会主义国家发生"颜色革命";2011年,西方支持和利用旨在推翻一些中东国家现政权的"阿拉伯之春"运动;2011年西方用武力颠覆利比亚的卡扎菲政权;多年来在叙利亚、苏丹、津巴布韦、委内瑞拉、缅甸等国相继发生的政治动荡,也都被证明背后有西方的干预。

中国政治主流的一个观点是,世界的主要矛盾是发达国家和发展中国家之间的矛盾,以美国为代表的西方国家是世界各地区、各国动乱的根源。对西方国家破坏中国稳定的图谋,中国一直保持高度警惕。正如习近平总书记在2015年强调指出的:"西方国家策划'颜色革命',往往从所针对的国家的政治制度特别是政党制度开始发难,大造舆论,大肆渲染,把不同于他们的政治制度和政党制度打入另类,煽动民众搞街头政治。当今世界,意识形态领域看不见硝烟的战争无

---

[1] 塞缪尔·亨廷顿:《我们是谁:美国国家特性面临的挑战》,北京:新华出版社,2005年版,第217页。

处不在，政治领域没有枪炮的较量一直未停。"[1] 官方近年来发行的《苏共亡党亡国20年祭》《居安思危：颜色革命启示录》等音像作品，集中反映了中共打击境内外敌对势力、巩固意识形态阵地的坚定决心。

被认定为美国等西方国家策动和支持的危害中国国家安全的事件，近十年来一再发生，例如2008年西方力量将诺贝尔和平奖授予因煽动颠覆国家政权罪被判刑的刘晓波，2008年拉萨发生"3·14"暴力事件，2009年乌鲁木齐发生"7·5"暴恐事件，等等。近年来，中国加强了维护国家安全和国内稳定的各项举措，包括成立国家安全委员会，制订《国家安全法》《反间谍法》《反恐怖主义法》《境外非政府组织境内活动管理法》等法律法规。中国近年来还进一步加强了共产党及其领导核心的地位和权威，强化了对公众舆论和网络媒体的监督和引导。虽然这些举措并不直接反映在中国的对美外交上，但"意识形态领域看不见硝烟的战争"和"政治领域没有枪炮的较量"显然针对的是美国。2018年12月，中国外交部发言人华春莹在回应美国白宫国家贸易委员会主任纳瓦罗要求中国进行"结构改革"的言论时，援引了习近平总书记在庆祝改革开放40周年大会上发表的重要讲话。习近平说，在中国推进改革发展，"没有可以奉为金科玉律的教科书，也没有可以对中国人民颐指气使的教师爷"。[2] 外交部发言人的这一回答，证实了习近平这番话针对的是美国对中国发展道路的指责。

在对外关系方面，中国坚持维护全球稳定，促进经济发展。近年来，中国的"一带一路"建设，在中国倡议下成立的亚洲基础设施投资银行，中国积极参与的"金砖国家"机制和上海合作组织，中国在联合国和其他国际机制中对发展中国家权益的坚决维护，中国在南海、东海、台湾地区、香港特别行政区捍卫主权的行动，在中国人看来都是完全正当的，是与本国日益增长的国力相适应的。但在美国眼里，这些行为都是在挑战美国主导的国际秩序，损害美国的利益，有必要进行强力"反制"。

在国际权力格局方面，中国在经济、军事、技术力量、全球影响力等方面，在近十年内迅速拉近了同美国的距离。中国着力弘扬的是为国家实力地位上升而产生的自豪感和自信心。以《厉害了我的国》《红海行动》《战狼2》等影视作品为代表的强有力国内外舆论宣传，原本目的并非损害美国利益，但往往使关注中国发展的美国人感到不安甚至恐惧。与之形成鲜明对照的是，美国思想舆论界一贯不乏忧患意识，惯于夸大其战略对手（特别是今日中国）的实力，以激励自身

---

[1] 习近平：《在中共统战工作会议上的讲话》（2015年5月18日），见《授权发布：习近平关于社会主义政治建设论述摘编（一）：坚定不移走中国特色社会主义政治发展道路》，人民网，2017年10月12日，http://theory.people.com.cn/n1/2017/1012/c40531-29583392.html，2018年12月28日登录。

[2] 《2018年12月18日外交部发言人华春莹主持例行记者会》，外交部官网，2018年12月18日，https://www.fmprc.gov.cn/web/fyrbt_673021/t1623018.shtml，2018年12月28日登录。

发展，提高内部凝聚力。[1] 这两种不同的思维定势，作用于近年来的中美关系，给双方民众和外部世界以"美国衰落、中国崛起"的强烈印象。事实上，在美国软实力下降、对外干涉的意愿和能力减弱的同时，美国的"硬实力"（包括经济、军事、技术等可以衡量的实力）仍在上升，而且同除中国、印度以外的绝大多数国家相比，实力差距还在拉大。也正因为如此，美国的对华战略没有从根本上改变其自充"教师爷"的居高临下姿态，美国决策者并未慑服于中国的实力，而是继续企图通过"惩罚"的方式迫使中国在经贸摩擦等方面就范。

两国在国际竞争、经济利益、意识形态等方面的结构性矛盾还处在深化、激化的过程中，并不以力图维护两国关系大局的人们的主观意志为转移。

从近十年中美关系的回溯和对双边关系下滑的背景原因的简单分析中可以推断，两国在国际竞争、经济利益、意识形态等方面的结构性矛盾还处在深化、激化的过程中，并不以力图维护两国关系大局的人们的主观意志为转移。要使美国当前对华政策改弦更张，有四个可以想象的条件：第一是美国国内政治发生突变，或出现重大经济危机，使它无力应对眼前的外部困难；第二是国际形势发生突变，使美国将其对中国的压力转向他方，甚至祈求中国的战略合作；第三是中国国力不再明显上升；第四是中国国内发生美国人所欢迎的政治转型。在我们看来，前两个条件不大可能出现，后两个条件完全不可能出现。在目前情况下，能够争取到的中美关系最佳前景，是中国人所主张的"斗而不破"。

---

[1] 王缉思：《美国夸大中国实力的背后》，上海《东方早报》，2010年3月25日。转引自王缉思著：《大国战略》，中信出版集团，2015年版，第266—268页。

专题：新时期的中美关系

世界秩序的变局与中美关系的范式性转折

达 巍

内容提要：中美关系在2018年发生了重大转折。此次双边关系的变化与整个世界秩序的变迁互为因果。中美两国在国际格局中"同体、异质、等量"的处境，造成两国间彼此的"排异"现象乃至"脱钩"趋势。能否在快速深刻变迁的世界秩序当中找到并占据一个有利的位置，将决定中国未来外部环境的性质。

关键词：中美关系 世界秩序 战略机遇期

过去几年，中美关系一直处于相对比较困难的状态。中外学者均曾就中美关系可能滑向"新冷战"发出预警。[1] 2017年12月，美国特朗普政府公布其任内第一份《美国国家安全战略》报告。此后，以经贸对抗为最显性的表现，特朗普政府推出了一系列对抗性的对华政策，导致中美关系快速恶化。变化的速度之快、程度之深超出了绝大多数人的预期。在当前这样一个中美关系的关键时期，如何准确评估中美关系变化的性质与程度，如何理解中美双边关系变化与整个世界秩序变迁之间的关系，如何判断中美关系以及世界秩序之变对中国发展前景带来的影响，显然是极为重大的战略性课题。

一、全球之变与中美之变

1979年1月1日正式建交以来，中美关系经历过不少风雨。尤其是1989年中

达巍 国际关系学院教授。
1 参见达巍：《中美关系：走向"新冷战"还是战略稳定？》，《中国国际战略评论2015》，世界知识出版社，2015年，第30—42页。

国国内发生政治风波后,美国曾带领一些西方国家对华实施制裁。其后几年,中美之间不仅交往水平很低,而且两国间的矛盾与斗争直接关系到中国的政治安全与政权安全,其时中美矛盾不可谓不激烈。除此之外,1995—1996年台海危机、1999年"炸馆事件"、2001年"撞机事件"等也都曾对中美关系造成短期的严重冲击。因此,如果单就激烈程度而言,当前中美矛盾并不能与20世纪80年代末、90年代初那段时间相提并论。

尽管如此,2017年底以来中美矛盾的骤然上升,与过去40年中美关系的历次危机或者低潮又有着一个根本差别。中美关系在过去一年的恶化,不仅仅是中美两国具体的政策矛盾或者利益冲突造成的,其背后更有着整个世界秩序重大深刻变迁的背景。这一特征导致当前中美矛盾的深刻程度超越了建交40年来的任何时期。

过去70余年,以美国为首的西方国家主导的所谓"自由主义国际秩序"(Liberal International Order)经历了一个建立、分裂、扩展、称霸再到松动的过程。第二次世界大战结束之初,以联合国和布雷顿森林体系为代表,美国曾试图与其他战胜国一道建立一个全球性的国际政治经济秩序。然而随着冷战的快速爆发,这个尚未完成构建的全球性秩序很快裂解为东西方两套秩序。美苏两国形成了两种意识形态、两个军事集团、两个平行市场之间的竞争与对抗。所谓"自由主义国际秩序"基本成为西方国家内部的制度。到冷战中后期,苏东集团的竞争力逐渐弱化。西方国家主导的秩序从20世纪80年代开始进入扩展期。1989年冷战结束、1991年苏联解体,意味着原先主要由西方国家主导的国际秩序扩展到全球范围,成为了一个真正全球性的秩序。北约东扩、欧盟东扩、以世界贸易组织为代表的国际制度也扩展到全球。当然,与之相伴,美国享受了秩序扩展的"红利",成为世界上唯一的超级大国。西方秩序的这一扩展态势到2008年金融危机之后开始逐渐受到质疑。2016年的英国脱欧、2017年特朗普当选美国总统,成为秩序松动的主要标志。

回望历史,40年前中美外交关系的正常化以及40年后中美关系面临的严峻挑战,恰恰分别与40年前西方秩序的扩展以及当下世界秩序的松动相伴随。考虑到中美两国在国际关系中的重要地位,这种世界秩序层次的变迁与双边关系层次的起伏相伴随的情况,恐怕就绝不仅仅是一种历史的巧合。

从世界秩序影响中美双边关系的角度看,1972年美国总统尼克松访华,中美关系破冰。从那时起到1979年中美建交前后,驱动中美走近的主要是战略力量。换言之,"保守派"尼克松治下的美国与正处"文革"之中的中国"破冰",主要原因在于中美两国都认为,本国与苏联的矛盾,超过了中美两国之间的矛盾。但是到1978年中美展开建交谈判之时,中美关系逐渐增加了一个新的动力,这就是中国要融入当时基本由西方国家主导的国际秩序,以实现经济和社会的现代化。[1] 1978年12月15日中美签署建交公报之后3天，中国共产党召开了十一届三中全会，改革开放的大幕正式拉开。中美建交与中国启动改革开放几乎在同一时间发生，恰恰是由于两件历史大事之间互为因果。中国的这一战略取向可以被称作"融入"战略。作为其结果，中美建交和改革开放之后，中国融入世界的程度持续不断加深。与此同时，中国改革开放的历史大潮，反过来则又"唤醒"并加强了美国商界与战略界对华实行接触战略的冲动。这一战略的要义，就是通过将中国拉入西方主导的国际体系之中，在试图塑造中国的发展方向的同时，并获取战略与经济利益。在中美两国"接触—融入"战略框架之下，美国要持续把中国"拉"进国际体系；而中国则要坚持"融"入国际体系，两国形成了一种战略上的"契合"。这一"契合"使两国得以克服40年间的大大小小各种危机，维持中美关系大致稳定的状态。即便在1989年这样重大而激烈的危机之后，中美两国仍然能够保持一定程度的联系。美国时任总统老布什在危机后很快致信中国领导人，并于当年7月初派遣国家安全事务助理斯考克罗夫特秘密访华。其背后的原因，正在于中美两国领导人都认识到"接触—融入"的历史任务还没有完成。[2] 两国关系在经历数年低谷之后，在20世纪90年代中后期逐渐重回"接触—融入"主流。

从中美双边关系影响世界秩序的角度看，1979年，英国首相撒切尔夫人开始在英国执政；1981年，里根开始担任美国总统。在这两位西方世界领导人的带领下，新自由主义政治经济模式开始在西方世界上升。与此同步，中国的改革开放在20世纪70年代末逐渐展开。尽管中国改革开放与西方世界新自由主义思潮在政治性质上有着根本的不同，但是在政策层面，两者都强调市场在经济中的作用，致力于解除、减少国家对市场的管制和控制，因而又有着相当强的异曲同工之处。可以说，中美关系的正常化以及中国与西方国家关系的普遍正常化，一定程度上助推了原先由西方国家引领的秩序逐渐向全球扩展。

然而伴随全球化的深入发展以及世界范围内的权力转移，最近十余年，发达国家开始越来越质疑和挑战现行世界秩序。尽管中国并没有挑战国际秩序的主观愿望，而且不断通过言辞和行动维护现行的国际秩序，但是中国以带有鲜明中国特色的政治经济模式崛起，客观上确实对西方构成了冲击。中西方在这一问题上的认识差距在于，中国强调各国遵守现行世界秩序之下的国际制度，但是不认为在这一秩序之下，各国国内政治经济体制必须遵循西方自由主义价值理念。西方国家则强调"价值"，强调现行世界秩序之下的西方自由主义基础。在西方国家看来，国际制度是可以调整的，但是制度之下的自由主义价值观是连续的；而且

---

[1] 参见傅高义对中美建交历史及其背后国内动力的记叙。傅高义：《邓小平时代》，北京：生活·读书·新知三联书店，2013年版，第11章，第307—344页。

[2] 可参见傅高义对中美两国在1989年北京政治风波后互动的记叙。傅高义：《邓小平时代》，第20章，第565—594页。

自由主义价值观不仅应体现在国际制度上,也同样应体现在各国国内政治经济体制上。显然,在价值观层次,中俄等新兴国家并不被西方国家接纳。西方国家部分精英与民众认为,过去仅仅属于西方的那一套秩序在扩展(enlarge)[1]到全球的过程中,吸纳了太多在价值观上"不纯粹"、在开放水平上"低水平"的国家。美国等西方发达国家在与这些国家的"不对等"互动中吃了亏,美国试图塑造中国等国家发展方向的努力也没能实现。美国战略界"失望"日渐上升。[2]因此现行世界秩序对西方国家特别是美国是不利的,需要加以改革甚至抛弃。特朗普政府的《美国国家安全战略》报告也公开宣称:"几十年来,美国政策建基于一个信念,即支持中国崛起并融入战后国际秩序,将使中国自由化。(中国的发展方向)与我们的期望正好相反。"[3] 特朗普政府对美国对华战略的前提"釜底抽薪",必然导致美国战略的重大变化。2017年年底以来中美关系的恶化,正是在这一背景下发生的。一方面,中美关系的变化是世界秩序变迁的结果。世界秩序之变投射到中美两国的对外战略取向上,就影响到了中美关系。另一方面,作为世界政治中最重要的两个行为体,中美矛盾的升级当然也进一步加剧了世界秩序的变迁。

与中美建交后40年期间中美关系曾经经历的风雨相比,当前中美矛盾的激烈程度或许有限,但其与世界秩序变迁之间互为因果的关系,决定了当前中美矛盾的深刻程度是过去40年来从未有过的。1989年中美关系能够克服危机走回正轨,一个结构性原因正是当时世界秩序演进的基本方向未变,给中美关系提供了支撑和拉动。而当前中美关系丧失了世界秩序层面的拉动和支撑,意味着即便中美两国能够在"90天磋商"等战术层次上稳定住双边关系,中美关系都将无法再度回到从前。

二、"脱钩"与"排异"

经贸矛盾在2018年中美诸多矛盾当中是最突出的。当前中美经贸矛盾涉及贸易平衡、产业政策、市场准入、知识产权、出口补贴、国有企业地位等诸多问题,极为复杂。由于美国总统特朗普多变的个人决策风格,以及特朗普政府决策模式的混乱,前述不同的问题在不同的时间、不同的场合、在美方不同官员表述中先后成为问题焦点。然而仔细辨别美方诸多官方文件的正式表述,在美方复杂

---

1 克林顿政府1996年公布的美国国家安全战略报告的标题就叫作"接触与扩展"。见 The White House, *A National Security Strategy of Engagement and Enlargement*, Feb.1, 1996, http://nssarchive.us/NSSR/1996.pdf。

2 Kurt M. Campbell and Ely Ratner, "The China Reckoning, How Beijing Defied American Expectations", *Foreign Affairs*, March/April 2018.

3 The White House, National Security Strategy of the United States, December 17, 2017, p. 25, https://www.whitehouse.gov/wp-content/uploads/2017/12/NSS-Final-12-18-2017-0905-2.pdf.

多变的政策目标表述之下,中美经济模式差异是牵动美方对中国在经贸领域诸多抱怨的一根主线。例如,美国商务部2017年10月就中国的"市场经济地位"问题推出的备忘录中,开宗明义即宣称美国政府不承认中国的市场经济地位,是源于"中国政府在经济中的作用、中国政府与市场以及私营部门的关系导致了中国经济的根本扭曲"。[1] 同样,2018年1月美国贸易代表办公室发布的《中国履行WTO承诺情况:2017年度报告》宣称:"美国决策者曾希望中国入世协定中的规定将会拆解当时的国家主导的经济政策和活动。WTO的规则所倡导的国际贸易体系是开放且以市场为导向的,是以非歧视性、市场开放、对等、公平、透明为基本原则,中国的政策与活动与此难以兼容。美国决策者的这些期待现在以失望告终。今天,中国很大程度上仍然保持国家主导的经济体制。"[2] 美方似乎认为,中国的经济体制意味着政府在经济运行当中发挥较大、较直接的作用,这一模式将导致中国政府以"不公平手段"支持中国企业(特别是国有企业),从而使得美国企业在竞争中处于不利地位。无论美方在经贸问题上的这些"抱怨"是否合理,中美经济模式与经济体制存在较大差异确实是一个客观现实。在中国经济总量较小、中国企业在全球竞争力较弱的情况下,美国政府与企业相对比较容易"容忍"中美经济体制的这种差异。但是当中国的经济规模日益接近美国的背景下,美方就越来越无法接受中美基本经济制度的这种差异,并且认为正是这种差异导致中国企业和政府不断在竞争中获益。

这一判断使得"脱钩"(decoupling)成为美国政府和战略界不少人士的选择。中美两国经济在过去40年当中已经形成深度相互依存,学术界曾经提出"中美国"的观点。[3] 在这种你中有我、我中有你的高度相互依存的状况下,美方很多人认为中美经济模式的差异导致美方"吃亏"。因此,对美方而言,要么试图说服中方减少经济模式的差异,要么就降低相互依存程度。2018年特朗普政府筑高关税壁垒就是"脱钩"的表现。对于美国政府和战略界的一部分人来说,"脱钩"是手段,是用以迫使中方同意其要价、推动中国进行经济结构性改革、缩小中美经济模式差异的工具;对另外一些人而言,"脱钩"则是目的。这些人相信,降低经济相互依存程度,一方面可以让美方"止损",不让中国继续"占便宜";另一方面甚至可以直接阻止或者延缓中国的经济崛起。2018年12月1日中美两国

---

[1] United States Department of Commerce, International Trade Administration, Memorandum on China's Status as a Non-market Economy, Oct.26, 2017, p.4, https://enforcement.trade.gov/download/prc-nme-status/prc-nme-review-final-103017.pdf.

[2] United States Trade Representative, 2017 Report to Congress On China's WTO Compliance, p.2, https://ustr.gov/sites/default/files/files/Press/Reports/China%202017%20WTO%20Report.pdf.

[3] Niall Ferguson, "Niall Ferguson Says U.S.-China Cooperation Is Critical to Global Economic Health", Washington Post, November 17, 2008, http://www.washingtonpost.com/wp-dyn/content/article/2008/11/16/AR2008111601736.html?noredirect=on.

元首在G20阿根廷峰会后所达成的共识，似乎显示特朗普政府使用关税"大棒"，正在走向推动中国实施经济结构性改革的方向。但是未来如果中美谈判不顺利，"脱钩"再次成为目标本身的可能性仍不能排除。

值得注意的是，2017年美国不仅在贸易领域表现出与中国"脱钩"的趋势，而且在中美人文交流、两军交流等问题上也都有所动作。例如在投资领域，美国国会通过《外国投资风险评估现代化法案》，行政部门也多次酝酿对特定行业的投资限制措施。在两军交流领域，美军撤回了对中国海军的"环太军演"邀请。在人文交流领域，美国白宫曾讨论全面限制中国学生的措施，[1] 在签证等领域针对中国学者、学生的行动已经开始。美国政府的这些政策，背后反映的是美国战略界对中国投资可能损害美国利益的担忧，[2] 以及对中国通过接近美国大学、创新经济缩小两国科技差距，[3] 扩展中国影响力[4] 等错误认知。这些认知背后的逻辑与经济"脱钩"是一致的，即在中美两国在投资、人文等领域密切交流甚至融为一体的同时，体制、利益乃至文化层次的差异导致美方产生"吃亏"的感觉。

如表所示，一个国家与美国是否处于同一国际体系之内、两国政治经济体制是大致相同还是有重大差别、两国体量是同为大国还是强弱悬殊，对该国与美国的关系有着重大影响。冷战期间，美国与苏联是两个体制上差异极大、国力上大致相当的超级大国（模式一）。但是这两个大国并不处于同一国际体系之内，并没有同一个体系对国家行为产生的约束力，因此两国走向全面对抗。只不过由于热核武器的存在，两国才没有走向"热战"，而是投入了近40年的冷战。

表 体系、体量、体制与国家的战略选择（作者自制）

	体系关系	体量对比	体制性质	战略选择
模式一	异体	大致或趋于等量	异质	冷战（美苏）
模式二	同体	大致或趋于等量	同质	竞争（美欧）
模式三	同体	不等量	同质	霸权—追随（与多数中小国家）
模式四	同体	不等量	异质	孤立/消灭（"流氓国家"）
模式五	同体	大致等量	异质	"脱钩"（中美）

---

[1] Demetri Sevastopulo and Tom Mitchell, "US Considered Ban on Student Visas for Chinese Nationals", *Financial Times*, https://www.ft.com/content/fc413158-c5f1-11e8-82bf-ab93d0a9b321.

[2] 参见 Council on Foreign Relations, *Chinese Investment in Critical U.S. Technology: Risks to U.S. Security Interests, Insights From a CFR Workshop*, https://www.cfr.org/report/chinese-investment-critical-us-technology-risks-us-security-interests。

[3] The White House, National Security Strategy of the United States, December 17, 2017, p.21.

[4] 参见 The Hoover Institution, *Chinese Influence and American Interest, Promoting Constructive Vigilance*, https://www.hoover.org/sites/default/files/research/docs/chineseinfluence_americaninterests_fullreport_web.pdf。

冷战结束后,世界主要国家在体系层面基本已无其他选项,世界各国绝大多数均处于同一套国际体系之内。在当代条件下,要想取得经济的快速稳定发展,就不能离开这套体系,就必须与世界各国相联系而非相脱离。在这种情况下,体量对称与否、体制近似与否就成为决定冷战后特定国家与美国战略选择的最重要变量。纵观世界,美国与各国大致处于四种模式之下。表中模式二意味着一个行为体与美国在体量上大致相当或者趋于相当,政治经济体制与美国比较接近,这时两个行为体比较倾向于采取竞争的策略。美国与欧盟关系大致属于这一类型;日本也曾与美国处于竞争关系,只不过近年来随着美日国力差距的拉大,关系模式进入模式三。模式三是一个行为体与美国体制性质接近,但体量差别巨大。这种情况下,美国与这些国家比较容易走向"霸权—追随"的战略关系。可以说美国与当今世界绝大多数国家都处于这样一种关系模式之下。模式四是在当前体系内,一个国家与美国体制有重大差别,同时与美国的实力存在巨大悬殊。在这种情况下,这个异质小国始终将面临被孤立甚至消灭的风险。本世纪以来美国几届政府所定义的所谓"流氓国家""问题国家"始终面临这种风险。模式五则几乎"专属"今日的中美两国。中美两国综合国力虽然仍有较大差距,但是中国成为世界政治中一个主要大国已经成为现实,中美国力的差距稳步缩小。与此同时,中美两国又是体制差异较大的国家。中美两国体制的差异正在造成中美之间日益增多的摩擦与矛盾,但美国又难以迫使中国放弃自身体制,像其他中小国家那样"追随"美国,同时中美两国也无法放弃"体系红利",不得不在同一体系内共存。正是在此背景下,中美关系才出现前述的"脱钩"现象。

换一个角度看,"脱钩"实质上也是一种"排异"反应。即在中美两国相互依存的背景下,将自己内部的"异质"性"排"出去。如前所述,目前美方"排异"主要表现在两国经济关系上。而中国方面近年来在政治安全领域也存在对美国和西方国家的"排异"反应。例如中国政府近年来制定了国家安全系列立法。这些立法在起草、审议阶段,也曾经引起美方部分人士的忧虑和不满。实际上,中国方面的这些努力是对可能存在于中国"体内"的国家安全威胁做出"排异反应"。因此,在中美"同体、等量、异质"的背景下,两国在一定程度上"脱钩",在某种程度上实际上可以理解的选项。重要的是在此过程中双方应积极沟通,争取准确理解意图;在程度上要把握火候,避免"排异"真的走向彻底"脱钩"、分离。需要看到,如果中美两国真的彻底"脱钩",那就意味着中美将分别构建自己领导的国际体系,中美关系将会成为"异体、异质、等量"的关系。这样的话,中美关系就跌入美苏"冷战"模式。这一前景发生的可能性虽然不高,但却是中美两国必须要防范的。

三、范式之变与战略机遇期

2002年11月，中国共产党十六大提出了中国未来20年处于"重要战略机遇期"的重大判断；[1] 5年后的十七大工作报告沿用了这一提法；[2] 2012年十八大同样坚持了"重要战略机遇期"的提法，但也指出"要准确判断重要战略机遇期内涵和条件的变化"。[3] 2017年党的十九大指出，"国内外形势正在发生深刻复杂变化，我国发展仍处于重要战略机遇期，前景十分光明，挑战也十分严峻"。[4] 到2018年12月13日，中共中央政治局会议再次指出，"要辩证看待国际环境和国内条件的变化，增强忧患意识，继续抓住并用好我国发展的重要战略机遇期"。[5] 简言之，中国领导层在过去16年间始终坚持了中国处于"重要战略机遇期"这一总体判断，但同时也指出国际环境发生了重大变化。那么，中美关系的范式性转折，对中国战略机遇期究竟有何影响呢？

虽然中国政府始终坚持"战略机遇期"的提法，但是对其内涵却鲜有详细论述。一些论者认为，2001年"9·11"事件后，美国小布什政府改变了将中国视为主要战略竞争者的政策，美国战略重心转向反恐和中东，这是中国2002年提出战略机遇期概念的背景。如果从这一角度解释战略机遇期，那么我们或许可以说，当前中美关系的范式性转折意味着中国战略机遇期的正式终结，因为中国将在未来相当长时间内成为美国政府的头号国家安全关注对象。然而，另外一些学者则从更宽的视野审视战略机遇期，认为这一概念是指"中国能够继续集中精力搞建设、搞发展，而不必因为中国核心利益或者重大战略利益遭遇挑战而不得不中止建设和发展进程，转入应对重大威胁的战争准备或者进入军事冲突……的阶段"。[6] 如果从后一种视角审视战略机遇期，那么中国不仅是在本世纪头20年处

---

[1] 江泽民：《全面建设小康社会，开创中国特色社会主义事业新局面——在中国共产党第十六次全国代表大会上的报告》，2002年11月8日，中国共产党新闻网，http://cpc.people.com.cn/GB/64162/64168/64569/65444/4429125.html。

[2] 胡锦涛：《高举中国特色社会主义伟大旗帜　为夺取全面建设小康社会新胜利而奋斗——在中国共产党第十七次全国代表大会上的报告》，2007年10月15日，中国共产党新闻网，http://cpc.people.com.cn/GB/64162/64168/106155/106156/6430009.html。

[3] 胡锦涛：《坚定不移沿着中国特色社会主义道路前进　为全面建成小康社会而奋斗——在中国共产党第十八次全国代表大会上的报告》，2012年11月8日，人民网，http://cpc.people.com.cn/n/2012/1118/c64094-19612151.html。

[4] 习近平：《决胜全面建成小康社会　夺取新时代中国特色社会主义伟大胜利——在中国共产党第十九次全国代表大会上的报告》，207年10月27日，新华网，http://www.xinhuanet.com/politics/19cpcnc/2017-10/27/c_1121867529.htm。

[5]《习近平主持中共中央政治局会议》，《人民日报（海外版）》，2018年12月14日第1版。

[6] 朱锋：《中国未来十年的战略机遇期：我们必须做出新的选择吗？》，《国际政治研究》，2014年第2期，第10页。

于战略机遇期,实际上中国在20世纪70年代末实施改革开放后,就一直处于一个可以集中精力谋发展、搞建设的阶段之中。中国的战略机遇期依托的,不是美国的战略关注是否在中国身上,而是当今世界秩序所具有的开放性和包容性。中国在过去40年中,始终坚持融入现行国际秩序,经济、社会等各个方面在此过程中取得了长足发展。只要以开放、包容、以规则为基础的现行国际秩序总体保持稳定,且中国仍可利用这一秩序当中的有利成分,中国就将继续处于战略机遇期之中。

> 中国的战略机遇期依托的,不是美国的战略关注是否在中国身上,而是当今世界秩序所具有的开放性和包容性。

从这个意义上说,中国目前仍然处于战略机遇期之中。这是因为整个世界秩序虽然出现了一定的松动,但是目前并未看到有任何清晰的替代方案可以取代现行世界秩序。包括中国和美国在内的世界各国仍然处于这一秩序当中。这一秩序为中国提供的和平发展的空间并没有消失。中美关系的走向对未来世界秩序变迁具有极其重大的影响。过去一年中美两国矛盾虽然上升,但是目前并没有真正"脱钩",未来彻底"脱钩"的可能性也不大。从特朗普对华战略看,美国国内虽然对过去"接触"战略的终结基本形成了共识,但是对于以何种战略来代替"接触"并未形成共识。美国政府尚未制定一项以阻止中国发展为目标的对华战略。美国副总统彭斯2018年10月4日在哈德逊研究所的演讲是特朗普政府迄今发表的最系统的一次对华战略演讲。[1] 在那次演讲中,彭斯虽然罗列了一系列对华"抱怨",但是并没有提出任何可以称之为"战略"的行动指南。2017年《美国国家安全战略》报告虽然提出了从"战略竞争"的视角看待中美关系,但是也没有对如何竞争做出具体部署。从2018年美国特朗普对华决策谈判团队的决策过程看,特朗普政府内部在具体政策层面存在不少分歧,导致美国在与中方博弈过程中,政策立场多次变化。在特朗普政府内部,既有以莱特希泽、纳瓦罗等人为代表的"强硬派",也有以财政部长姆努钦为代表的"全球主义者"。这也从侧面证明,美国政府内部在对华战略上还未形成统一认识。在美国政府之外,美国战略界在对华战略上也未形成一致。美国前财政部长保尔森2018年11月6日在新加坡发表的演讲,[2] 是战略界近期的一篇代表性讲话。在讲话中,保尔森也主要是警告中美关系继续恶化的后果,即可能造成"经济铁幕",但是也没有提出任何替代性的美国对华战略。

当然,美国新的对华战略尚未形成,内部尚未达成一致,并不意味着其未来

---

[1] Vice President Mike Pence's Remarks on the Administration's Policy Towards China, Oct.4, 2018, https://www.hudson.org/events/1610-vice-president-mike-pence-s-remarks-on-the-administration-s-policy-towards-china102018.

[2] Remarks by Henry M. Paulson, Jr., on the United States and China at a Crossroads, Nov.6, 2018, http://www.paulsoninstitute.org/news/2018/11/06/statement-by-henry-m-paulson-jr-on-the-united-states-and-china-at-a-crossroads/.

就一定不会形成一个对华极其不利的战略。上升到世界秩序的层次看，如果现行世界秩序完全裂解，或者美国和西方国家构建起一套排斥中国参与的"迷你版高水平自由世界秩序"，那么我国可能将无法继续利用现有世界秩序的开放性与包容性获得进一步发展的机遇。一旦出现这一前景，或许我们可以说，中国的战略机遇期就将丧失。为此，如何确保无论未来世界秩序如何变迁，中国都能处于一个比较有利的位置，是当前我们面临的战略任务。为此，一方面要积极稳定中美关系，通过中美关系协调来确保世界秩序的变迁对我有利；另一方面可以主动作为，积极投入世界秩序变迁的过程中，确保中国在秩序调整中有所参与、有所作为，以便尽可能为中华民族伟大复兴的关键阶段创造有利的外部环境。

专题：新时期的中美关系

战略竞争时代的中美"贸易战"

李 巍 张玉环

内容提要：肇始于2018年的中美"贸易战"不仅仅是一场经济摩擦，更是中美战略竞争的一部分。中美力量对比，尤其是经济实力对比的变化是美国对华经济战略实现从接触向竞争这一重大转型的根本原因，它直接促成了特朗普政府一系列对华经济防范乃至遏制举措的出台。"关税战""投资战"和"技术战"构成了这场经贸纷争的三个维度。民粹主义、逆全球化浪潮以及两国内政外交新变化共同构成了"贸易战"爆发的背景，缓解贸易逆差只是美国对华"贸易战"的表面诉求，其背后具有深刻的结构性根源，即两国在高新技术领域和经济发展模式方面的竞争日益凸显，这决定了此轮中美经贸摩擦的长期性和复杂性。中国既要在心理上做好打"持久战"的准备，又要在行动上继续坚定改革和开放的基本方向，同时保持战略理性和战术灵活，在竞争中寻求合作，避免中美陷入完全对抗的境地。

关键词：中美经贸关系 "贸易战" 战略竞争

美国特朗普政府执政以来，中美双边关系曾经短暂经历了一个后来被证明是虚假的"蜜月期"，[1] 最初人们预料的中美"贸易战"似乎没有爆

李巍 中国人民大学国际关系学院教授；张玉环 中国国际问题研究院助理研究员。
本文受到复旦大学"中美友好互信合作计划"的资助。赵莉在此文的修改过程中作出了一些贡献，特此致谢。

[1] 特朗普总统在上任不到三个月时就邀请习近平主席赴美会晤，并在执政第一年内实现了三次中美元首会面，分别是2017年4月海湖庄园会晤、7月G20汉堡峰会碰面及11月北京会晤，在11月特朗普访华后，两国企业更是签下了涵盖34个合作项目、总额高达2535亿美元的经贸大单。

发。[1] 然而在2017年11月，美国公开否认中国"市场经济地位"，中美经贸关系开始急转直下。2018年3月22日，美国正式公布"301调查"结果，对中国在经济方面提出了严厉批评，并很快出台一系列加征关税的举措，正式引燃中美"贸易战"。随着贸易摩擦的不断升级以及波及领域的不断扩大，双方或将进入中美关系史上最为漫长和深刻的经济外交纷争。

当前，美国仍然是世界经济舞台上毫无争议的霸权国家，中国作为新兴大国的经济影响力正在与日俱增。作为全球最大的两个经济体，中美经贸摩擦不仅会对全球经济治理造成重大冲击，还可能对中国的经济转型、对外开放以及社会发展带来巨大挑战。目前国内仍然存在一些"虚幻期待"，仅仅将中美"贸易战"归因于特朗普总统的"意外胜选"与中美贸易失衡问题，认为中美可以通过谈判和妥协来达成一个系统性的解决方案，甚至寄希望于美国政府的更迭来解决双边经贸摩擦。实际上，缓解巨额贸易赤字只是这场"贸易战"的表象，背后蕴含着中美两国深刻的结构性矛盾，即两国在高新领域的技术控制权之争，以及在全球经济秩序中的发展模式和经济制度之争，它本质上是国际格局中守成大国对新兴大国的阻击与遏制，只能管控双方对抗的烈度，但难以在短期内得到根本解决。

一、中美"贸易战"的进程

肇始于2018年初的中美"贸易战"经历了一个不断升级和蔓延的过程。这场经贸纷争最先是以"关税战"的形式在贸易领域爆发，并随着几轮互征关税而愈演愈烈；2018年8月，美国加速完成了旨在强化外资安全审查的立法改革，针对中国意图明显，双方"战火"大有蔓延至投资领域之势；[2] 随着美国在知识产权和出口管制方面对中国继续施压，并且先后对中兴和华为等中国高科技企业采取"非常举动"，高新科技领域日益显现为美国在经济上防范中国的"新边疆"。未来，中美"贸易战"是否会蔓延到金融领域，还有待观察。

（一）中美"关税战"不断升级

特朗普政府执政以来，其对外对经济政策并未脱离"竞选逻辑"——在"美国优先"理念的支持下，持续为推动美国经济增长和增加就业实施内向型经济

---

[1] 笔者在2017年初就曾在清华大学全球发展研究院发布研究报告，预计中美会爆发"贸易战"，参见李巍、张玉环：《"特朗普经济学"与中国：一场不可避免的"经济战"？》，清华全球报告第三期，2017年1月17日。报告公开压缩版参见李巍、张玉环：《"特朗普经济学"与中美经贸关系》，《现代国际关系》，2017年第2期，第8—14页。

[2] 李巍、赵莉：《美国外资审查制度的变迁及其对中国的影响》，《国际展望》，2019年第1期，第44—71页。

政策，对内减税、放松监管，对外强调所谓"对等"的贸易保护主义行径。进入2018年，特朗普政府前期的贸易救济调查开始进入"收获"的季节，对包括中国在内的主要贸易伙伴国实施的贸易保护措施逐步开始。

中美之间共经过三轮关税交锋，冲突烈度呈螺旋式升级。2018年伊始，特朗普政府就开始针对洗衣机、光伏产品和某些产品配件采取加征关税措施，中美贸易摩擦初现端倪，但中方并没有对此进行回应。[1]

第一回合为前奏曲，中美围绕美国钢铝产品"232"国家安全调查互征关税，双方剑拔弩张。3月23日，美国采取232措施分别对进口钢铁和铝产品征收25%和10%的关税。[2] 此举引起国际社会轩然大波，包括欧盟在内的美贸易伙伴国纷纷实施贸易报复措施，中国也于4月2日对自美进口的7类128项产品加征关税，共涉及美国对华约30亿美元的出口。[3]

第二回合，中美围绕美国对华知识产权"301"调查互征关税，双方针锋相对。3月22日，特朗普签署总统备忘录，依据USTR发布的对华知识产权"301"调查结果，将对价值500亿美元中国商品加征关税。[4] 此次加征关税分340亿和160亿两批进行，并分别于7月6日、8月23日起正式施行；作为回击，中国也分别于同日对同等规模美商品启动反制关税。[5] 这一回合标志着中美"关税战"的

---

[1] 2018年1月，特朗普政府宣布"对进口大型洗衣机和光伏产品分别采取为期4年和3年的全球保障措施，并分别征收最高税率达30%和50%的关税"。2月，特朗普政府宣布"对进口中国的铸铁污水管道配件征收109.95%的反倾销税"。2月27日，美国商务部宣布"对中国铝箔产品厂商征收48.64%至106.09%的反倾销税，以及17.14%至80.97%的反补贴税"。

[2] 特朗普政府上任后，两份《总统贸易政策议程》均指出要捍卫美国国家安全，首份美国国家安全战略报告将经济安全上升至国家安全的高度，具体表现即对进口钢铁和铝产品发起"232"国家安全调查，详见 White House, "Presidential Proclamation on Adjusting Imports of Steel into the United States", March 8, 2018, https://www.whitehouse.gov/presidential-actions/presidential-proclamation-adjusting-imports-steel-united-states/; "Presidential Proclamation on Adjusting Imports of Aluminum into the United States", March 8, 2018, https://www.whitehouse.gov/presidential-actions/presidential-proclamation-adjusting-imports-aluminum-united-states/.

[3] 国务院关税税则委员会办公室，《2018年4月2日起我国对原产于美国的部分进口商品中止关税减让义务》，http://gss.mof.gov.cn/zhengwuxinxi/gongzuodongtai/201804/t20180401_2857770.html。

[4] 长期以来，美国对中国知识产权保护体系颇为不满，认为中国存在的知识产权侵权及强制技术转移等问题损害了美国在华企业的商业利益。2017年8月，美国贸易代表办公室（USTR）根据《1974年贸易法》第301条正式在涉及技术转让、知识产权和创新等领域对中国展开调查，此谓"301"调查。

[5] 2018年7月6日，美国政府正式对涉及818个类别、价值340亿美元的中国商品加征25%关税，中国生产的信息通信设备、机器人与机械、金属制品等首当其冲。同日，中国政府对涉及545个类别、价值340亿美元的美国商品加征25%关税，涉及美国的农牧产品以及乘用车等产品。8月23日，美国政府对价值160亿美元的中国商品加征关税，涵盖1102个领域，涉及半导体、工业机器人等领域。作为反击，中国也于同日开始对涵盖114个领域、价值160亿美元的美国商品加征关税，涉及美国能源产品等。详见国务院关税税则委员会办公室，《国务院关税税则委员会发布公告决定对原产于美国的500亿美元进口商品加征关税》，2018年6月16日，http://gss.mof.gov.cn/zhengwuxinxi/gongzuodongtai/201806/t20180616_2930323.html；国务院关税税则委员会办公室，《国务院关税税则委员会发布公告决定对原产于美国约160亿美元进口商品加征关税》，2018年8月8日，http://gss.mof.gov.cn/zhengwuxinxi/gongzuodongtai/201808/t20180808_2983769.html。

全面开打。

第三回合，美国对2000亿美元的中国出口加征关税，中美"关税战"再掀高潮。在中美经贸磋商无果而终之际，9月18日，美国宣布自9月24日起实施对从中国进口的约2000亿美元商品加征关税的措施，中国则在同日对约600亿美元美国商品加征5%或10%关税作为反击。[1] 至此，美国对中国商品加征关税规模已达2500多亿美元，大约为2017年中国对美输出商品总规模的一半，特朗普甚至威胁将加征关税规模升级至全部5000亿美元。

在贸易冲突不断升级之际，2018年12月1日，习近平主席与特朗普总统在G20峰会期间举行了举世瞩目的晚餐会晤，双方达成了贸易"休战"的重要共识，为中美"关税战"摁下"暂停键"。[2] 美方承诺此前对2000亿美元中国产品加征的关税在2019年1月1日后仍将维持在10%，而不像此前宣布的那样提至25%，此外双方将不再互相加征新关税，而且有可能通过谈判取消此前业已加征的所有关税。[3] 至此，不断升级的中美"关税战"暂时缓和，接踵而至的恐怕将是双方经济团队在谈判桌上的"唇枪舌剑"。

（二）中美"投资战"暗流涌动

在中美贸易摩擦不断升级的背景下，特朗普政府对华投资保护主义也日益抬头。近一年来，作为主导外资安全审查的核心机构，美国外国投资委员会（CFIUS）不仅以"国家安全"为由一再阻挠中国投资，还经过立法改革强化了自身权能。随着美国全面收紧外资管制，中美"投资战"也暗流涌动。

美国正在通过CFIUS安全审查对华设置投资壁垒。2018年，不少中国企业对美投资纷纷折戟而归，失败原因多是未能通过CFIUS外资审查，如蚂蚁金服收购速汇金、湖北鑫炎股权投资合伙企业收购美国半导体测试设备公司Xcerra等案（见表1）。更有甚者，2018年8月13日，特朗普总统签署2019财年《国防授权法案》（NDAA），该法案包含旨在对CFIUS进行改革的《2018年外国投资

---

[1] 2018年7月11日，美国政府宣布对从中国进口的约2000亿美元商品加征10%关税，8月2日又将加征税率提高至25%。9月18日，美国政府宣布实施对从中国进口的约2000亿美元商品加征关税的措施，自2018年9月24日起加征关税税率为10%，2019年1月1日起加征关税税率提高到25%。中国于9月18日做出回应，宣布自9月24日起对原产于美国的5207个税目、约600亿美元商品分25%、20%、10%和5%四档加收关税，其中美国液化天然气首次被列入拟议征收25%关税的商品清单。详见国务院关税税则委员会办公室，《国务院关税税则委员会发布公告决定对美国原产的约600亿美元进口商品实施加征关税》，2018年9月18日，http://gss.mof.gov.cn/zhengwuxinxi/gongzuodongtai/201809/t20180918_3022593.html。

[2] 《王毅：中美停止相互加征新的关税》，新华网，http://www.xinhuanet.com/world/2018-12/02/c_1123795974.htm。

[3] 不过，根据美国白宫发布的声明，如果双方在未来90天内未能就某些重要问题达成协议，美方仍然会将10%的关税提高到25%，详见 https://www.whitehouse.gov/briefings-statements/statement-press-secretary-regarding-presidents-working-dinner-china/。

风险审查现代化法案》(FIRRMA),尽管法案对所有外国投资同等有效,但鉴于近年来中国对美投资与日俱增,其针对中国的意味明显。[1]

表1 2018年中企赴美投资失败项目

时间	收购方	被收购方	结果
2018年1月	蚂蚁金融服务集团	速汇金	CFIUS未批准
2018年2月	湖北鑫炎股权投资合伙企业	美国专业半导体测试设备商Xcerra	CFIUS未批准
2018年2月	收购方为包括中国重庆财信在内的企业财团	芝加哥证券交易所	CFIUS已批准该交易,但是美国证券交易委员会担心该交易会威胁美金融安全,最终否决
2018年2月	蓝色光标	Cogint	CFIUS未批准
2018年3月	中国重型汽车集团有限公司	科罗拉多公司UQM Technologies Inc.	CFIUS对此交易心存顾虑,中国重型汽车集团有限公司取消对UQM的第二轮投资计划
2018年3月	北京大北农科技集团股份有限公司	种猪销售公司Waldo Genetics	CFIUS未批准
2018年4月	中国海航集团	SkyBridge Capital	CFIUS未批准
2018年5月	深圳新纶科技有限公司	Akron Polymer	CFIUS未批准

资料来源:根据网络信息整理。

美国CFIUS改革法案生效,中国对美投资将面临更多阻力。FIRRMA通过扩大受管辖交易范围、扩大审查权限以及改革审查程序等,提高CFIUS应对国家安全威胁的权能,维护美国在高新技术领域的主导权。FIRRMA对中国影响较大的条款集中体现在扩大受管辖交易(Covered Transaction)范围上,它细化和补充了对涉及关键技术和关键基础设施投资的审查规定,将房地产、关键技术以及个人数据和信息相关投资纳入审查范围,此外还专门做出对中国投资的审查要求,要求美国商务部每两年向国会和CFIUS提交中国在美直接投资报告。[2] 实际上,美国政府对中国在关键技术和个人数据信息等领域的投资关注已久,此次美国外资审查体制改革将CFIUS过往的审查实践进一步法律化和规范化,以便更有力地限制中国企业通过并购美高新技术企业获取敏感技术,保护美国国家安全。

---

1 FIRRMA发起人约翰·科宁(John Cornyn)曾直言立法的首要目的就是加强对中国投资的审查。详见Robert Delaney, "China Using 'tentacles' to Erode US Security, Senator Warns, Urging Passage of Bill Boosting Scrutiny of Deals", *South China Morning Post*, 14 February, 2018, http://www.scmp.com/news/china/policies-politics/article/2133263/china-using-tentacles-erode-us-security-senator-warns。

2 根据FIRRMA,该报告需结合《中国制造2025》进行全面评估,分析中国在美投资是否与《中国制造2025》目标一致,还要对中国对美投资和其他外国对美投资进行比较分析。

特朗普政府加强对华投资保护主义，对中国赴美投资乃至中国外部投资环境施加了负面影响。2017年，中国对美直接投资大幅下降为290亿美元，中国在美新增的收购交易额较前一年更是锐减90%，2018年上半年，中企在美完成的收购和绿地投资仅为18亿美元，同比下降92%，为7年来最低。[1] 美国投资保护政策还加剧了全球投资保护主义风潮，除美国外，澳大利亚、英国、法国、德国、日本等发达经济体也效仿美国以"国家安全"为由加大对中国投资的限制，欧盟内部也在拟定新法以协调对外国投资在欧投资的审查。[2] 美国及其盟友加紧外资审查使得国际投资环境呈现恶化趋势，对中国企业提出更多挑战。

（三）中美"技术战"日趋明显

随着中国加大科研开发和中高端制造业支持力度，中国企业在全球价值链上的地位逐渐攀升，在科技领域正在成为美国的有力竞争者。特朗普政府将矛头指向高科技领域，旨在遏制中国自主创新能力，维护美在高科技领域的优势地位，中美"技术战"逐渐突出。

一方面，美国继续在知识产权领域向中国施压。特朗普政府对中国知识产权进行"301"调查，此次"301"调查不同于以往针对具体行业，而是直指《中国制造2025》，500亿美元征税清单包含了中国正在大力发展的高端制造业产品，体现出美国遏制中国高端制造业的意图和决心。2018年4月，USTR发布有关知识产权的《2018年特别301报告》，中国再次位列"优先观察名单"之首，美国指责中国在保护知识产权方面不仅长期存在的问题没有解决，目前还有新的问题需给予关注，包括强制技术转让、知识产权执法及包括窃取商业秘密、网络盗版猖獗和盗版伪造的大范围侵权活动。特朗普政府在知识产权问题上对华施压，实际上是利用行政命令打压快速发展的中国高新技术产业，限制中国的自主创新政策，以维护美国在高科技领域的优势地位。

另一方面，美国以实际行动加强对中国企业技术出口限制。特朗普政府上任后，中美科技关系中的竞争色彩愈发明显，美国对中国企业的技术出口限制日益收紧。继2018年4月美国制裁中兴事件[3]之后，美国联邦通信委员会（FCC）出台相关规定，禁止电信公司利用联邦补助购买华为等中国制造商生产的电信设

---

[1] Rhodium Group, "Arrested Development: Chinese FDI in the US in 1H 2018", June 19, 2018, https://rhg.com/research/arrested-development-chinese-fdi-in-the-us-in-1h-2018/.

[2] 2018年11月20日，欧洲议会谈判代表与欧盟28个成员国代表暂就一项制度达成一致，以便保护港口、能源网络等具有战略意义的技术和基础设施，协调对外国在欧投资的审查。路透社将欧盟这一变化与中国联系起来，称前者是受中国投资激增启发。详见《外媒：欧盟拟建投资审查瞄准中国，结束"欧式天真"》，观察者网，2018年11月21日，https://www.guancha.cn/internation/2018_11_21_480494.shtml。

[3] 2018年4月16日，美国以中兴违反美国限制向伊朗出售美国技术的制裁条款为由，禁止美国企业向中国中兴通讯销售任何商品、软件和科技产品，时间长达7年。

备，8月美国公布将44家中国企业列入出口管制清单，内容涉及芯片、雷达、通信等领域的对华出口，10月又将福建晋华集成电路有限公司纳入禁售清单。[1] 除了接二连三地制裁中国科技企业，美国还对出口管制体系进行了立法改革，强化对华技术封锁。特朗普签署的2019财年《国防授权法案》中还包含最新版本的《2018年出口管制改革法案》（ECA），在此基础上，美国商务部工业安全署（BIS）于11月19日出台针对关键新兴和基础技术相关产品的出口管制框架，涵盖生物技术、人工智能、芯片、量子技术、机器人、先进材料、先进监控技术等14个前沿科技类别，涉及很多中国正在大力发展的先进技术。美国通过限制高新技术出口，进一步加大了中国进口美国高科技产品的阻力，从而达到遏制中国技术升级、捍卫美国技术优势的目的。

不仅如此，美国还采取非常手段，对中国的高科技企业进行定向打击。2018年12月1日，应美国的要求，加拿大当局拘捕中国高科技企业华为公司的一位重要高管。由于华为是中国在技术创新方面的标杆性企业，特别是在第五代通信技术方面拥有领先优势，此举进一步强化了关于中美"技术战"的负面预期。

此外，美国也开始对中美科研人员的往来竖立壁垒。近期，美国多个大学中断了与中国院校的合作关系，美国国务院也取消了一些中国研究人员的访美签证，联邦调查局更是成立了专门针对中国的行动小组，以"打击经济间谍行为"。[2] 美国在资本、技术和人员流动等方面的全方位收紧标志着双边科技关系中的竞争性和冲突性在急剧上升，成为双边经贸摩擦的重要内容。

伴随中美贸易摩擦风险升级，两国为解决双边贸易问题展开多轮经贸磋商，然而特朗普政府在磋商过程中展现出进攻、强势、讹诈和反复的策略，使得中美贸易谈判一波多折，最终无果而终。[3] 中美两国元首在G20布宜诺斯艾利斯峰会

---

[1] 2018年10月29日，美国商务部以对美国国家安全利益构成显著威胁为由对开发生产存储芯片（DRAM）的福建晋华实施禁售令，随后美司法部以共谋从美国美光公司（Micron）窃取商业机密以及经济间谍等三项罪名，正式起诉福建晋华及其技术合作方台湾联电，同时宣布将福建晋华纳入《出口管理条例》下的实体经济清单中。

[2] 朱鸣崎：《G20之后，中美科技脱钩难以逆转》，FT中文网，2018年12月3日，http://www.ftchinese.com/story/001080405?full=y&ccode=2G178003。

[3] 中美此前共进行过4轮贸易谈判。2018年5月2日、5月15日至19日，国务院副总理刘鹤率领的中国经贸谈判代表团同美国财政部长姆努钦牵头的谈判代表团分别在北京和华盛顿举行两轮磋商，双方发表联合声明，同意削减对华贸易赤字、中国将进一步完善知识产权保护体系、改善双边投资关系，中美联合声明的发布为阴云笼罩的双边经贸关系带来转机。虽然第二轮中美经贸磋商传递出积极信号，但特朗普政府依然采取高压策略，坚持中国削减2000亿美元赤字及停止《中国制造2025》等主张，否则全面贸易战不可避免。5月30日至6月2日，美国商务部长罗斯和中国副总理刘鹤进行了第三轮经贸磋商，但未发表联合声明。不久，特朗普政府单方面撕毁协议，宣布将对500亿美元"含有重要工业技术"的中国商品加征25%的关税。8月22至23日，中国商务部副部长兼国际贸易谈判副代表王受文率中方代表团赴华盛顿同美进行第四轮经贸磋商，美方代表团由美国财政部副部长马尔帕斯率领。降级后的中美经贸谈判仍未达成任何成果，在一定程度上对美方失去信任的中国也取消了原定于9月27至28日在华盛顿举行的第五轮经贸磋商。

达成的共识为两国通过谈判解决经贸摩擦提供了一个90天的难得时间窗口，但从长期看，中美经贸关系的总体发展方向却并不乐观。

二、中美"贸易战"的动因

民粹主义、逆全球化浪潮以及两国内政外交的新变化共同构成了中美"贸易战"爆发的背景，中美力量对比变化以及经济发展模式竞争构成双方经贸摩擦的根源。

民粹主义、逆全球化浪潮以及两国内政外交的新变化共同构成了中美"贸易战"爆发的背景，中美力量对比变化以及经济发展模式竞争构成双方经贸摩擦的根源。由此，美国对华战略认知出现根本性转变，经济接触走向终结，经济防范乃至经济遏制举措不断出台。

首先，民粹主义、逆全球化浪潮以及中美两国内政外交的新变化为两国"贸易战"提供时代背景。近些年来，民粹主义和逆全球化思潮在国际社会中兴起蔓延，强调"美国优先"的特朗普当选为美国总统在一定程度上反映了当下美国乃至全球面临的经济和社会深层次困境，包括国内贫富分化加剧、制造业就业岗位流失、中产阶级萎缩等。20世纪80年代以来，新自由主义全球化进程推动金融资本在全球范围内扩张获得巨额利润，美国实体经济萎缩，经济金融化、产业空心化现象日益严重。2008年席卷全球的金融危机在很大程度上意味着新自由主义理念的失败，并催生了民粹主义和逆全球化浪潮。[1]

在此背景下，特朗普政府将增加国内就业和促进经济增长作为"使美国再次强大"的首要关切及其对外贸易政策的核心目标。从内容上看，特朗普政府沿袭了奥巴马政府就已实施的"再工业化"战略，增加对高端制造业的投入，实行大规模减税法案、吸引海外资本回流美国，重振国内制造业，以引领新一轮工业革命和增加就业，对外实施贸易保护政策。然而，特朗普政府的内向型经济政策突出为中下层民众服务的特点，并且以其极端性吸引了广大选民的支持。例如，为吸引海外资本回流美国，特朗普提出对不按照要求汇回资金的企业实施惩罚性措施，对外贸易方面更是直接挥舞"关税"大棒、敲打贸易伙伴以及重谈自贸协定维护美国工人利益。中国是美国最大的贸易赤字来源国，特朗普政府将此归咎于中国政府实施"不公平"贸易行为，再加上特朗普经济团队大多为对华强硬派人士，在"竞选逻辑"的推动下，中国成为特朗普政府发动"贸易战"的头号目标。

从中国方面来看，改革开放以来，中国始终坚定改革开放步伐，不仅在提高国家治理能力和完善营商环境方面稳步向前，还凭借坚实的经济实力为世界经济

---

[1] 李巍、张玉环：《"特朗普经济学"与中美经贸关系》，《现代国际关系》，2017年第2期，第8—14页；竺彩华：《全球化的反思与东亚经济一体化的未来》，《国际观察》，2017年第3期，第20—37页。

的稳定和繁荣提供源源不竭的强劲动力,并且在 G20 等国际多边舞台上为全球治理积极贡献中国方案,通过"一带一路"倡议等为贸易伙伴国、区域乃至世界经济发展创造机遇,以"建制"和"改制"为核心内容的中国经济外交非常活跃。[1] 2017 年党的十九大报告进一步明确了接下来发展的道路目标,提出要"奋力夺取新时代中国特色社会主义伟大胜利"。从这个意义上来说,中美两国国内政治经济环境的变化为双边关系的根本性改变埋下伏笔。[2]

其次,中美经济力量对比不断发生变化是美国加速防范乃至遏制中国的根本原因。近些年来,中美经济实力对比发生显著变化。从经济规模上看,中国成为全球第二大经济体,占全球的经济份额不断扩大,与美国的 GDP 规模差距不断缩窄。有学者认为,历史经验表明,新兴大国经济规模接近或达到美国经济总量三分之二,通常被视为美国将打击新兴大国的临界点。[3] 从技术竞争上看,中国对高新技术及高端制造业的投入日益增加,在多个领域追赶势头强劲。由于中国"人口红利"消弭、要素成本上升,中国制造业致力于向全球价值链中高端攀升,并以此推动中国经济从高速增长向高质量发展转型。在此背景下,中国政府积极完善自主创新能力体系,出台一系列政策举措鼓励技术研发与产业升级,从而引发美国关注和警惕。美国认为这将在国际市场上对美国生产的高新技术产品和服务带来竞争压力,甚至威胁到美国科技优势地位和国家安全利益,因此需要采取措施抑制中国产业升级、赢得先进科技竞争。[4] 连同"301"调查、征税清单、投资与出口管制法案在内的一系列对华"贸易战"措施都凸显了中美科技竞争的激烈性。

因此,此轮中美经贸摩擦某种程度上与 20 世纪日本经济崛起和美日贸易摩擦的情形较为类似,本质上都根源于后发国家经济崛起过程中对先发国形成的竞争压力。[5]

最后,中美两国经济发展模式的趋异构成美国对华"贸易战"另一个深层次动因。近些年来,美国对中美经贸问题的关切发生显著变化,逐渐从过去对个别产品进行反倾销调查逐步向多产业扩散,从单一领域扩展到与贸易有关的技术标准、环境保护、劳工标准等方面,最为突出的则是开始向中国经济和社会制度的结构性调整施压,试图将中国国内经济政策纳入贸易谈判领域,使中国做出根本

---

[1] 相关内容参见李巍:《制度之战:战略竞争时代的中美关系》,北京:社科文献出版社,2017 年版。
[2] 清华大学中国与世界经济研究中心:《以斗促和、苦练内功,打造中美合作关系新格局》,2018 年 7 月 8 日,http://www.ccwe.tsinghua.edu.cn/upload_files/file/20180709/1531122304354053748.pdf。
[3] 徐坚:《美国对华政策调整与中美关系的三大风险》,《国际问题研究》,2018 年第 4 期,第 1—18 页。
[4] James Andrew Lewis, "Meeting the China Challenge", CSIS, January 2018.
[5] 20 世纪 80 年代,日本经济飞速增长,成为挑战美国经济霸主地位的有力竞争者,日本对美巨额贸易顺差及大规模投资同样引起美国警惕,美国通过对日本发动"贸易战"、加强外资监管限制日本投资、主导国际金融合作维护美元霸权地位等,全方位打压日本。

性改变。¹ 特朗普政府的关切涉及贸易赤字、产业政策、知识产权保护、市场准入、强制技术转让等议题，核心是认为中国的经济体制和发展模式导致了"不公平竞争"问题。² 美国政府不承认中国市场经济地位，并给中国贴上"国家资本主义"的标签，这和20世纪80年代美国给日本贴上"国家主导型"经济并要求日本改变经济体制有着相似之处，只不过，目前中美经济体制差异要高于当年美日经济体制，从而加剧了矛盾的激化。

此外，从国际上看，"一带一路"倡议也引起美国对中国发展模式的关注，美国认为中国在"一带一路"沿线实施的大型基础设施建设项目偏离了包括透明性、债务可持续性、与社会和环境责任准则的一致性在内的商业标准，可能加剧一些国家的腐败问题、降低国家治理质量。为此，特朗普政府推出"印太战略构想"，计划向印太地区的新科技、能源和基础设施项目投资1.13亿美元，并以其高质量、透明性和债务的可持续来抗衡"中国模式"，同时试图通过重塑美国在该区域的经济和安全架构，制衡中国日益上涨的经济及地缘政治影响力。

总之，中国加入WTO以来在市场化道路上的改革进展以及中国发展模式的扩散无法令美国满意，此轮中美经贸摩擦已远远突破贸易本身，美国已经将中国国内经济体制和发展模式正式提到谈判议程中。

以上种种引发了美国国内对中美关系认知发生根本性转变，并在两党之间、政商学民之间形成了一些重要的共识。2018年，美国对华经济战略发生了40年来的最大转型，经济接触宣告终结，新的经济竞争战略正在快速成型之中。³ 早在奥巴马政府时期，美国就已经将中国看作是挑战以美国领导的自由国际秩序的竞争型大国，和潜在的地缘政治对手，并通过实施"亚太再平衡"战略、推动

---

1 正如美国贸易代表莱特希泽在第二轮中美经贸磋商后所称，"美国政府可能仍会诉诸关税以及投资限制和出口限制等其他工具，除非中国对经济进行真正的结构性改革"。详见Bob Davis and Josh Zumbrun, "Treasury, USTR Send Mixed Messages Over Tariffs on Chinese Imports", May 20, 2018, https://www.wsj.com/articles/mnuchin-says-tariffs-on-hold-while-u-s-negotiates-trade-deal-with-china-1526833109。

2 在美国看来，中国的贸易优势均来自政府对经济的过度干预和补贴，USTR公布的《2018年国家贸易评估报告》、对华"301调查"报告等集中反映出这一点，指出中国正在实施国家指导下的、提供大量补贴的产业政策，不公平地获取相对于美国等基于市场的自由开放体系的竞争优势。具体来看，在产业政策领域，美国认为中国的产业政策导致了不公平竞争，政府在经济政策制定过程中占据重要地位，自主创新、优惠贷款、贸易壁垒、补贴、政府采购等对外国企业形成"歧视"，背离市场经济的公平竞争原则。在知识产权领域，美国认为中国对知识产权保护不力，侵犯美国企业权益，阻碍美国对华投资和出口，此外，美国政策制定者认为中国政府是网络盗窃商业机密的主导者。在市场准入和开放政策方面，美国认为中国在电子支付、银行、保险、证券、法律等服务行业投资限制高企，阻碍美国服务业供应商进入中国市场；认为中国数字贸易壁垒阻碍了跨境数据流动，美国企业遭受巨额潜在经济损失；等等。

3 Kurt M. Campbell and Ely Ratner, "The China Reckoning: How Beijing Defied American Expectations," *Foreign Affairs*, March/April, 2018, pp.60-70.

TPP谈判重掌国际贸易规则制定权等措施,从规则上制衡中国崛起。[1] 当前,特朗普政府内部逐渐形成一种新共识,美国精英阶层及战略界均认为自尼克松政府以来美国对中国实施的"接触加遏制"政策失败,加强中美经贸、外交、文化等关系并未改变中国的发展路径及外交行为,中国也并未如美国所愿融入西方国家主导的自由国际经济体系中。[2] 在经贸领域,美国认为中国逐渐偏离了市场经济路线,在"国家资本主义"驱动下,外国企业难以获得"公平竞技场"。因此,特朗普政府在《国家安全战略》等报告中正式将中国定义为"修正主义大国"和"战略竞争对手",副总统彭斯在哈德逊研究所、2018亚太经合组织首席执行长峰会上的讲话更是从经贸争端、台海安全乃至价值观等方面全方位释放对华敌意。在国内民粹主义情绪上涨及"建制派"精英对华疑虑加重之际,特朗普政府愈发将中美关系看作是零和博弈,从打响"贸易战"开始全方位"围堵"中国,为中美关系增加了诸多不确定性因素。[3]

因此,中美"贸易战"的爆发并不能简单归因于特朗普总统的胜选或其个人意愿,而应被看作中美两个世界大国在国际和国内政治经济新变局中不得不经历的碰撞与博弈。

三、中美"贸易战"的走向

当前,关于中美"贸易战"走向众说纷纭,一些观点认为中美经贸摩擦可能导致中美"脱钩"甚至新冷战,还有观点期待通过美国政府更迭解决双边贸易争端。然而,中美经贸摩擦有着深刻的结构性根源,将有可能成为双边关系的"新常态",并且难以在短期内得到根本解决;不过,中美利益仍然高度融合,合作空间依然广阔,经贸摩擦可以得到有效管控。对中国来说,解决经贸摩擦最根本的仍是坚持国内改革发展和对外开放,进行经济结构战略调整和转型升级,以自身发展应对外界干扰。

> 对中国来说,解决经贸摩擦最根本的仍是坚持国内改革发展和对外开放,进行经济结构战略调整和转型升级,以自身发展应对外界干扰。

第一,相互竞争正在取代互补合作成为中美经贸关系的基本特征,在竞争中谋求合作是中美经济关系的主要目标。自1979年中美建交后,双边经贸往来

---

[1] Randall Schweller, "Opposite but Compatible Nationalisms: A Neoclassical Realist Approach to the Future of US–China Relations," *The Chinese Journal of International Politics*, Volume 11, Issue 1, 2018, pp. 23-48; Naná De Graaff and Bastiaan Van Apeldoorn, "US–China Relations and the Liberal World Order: Contending Elites, Colliding Visions?" *International Affairs*, Volume 94, Issue 1, 2018, pp.113–131.

[2] Kurt M. Campbell and Ely Ratner, "The China Reckoning: How Beijing Defied American Expectations," *Foreign Affairs*, March/April 2018, pp. 60-70.

[3] 张玉环:《特朗普政府的对外经贸政策与中美经贸博弈》,《外交评论》,2018年第3期,第12—36页。

迅速发展。1980年，中美互相给予对方最惠国待遇，当年，中美贸易总量接近40亿美元，中国是美国第24大贸易伙伴国。2017年，中美货物贸易总量已达到6359.7亿美元，双方互为第一大贸易伙伴国。随着中美经贸关系日益密切，双边贸易摩擦不时成为影响两国关系平稳发展的重要因素，尽管双方曾围绕最惠国待遇、中国加入关贸总协定和世贸组织、人民币汇率等问题展开较量，但总体上双边经贸关系中的互利互补仍大于相互竞争。然而，随着近年来中国跃居世界第一制造大国、最大出口国和贸易国，积累了巨额对美贸易顺差，并且正在努力进军高端制造业、信息与金融服务业，从而触及美国经济利益的核心，由此，中美经贸关系中的竞争色彩日益突出。

第二，中美经贸摩擦可能长期化和常态化。从2017年年底开始，美国对华经济战略发生了40年来的最大转型，经济接触宣告终结，新的经济竞争战略正在快速成型之中。虽然缓解贸易逆差是美国对华"贸易战"的最直接诉求，但是在新的战略背景下，中美经贸摩擦还蕴含着更为深层的内涵，即美国要在高新技术领域遏制中国的崛起，在经济发展模式方面遏制中国的影响。中美经贸关系中这两大结构性矛盾难以在短时间内解决，这决定了双边经贸摩擦的长期性和复杂性。在元首外交助推下，双方在12月1日达成了贸易"休战"的重要共识，同意在90天内围绕包括强制技术转让、非关税贸易壁垒、知识产权保护、网络安全、服务业和农业等结构性问题展开谈判。不过，这些问题不乏中美经贸争端中的棘手难题，短期内难以通过一个全面综合性的经济协议来解决中美经贸关系中的所有分歧。此外，特朗普在"竞选逻辑"驱动下，极有可能继续利用"贸易战"这张牌，因此解决中美经贸摩擦将是一场"持久战"。

第三，中美"贸易战"并不意味着双方必将陷入完全对抗的状态，中美合作空间依然广阔。首先，作为全球最大的两个经济体，中美两国经济仍然具有高度互补性，双方在农业、能源、金融、教育、医疗等诸多领域仍存在着巨大的合作潜力。比如在能源方面，中国已经成为世界最大石油进口国，2019年也预计会取代日本成为世界最大天然气进口国。而美国已经成为世界主要油气出口大国，双方在能源方面的合作可谓前景相当广阔。中美的经济竞争性不断增强是事实，但两国的经济发展水平和发展阶段仍有很大的差异性，双方可以拓展的合作空间非常巨大。其次，中美两国对于一个稳定而开放的全球经济秩序仍然有着共同的利益诉求，虽然两国都有着巨大国内市场，但两国的经济特征具有高度的外向性，两国的经济利益遍布全球，都不希望看到全球经济体系陷入混乱，这构成了两国合作的又一个重要动力。因此，虽然目前中美经济关系总体不容乐观，但如果两国领导人能够超越民族情绪，始终坚持战略理性，有效管控分歧，双方依然能够实现在良性竞争当中的有效合作，确保中美经济利益的最大化。

第四，中美"贸易战"实际上也给中国提供了一个倒逼国内改革以对接新一代国际经贸规则的契机。一方面，中美之间的部分经贸分歧同时也是欧盟和日本等其他发达经济体对中国的关切所在,美欧日在中国经济体制和发展模式的问题上有着相似诉求,[1] 此外,随着国际贸易深入发展,国际贸易谈判早已不再局限于提升贸易投资自由化和便利化水平,更是将环境保护、劳工、国有企业、知识产权、竞争政策等"21世纪"议题纳入谈判议程,新贸易议题同时也是WTO改革的重要内容。因此,中美经贸摩擦深层次问题已经超越双边,成为国际贸易谈判的关注重点,中国应对的不仅是来自美国的压力,还有其他西方发达经济体在构建"新一代"国际经贸规则进程中的集体压力。另一方面,中国正在从经济高速增长过渡到高质量发展,要想获得持续不断的增长动力,中国确实需要在某些方面改革自身体制,重视对企业活力、创新能力、生态环境以及劳工权利的保护。从这个角度看,如果中美如能采取一定方式管控双方的分歧点,并逐步解决双边经济关系中的结构性难题,将会对倒逼国内体制改革、助力中国参与新一轮国际贸易规则制定发挥作用。

总之,在中美经济摩擦日益长期化的背景下,中国应当做好打"持久战"的准备,这种准备既包括物质手段上的准备,也包括国民心态上的准备。而对于中国而言,应对这场"持久战"的方式绝不是走向封闭和保守,而是努力推动更高水平的开放,通过扩大外国进口、放宽金融准入、完善投资环境,以增加中国市场对于全世界的"磁力效应",从而真正成为新型全球化的引领者。如果说中美"贸易战"在长期内可能会分出个输赢,那么中国唯有以更加开放的方式,才有可能化解来自美国的经济竞争压力并且成功实现经济崛起。

---

[1] 美欧日已召开五次贸易部长级会议讨论国有企业改革、产能过剩、知识产权保护、WTO改革等议题,虽未直接点名中国,但所谈内容均与中国密切相关。

专题：新时期的中美关系

寻找竞合状态下的最大公约数：
中美科技关系展望

赵 刚

内容提要：当前，伴随中国科技实力的快速提升，美国对中国的防范心理开始增强，中美科技关系进入竞合并存的新阶段。受特朗普上台执政的影响，中美科技合作联委会、中美创新对话等合作机制陷于"停摆"，打乱了中美科技合作与交流的节奏，"科技冷战"的氛围日趋浓烈，美国限制对华高科技产品出口、攻击中国自主创新政策、反对中国的制造强国战略仍然是中美合作道路上的"拦路虎"。面向未来的中美科技关系，中国需要保持战略定力，坚持竞合思维，一方面积极寻找双方利益的契合点，在竞争中寻找合作的最大可能性，同时也坚持构建全球科技合作格局，推动中国创新能力进一步提升。

关键词：中美科技关系 科技竞赛 科技冷战 科技合作 竞合

自1979年签署科技合作协定以来，中美科技关系日趋紧密，先后经历初期探索、平稳发展、深度发展三个阶段。中美从零星的科技交流逐步发展到"全方位、多层次、宽领域"的深入合作，涵盖了农业、高能物理、医药卫生、海洋渔业、地球和大气科学、物理和化学基础研究、与能源相关的行业、民用工业技术、地质、健康以及灾害研究等多个领域。但是，伴随中国科技实力的大幅提升，美国对中国的防范心理开始加强，对中国的科技政策多有不满，屡加指责。不过，总体来看，中美在部分领域仍存在共同的利益诉求，这让双方继续保留着合作的必要性。目前受特朗普政府执政风格的影响，两国科技关系进入充满不确

赵刚 中国科学技术发展战略研究院研究员、博士。

定性的新阶段。

一、中美在科技领域的合作机制

从两国科技关系的发展历史来看，中美建立了两个主要对话合作机制，一是中美科技合作联委会，二是中美创新对话。前者主要介于中美政府机构之间，后者则全面覆盖政府部门、企业、大学和科研机构等。在这两大机制作用下，中美科技合作领域不断扩大、日渐深入，合作过程中，分歧也逐步得以缓解，为加强中美双边关系作出了积极贡献。但在特朗普（Donald Trump）上台执政后，中美科技合作联委会、中美创新对话均被搁置，"科技冷战"的氛围在中美之间弥漫。

（一）中美科技合作联委会

1979年邓小平先生访美时与卡特总统签署的《中美科技合作协定》，是中美首批政府间协议之一，开辟了两国交往中一个重要而富有活力的领域。[1]根据这一协定，中美科技合作联委会机制建立，每两年在两国轮流举行一次，迄今为止已举办16届。

首届中美科技合作联委会于1980年1月在北京举办，中国副总理方毅与美国总统科学顾问普雷斯（Frank Press）担任联合主席并共同主持会议，邓小平在联委会期间出席了《中美科技合作协定》下6个议定书的签字仪式。双方签署了高能物理科技合作议定书，并就教育、农业、空间三个领域的科技合作议定书换文。

2016年11月，第16届中美科技合作联委会在北京举办，科技部部长万钢与美国总统科技助理兼白宫科技政策办公室主任约翰·霍尔德伦（John Holdren）共同主持联委会，双方就卫生、能源、气候与环境等议题进行讨论，并就充分利用好中美科技合作执行秘书会、中美人文交流高层磋商科技主题工作组以及其他部门间双边合作机制进一步推进科技合作等达成共识。[2]

《中美科技合作协定》每五年续签一次。最近的一次是2016年4月，科技部部长万钢与美国白宫霍尔德伦代表两国政府如期签署。《中美科技合作协定》的续签为中美科技合作联委会机制的运行提供了政策保障。

（二）中美创新对话

根据2010年第二轮中美战略与经济对话达成的共识，双方决定在中美科技

---

1 《刘延东国务委员在第14届中美科技合作联委会招待会上的致辞》，《科技日报》，2012年5月4日。
2 科技部：《第16届中美科技合作联委会成功在北京召开》，科技部网站，2016年11月8日，http://www.most.gov.cn/kjbgz/201611/t20161108_128727.htm，2018年9月9日登录。

合作联委会的框架下举办中美创新对话,旨在推进和深化中美合作伙伴关系。每年在两国轮流举行一次,迄今为止举办了七次。

第一次中美创新对话于2010年10月在北京举办,会议由万钢与霍尔德伦主持,共包括四个主题即中美创新政策、创新政策最佳实践、对创新驱动措施的看法、中美的创新手段及其与科技创新原则的关系。双方一致认为,应将这一对话机制化,将会议成果向中美战略与经济对话汇报。

2016年6月,第七次中美创新对话在北京举办,科技部部长万钢与美国总统科技助理、白宫科技政策办公室主任约翰·霍尔德伦共同主持会议。双方认为在创新战略、创新政策交流等方面具有合作潜力,对话有利于推动中美科技创新合作。

2016年11月,特朗普当选美国第45届总统,为中美双边关系带来变数。2017年4月,中国国家主席习近平与美国总统特朗普举行中美元首会晤时,双方宣布中美将建立四个高级别对话合作机制:外交安全对话、全面经济对话、执法及网络安全对话、社会和人文对话。这也就意味着奥巴马执政时期每年一次的中美战略与经济对话画上了句号,中美创新对话机制也随之告一段落。

从中美全面经济对话的情况来看,重启经济对话框架下创新对话的可能性已微乎其微。2017年7月,首轮中美全面经济对话在美国华盛顿举行,由中国国务院副总理汪洋与美国财政部长姆努钦(Steven Mnuchin)、商务部长罗斯(Wilbur Ross)共同主持,双方讨论了服务业、中美经济合作百日计划及一年计划、全球经济与治理、宏观经济政策、贸易与投资、高技术产品贸易、农业合作等广泛议题。但由于在贸易逆差问题上存在分歧,中美全面经济对话陷入停滞状态。

二、中美在科技领域的竞争博弈

> 从根本上来讲,作为两个具有全球影响力的大国,中美科技合作有其必然性,但作为两个制度文化具有较大差异性的国家,存在竞争也实属正常。

从根本上来讲,作为两个具有全球影响力的大国,中美科技合作有其必然性,但作为两个制度文化具有较大差异性的国家,存在竞争也实属正常。当两国科技实力差距悬殊的时候,更多地表现为合作;当一方加速追赶,另一方因差距缩小感受到威胁时,竞争和防范必然会加强。两国之间的交锋和博弈也反映在两国的科技创新战略和政策中。

(一)美国限制对华高科技产品出口政策

1980年1月24日,邓小平副总理在北京出席中美科技合作等六个协议的签字仪式时,就指出"我们同美国关系中……重要的疙瘩之一就是美国不愿意向中国转让技术。十年来,特别是中美关系正常化以来,美国没有给我们一件像样的比较好的东西"。[1]

时至今日，美国整体的姿态是限制对华高科技产品出口。比如，2006年7月6日，美商务部下属专门负责出口管制政策的产业和安全局（BIS）公布了《对中华人民共和国出口和再出口管制政策的修改和澄清及新的授权合格最终用户制度》草案，扩大了对华出口管制商品的范围。[2] 2007年6月15日，美国商务部发布了一项针对向中国出口的新政策，包括飞机及飞机零件、航空电子、惯性制度导航系统、激光、水底摄影机、推进器系统和个别电讯仪器等20类31项军民两用产品出口中国，需要向美国商务部申请许可。新政策还设立了"授权合格最终用户(VEU)"制度，列在"授权合格最终用户"名单上的中国公司无须先取得核准，就能进口许多高科技产品。[3] 2011年8月19日，美国开始实行新的对华高科技出口管制。在美国商务部公布的管制清单中，有航空器及航空发动机、惯性导航系统、激光器、光学纤维、贫铀、水下摄像机及推进系统、先进复合材料以及高科技通信器材等20类产品。2011年6月27日美国出台出口管制新政策《战略贸易许可例外规定》，部分符合特定条件的物项可不经许可出口到44个国家和地区，但是名单中却没有作为美国第三大出口市场的中国。[4]

美国也时常释放一些放松的信号，但这些信号大多数停留在口头上，被称为"美国式承诺"，并没有转变成为实际的行动。比如，2006年6月13日，美国政府宣布修改法令，放宽出口商向中国出售敏感的高科技产品所受到的限制，并在促进对华高科技产品出口的同时，避免这类产品被中国用作军事用途。美国商务部负责工业与安全事务的副部长麦考密克(David McCormick)表示，将会放松47类高科技产品的对华出口管制，其中包括航空电子设备、半导体器材以及电子产品等。[5] 2009年1月14日，美国商务部宣布一项新政策：给美国对华高科技出口松绑，将以往对华高科技出口产品的逐个审查政策，调整为向中国民用企业发放执照。[6] 2010年5月，美国商务部部长骆家辉（Gary Faye Locke）在第二轮中美战略与经济对话举行前期表示，"美国正在重新检讨对华高科技产品出口管制政策，未来数月可能会有更多相关消息宣布"。[7]

在多次争取美国对华放松高科技产品出口管制无效的情况下，中国也推出了相应的产品出口管制政策。中国已明确对指定标准的耙吸式挖泥船、绞吸式挖泥

---

[1]《邓小平年谱（1975—1997）》上册，中央文献出版社，2004年版，第858页。

[2] 珍妮：《美国收紧对华高科技出口管制》，《WTO经济导报》，2007年第7期，第96页。

[3] 姚综：《美国公布对华高科技产品出口新政策 "授权合格最终用户(VEU)" 名单下月将出》，《国际商报》，2007年6月19日。

[4] 李艳洁：《"美国式承诺"：对华高科技出口 "松绑" 效果待查》，《中国经营报》，2013年7月15日。

[5]《美国放宽高科技产品出口中国限制》，《WTO经济导报》，2006年第7期，第42页。

[6] 耿雁冰：《美国或将放开对华高科技出口管制》，《中国贸易报》，2009年11月19日。

[7] 齐琳：《美对华出口管制将有限度放宽》，《北京商报》，2010年5月14日。

船、斗式挖泥船、吸沙船、自航自卸式泥驳等大型工程船舶实施出口管制,[1]也限制部分无人机和每秒运算大于8万亿次浮点的超级计算机出口。[2]

（二）中国的自主创新政策

"自主创新"是在发展中国家技术创新的背景下提出的概念，国内最早涉及自主创新的政策可以追溯到20世纪90年代。[3]中国在多年的"以市场换技术"并未取得成效的情况下，终于下定决心开始推动自主创新，形成具有自主知识产权的产品和产业。2007年10月15日，党的十七大报告明确指出，提高自主创新能力，建设创新型国家，这是国家发展战略的核心，是提高综合国力的关键。这一政策导向针对的是中国关键技术自给率低、对外技术依存度高、知识和技术创新对经济增长的贡献率低、自主品牌少等问题。

但是，这一战略自提出之后，就不断遭到美方的质疑和反对。2009年11月，中国科技部、国家发改委和财政部联合发布的两个文件——《关于开展2009年国家自主创新产品认定工作的通知》和《2009年度国家自主创新产品申报说明》，通过制定标准对自主创新的产品予以认定，给予优惠，鼓励创新，在美国国内引起轩然大波。美国认为，中国的这种认定并不能跟上整个创新周期变化的速度，产品目录或者清单会使创新减速，这些做法不符合世界贸易组织（WTO）惯例，坚持要求停止此规定。这两个文件引起跨国公司强烈抵制的原因，是他们担心会被中国拒于价值数百亿美元的政府采购合同之外。在国际金融危机爆发之后，美国最先在政府采购计划中提出优先购买美国货。因此，美国对中国政策的抗议是明显的双重标准。

2010年，在首次中美创新对话上，美方代表再次提出对中国自主创新产品认证制度、政府采购与某个目录产品相挂钩的做法表示关切，期待开展高层和专家级的会谈。据美国媒体报道，在许多跨国高科技企业看来，中国的自主创新政策是"一份以史无前例的规模盗取外国科学技术的计划"，[4]或迫使他们将自己的知识产权转让给中国。2012年，美国智库信息科技与创新基金会（ITIF）发布报告《够了：对抗中国的创新重商主义》，分析了中国重商主义的两种实践、内在原因、应对建议和有关争论，指责北京耍手腕为中国公司获取"绝对优势"，要求美国政府与盟友打造"全球自由贸易联盟"限制中国。[5]

---

1 商务部、海关总署：《公告2017年第28号》，商务部网站，2017年5月26日，http://www.mofcom.gov.cn/article/b/e/201705/20170502582557.shtml，2018年9月10日登录。

2 商务部、海关总署：《公告2015年第31号 关于加强部分两用物项出口管制的公告》，商务部网站，2015年7月31日，http://www.mofcom.gov.cn/article/b/e/201507/20150701067575.shtml，2018年9月10日登录。

3 游光荣、柳卸林：《自主创新的内涵与类型》，《国防科技》，2007年第3期，第23—25页。

4 Andrew Batson, Jason Dean：《美国商会：自主创新政策引发中美贸易纠纷》，《华尔街日报》，2010年7月27日。

5 杨枝煌：《美国对中国自主创新发展政策妖魔化的实质——驳美国智库的"中国创新重商主义"歪论》，《对外经贸实务》，2012年第11期，第4—9页。

（三）中国的制造强国战略

与自主创新战略类似，为避免被锁定在低附加值的低端制造领域，打造具有国际竞争力的制造业，国务院于2015年5月19日印发《中国制造2025》，计划通过"三步走"实现制造强国的战略目标。第一步，到2025年迈入制造强国行列；第二步，到2035年中国制造业整体达到世界制造强国阵营中等水平；第三步，到新中国成立100年时，综合实力进入世界制造强国前列，并瞄准了新一代信息技术产业、高档数控机床和机器人、航空航天装备、海洋工程装备及高技术船舶、先进轨道交通装备、节能与新能源汽车、电力装备、农机装备、新材料、生物医药及高性能医疗器械等十个重点领域。

与此同步的是，美国也在积极振兴先进制造业，接连出台了《重振美国制造业框架》《美国制造业促进法案》《先进制造伙伴计划》《先进制造业国家战略计划》《国家制造业创新网络计划》等政策文件，旨在以先进制造为核心，不断吸收微电子、信息、计算机、机械、材料、生物、航空航天、环保等领域的技术成果，融入精益生产、准时生产、清洁生产、柔性制造、敏捷制造、计算机集成制造、虚拟制造、绿色制造等众多先进模式，抢占制造业的高地。

在这一情况下，中美之间不可避免地"撞车"，形成了直接竞争。美国要求中国改变《中国制造2025》中不合理的产业规划，中国则强调涉及底线和原则问题，绝不让步。双方的对抗导致了中美贸易战的爆发。2017年8月18日，美国基于《1974年贸易法》第301条款，针对中国的技术转让、知识产权和创新实践启动调查，其真正目标被认为是针对《中国制造2025》。特朗普政府对于中国在无人驾驶汽车、医疗器械、半导体、人工智能、机器人技术等众多技术领域的政策予以了极大关注，认为《中国制造2025》通过大量国家资金的投入以及行业保护，助力中国成为这10个行业的全球领导者。[1]

2018年4月3日，美国发布多达1300个税号的征税产品建议清单，包括信息和通信技术、航天航空、机器人、医药、机械等领域，都涉及中国诸多制造业升级产业，针对《中国制造2025》的意图更是不言自明。中国强势回应，表示将对美国产品采取同等力度、同等规模的对等措施，并拟立即将美方有关做法诉诸WTO争端解决机制。

三、中美科技关系的政策导向

当前，中美关系"遇冷"是不争的事实。有舆论认为，"目前中美关系可能正

---

[1] 机工智库：《美国此次301调查的真正目标：中国制造2025》，《中国外资》，2017年第21期，第24—26页。

在遇到两国建交以来最复杂、最恶劣、最综合的寒流"。[1] 在这一背景下,两国科技关系难以幸免,受到极大冲击,甚至于成为两国"冷战"的突出领域。对中美科技关系的未来走向,正如专家对中美关系的预判,中国"要怀最好预期,做最坏打算"。

(一) 坚持竞合思维

在以往,当实力差距还很大的时候,中美之间合作要大于竞争,但伴随中国综合实力上升,已呈现竞争大于合作的趋势。竞争与合作同时上升成为中美关系"新常态"。如何对这种竞合状态进行良性塑造,是中美构建新型大国关系面临的主要挑战。[2] 在科技领域也是如此。

1988年9月,邓小平指出,"马克思说过,科学技术是生产力,事实证明这话讲得对。依我看,科学技术是第一生产力"。自此之后中国开始高度重视科学技术,1995年开始实施科教兴国战略,科学技术得到快速的提升,并为经济增长作出了突出的贡献。历史上,美国也正是依靠科技创新实现崛起,成为世界上最发达的资本主义国家。1778年美国独立时就在其宪法中明文规定,要鼓励教育和科学技术工业发展。到了近代,尤其是第一次世界大战之后,美国在科技领域实现了一系列突破,科学技术对经济增长的贡献率高达69%。受益于科技创新,美国对其重要性的认识必然极为深刻,决不会将这一领先优势拱手让人。这个"人"不止是中国,任何一国如果在科技实力上能够对美国造成威胁,都必然会遭到美国的围追堵截。

面向未来的中美科技关系,竞合将是新常态,既不是竞争,也不是合作,而是介于两者之间。如何在竞争与合作中找到制衡的点,这将考验两国科技外交的水平。从中方立场来讲,需要避免走极端化的道路,不是"非合作即竞争",应该坚持竞合思维,在竞争中寻找合作的最大可能性。

(二) 积极寻找双方利益的契合点

从中美科技合作的历史来看,双方的地位并不对等,以往中国采取"以市场换技术"的策略,但收效并不乐观。可以认为,这些合作还不是高质量的科技合作。伴随中国科技实力的上升,双方地位开始慢慢接近,逐步走向强强联手,但

---

[1] 王文:《"美国的耐心已到尽头了"? 中国要怀最好预期,做最坏打算》,参考消息网,2018年9月10日,http://ihl.cankaoxiaoxi.com/2018/0910/2324130.shtml,2018年9月12日登录。

[2] 赵明昊:《"一带一路"与中美竞合关系的塑造》,《复旦学报》(社会科学版),2017年第6期,第125—134页。

此时猜忌和防范心理出现，阻碍了中美之间的深入合作。

目前，美国仍然是科技实力十分强大的守成国家，处于优势地位，在中美科技合作与竞争中掌握着主动权。中国是科技实力不断壮大的新兴国家，在很多领域仍落后于美国，对通过合作与交流来提升自身科技实力有着内在的需求。为此，哪怕遭到美国"科技冷战"的阻截，中国也要主动出击，尽可能地寻找双方利益的契合点。

尽管处于相对劣势，中国在中美科技关系中不能一味地委曲求全。从根本上来讲，任何一种合作关系，都建立在双方共同利益诉求的基础上。如果只对一方有利，这种合作关系必然不会长远。如果美国认为不能从中美科技合作中获利，甚至可能利益受损，自然会停下合作的脚步。但只要还在合作，就意味着仍然会从中获利。因此，对美方极力封锁的技术，中方虽然需要争取，但不必寄予太大希望，而将更多的精力放在自力更生、自主创新上。

但对有些技术领域，美国并非处于绝对领先地位，也有对外合作的需求，是中方可以极力去争取的；甚至有些领域是中国处于领先地位，在这种情况下，美国也会想尽办法加强合作，这为中国增添了谈判博弈的砝码。中国领先的技术领域越多，在对美科技合作中得到的主动权也就越大。

面向未来的中美科技关系，中国的策略很明确，对双方形成直接竞争的领域不必强求科技合作，要自力更生或另寻方案，在自主创新政策、《中国制造2025》战略的落地上决不能让步，通过增强各领域的科技实力，在应对美国限制对华高科技产品出口问题上赢得更多的筹码；对并不构成直接竞争的领域，则积极寻找双方利益的契合点，尽可能使科技合作形成互利共赢的局面。

（三）坚持构建全球科技合作格局

影响中美科技竞合关系的并不只是中美两个国家。在全球科技格局中，除了美国和中国，还有欧盟、日本等发达国家以及俄罗斯、南非、巴西、印度等新兴国家，以及众多的发展中国家，也都占据重要位置。这些国家重视对外科技交流，重视国际科技合作。如果美国一意孤行，坚持"美国优先"战略，将引起其他国家的反感和抵制，也就为中国与这些国家的科技合作创造了机会。

因此，除了与美国建立和加强科技关系，中国还有广阔的国际合作空间，与欧盟、日本等也建立了密切的科技关系，广泛开展国际合作。当然，作为同一个阵营，西方国家对中国的科技外交保持一定程度的一致性，为此中国必须广泛建立科技关系，不仅要维持与传统科技强国的联系，更要加强与新兴国家的科技关系，寻找利益的契合点，以降低对美国科技的依赖。从全球来看，美国、英国、法国、以色列、俄罗斯是中国需要加快布局的五个战略支点，不能依赖于某一个支点。

目前，全球科技合作格局仍处于动态变化的过程，即使是美国，也没有实现对其的完全操控。任何一个国家都可以通过自身的努力从中受益，关键就在于因势利导，充分利用这一庞大体系中所包含的创新力量，使其为本国科技创新能力的提高和经济发展服务。

具体来讲，一是要推进与其他国家的政府间科技合作，特别是要将国家各主要科技计划、重大科技专项中的重点国际合作项目纳入双边、多边政府间科技合作协议，加强国际科技合作，提升创新合作的层次和质量；二是要广泛参与和发起国际大科学工程和计划，如中国人类基因组计划、国际热核聚变实验反应堆计划、伽利略计划、人类肝脏蛋白质组计划、全球对地观测系统、国际综合大洋钻探计划、全球变化研究计划等，并推出了由中国主导的两大国际计划——中医药国际科技合作计划、可再生能源与新能源国际科技合作计划；三是要大力实施人才国际化战略，继续推动优秀大学毕业生出国留学深造，并吸引这部分人才归国服务，同时，建立海外高端人才特聘专家制度，吸引外籍高科技人才来华工作，探索技术移民政策，完善外国人永久居留的政策。

面向未来的中美科技关系，中国需要将其置于更广阔的视野，放在全球科技创新体系和科技合作格局之下，要重视与美国的科技竞合关系，但又不能过度依赖，要寻找竞合状态下的最大公约数，致力于打造一个包括美国在内，地域上覆盖全球，主体上包括企业、大学和科研机构等，领域上扩展到几乎所有行业，利益上符合中国国家利益并能促进合作共赢的全球科技创新格局，持续不断提升中国科技创新实力，保障创新型国家目标的实现。

专题：新时期的中美关系

蔡英文上台以后的两岸关系

节大磊

内容提要：由于蔡英文政府至今不肯明确承认"九二共识"，两岸关系自2016年5月逐渐转冷而陷入僵局。2018年以来，美国国会和政府的一系列"亲台"举措使得两岸之间的对抗态势明显升高。目前看来，一定程度的对抗状态会持续下去，也许还会继续升高，但是台海局势尚不至于在短时间内完全失控。中国大陆应该从中华民族伟大复兴的高度看待台湾问题，在坚持战略自信的同时，继续丰富和优化战术手段，努力推进祖国统一。

关键词：两岸关系 蔡英文 特朗普政府 "九二共识"

如何处理两岸关系一直都是民进党的最大挑战之一。1996年，代表民进党参加台湾地区领导人选举的彭明敏，公开鼓吹"台独"，结果大败而归。为了2000年的选举，民进党通过了"《台湾前途决议文》"，对其"台独"立场进行了一定程度的修正，同时因为国民党自身的分裂，陈水扁得以侥幸当选。2012年，蔡英文代表民进党挑战执政的马英九，其空洞的"台湾共识"无法取得台湾人民的认可从而落选。针对此次败选，民进党的2012"大选检讨报告"明确提出，要在两岸政策上"不断强调务实与温和的路线"，"摆脱反中、锁国等错误的刻板印象"。[1] 因此在2015年再一次成为民进党的候选人之后，蔡英文一直在试图调整其两岸论述，以避免使之成为选举中的负资产。

2015年4月9日，蔡英文在民进党"中国事务委员会"第二次会议致辞时，

节大磊 北京大学国际关系学院副教授。
[1] 民进党：《民进党第十四届第二十次中执会新闻稿》，2012年2月22日，https://www.dpp.org.tw/media/contents/4878，2018年9月10日登录。有关民进党内部对两岸政策的反思，参见童振源、李晓庄主编：《面对：民进党精英的两岸未来》，台北：时报文化，2015年。

首次提到其参加此次台湾地区领导人选举的两岸政策,也就是相当模糊的所谓"维持两岸现状"。[1] 蔡英文有关两岸政策的更系统、更实质性的论述出现在她2015年6月3日在美国智库战略与国际研究中心(CSIS)的讲话中。在这次讲话中,她不仅表示要建立"具一致性、可预测且可持续的两岸关系",并且提到了尊重"'中华民国'现行宪政体制"以及维护过去二十多年两岸"协商和交流互动所累积的成果"。[2] 这次讲话基本上奠定了其未来两岸论述的基础。2016年1月21日,蔡英文在大选胜利之后接受了台湾《自由时报》的专访,进一步总结了其发展两岸关系的"政治基础"。除了之前提到的"'中华民国'现行宪政体制"、两岸过去"协商和交流互动的成果"以及"台湾的民主原则以及普遍民意"之外,这个"政治基础"还包括"1992年两岸两会会谈的历史事实以及双方求同存异的共同认知"。[3] 总体而言,蔡英文有关两岸政策的论述有朝着"九二共识"靠近的迹象,但是并没有直接、明确地承认"九二共识"及其"一中"意涵。

试探阶段(2016年5月—2016年9月)

在蔡英文胜选之后、就任之前的这段时间里,两岸双方似乎都对建立某种形式的良性互动抱有一定程度的期望。选举之后,民进党秘书长、蔡英文的核心幕僚吴钊燮赴美参加会议,特别强调两岸关系并不是选举中最重要的议题,选举结果也不意味着中国大陆的"挫败"。[4] 与此同时,《环球时报》的社评也认为"台湾民众选蔡英文选的不是'台独'",此次选举不是对"两岸关系的一次打分"。[5] 由于在"立法院"第一次取得了绝对多数,民进党在"立法院"推动"台独"议程的可能性大大增高。在这期间,蔡英文也对一些民进党内蠢蠢欲动的"台独"言行进行了或多或少的限制。在民进党"立法委员"高志鹏提出废除在"公务单位"、学校等悬挂孙中山先生遗像的规定时,蔡英文表示民进党在"立法院"的议题设定应该有"整体战略思维",对于"政治敏感度高"或者"重大政策"议

---

1 朱烁:《蔡英文定调民进党两岸政策:维持现状,不挑起对立》,中国台湾网,2015年4月10日,http://www.taiwan.cn/taiwan/jsxw/201504/t20150410_9543965.htm,2018年9月10日登录。

2 蔡英文:《台湾迎向挑战——打造亚洲新价值的典范》,美国战略与国际研究中心(CSIS),2015年6月3日,https://csis-prod.s3.amazonaws.com/s3fs-public/event/150603_Tsai_Ing_wen_transcript_chinese.pdf,2018年9月10日登录。

3 邹景雯:《九二历史事实,推动两岸关系》,《自由时报》,2016年1月21日。

4 Jaushieh Joseph Wu, "Taiwan after the KMT: Interpreting the 2016 Election," Center for Strategic and International Studies, Washington, DC, January 19, 2016, https://csis-prod.s3.amazonaws.com/s3fs-public/legacy_files/files/attachments/20160119_Wu_Speech.pdf,2018年9月10日登录。

5 社评:"台湾民众选蔡英文选的不是'台独'",《环球时报》,2016年1月16日,http://opinion.huanqiu.com/editorial/2016-01/8394097.html?referer=huanqiu,2018年9月10日登录。

题应该有更多的内部讨论，事实上间接表达了反对。[1] 在民进党多位"立法委员"提出所谓"两国论"版本的"《两岸协议监督条例》"草案后，蔡英文通过民进党中央要求撤回。[2] 另一方面，蔡英文和吴钊燮也都公开表示中国大陆在这个时期保持着相当大程度的善意和克制。[3]

在2016年5月20日众所瞩目的就职演说中，首先，蔡英文进一步明确提到了"《中华民国宪法》"和"《两岸人民关系条例》"。[4] "《中华民国宪法》""增修条文"提到的"为因应国家统一前之需要"，以及"《两岸人民关系条例》"所称的"台湾地区"和"大陆地区"都有明确的"一中"涵义。其次，蔡英文也表明要捍卫"中华民国的主权和领土"，并且提及了"东海及南海问题"。但是，蔡英文依然没有明确承认"九二共识"，以及直接回答大陆和台湾地区的关系属于何种性质的关键问题。对于蔡英文的就职演说，大陆的涉台专家以"有调整、不满意、观其行""有所靠近、回避实质、有待观察"等进行评价。[5] 中共中央台办、国务院台办也明确表示，蔡英文的讲话在两岸关系性质这一根本问题上态度"模糊"，"没有明确承认'九二共识'和认同其核心意涵"，"没有提出确保两岸关系和平稳定发展的具体方法"，因此是"一份没有完成的答卷"。[6] 这样的表态既明确重申了"九二共识"对于维护两岸关系和平发展的政治基础的地位，又为蔡英文继续与大陆相向而行留下了一定空间。

在蔡英文即将就职前不久，台湾能否继续参加2016年5月的世界卫生组织(WHO)大会成了一个横亘在两岸之间的第一个挑战。自2009年以来，在两岸"九二共识"的政治基础之上，台湾以"中华台北"的名义和观察员的身份连续参与了世卫组织大会。2016年的世卫组织大会将在蔡英文上台后的5月23日开始举行，而发出邀请函和确认参会则需要在马英九政府下台前完成。5月6号，台湾方面收到世卫组织秘书处的邀请函。与往年的邀请函不同的是，此次的邀请函专门提及了联合国大会第2758号决议、世卫大会的第25.1号决议及其体现的

---

[1] 陈慧萍:《废国父遗像？蔡：提案要有整体战略》，《自由时报》，2016年2月25日, http://news.ltn.com.tw/news/focus/paper/961580，2018年9月10日登录。

[2] 新华社:《"两岸协议监督条例"草案，蔡英文下令撤回"两国论"版本》，2016年3月15日, http://www.xinhuanet.com/tw/2016-03/15/c_128800569.htm，2018年9月10日登录。

[3] 《蔡英文：感受对岸释出善意》，《壹周刊》，2016年1月18日, https://www.nextmag.com.tw/realtimenews/news/33429793，2018-09-10；Jaushieh Joseph Wu, "Taiwan after the KMT: Interpreting the 2016 Election"。

[4] 蔡英文:《"中华民国第14任总统"蔡英文女士就职演说》，2016年5月20日, https://www.mac.gov.tw/News_Content.aspx?n=106241E966C563C0&sms=949FB8518BAC220E&s=995E17A883743E06，2018年9月10日登录。

[5] 任成琦:《大陆专家学者评析蔡英文讲话——回避"九二共识"何来诚意和善意？》，《人民日报》(海外版)，2016年5月23日第3版；《大陆学者纵论两岸形势：我们有战略自信》，中国新闻网，2016年5月24日, http://www.chinanews.com/tw/2016/05-24/7880747.shtml，2018年9月10日登录。

[6] 新华社:《中共中央台办、国务院台办负责人就当前两岸关系发表谈话》，2016年5月20日, http://www.xinhuanet.com/tw/2016-05/20/c_1118904201.htm，2018年9月10日登录。

"一中原则"。蔡英文当局在表明"以2758号决议文为基础的一中原则"和"台湾参与世卫组织大会"之间并无关联之后,选择派新政府的"卫生福利部长"与会。[1] 正如国台办发言人所言,这次安排体现了大陆方面"继续维护两岸关系和平发展的真诚愿望",也是"大陆方面释放的善意"。但是如果今后两岸关系的政治基础"遭到破坏","上述安排将难以为继"。[2] 事实上,两岸之间的国台办与陆委会的联系沟通机制、海协会与海基会的协商谈判机制因为"九二共识"政治基础的失去而随即陷入停摆。[3] 大陆游客赴台旅游的人数也在蔡英文正式就职后大幅下降,以至于生意惨淡的台湾旅游业者在9月12日即举行了一场抗议活动。[4]

同时,中国大陆对于蔡英文当局"去中国化"的担忧也在与日俱增。蔡英文新政府上任的第二天,其"教育部长"就宣布废止了马英九政府2014年通过的"课纲微调"。8月1日,蔡英文在向台湾的"原住民"道歉之时,似乎把汉人与荷兰人和日本人都看作一样的"外来者"。[5] 蔡英文政府推动的所谓"转型正义"也引起了中国大陆的担忧。首先,通过"不当党产处理条例"沉重打击乃至彻底清算国民党,大大削弱国民党东山再起的能力。其次,所谓的"清除威权象征"在很大程度上是"去蒋化",最终导向"去中国化"。[6] 另外,值得一提的是,在这个时期,蔡英文也错过了一次赢得更多大陆信任、改善两岸关系的机会。在2016年7月民进党第17届"全代会"召开前夕,有党代表提出把蔡英文的"维持现状"主张纳入党纲,以取代1991年的"台独党纲"、1999年的"台湾前途决议文"和2007年的"正常国家决议文","以符合时代需求,凝聚台湾共识,强化本党维护台海和平之稳健形象"。[7] 这个提案固然离"九二共识"有一定的距离,但毕竟是处理民进党历史上的"台独党纲"和"决议文"的积极步骤。此时,蔡英文就职不久,尚且拥有较大的政治资本和权威来推动此事,但是提案却

---

[1] 王平:《面对"九二共识",蔡英文不能再装睡》,《人民日报》(海外版),2016年5月9日第3版。

[2] 查文晔:《国台办:台湾方面参与世卫组织大会是在一个中国原则下做出的安排》,新华社,2016年5月6日,http://www.xinhuanet.com//2016-05/06/c_128964846.htm?from=singlemessage&isappinstalled=0,2018年9月10日登录。

[3] 国务院台办:《国台办:导致两岸联系沟通机制停摆的责任完全在台湾一方》,2016年6月29日,http://www.gwytb.gov.cn/wyly/201606/t20160629_11495074.htm,2018年9月10日登录。

[4] 徐子晴:《万名观光业者要活路,政府却还在"研拟中"》,《联合报》,2016年9月13日,http://a.udn.com/focus/2016/09/13/24528/index.html,2018年9月10日登录。

[5] 蔡英文:《代表政府向原住民道歉》,2016年8月1日,https://www.president.gov.tw/NEWS/20603,2018年9月10日登录。

[6] 任成琦:《民进党的"转型正义"是个什么鬼?》,《人民日报》(海外版),2016年4月25日第3版;王建民:《民进党推动"转型正义"的真相》,2016年6月24日,中国台湾网,http://big5.taiwan.cn/plzhx/zhjzhl/zhjlw/201606/t20160624_11490881.htm,2018年9月10日登录。

[7]《维持现状新党纲,绿:党代表有权提案》,《中国时报》,2016年6月16日,http://www.chinatimes.com/cn/realtimenews/20160616003613-260407,2018年9月10日登录。

遭到了冷处理而不了了之。整体而言，尽管对蔡英文政府有"去中国化"和"文化台独"的担忧，也还有一些诸如"雄三"导弹误射、大陆游客的"火烧车"等一些不愉快的事情发生，中国大陆在这段时期尚没有在国际空间和军事层面对台施加。

局势升温（2016年9月—2017年底）

2016年9月23日，台湾确定不能参加将于9月27日在加拿大举办的三年一度的国际民航组织（ICAO）大会，标志着蔡英文执政后的两岸关系进入到了第二个阶段。这就意味着，在不承认"九二共识"及其核心意涵的情况下，台湾的所谓"国际空间"将不可避免地受到影响。随着时间的推移，中国大陆对于蔡英文明确承认"九二共识"的期望越来越低。7月22日，蔡英文在接受美国《华盛顿邮报》采访时，针对中国大陆要求其承认"九二共识"有无期限时表示，"设定期限，要求台湾政府违反民意去承受一些对方的条件，其实可能性是不大的"。[1] 9月18日，海协会会长陈德铭在新加坡接受采访表示对蔡英文承认"九二共识""无法乐观"。[2] 在未能参加国际民航组织大会后，蔡英文的态度也逐渐强硬起来。9月29日，在纪念民进党创党30周年写给民进党党员的一封公开信中，蔡英文号召民进党员要"力抗中国的压力，发展与其他国家的关系"。[3] 接下来蔡英文陆续接受美国《华尔街日报》和日本《读卖新闻》专访，提出了她的所谓"四不"："承诺不变"，"善意不变"，但"不会屈服在压力之下"，也"不会走到对抗的老路上去"。[4] 在2016年的"双十讲话"中，蔡英文重申了就职典礼上有关两岸关系的说法，也再次提到了"四不"，[5] 但是她再一次错失正面承认"九二共识"，使两岸关系重回和平发展轨道的机会。这个时期，中国大陆除了担忧台

---

1 蔡英文：《接受美国〈华盛顿邮报〉专访》，2016年7月22日，https://www.mac.gov.tw/News_Content.aspx?n=106241E966C563C0&sms=949FB8518BAC220E&s=A10792677CA77CF4，2018年9月10日登录。

2 沈泽玮：《陈德铭对蔡英文承认"九二共识"无法乐观》，《联合早报》，2016年9月20日，https://www.zaobao.com.sg/special/report/politic/taiwan/story20160920-668249，2018年9月10日登录。

3 蔡英文：《创党30周年蔡英文主席给民主进步党党员的信》，民主进步党，2016年9月29日，https://www.dpp.org.tw/media/contents/7634，2018年9月10日登录。

4 蔡英文：《接受美国〈华尔街日报〉专访：有关两岸关系谈话内容》，2016年10月4日，https://www.mac.gov.tw/News_Content.aspx?n=106241E966C563C0&sms=949FB8518BAC220E&s=C5F2BFD9BDCCAC1E，2018-09-10；蔡英文：《接受日本〈读卖新闻〉专访》，2016年10月6日，https://www.mac.gov.tw/News_Content.aspx?n=106241E966C563C0&sms=949FB8518BAC220E&s=0E7B91A8FBEC4A94，2018年9月10日登录。

5 蔡英文：《出席"中华民国"中枢暨各界庆祝105年"国庆"大会：有关两岸关系谈话内容》，2016年10月10日，https://www.mac.gov.tw/News_Content.aspx?n=106241E966C563C0&sms=949FB8518BAC220E&s=6A2DC641E62C51E5，2018年9月10日登录。

湾岛内各种形式的"去中国化"外,[1] 还对台湾当局对"《公民投票法》"修法高度警惕。有些修法草案包括"领土变更"等事项,具有明显的"台独"意味。尽管最终的修正案将"领土变更"和"两岸政治协议"等敏感事项排除在"公投"之外,但是由于"公投"的提案、连署及通过门槛均被大幅降低,还是给了"台独"势力利用"公投"打"擦边球"的机会。[2]

鉴于形势的发展,中国大陆对于两岸关系的判断也渐趋悲观。在2017年1月的对台工作会议上,俞正声强调,"2017年两岸关系和台海局势更加复杂严峻"。[3] 在3月的两会期间,国台办主任张志军也发出严厉警告,"'台独'之路的尽头就是统一"。[4] 在此情况下,台湾在"国际空间"问题上也继续遭遇挫折。2016年11月,台湾未能参与在印尼举办的第85届国际刑警组织(INTERPOL)大会。2017年5月,台湾连续八年参加世界卫生组织大会的历史也宣告终结。2016年12月,圣多美普林西比成为了蔡英文上台以后第一个与台断交的"邦交国"。2017年6月,巴拿马也与台当局"断交"。此外,台湾在尼日利亚、厄瓜多尔、约旦、阿联酋、巴林等"非邦交国"的代表处也被迫改名。比如,台湾驻尼日利亚的"'中华民国'商务代表团"被迫改为"台北贸易办公室",并被尼方要求迁出首都。[5] 台"外交部"也从2016年11月22日起,在其网站重启了在马英九时代八年未曾更新的"中国大陆阻挠我国际空间事例"。[6] 与此同时,中国大陆在军事层面的动作也给台湾岛内的"台独"势力以极大震慑。2016年11月25日,中国空军首次实现"绕岛巡航",并在之后使之常态化。[7]"辽宁"号及其作战舰艇编队也自2016年底开始在台湾以东海域以及台湾海峡数次行驶及穿越。

---

1 王建民:《蔡英文上台执政后推动"去中国化"与"文化台独"举措实录》,华夏经纬网,2017年5月27日,http://www.huaxia.com/thpl/djpl/2017/05/5336327.html,2018年9月10日登录。

2 张申:《台"公投法"获通过,"独派"将打擦边球触及两岸底线》,海外网,2017年12月12日,http://news.haiwainet.cn/n/2017/1212/c3541093-31204604.html,2018年9月10日登录。"公投法"修正案于2017年12月通过。提案门槛由最近一次台湾地区领导人选举人数的5/1000降到1/10000,连署门槛由5%降到1.5%,通过门槛由"投票人数达投票权人数1/2以上,且有效投票数超过1/2以上同意"降为"有效同意票多于不同意票,且同意票达投票权人数1/4以上",投票年龄也由20岁降为18岁。

3 查文晔:《俞正声出席2017年对台工作会议并作重要讲话》,新华社,2017年1月20日,http://www.xinhuanet.com/politics/2017-01/20/c_1120354535.htm,2018年9月10日登录。

4《国台办主任张志军:"台独"必定会给台湾民众带来巨大伤害》,《环球时报》,2017年3月7日,http://lianghui.huanqiu.com/2017/video/2017-03/10268015.html,2018年9月10日登录。

5《阿尔及利亚外管将改名迁馆,代表已返台》,《自由时报》,2017年6月14日,http://news.ltn.com.tw/news/world/breakingnews/2100127,2018年9月10日登录。

6 钟丽华:《"外交部"重启"中国打压我事例"网页》,《自由时报》,2016年11月23日,http://news.ltn.com.tw/news/politics/paper/1054905,2018年9月10日登录。

7 "中华民国国防部":《"中华民国"106年"国防报告书"》,2017年,第38页。

美国因素

2016年底,特朗普赢得总统大选给美国的"一个中国"政策和两岸关系都带来了极大的不确定性。在就职之前,特朗普先是打破惯例地与蔡英文直接通了电话,继而在电视访谈中质疑"一个中国"政策。[1] 2017年正式入主白宫之后,经过中美双方的密切沟通,特朗普在2月10日与习近平主席的电话中表明,美国新政府将坚持奉行"一个中国"政策。[2] 这次通话以及随后中美元首在海湖庄园的会晤暂时稳定了两岸关系和中美关系。[3]

然而自2017年底以来,美国国会通过一系列"亲台"法案,不仅使中美关系受到负面影响,两岸之间的对抗态势也明显升高。首先,美国国会通过的2018财年和2019财年的《国防授权法案》很显著地增加了若干"亲台"内容。[4] "六项保证"在两项法案中都再度得到重申。[5] 2018年的法案要求美国国防部长在收到台湾有关军售的请求后,必须在120天之内向国会提交一份相关报告,而2019年的法案要求美国国防部长在法案通过后的1年之内,向国会提交一份有关台湾军事防御能力的评估报告。两份法案的其他涉台内容还有诸多加强和提升美国与台湾地区军事关系的建议,包括探讨极具挑衅性的美国与台湾地区军舰互访的可能性等。[6] 这些有关美国与台湾地区

> 自2017年底以来,美国国会通过一系列"亲台"法案,不仅使中美关系受到负面影响,两岸之间的对抗态势也明显升高。

---

1 Anne Gearan, Philip Rucker, and Simon Denyer, "Trump's Taiwan Phone Call Was Long Planned, Say People Who Were Involved," *The Washington Post*, December 4, 2016; Caren Bohan, and David Brunnstrom, "Trump Says U.S. Not Necessarily Bound by 'One China' Policy," *Reuters*, December 11, 2016.

2 新华社:《习近平同美国总统特朗普通电话》,2017年2月10日,http://www.xinhuanet.com/politics/2017-02/10/c_1120444690.htm, 2018年9月10日登录; White House, "Readout of the President's Call with President Xi Jinping of China," February 9, 2017, https://www.whitehouse.gov/briefings-statements/readout-presidents-call-president-xi-jinping-china/, 2018年9月10日登录。

3 关于特朗普在就任前后在"一个中国"政策上的反复,参见郭拥军:《颠簸的"一个中国":特朗普政府对台政策初探》,《台湾研究》,2017年第2期。

4 涉台内容并不是第一次出现在美国《国防授权法案》当中,但是之前的内容较少,程度较轻。

5 在这之前,"六项保证"也在2018年5月和7月出现了参众两院的决议案以及共和党党纲中。U.S. Congress, S.Con.Res.38—A Concurrent Resolution Reaffirming the Taiwan Relations Act and the Six Assurances as Cornerstone of United States-Taiwan Relations," July 7, 2016, https://www.congress.gov/bill/114th-congress/senate-concurrent-resolution/38, 2018年9月10日登录; Tony Liao, and Elaine Hou, "'Six Assurances' to Taiwan Included in Republican Party Platform," *Focus Taiwan*, July 19, 2016, http://focustaiwan.tw/news/aipl/201607190005.aspx, 2018年9月10日登录。

6 U.S. Congress, H.R.2810—*National Defense Authorization Act for Fiscal Year 2018*, December 12, 2017, https://www.congress.gov/bill/115th-congress/house-bill/2810/text, 2018年9月10日登录; H.R.5515—*John S. McCain National Defense Authorization Act for Fiscal Year 2019*, August 13, 2018, https://www.congress.gov/bill/115th-congress/house-bill/5515/text, 2018年9月10日登录。

军事关系的内容尽管不具有约束力,但势必对行政部门形成一定程度的压力。其次,2018年3月正式成为法律的《与台湾交往法》认为美国不应该在美国与台湾地区高层交往上"自我设限",而鼓励双方高层官员互相往来。这项法律尽管在实质上对行政部门也无约束力,但是其在参众两院获得的支持同样会让美国行政部门倍感压力。[1] 在中国大陆看来,特朗普总统签署《与台湾交往法》使其生效,而不是让其在国会通过10天后自动生效,也代表了其在对台政策上的主动调整。在《与台湾交往法》生效后不久,美国国务院东亚与太平洋事务局助理国务卿帮办黄之瀚(Alex Wong)访问台湾,热情赞扬台湾在树立民主典范和维护以规则为基础的地区秩序上的角色,并强调美国的对台支持和承诺坚定不移。[2]

2018年4月,美国国务院批准了本国厂商通过商业渠道向台湾出售潜艇技术和零部件,此举有助于台湾的所谓"潜艇国造"计划。[3] 在2017年6月任内首次批准对台军售后,特朗普政府于2018年9月再次批准新一轮对台军售。尽管此次的军售数额和项目并不突出,但是却似乎意味着美国政府正在改变过往"包裹式"的对台军售,转而采取"个案式"的更为常态化的方式。[4] 美国国防部长马蒂斯也连续两年在新加坡的香格里拉论坛上提到美国基于《与台湾关系法》所承担的义务,并在2018年的讲话中表示"反对所有单方面改变现状"的做法。[5] 2018年7月和10月,美国军舰两度高调穿越台湾海峡。

2018年5月,多米尼加和布基纳法索相继与台湾地区"断交"后,美国国务院对中国大陆的批评台面化,直指大陆在"改变台湾海峡现状"。[6] 在8月萨尔瓦

---

[1] 严格来说,《与台湾交往法》并非是所谓"全票通过",因为在参众两院都并未对其进行投票表决。在众议院,该法是由"口头表决"(voice vote)通过,而在参议院是按照"一致同意"(unanimous consent)程序通过。另外,在国会参众两院尚有其他正在审议中的涉台法案,如《2017台湾安全法案》(Taiwan Security Act of 2017)、《2018台湾防务评估委员会法案》(Taiwan Defense Assessment Commission Act of 2018)、《2018台湾国际参与法案》(Taiwan International Participation Act of 2018)、《2018亚洲再保证倡议法案》(Asia Reassurance Initiative Act of 2018)以及帮助台湾重获世界卫生大会观察员地位的法案等。

[2] Alex Wong, "Remarks by Deputy Assistant Secretary of State Alex Wong at the American Chamber of Commerce in Taipei Hsieh Nien Fan," March 21, 2018, https://www.ait.org.tw/remarks-deputy-assistant-secretary-state-alex-wong-american-chamber-commerce-taipei-hsieh-nien-fan/, 2018年11月10日登录。

[3] William Hetherington, "U.S. Approves Submarine License," *Taipei Times*, April 8, 2018.

[4] Rita Cheng and Frances Huang, "U.S. Moves Toward Normal Military Sales to Taiwan: Official," *Focus Taiwan*, October 12, 2018, http://focustaiwan.tw/news/afav/201810120007.aspx, 2018年11月10日登录。

[5] James Mattis, "Remarks by Secretary Mattis at Shangri-La Dialogue," June 3, 2017, U.S. Department of Defense, https://dod.defense.gov/News/Transcripts/Transcript-View/Article/1201780/remarks-by-secretary-mattis-at-shangri-la-dialogue/, 2018年11月10日登录;"Remarks by Secretary Mattis at Plenary Session of the 2018 Shangri-La Dialogue," U.S. Department of Defense, June 2, 2018, https://dod.defense.gov/News/Transcripts/Transcript-View/Article/1538599/remarks-by-secretary-mattis-at-plenary-session-of-the-2018-shangri-la-dialogue/, 2018年11月10日登录。

[6] 张加:《台多断交,美国务院:敦促中方恢复对话》,《联合报》,2018年5月2日;Chiang Chin-yeh, and Y. F. Low, "U.S. Accuses China of Changing Cross-Strait Status Quo," *Focus Taiwan*, May 26, 2018, http://focustaiwan.tw/news/aipl/201805260003.aspx, 2018年11月10日登录。

多与台湾地区"断交"后，美国不仅表示反对中国大陆"破坏台海稳定"，指责中国大陆对西半球国家进行"政治干预"，更史无前例地召回了美国驻多米尼加、萨尔瓦多和巴拿马的大使和外交官商讨对策。[1] 美国副总统彭斯在10月初的对华政策讲话中，又再度"谴责"中国大陆与以上拉丁美洲三国建交"威胁了台湾海峡的稳定"。[2]

美国政府在对台政策上的调整主要有几个方面的原因。首先，美国的对华战略发生了根本性的改变。美国国内在经历了最近几年对华政策的激烈辩论后，特朗普政府在《国家安全战略报告》中正式放弃"接触政策"，并将中国定义为"修正主义国家"和"战略竞争对手"。[3] 美国政府上下也对中国大陆影响力的持续提升警觉不已。在这种情况下，在台湾问题上对中国强硬以及对台湾地区友善符合当下的环境和气氛。其次，对于蔡英文上台以来两岸关系的恶化，美国国内的主流看法是主要责任在中国大陆。[4] 他们认为，无论是与陈水扁的激进政策相比，还是跟其在2012年竞选时期模糊的两岸论述相比，蔡英文自2015年以来的两岸论述和政策已经在岛内现实政治的制约下，最大程度地实现了与中国大陆的相向而行。再次，特朗普政府缺乏一个清晰完整的对台政策，这也给了美国政府内外的一些"亲台"人士影响其政策的空间。

对抗升高（2017年底至今）

在美国国会和政府推出一系列"亲台"举措的同时，"台独"势力也在岛内不断聒噪。台湾"行政部门"负责人赖清德多次自称"台独"工作者。[5] "台独"势力持续不断推动2020东京奥运会"正名公投"以及2019"台独公投"。[6] 在这

---

[1] The White House, "Statement from the Press Secretary on El Salvador," August 23, 2018, https://www.whitehouse.gov/briefings-statements/statement-press-secretary-el-salvador/, 2018年11月10日登录; U.S. State Department, "U.S. Chiefs of Missions to the Dominican Republic, El Salvador, and Panama Called Back for Consultations," September 7, 2018, https://www.state.gov/r/pa/prs/ps/2018/09/285792.htm, 2018年11月10日登录。

[2] The White House, "Remarks by Vice President Pence on the Administration's Policy Toward China," October 4, 2018, https://www.whitehouse.gov/briefings-statements/remarks-vice-president-pence-administrations-policy-toward-china/, 2018年11月10日登录。

[3] The White House, *National Security Strategy of the United States of America*, December 2017.

[4] Jacques deLisle, "United States-Taiwan Relations: Tsai's Presidency and Washington's Policy," *China Review*, Vol. 18, No. 3, 2018, pp. 20-24; Joseph Yeh, "AIT Head Blames Cross-Strait Impasse on China," *Focus Taiwan*, June 13, 2018, http://focustaiwan.tw/news/acs/201806130016.aspx, 2018年11月10日登录。

[5] 中评社：《赖清德再谈"台独"："府"重申两岸关系立场》, 2018年8月7日, http://bj.crntt.com/doc/1051/5/1/8/105151884.html?coluid=93&kindid=4030&docid=105151884, 2018年11月10日登录。

[6] Chen Wei-han, "Name Rectification Petition Gathers 4488 Signatures," *Taipei Times*, February 6, 2018, http://www.taipeitimes.com/News/front/archives/2018/02/06/2003687144, 2018年11月10日登录; 李欣芳, 苏芳禾：《"喜乐岛联盟"今成立，推明年4/6"独立公投"》,《自由时报》, 2018年4月7日。

种情况下,中国大陆对于美国对台湾地区政策的调整以及台湾岛内政治的发展愈发担忧,两岸之间的对抗也由此明显升高。2018年4月和7月,中国人民解放军分别在台湾海峡和东海海域举行实弹射击军事演习。国台办和国防部也不讳言,军事演习等一系列行动针对的是"台独"分裂势力,是为了捍卫祖国主权和领土完整。[1] 台湾也在四个月内接二连三地损失了多米尼加、布基纳法索、萨尔瓦多等三个"盟邦"。为了更好地在国际社会上贯彻"一中原则",中国民航局于4月25日致函44家外国航空公司,要求它们修改对台湾的称呼。[2]

蔡英文政府的措辞也愈发强硬。在布基纳法索与台湾地区"断交"后,蔡英文言辞激烈地表示,这些"蛮横行为""已经挑战台湾社会的底线","不会再忍让"。[3] 在2018年的"双十讲话"中,蔡英文不再重申就职典礼上有关两岸关系的说法以及"四不",而是开篇就谴责大陆"单方面的文攻武吓和外交打压","伤害了两岸关系","严重挑战了台海和平稳定的现状"。[4] 另一方面,蔡英文政府也在极力迎合特朗普政府的所谓"自由和开放"的印太战略。相对于奥巴马政府时期的"亚太再平衡"战略,特朗普政府在阐述其印太战略时,提到台湾的次数要明显更多。不仅《国家安全战略报告》在谈到印太地区的战略时提到了台湾,特朗普政府国务院和国防部的官员也在不同场合不同程度地谈到了台湾地区在美国印太战略中可以扮演的角色。[5]

为了迎合美国的印太战略,蔡英文政府一方面强调台湾的价值和角色,一方面凸显中国大陆对于地区的威胁。2018年6月25日,蔡英文在接受法新社专访的时候,指责中国大陆想要成为区域霸权,因此希望国际社会共同"制约中国","减少或者遏止中国的霸权扩充"。[6] 在2018年的"双十讲话"中,蔡英文再次指责中国大陆"试图挑战区域现状","全世界都在因应中国势力扩张",而

---

[1] 赵博:《国台办谈解放军台湾海峡水域军演:我们有意志、信心和能力挫败任何形式"台独"》,新华社,2018年4月13日,http://www.xinhuanet.com/tw/2018-04/13/c_129850309.htm,2018年11月10日登录;郭媛丹:《解放军东海实弹演习震慑"台独",专家:为分裂分子"量身定制"》,《环球时报》,2018年7月18日。

[2] 《中国民用航空局通报相关外航网站涉港澳台信息整改情况》,中国民用航空局,2018年5月25日,http://www.caac.gov.cn/XWZX/MHYW/201805/t20180525_188212.html,2018年7月18日登录。

[3] 蔡英文:《"总统"就我与布基纳法索正式"断交"发表谈话》,2018年5月24日,https://www.mac.gov.tw/News_Content.aspx?n=106241E966C563C0&sms=949FB8518BAC220E&s=96A1AF958529A1D9,2018年11月10日登录。

[4] 蔡英文:《民主台湾,照亮世界》,2018年10月10日,https://www.mac.gov.tw/News_Content.aspx?n=106241E966C563C0&sms=949FB8518BAC220E&s=94672E73DBEB7FB9,2018年11月10日登录。

[5] The White House, *National Security Strategy of the United States of America*, p. 47; Alex Wong, "Remarks by Deputy Assistant Secretary of State Alex Wong at the American Chamber of Commerce in Taipei Hsieh Nien Fan"; Rita Cheng, and Evelyn Kao, "American Official Deems Taiwan Partner in U.S. Indo-Pacific Strategy," *Focus Taiwan*, http://focustaiwan.tw/news/aipl/201807190013.aspx,2018年11月10日登录。

[6] 蔡英文:《"总统"接受法新社专访》,2018年6月25日,https://www.mac.gov.tw/News_Content.aspx?n=106241E966C563C0&sms=949FB8518BAC220E&s=9901E7EEB378C55E,2018年11月10日登录。

台湾要建构其"不可取代的战略重要性"。[1] 7月18日,台湾陆委会主委陈明通在华盛顿参加国际研讨会致词时,主动引用特朗普政府《国家安全战略报告》中对中国大陆"修正主义国家"的定位以及试图改变二战以来国际秩序的指责,同时强调台湾作为印太地区自由民主的一员,可以一起"守护以法规为基础的国际秩序"。[2] 8月30日,"外交部长"吴钊燮在台北的"印太安全对话"的致词中,列举了台湾在价值、经济和安全方面能够对于印太地区作出的贡献,并且再次提醒"台湾所面临的挑战正是对整体区域自由、开放及繁荣的最大挑战"。[3]

结 论

由于蔡英文政府至今不肯明确承认"九二共识",两岸关系逐渐转冷而陷入僵局。2018年以来,美国国会和政府的一系列"亲台"举措使得两岸之间的对抗态势明显升高。目前看来,一定程度的对抗状态会持续下去,也许还会继续升高,但是台海局势尚不至于在短时间内完全失控。一方面,特朗普政府固然在强化和提升美国与台湾地区关系,但是他们也深知美国与台湾地区关系的限度。例如,2018年6月,美国在台协会台北办事处新馆落成的时候,美国只是派出了主管教育和文化事务的助理国务卿参加典礼,并没有像之前传闻那样派出国家安全事务顾问博尔顿或者其他更高层官员出席,也没有派遣海军陆战队负责新馆安全。[4] 特朗普本人的交易型心态也意味着他不愿意为了台湾承受太多的代价。[5] 就蔡英文政府来说,一方面不承认"九二共识"的立场依然顽固,另一方面也不太可能走上陈水扁式的激进道路。"台独"组织"喜乐岛联盟"号召民众于10月20日举行"全民公投反并吞"集会,蔡英文和民进党中央要求全党公职人员及候选人不要参与。[6]

> 目前看来,一定程度的对抗状态会持续下去,也许还会继续升高,但是台海局势尚不至于在短时间内完全失控。

---

1 蔡英文:《民主台湾,照亮世界》。

2 陈明通:《主委出席"两岸关系的机遇与挑战"国际研讨会开幕致词稿》,2018年7月18日,https://www.mac.gov.tw/News_Content.aspx?n=05B73310C5C3A632&sms=1A40B00E4C745211&s=CF5DB9210F5967B4,2018年11月10日登录。

3 吴钊燮:《"外交部长"吴钊燮印太安全对话英文演说中译文》,2018年8月30日,https://www.mofa.gov.tw/Upload/RelFile/662/167448/3dcd2237-3469-44b8-a01e-0e97b9f86cb8.pdf,2018年11月10日登录。

4 《社评:对AIT新馆落成,台当局无需兴奋》,《环球时报》,2018年6月11日。

5 根据美国著名记者鲍伯·伍德沃德的描述,在2018年1月19日的一次内部会议中,特朗普直接质问其国安团队,"我们从保护台湾中能得到什么?"Bob Woodward, *Fear: Trump in the White House*, New York: Simon & Schuster, 2018, p. 305。在美国在台协会台北新馆落成的时候,特朗普否决了有人提出的派遣更高阶官员前往台湾的三次动议。另外,特朗普也对助理国务卿帮办黄之瀚在台北未经授权大谈台(湾地区)美关系非常不满。与美国资深学者的访谈,2018年11月,北京。

6 民主进步党第十八届第八次中常会新闻稿,2018年9月19日,https://www.dpp.org.tw/media/contents/8404,2018年11月10日登录。

同时，蔡英文也似乎相信其目前的策略比较有效，因此在2018年的"双十讲话"中，表示"不会贸然升高对抗，也不会屈从退让"。[1] 在2018年11月24日落幕的台湾"九合一"选举中，民进党遭遇大败。[2] 一方面蔡英文在岛内和党内的政治地位和权威都大大削弱，中国大陆要警惕其剑走偏锋，在日后更多诉诸统独议题；另一方面国民党在地方县市的大范围执政也为两岸恢复和扩大交流创造了条件。中国大陆应该从中华民族伟大复兴的高度看待台湾问题和推进祖国统一，在坚持战略自信的同时，继续丰富和优化战术手段。正如2018年7月习近平总书记在会见中国国民党前主席连战的时候所指出的，继续坚定不移坚持"九二共识"，反对"台独"，坚定不移扩大深化两岸交流合作，坚定不移为两岸同胞谋福祉，坚定不移团结两岸同胞共同致力于民族复兴。[3]

---

[1] 蔡英文：《民主台湾，照亮世界》。

[2] 有关选举结果，参见"中央选举委员会"，https://www.cec.gov.tw/pc/zh_TW/IDX/indexC.html，2018年11月27日登录。

[3] 新华社：《习近平会见连战一行》，2018年7月13日，http://www.xinhuanet.com/politics/leaders/2018-07/13/c_1123123044.htm，2018年11月10日登录。

关于南海国际舆论战及其主要特征分析

张海文 田秋宝

内容提要：近年来，以美国智库为引领的国际智库与一些国际媒体相互配合，炒作有关中国海洋权益话题，尤其是涉及南海的话题。本文采用大数据检索和归纳分析法，对全球120家知名国际智库、26万家媒体和网站开展舆情监测，搜索在2013年1月1日至2017年12月31日期间所发布的涉华涉海报告、文章、评论及其他形式的报道。在海量数据基础上，通过归纳和分析，研究提出美国主导的南海国际舆论战的基本构成、主要特征、基本运作模式及其基本规律，以便为我国积极应对和主动谋划相关国际舆论工作提供必要的参考资料。

关键词：南海国际舆论战 涉华涉海舆论 涉南海舆论 国际智库 国际媒体

引 言

多年来，原国家海洋局国际合作司和海洋发展战略研究所分别组织专家就涉华涉海国际舆情开展跟踪研究。[1] 本文仅选取2013年1月1日至2017年12月31日

张海文 国家海洋局海洋发展战略研究所所长、研究员；宁波大学法学院兼职教授。田秋宝 国观智库专职研究员。

本文是国家社科基金"新时代海洋强国建设"重大研究专项项目"提升我国在国际涉海事务中的话语权和制度性权利研究"（批准号：18VHQ006）的阶段性成果。

1 本文所用数据来自原国家海洋局国际合作司和海洋发展战略研究所委托的国观智库项目组的成果。本文是在系列研究成果的基础上，经过综合分析研究而完成的。在此谨向国观智库项目组表示衷心的感谢。

期间[1]国际智库和国际媒体所发布的有关南海的报告、文章、评论和报道等作为分析研究对象，旨在通过追溯有关南海话题的主要来源、主要观点及其舆论影响力，揭示美国制造和炒作南海议题、引导和主导国际舆论的事实真相，研究提出美国南海国际舆论战的基本构成和主要特征，揭示其基本运作模式。在前述研究基础上，分析和预测当前及今后一个时期关于南海的国际舆情发展趋势，为我国积极应对和主动谋划提供必要的参考资料。

2013年1月1日至2017年12月31日期间（以下简称"本文统计时段"），国观智库项目组以"South China Sea"为核心关键词，综合运用Factiva、Meltwater系统[2]等大数据自动检索，监测搜索了世界知名智库（以下简称"国际智库"）、全球26万个媒体和网站（以下简称"国际媒体"）里涉及中国海洋问题特别是南海话题的所有报道。

本文将国际智库和国际媒体围绕我国海洋战略、政策或法律问题以及我国周边海洋热点事件等问题所发表的报告、文章、专家评论及其他形式的信息和报道等，统称为"涉华涉海国际舆论"，并将其中关于南海话题的信息和报道统称为"涉南海国际舆论"。

国际智库和国际媒体是主导涉华涉海话语权和发挥舆论影响力的重要平台。近年来，涉华涉海问题不仅成为许多国际智库报告和文章的主要议题，而且也是众多国际媒体热衷报道的热点甚至头条，更是一些西方国家和周边国家各类研讨会和论坛的主题或主要议题之一。涉及我国海洋问题特别是南海的话题，已被炒作成为当前和今后一个时期不容忽视亦无法回避的"国际热点话题"。

一、南海国际舆论战的基本构成

近年来，中国海洋问题尤其是南海话题成为国际舆论热点话题。仔细查阅国内外媒体报道可以发现，南海话题被炒作成热点主要始于2010年7月19—20日在越南河内举行的第43届东盟外长会议。时任美国国务卿希拉里·克林顿在会议上表示了美国对南海的关注与兴趣，宣称"南海岛屿领土争议事关美国国家利益"。这一言论引发出所谓的南海问题，[3]拉开了南海国际舆论战的序幕。

---

[1] 本文选取此时间段，主要考虑自2013年1月23日菲律宾提起南海仲裁案至2016年7月12日仲裁庭做出最终裁决期间，南海话题是国际舆论的热点，而且此话题热度一直延续到2017年底。本文中，若无特别指明，则"本文统计时段"和"2013年至2017年期间"均指2013年1月1日至2017年12月31日。

[2] Factiva系统是道琼斯公司建立的全球媒体信息数据库，包含全球1500家各语种报纸、3200种期刊、640多家通讯社，基本涵盖国内外舆论的全部主要信息源。Meltwater是一家独立的媒体监测开发商，监测全球26万家媒体和网站，拥有几十种语言的检索服务，并且可以自定义国际智库网站的检索功能。

[3] 我们回溯和查阅资料可以发现，在2010年东盟外长会议之前，除非在南海发生突发事件，国际智库和国际媒体甚少报道南海争端信息。但此后几年内，"南海"几乎成为诸多国际智库和国际媒体的头条和热点话题。

在2013年1月23日菲律宾挑起南海仲裁案至2016年7月12日仲裁庭做出最终裁决期间，美国智库和国际媒体更是先后制造了许多有关南海的热点话题。随着美国"重返亚太"战略（又称为"亚太再平衡"战略）的不断推进，以美国智库为引领的国际智库与相关国际媒体互相配合，不断有计划地抛出针对我国海洋问题尤其是针对南海的话题，极力营造于我不利的国际舆论环境。

先后被美国智库和国际舆论热炒的关键词至少包括"南海仲裁案""断续线""防空识别区""岛礁建设""直线基线主张""共同开发""海洋强国战略""历史性权利""海上丝绸之路""黄岩岛问题"和"钓鱼岛问题"等。

（一）关注涉华涉海舆论的国际智库和国际媒体众多

在本文统计时段内，共有120个国际智库（详见表1）和26个重点国际媒体（详见表2）发布过涉华涉海舆论。这些智库名称及其所属国家情况详见表1。

表1 2013—2017年发表涉华涉海报告的国际智库名单[1]

序号	国家	智库名称	序号	国家	智库名称
1	美国	布鲁金斯学会	61	法国	国际及战略研究所
2	美国	外交关系委员会	62	法国	国际关系研究所
3	美国	战略与国际研究中心	63	法国	欧盟安全研究所
4	美国	伍德罗·威尔逊国际学者中心	64	俄罗斯	科学院远东研究所
5	美国	新美国安全中心	65	俄罗斯	卡内基莫斯科中心
6	美国	大西洋理事会	66	俄罗斯	战略与技术分析中心
7	美国	兰德公司	67	丹麦	国际问题研究所
8	美国	哈德森研究所	68	沙特	海湾研究中心
9	美国	战略与预算评估中心	69	日本	国际问题研究所
10	美国	胡佛研究所	70	日本	佳能全球战略研究所
11	美国	传统基金会	71	日本	海洋政策研究基金会
12	美国	海军分析中心	72	日本	笹川和平基金会
13	美国	卡托研究所	73	日本	世界和平研究所
14	美国	卡内基国际和平基金会	74	日本	防卫研究所
15	美国	进步中心	75	日本	国家基本问题研究所
16	美国	法务博客	76	日本	海洋政策学会

---

[1] 此名单系依据国观智库项目组多年统计结果汇总而成，因时间和专业水平所限，恐尚有遗漏。若有读者能提供补充数据，本文作者将不胜感激。

续表

序号	国家	智库名称	序号	国家	智库名称
17	美国	海军战争学院	77	日本	战略研究论坛
18	美国	北极研究所	78	韩国	对外经济政策研究院
19	美国	CSIS亚洲海事透明倡议	79	韩国	外交安保研究所
20	美国	国家亚洲研究局海洋意识项目	80	韩国	海洋战略研究所
21	美国	东西方中心	81	韩国	发展研究会
22	美国	国际海洋安全研究中心	82	韩国	东亚研究所
23	美国	外交政策研究中心	83	韩国	峨山政策研究院
24	美国	国家地理空间情报局	84	澳大利亚	战略与国防研究中心
25	美国	笹川和平基金会	85	澳大利亚	洛伊国际政策研究所
26	美国	海军研究所	86	澳大利亚	海洋科技研究所
27	美国	彼得森国际经济研究所	87	澳大利亚	战略政策研究所
28	美国	2049计划研究所	88	澳大利亚	欧洲政策研究中心
29	美国	国家利益中心	89	澳大利亚	国际事务研究所
30	美国	卡内基欧洲中心	90	澳大利亚	悉尼科技大学澳中关系研究院
31	加拿大	国际治理创新中心	91	新西兰	国际事务研究所
32	加拿大	国际发展研究中心	92	新西兰	维多利亚大学战略研究中心
33	加拿大	菲沙研究所	93	马来西亚	战略与国际问题研究所
34	加拿大	国际理事会	94	马来西亚	海事研究所
35	加拿大	全球事务研究所	95	缅甸	战略与国际研究所
36	英国	皇家国际事务研究所	96	柬埔寨	王家学院国际关系研究所
37	英国	凤凰智库	97	文莱	战略与政策研究中心
38	英国	大赦国际	98	菲律宾	外交部外交服务研究所
39	英国	国际战略研究所	99	菲律宾	国际对话倡议
40	英国	皇家联合军种研究所	100	菲律宾	和平、暴力和恐怖主义研究所

续表

序号	国家	智库名称	序号	国家	智库名称
41	英国	人权观察	101	菲律宾	发展研究院
42	欧盟	欧洲外交关系委员会	102	印尼	战略与国际研究中心
43	德国	国际安全事务研究所基金会	103	泰国	安全与国际研究所
44	德国	外交关系协会	104	越南	外交学院
45	德国	透明国际	105	新加坡	国立大学东亚研究所
46	德国	康拉德·阿登纳基金会	106	新加坡	拉惹勒南国际研究院
47	比利时	国际危机组织	107	新加坡	国际事务研究所
48	比利时	皇家国际关系研究所	108	新加坡	东南亚研究所
49	比利时	欧洲国家政治经济中心	109	斯里兰卡	战略问题区域研究中心
50	比利时	布鲁盖尔研究所	110	印度	国家海事基金会
51	波兰	国际事务研究所	111	印度	观察家基金会
52	意大利	国际事务研究所	112	印度	国防研究与分析研究所
53	荷兰	国际关系研究所	113	印度	政策研究中心
54	西班牙	埃坎诺皇家学院	114	印度	领土争端研究中心
55	挪威	和平研究所	115	印度	维韦卡南达国际基金会
56	挪威	国际事务研究所	116	印度	南亚分析集团
57	挪威	奥斯陆和平研究所	117	印度	和平与冲突研究所
58	瑞典	国际事务研究所	118	巴基斯坦	国际事务研究所
59	瑞典	斯德哥尔摩国际和平研究所	119	巴基斯坦	伊斯兰堡政策研究所
60	希腊	欧洲和外交政策基金会	120	巴基斯坦	巴中关系研究中心

在国际媒体方面，项目组主要关注的国际主流媒体共计140家，这些国际媒体发布了海量的关于南海的信息。鉴于本项目研究的目的，唯有相对聚焦才能较好地归纳分析，故依据以下考虑对相关媒体进行了选取：

1. 具有较高的国际知名度。对所在国的相关政策和国际舆论有一定影响力（此项原则主要针对以欧美媒体为首的全球知名媒体）；

2. 位于和中国海洋问题联系比较紧密的地区，比如东亚、东南亚和南亚。对所在国的涉海决策和舆论具有一定的影响力（此项原则主要针对东北亚和东南亚地区国家的媒体）；

3. 信息公开透明。媒体官网内容可以在中国国内的正常上网条件下自由浏览，且文章阅览不受会员资格限制；

4. 持续关注和报道中国海洋问题的。

依据上述标准，项目组从140家国际主流媒体里筛选出了26个重点媒体（详见表2）。

表2 涉南海报道的26个重点国际媒体清单

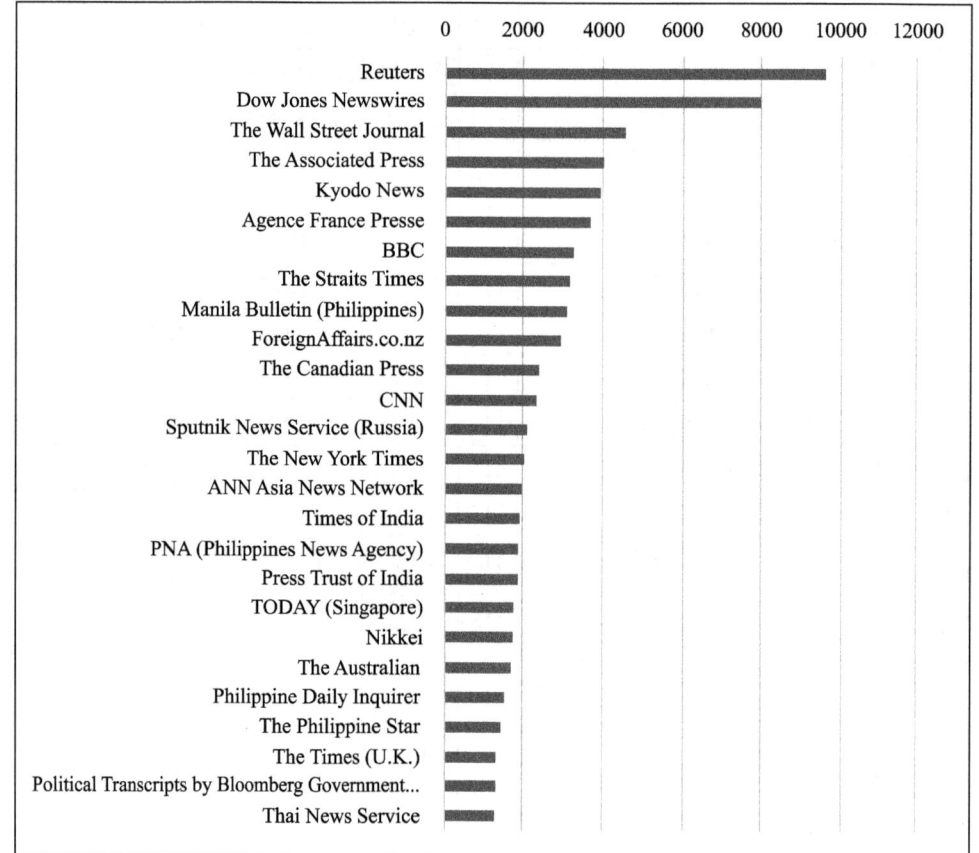

在本文统计时段内，上述120个国际智库和26个重点国际媒体一共发布了涉华涉海舆论209823篇，平均每年41964.6篇，意味着平均每天约有115篇关于我国海洋问题特别是南海的报道。此等国际舆论的宣传影响力之大、影响范围之广，真是难以想象。

（二）美国媒体在涉华涉海舆论方面发挥主导作用

从统计数据看，无论是从智库和媒体的数量看，还是从发布涉华涉海舆论的篇数看,美国都占据着优势地位。

从刊载涉华涉海舆论的平台和载体的角度看,美国智库和美国媒体占据了国际舆论机构总数的四分之一以上优势。从表1的统计数据看,全球一共有32个国家和1个区域组织(欧盟)的共计120个智库曾发布涉华涉海报告和文章,其中美国智库有30个,是发表涉华涉海舆论的国际智库总数的25%。若把美国在亚太地区军事盟友日本和澳大利亚等国的智库也考虑在内的话(在南海问题上,这些国家及其智库基本上是持与美国相同的立场),那美国的优势就更大了。从表2数据看,发布涉华涉海舆论的有26个重点国际媒体,其中美国媒体有7个,占总数的26.9%。

从涉华涉海舆论的数量看,美国居于领导地位。在本文统计时段内,来自国际智库的报告和文章一共有1347篇,平均每年约269篇;其中美国智库一共发布了651篇,平均每年发布约130篇,占国际智库发文总数的48.3%。26个重点国际媒体发布涉华涉海舆论共计208476篇,平均每年约41695篇,平均每天约114篇;其中涉及南海的有159012篇,占报道总数的76.3%,平均每年约31802篇,平均每天约87篇(详见表3);其中7个美国媒体一共发布了涉华涉海报道16309篇,占26家重点媒体报道总数的7.8%。26个重点国际媒体排名的前5个里,美国媒体有3个(详见表2)。

表3 2013—2017年涉华涉海国际媒体报道情况统计表

年 份	涉华涉海报道总计 (单位:篇)	涉南海报道合计 (单位:篇)	涉南海报道占涉华涉海报道总数的比例(%)
2013年	18037	8965	49.7
2014年	33055	23767	71.9
2015年	35432	31216	88.1
2016年	55449	53231	95.5
2017年	44503	41833	94.0
合 计	208476	159012	76.3

从国际舆论监测和统计结果看(详见表3和表4),自2013年以来,国际智库和媒体涉华涉海关键词有许多,其中较为集中的至少有11个,包括海洋强国战略、南海防空识别区、南海断续线、南海岛礁建设、油气共同开发、菲律宾南海仲裁案、中国在南海的历史性权利主张、直线基线主张、黄岩岛和钓鱼岛问题以及海上丝绸之路等。南海话题始终是国际舆论高度关注的焦点。从2013年南海话题约占涉华涉海整体报道的一半开始,占比逐年增高,在2016年6月南海仲裁案终结时达到高潮,热度持续到2017年。

表4　2013—2017年国际舆论涉华涉海热词统计表

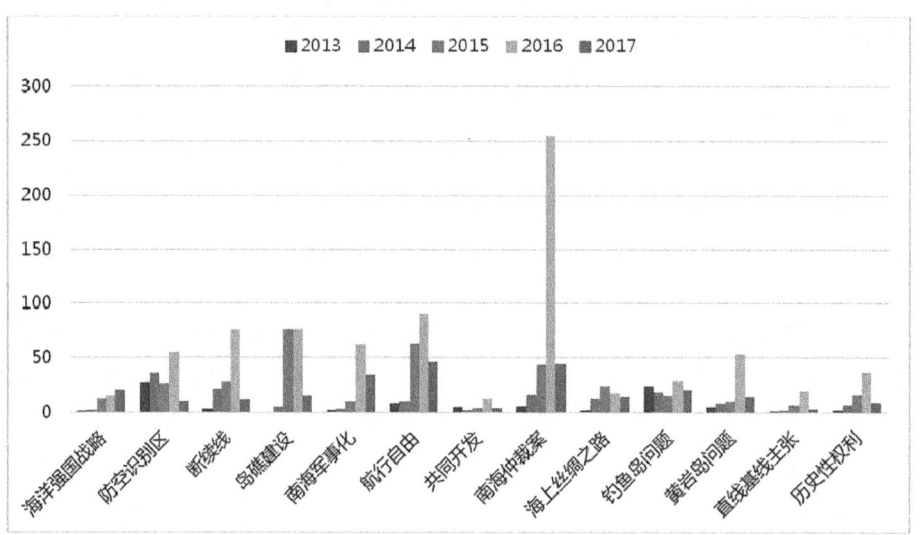

从评论南海仲裁案的报告和文章的作者专业领域看，有一些是法律专家，但更多的是国际政治和军事安全领域的专家。例如，新美国安全中心研究员米拉·拉普–胡珀（Mira Rapp-Hooper），其研究领域是威慑、联盟政治和东亚安全问题；布鲁金斯学会东亚政策研究中心非驻会研究员郭晨熹（Lynn Kuok），其研究领域是东南亚地区民族主义、种族和宗教关系以及亚太地区国际政治与安全；美国战略与国际研究中心亚洲与日本研究部副主席迈克尔·格林（Michael Green），其研究领域是亚洲安全事务与日本问题；美国海军学院中国海洋研究所战略学教授安德鲁·埃里克森（Andrew Erichson），其研究领域是中国军事与外交政策，日本及亚太安全问题、国际关系。他们对该案的政治影响关注远远高于法律程序和案件所涉及的法律问题本身，这说明国际舆论对南海仲裁案的认识已超出中菲海洋争端的法律范围，南海仲裁案被视为地区秩序变化乃至地区主导权争夺的象征性事件。例如，美国战略与国际研究中心研究员默里·希伯特（Murray Hiebert），在其文章中明确指出，中菲南海仲裁案将决定美国"亚太再平衡"战略的成功与否；并建议美国应取消对越南的武器禁运，对越南进行军事援助，帮助其维护在南海地区的海洋权益。[1] 又如美国传统基金会研究员成斌（Dean Cheng），研究领域主要是中国军事与外交政策，特别是中国与亚洲各国及美国的关系。他在文章中指出，南海仲裁案后，美国应在外交上进一步打压

---

[1] Gregory Poling, Michael Green, Murray Hiebert, Chris Johnson, Amy Searight and Bonnie Glaser, "Judgment Day: The South China Sea Tribunal Issues Its Ruling", *Center for Strategic and International Studies*, July 12, 2016, https://www.csis.org/analysis/judgment-day-south-china-sea-tribunal-issues-its-ruling, 2018年11月6日登录。

中国，并做好充分军事准备。[1] 澳大利亚国立大学战略与国防研究中心研究助理格雷格·雷蒙德（Greg Raymond），研究领域是东南亚安全、大国关系、战略文化等，他呼吁澳大利亚应公开或私下鼓励更多国家关注中国对国际法的"藐视"，以增加对中国的国际压力。[2]

按照舆论和媒体的正常规律，某一个重大事件发生之时，即刻就会成为舆论的热点。但是，令人奇怪的是，从表4所标识的时间上看，国际舆论关注的年度热点事件，其出现频率最高的时候却与该事件发生的年份并不一致。例如，2016年出现频率最高的关键词是南海仲裁案，以及南海断续线、岛礁建设和防空识别区。但是，众所周知的是，南海仲裁案的提起时间、中国开始在南海进行岛礁扩建行动的时间、中国划设南海断续线的时间皆非2016年，更不用说子虚乌有的南海防空识别区（中国从未宣布过要划设南海防空识别区），然而，这些关键词却同时在2016年成为了国际舆论的热词。这显然不正常。虽然菲律宾在2013年1月提起南海仲裁案，但是，从表4可以明显看到，2013—2015年，南海仲裁案在国际舆论的关注度显然并不高，直到2016年7月12日临时仲裁庭发布了南海仲裁案的最终裁决，"南海仲裁案"一词才成为当年国际舆论热点，国际智库研究多集中在"中方立场""美国应对""地区影响"上，而对"案件动机""法理解读"则彻底地淡出了国际智库和媒体的视线。南海部分岛礁扩建工程自2015年开始成为国际舆论热点话题，2016年这些建设活动在继续进行中，因此"岛礁建设"一词继续是国际舆论关注的热点，这显然是正常现象。但是，自1914年年初就已经画在中国地图上、1948年初官方地图上正式公布的南海断续线以及子虚乌有的南海防空识别区在2016年也被炒作成为该年度的热点，这明显属于反常现象了，唯一合乎逻辑的解释就是它们只是被有意设计成为热点，属于被"捆绑销售"，或者说它们才是美国主导的国际智库和媒体热炒南海仲裁案的真实意图所在。此反常现象进一步说明了挑起南海仲裁案的真正意图是"项庄舞剑，意在沛公"，并非要解决所谓的中菲之间"对《联合国海洋法公约》条款的解决和适用所引起的争端"，实质是剑指中国南海断续线。至于所谓的南海防空识别区一说，纯属混淆视听的幌子而已，否则就无法解释时至今日为何该词几乎从国际舆论圈里自动消失的现象了。

（三）南海国际舆论战有两个基本构成

从上文可见，南海国际舆论战的基本构成是两部分：一是舆论平台，即知名

---

[1] Dean Cheng, "South China Sea After the Tribunal Ruling: Where Do We Go From Here?" *The National Interest,* July 16, 2016, https://nationalinterest.org/blog/the-buzz/south-china-sea-after-the-tribunal-ruling-where-do-we-go-17011, 2018年11月6日登录。

[2] Greg Raymond, "The South China Sea: Next Stop the UN Security Council?" *Lowy Institute,* May 30, 2016, https://www.lowyinstitute.org/the-interpreter/south-china-sea-next-stop-un-security-council，2018年11月6日登录。

国际智库和主流媒体，这是舆论战的主要平台和载体；二是舆论热点，即精心设置的话题和主要观点，这才是舆论战的真实意图和目标所在。南海国际舆论战的两个基本构成之间高度契合，将精心设计和包装的话题通过知名智库和媒体进行宣传和推广，塑造出幕后推手所需要的国际舆论环境，营造出于其有利的国际舆论氛围。

美国在涉华涉海尤其是涉南海的国际舆论中发挥着主导作用。 美国在涉华涉海尤其是涉南海的国际舆论中发挥着主导作用。美国通过其众多具有国际影响力的智库和媒体，精心设置涉华涉海议题，引导和主导国际舆论的发展方向，控制国际舆论话语权，营造对华不利的国际舆情氛围。

二、南海国际舆论战的主要特征

经对海量的国际舆情监测数据进行统计和分析，可归纳出南海国际舆论战具有如下主要特征：

（一）重点关注的领域相对集中

涉南海国际舆论普遍关注的是南海问题所涉及的外交、海洋权益和军事安全领域，其次是法律、海洋经济和海洋环境等其他领域问题，详见表5。

表5 2013—2017年国际智库关注的涉华涉海领域

(二)聚焦的热点逐年有变化

从统计数据可见,涉及南海的国际舆论在每年度所关注的议题上是有所变化的,几乎涵盖了我国周边海洋所面临的全部传统安全和权益领域的问题,与此同时,少量文章研究南海资源开发和环境保护等非传统安全问题。

表6 2013—2017年国际舆论关注的涉华涉海议题

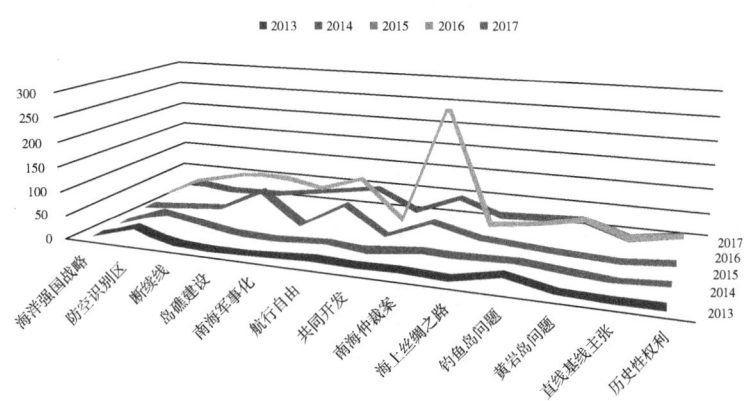

比较突出的一个现象是,美国智库发表涉华涉海发文量与南海发文量成正比,也与菲律宾南海仲裁案裁决时间相一致。这说明美国智库重点炒作的是南海话题,尤其是南海仲裁案问题,详见表7。

表7 2013—2017年美国智库发文总量与南海文章数量的关系

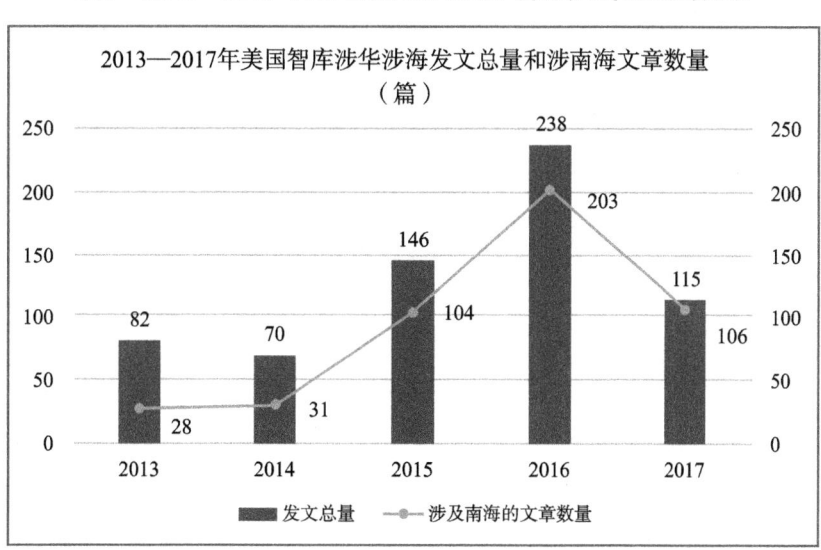

（三）美国倾向性与国际舆论的关系

从统计数据看，2013—2017年，从总体上看，国际舆论对我国海洋问题的分析视角主要是偏向传统安全和法律领域。各个年度情况也与总体情况基本相似。最突出的一个现象是美国智库的倾向性与国际舆论的倾向性高度吻合（详见表8至表13），说明美国智库对国际智库有极强的影响力。

表8 2013—2017年国际智库总体以及美国智库对涉华涉海问题的领域倾向比较

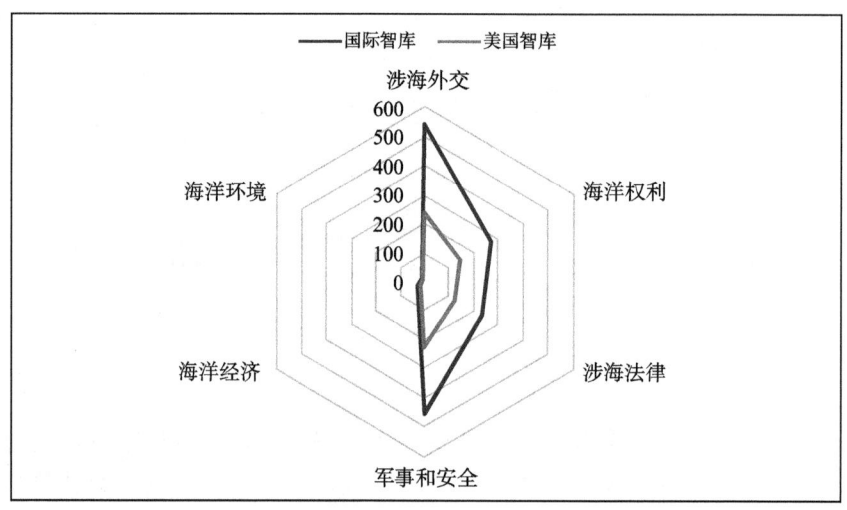

表9 2013年国际智库总体和美国智库对涉华涉海问题的领域倾向比较（篇）

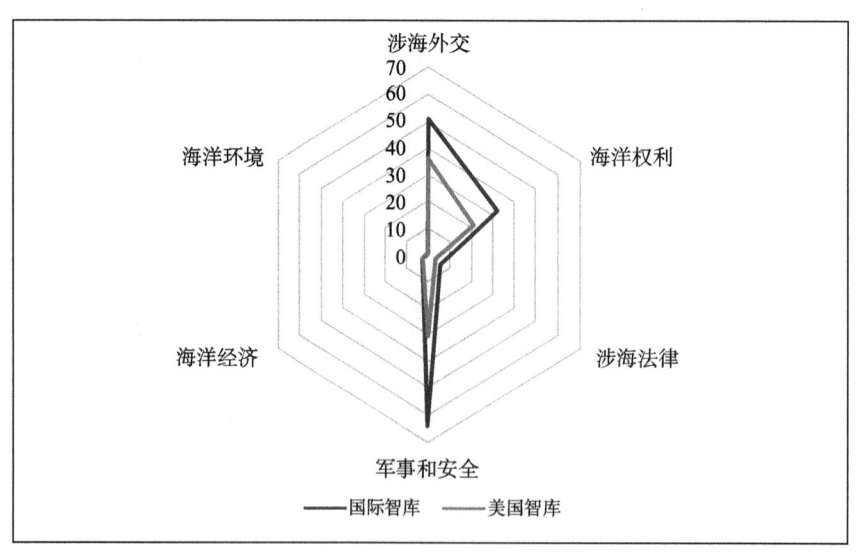

表10　2014年国际智库总体和美国智库对涉华涉海问题的领域倾向比较（篇）

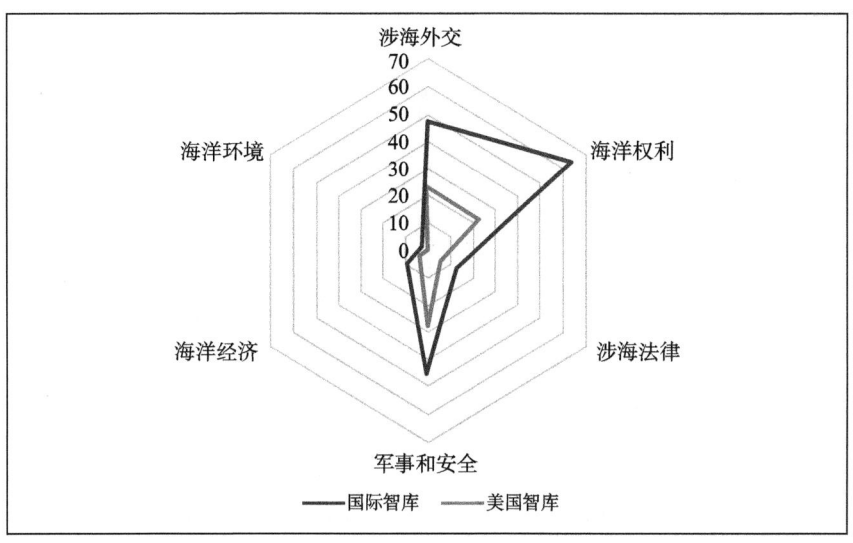

表11　2015年国际智库总体和美国智库对涉华涉海问题的领域倾向比较（篇）

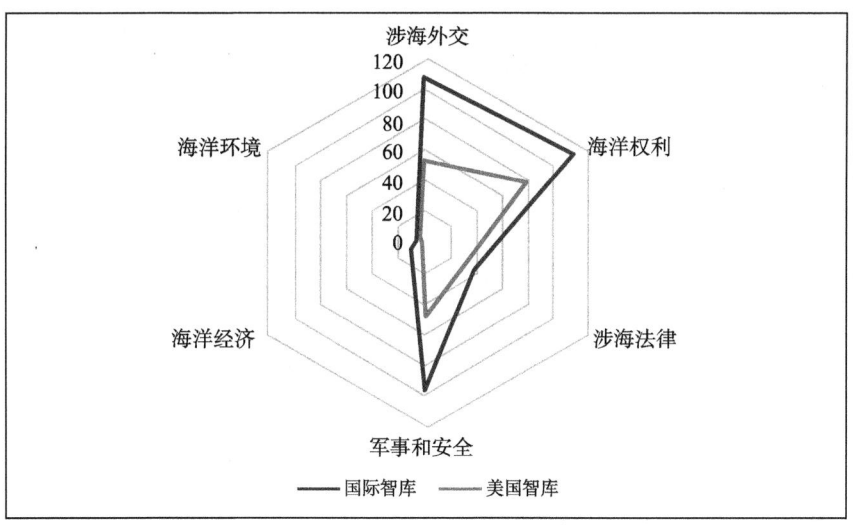

表12　2016年国际智库总体和美国智库对涉华涉海问题的领域倾向比较（篇）

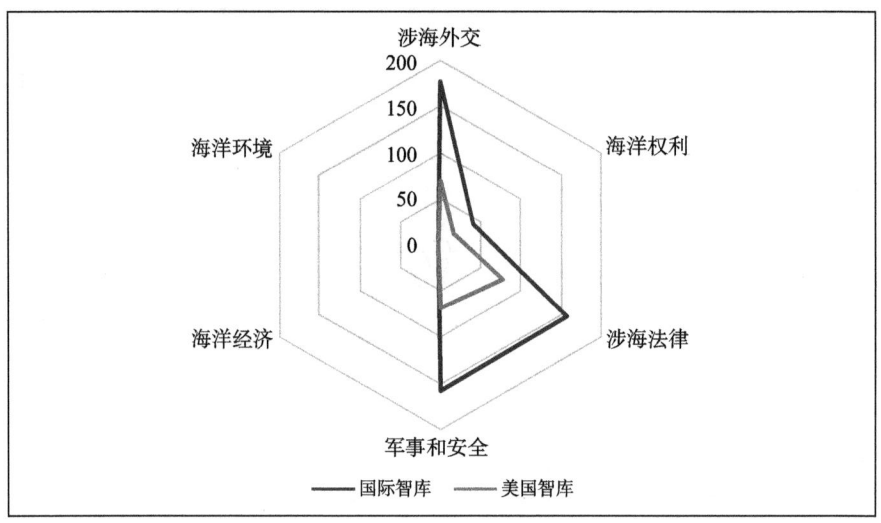

表13　2017年国际智库总体和美国智库对涉华涉海问题的领域倾向比较（篇）

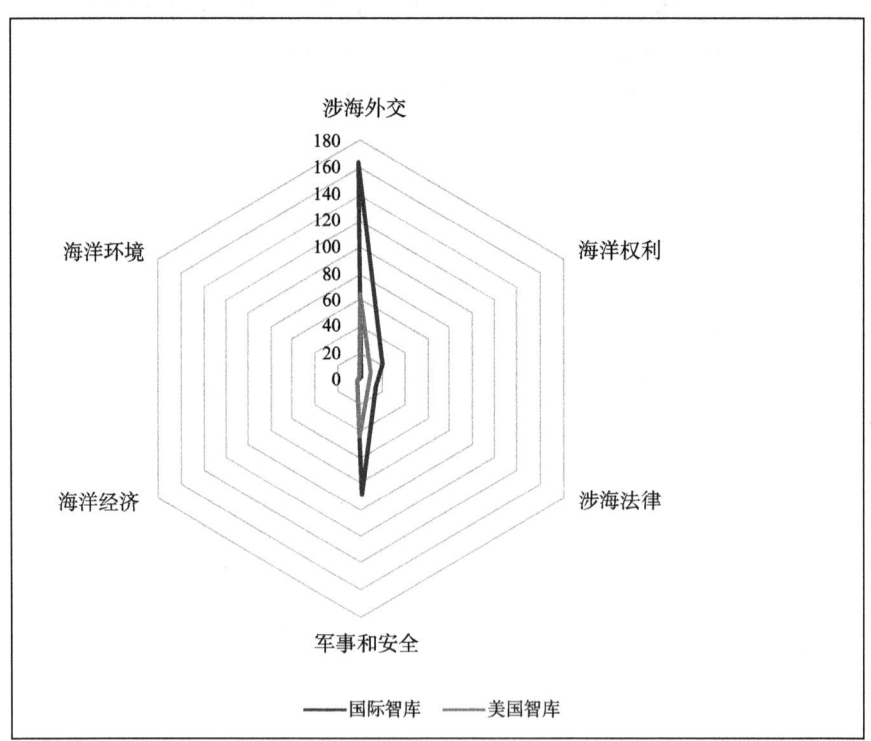

（四）对华友好度逐年下降

为了项目研究需要，项目组将国际舆论对华态度分为五种：友好、肯定、中立、警惕和敌视。

近年来，我国海洋问题的国际舆情形势不容乐观，对华友好度逐年下降。如表14所示，自2013年以来，国际舆论对华友好度逐年缓慢下降。2016年因受南海仲裁案的影响，国际舆论对华友好度指数仅为30.1，这是继2015年后进一步下降，跌至近年来最低谷。30.1的数值处于对华态度"警惕"与"敌视"的区间，这反映出地区国家和国际社会对我国海洋政策和行动的"警惕"和"敌视"心态。

但是，另一方面，在2016年国际舆情形势明显对我不利的背景下，持"中立"态度的智库文章样本占比为49%，在各对华态度文章数量占比中依然是最多的（详见表15）。这说明，在对我国海洋战略持警惕和敌视态度的舆论数量逐步增多的背景下，中立的理性态度仍是主流，这为我国积极引导国际舆情形势创造了条件。

表14 国际智库对华友好指数

表15 2013—2017年国际智库对华立场占比表

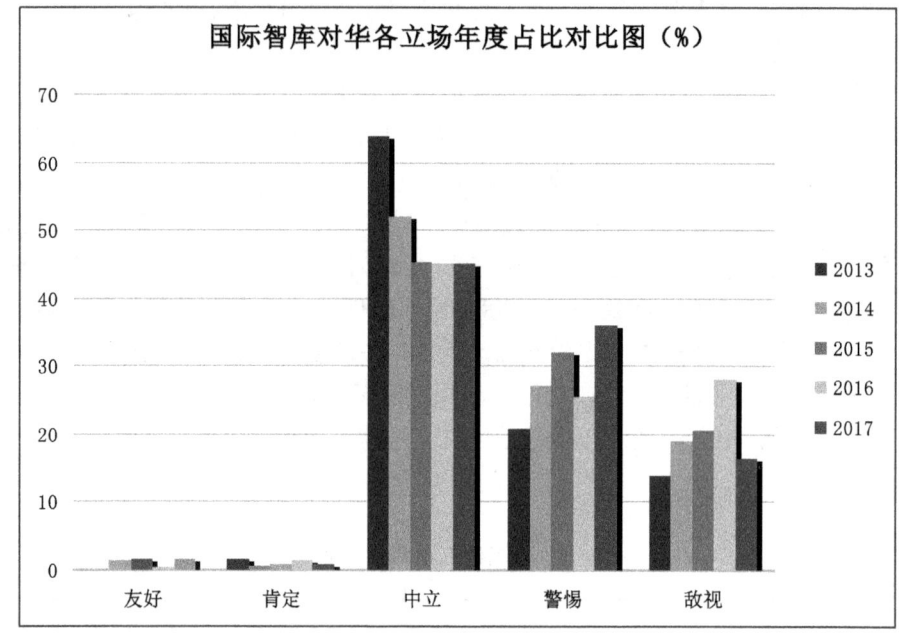

国际涉华涉海舆论明显体现出地缘政治特征。从研究内容看，美国智库和媒体集中关注中国海上崛起对其霸权体系的冲击，周边利益相关国的智库和媒体特别关注中国海上行动对其切身利益的影响，欧洲智库媒体则关注中国海洋战略对地区乃至全球秩序的影响。总体上看，尽管各国智库和媒体均从本国利益出发分析中国的海洋问题，但无论其处于何种位置，均无法脱离美国"亚太再平衡"的整体背景。

当前，我国海洋问题存在众多"利益相关方"，它们从不同角度关注着我国海洋政策对其自身利益的影响。如表16所示，英国、新加坡智库和媒体的对华友好度指数相对较高，美国、日本、韩国、菲律宾和越南智库和媒体则表现出对华极端敌视的态度。

如表17所示，2015年和2016年国际舆论对我国海洋问题的分析视角更加偏向于"军事和安全"这一传统安全领域。2016年"海洋经济"和"海洋环境"两主题所涉文章数量进一步缩减。在南海仲裁案带动下，与2015年相比，2016年在"涉海法律"领域的关注度明显上涨。但是，尽管南海仲裁案将中菲两国的海洋权利争端推至高潮，2016年度"海洋权利"主题的关注度不升反降，且幅度很大；与此同时，2016年国际舆论在"涉海外交"和"军事与安全"领域投入了更多的关注。这充分说明，在美国智库和媒体的炒作

在美国智库和媒体的炒作下，南海问题已被高度政治化，我国与南海争端国的权利争端已被异化为美国介入南海问题、恶化我国周边政治环境的抓手。

下，南海问题已被高度政治化，我国与南海争端国的权利争端已被异化为美国介入南海问题、恶化我国周边政治环境的抓手。

表16 相关国家智库对华友好度指数排行

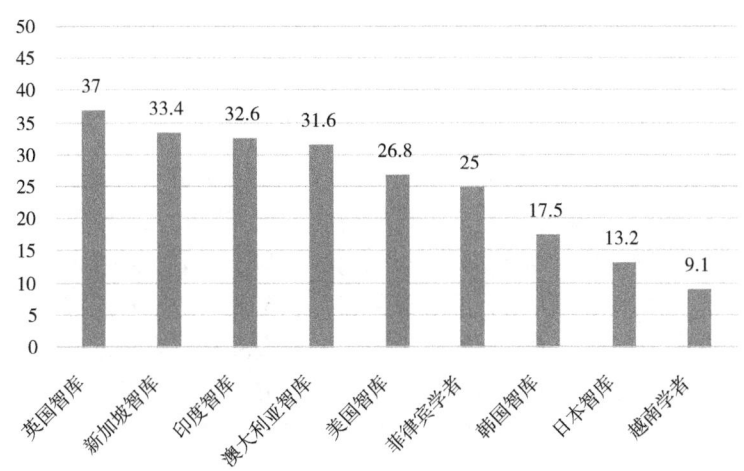

表17 2015—2016年国际舆论各主题数量占比（%）

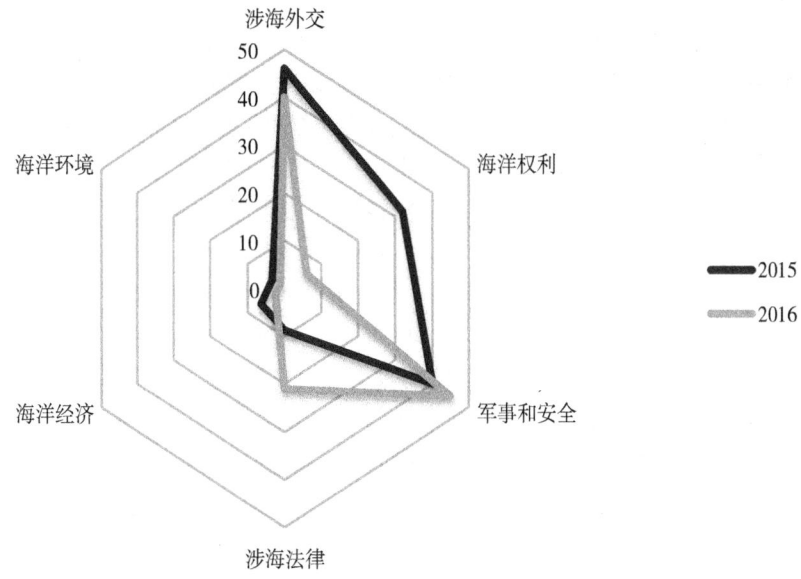

本应是一个国际海洋法律问题的所谓南海仲裁案，在美国占据优势和主导地位的国际智库和媒体的视野里，它们所关注的角度，却是地缘政治和传统安全问

题。如此严重偏离应有主题的国际舆论宣传，实属反常现象。但是，这却正好说明美国利用其"棋子"菲律宾提起的南海仲裁案只是其实施"亚太再平衡"战略，对中国施压的一个"抓手"而已。美国所主导的国际智库和舆论真正在意的并非中菲之间南海争端的事实与法律的是非曲直、真伪对错，而是期望营造一个对华不利的国际舆论环境，旨在对中国施加政治外交压力，遏制和迟缓中国快速增长的影响力。

三、南海国际舆论战的主要运作模式

长期以来，美国对中国民族、宗教、人权和政治体制等问题进行了有针对性的、充满偏见的报道。通过舆论战手段妖魔化中国在国际社会中的形象，这是美国遏制中国的一贯策略。自2010年以来，南海话题已成为美国抹黑中国形象的新领域。美国运用多方面力量，通过设置议题、搭建平台、塑造舆论、采取行动等环节，将软实力与硬实力、国际舆论战与海上实际行动有机结合起来。作为舆论战的重要组成部分，美国媒体一方面与美国官方、智库在舆论传播上存在明显互动，另一方面与地区媒体和智库存在明显的舆论衔接。

（一）美国有关各方默契配合，积极互动

从涉华涉海热点话题设计和对外有效传播两方面看，美国官方、智库和媒体互相配合，共同发挥着重要作用。

在对南海问题的长期报道中，美国对外发声的几大主体——官方、媒体和智库形成默契，美官方有时将信息透漏给智库，有时独家提供给媒体，有时还邀请媒体搭乘军机嵌入采访。这反映出美国政府及军方对公共事务的娴熟操控和对外传播战略运用的高水平，也反映出美国军事、外交和舆论等部门在行动上建立了有效的协调机制，在塑造南海问题国际舆论环境以及辅助美国南海行动方面形成了特有的互动模式。

最常见的做法是，美官方公开或暗地释放其拟在南海开展某一行动的信息，美媒体对此进行专题报道，旨在试探外界反应，为行动进行预热；与此同时，美智库提供专业领域的分析，论证美国行动的合法性和可行性，并借媒体渠道向国际社会投放，与地区盟国智库和媒体形成呼应，共同营造"期盼美国行动"的舆论热潮。待美国的行动结束后，美媒体则在第一时间进行报道，扩大影响，制造舆论热潮；美智库同时评估该行动的效果，通过自身以及媒体渠道向国际社会传达美国的行动目的。在该互动模式中，美国媒体对内与美官方和智库形成配合，对外向国际舆论界释放引导力，为美国行动的必要性、合理性和合法性做国际舆论铺垫。

该互动模式的典型案例是2015年10月27日美国"拉森"号驱逐舰驶入中国

南沙群岛12海里内实施"航行自由行动"。在该行动前后,美国官方、媒体和智库展开了典型的舆论配合。

2015年3月,美国海军第七舰队司令托马斯(Robert Thomas)在马来西亚兰卡威国际航海和航天展放话称要在南海推动地区国家的"联合巡逻",美国会予以支持。[1] 从发声人物职级看,托马斯代表美国政府立场的权威性不足;从场合看,兰卡威国际航海和航天展是非官方场合。美国非重量级官方人物在非官方场合释放"联合巡逻"意向,实际上在为媒体提供信息,为行动做前期预热。从实际效果看,该言论受到当时美国和地区媒体第一时间的广泛报道,美国智库及其引导下的地区智库随后展开分析。

美国彭博通讯社当天发文援引托马斯原话称:"如果东盟各成员国要在联合巡逻方面牵头组织行动,美国海军第七舰队将准备给予支持。"[2] 几乎同时,BBC、《纽约时报》《金融时报》《南华早报》《今日自由马来西亚报》等媒体对托马斯以上言论展开报道,引发国际社会对该事件的关注。[3]

自2015年4月1日美国战略与国际问题研究中心(CSIS)亚洲海事透明倡议(AMTI)发布美国海军预备队陆面战争指挥官、国际海洋安全中心主席斯科特·皮特(Scott Cheney-Peter)的《联合巡逻与美国的海岸警卫能力》一文专门对此事展开分析后,该议题成为当时美国战略界的热点话题。[4] 美国战略与国际研究中心、兰德公司、法务博客等智库平台均发布专题评论。至7月29日AMTI再次发布斯科特·皮特《巡逻国际空域:理解联合空中巡逻》一文后,美国主导下的南海联合巡逻的主体、方式、范围、注意事项等要素已被各家智库分析透彻。[5] 在此期间,新加坡南洋理工大学拉惹勒南国际研究院、澳大利亚洛伊国际

---

1 《美司令鼓动东盟联合巡逻南海 称美军将给予支持》,参考消息网,2015年3月20日。http://www.cankaoxiaoxi.com/world/20150320/712584.shtml,2018年11月6日登录。

2 Sharon Chen, "U.S. Navy Urges Southeast Asian Patrols of South China Sea", *Bloomberg*, March 18, 2015, https://www.bloomberg.com/news/articles/2015-03-18/u-s-navy-urges-joint-southeast-asia-patrols-of-south-china-sea, 2018年11月6日登录。

3 "U.S. Navy urges joint Southeast Asia patrols of South China Sea", *JapanTimes*, March 18, 2015, https://www.japantimes.co.jp/news/2015/03/18/asia-pacific/u-s-navy-urges-joint-southeast-asia-patrols-of-south-china-sea/; "U.S. 7th Fleet Would Support ASEAN South China Sea Patrols", *The United States Naval InstituteNews*, March 20, 2015, https://news.usni.org/2015/03/20/u-s-7th-fleet-would-support-asean-south-china-sea-patrols; "ASEAN Patrols in the South China Sea?" *The Diplomat*, March 19, 2015, https://thediplomat.com/2015/03/asean-patrols-in-the-south-china-sea/; "U.S. Navy commander suggests ASEAN patrols in South China Sea", *United Press International*, March 19, 2015, https://www.upi.com/Top_News/World-News/2015/03/18/US-Navy-commander-suggests-ASEAN-patrols-in-South-China-Sea/3901426696366/. 2018年11月6日登录。

4 Scott Cheney-Peter, "Joint Patrols and U.S. Coast Guard Capacity", *The Asia Maritime Transparency Initiative*, APRIL 1, 2015, https://amti.csis.org/joint-patrols-and-u-s-coast-guard-capacity/, 2018年11月6日登录。

5 Scott Cheney-Peters, "Patrolling International Skies: Understanding Joint Air Patrols", *The Asia Maritime Transparency Initiative*, July 29, 2015, https://amti.csis.org/patrolling-international-skies-understanding-joint-air-patrols/, 2018年11月6日登录。

政策研究所等地区智库也予以回应，对本国参与该行动的可行性与方式展开分析。[1] 在美国智库特别是 AMTI 推动下，"联合巡逻"在国际战略界和舆论界中的方案层出不穷，在南海海域进行"联合巡逻"似乎已成为国际社会的共同愿望。在此背景下，美国军方"顺应民意"，于2015年10月27日派"拉森"号军舰驶入南海。

该"航行自由行动"发生后，《华尔街日报》第一时间对此展开报道。该媒体援引美国海军学院中国海洋问题专家安德鲁·埃里克森（Andrew Erickson）的观点，认为美国此次行动的最大意义是挑战了中国企图"变礁为岛"的岛礁建设行动。该报道大篇幅"揭露"了中国在南海建造"人工岛"（artificial islands）的进程，最终结论是中国违反国际法，美国此行动是维护国际法的正当行为。[2] BBC，菲律宾的《马尼拉公报》《菲律宾星报》《每日问询者报》，新加坡的《海峡时报》等全球和地区媒体均对此展开系列报道，分析观点与《华尔街日报》基本一致。[3]

几乎同时，美国外交关系委员会、战略与国际研究中心等美国智库展开对此行动合法性和重要意义的分析解读，为美国此次行动透露出的"无害通过"展开辩解，同时呼吁地区国家联合参与。[4] 此后，澳大利亚战略政策研究所执行主任彼得·詹宁斯（Peter Jennings）、日本国际问题研究所高级研究员小谷哲男、日本海上自卫队退役将领（前防卫厅情报部部长）太田文雄分别呼吁本国加入美国

---

1 Richard Javad Heydarian, Truong-Minh Vu, "South China Sea: Time for US-ASEAN Maritime Cooperation", *The S. Rajaratnam School of International Studies*, APRIL 20, 2015, https://www.rsis.edu.sg/rsis-publication/rsis/co15094-south-china-sea-time-for-us-asean-maritime-cooperation/#.W-LAYOgzY2x; Alan Dupont, "Chinese push in the South China Sea must be resisted but defusing tension should be the aim", *Lowy Institute,* June 13, 2015, https://www.lowyinstitute.org/publications/chinese-push-south-china-sea-must-be-resisted-defusing-tension-should-be-aim, 2018年11月6日登录。

2 U.S. Navy Ship Sails Near Islands Claimed by China, The Wall Street Journal, Oct. 26, 2015, https://www.wsj.com/articles/u-s-navy-ship-sails-near-islands-claimed-by-china-1445908192, 2018年11月6日登录。

3 US Navy destroyer passes disputed China islands, BBC, 27 October 2015, https://www.bbc.com/news/world-us-canada-34641131; Mark J. Valencia, "USS Lassen incident: China's possible responses", *The Straits Times*, Nov 9, 2015, https://www.straitstimes.com/opinion/uss-lassen-incident-chinas-possible-responses, 2018年11月6日登录。

4 Jonathan Masters, "A U.S. Naval Signal in the South China Sea", the Council on Foreign Relations, October 28, 2015, https://www.cfr.org/interview/us-naval-signal-south-china-sea; Adam Klein, Mira Rapp-Hooper, "After the Freedom of Navigation Exercise: What Did the U.S. Signal?" *The Lawfare Institute*, October 27, 2015, https://www.lawfareblog.com/after-freedom-navigation-exercise-what-did-us-signal; Timothy R Heath, "How will China respond to future U.S. freedom of navigation operations?" *The Asia Maritime Transparency Initiative*, OCTOBER 29, 2015, https://amti.csis.org/how-will-china-respond-to-future-u-s-freedom-of-navigation-operations/, 2018年11月6日登录。

的"航行自由行动"。[1]

此次事件是美国一次典型的舆论引导案例。在该案例中,美国官方、媒体和智库各自扮演特定角色,在各自领域相互配合和补充。美国官方负责传递信息,向世界塑造美国对中国南海"军事化"和"违反国际法"的反对立场;美国智库负责释放观点,为美国行动的合法性和必要性做研究论证,以中国"违反国际法"的观点来获得地区智库和媒体的支持;美国媒体一方面为美国行动预热,另一方面将美国智库的研究分析投放至国际舆论中,促成国际舆论遏制中国的特有话语体系。

(二)美国智库发挥着议题设计和观点定调的主导作用

美国智库在南海国际舆论战中占据主导地位。以南海仲裁案事件为例,可以看到,对于该案的国际舆论宣传推进的每一步,几乎都能发现美国的舆论战手段。而南海仲裁案国际舆情从潜伏期到研判期再到爆发期,每一个阶段都能看到美国智库的决定性影响。

2013年1月22日,菲律宾阿基诺政府单方面提起南海仲裁案,美国战略与国际研究中心在2天后便发布文章,支持菲方立场。尽管当时此文章并未引起国际舆论重视,但其观点已埋下未来舆情演进的伏笔。在此之后,南海仲裁案事件的每一个关键节点,均能发现美国智库的影响作用。

由图1可知,在南海仲裁案各关键节点上,美国均有所应对,手段包括智库文章塑造话语、政府文件设置议题、军事行动施加威慑。美国智库在一系列行动中通过政策报告、听证会辩论等方式对美国官方立场的形成产生了较为明显的促进作用。

美国智库对南海仲裁案国际舆论的影响主要表现在:

一是美国智库第一时间对南海仲裁案发表立场,为国际舆论的后续发展埋下伏笔。

2013年1月22日菲律宾提起仲裁后,国际智库中率先就此问题展开专题分析并公开阐释其立场的是美国智库战略与国际研究中心。2013年1月24日,美国战略与国际研究中心发布了格雷戈里·波林(Gregory Poling)的《马尼拉开启对南海问题的法律诉讼》一文,该文对南海仲裁案做出如下论述:

---

[1] Peter Jennings, "Cold war threat brewing in the South China Sea", *The Australian,* October 29, 2015, https://myaccount.news.com.au/sites/theaustralian/subscribe.html?sourceCode=TAWEB_WRE170_a_GGL&mode=premium&dest=https://www.theaustralian.com.au/opinion/cold-war-threat-brewing-in-the-south-china-sea/news-story/99ce70badf824768a36cf3e116dae85f&memtype=anonymous; Fumio Ota, "Japan Should Join Freedom of Navigation Operations", *Japan Institute for National Fundamentals,* November 2, 2015, https://en.jinf.jp/weekly/archives/4063; Tetsuo Kotani, "Can Japan Join U.S. Freedom of Navigation Operations in The South China Sea?" *The Asia Maritime Transparency Initiative,* November 2, 2015, https://amti.csis.org/can-japan-join-u-s-freedom-of-navigation-operations-in-the-south-china-sea/, 2018年11月6日登录。

图1 2013—2016年南海仲裁案事件国际舆论宣传进程图

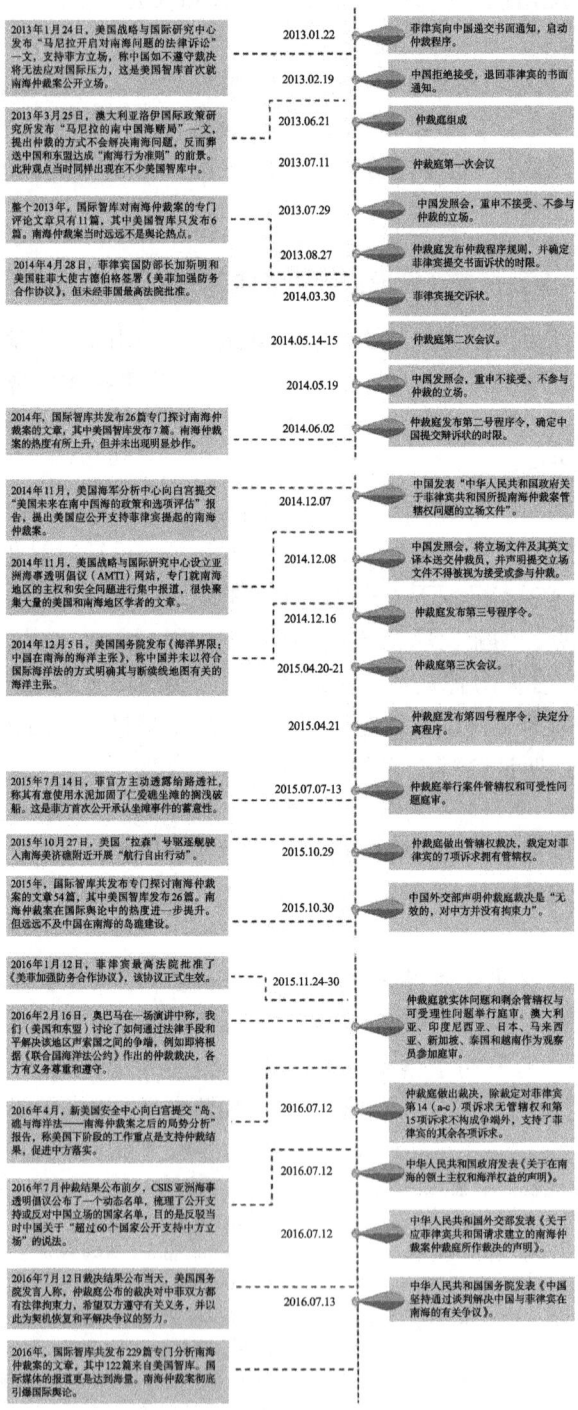

面对中国的强硬立场，菲方在2013年1月决定将南海议题提交联合国，要求进行法律诉讼。[1] 菲律宾做出此举是因为中菲之间谈判前景黯淡而东盟国家大都不愿支持或明确支持菲方关于南海的声明。菲方诉讼的主张主要有三点：1.中国的"九段线"不受《联合国海洋法公约》的承认；南海上只有靠近海岸线和岛屿的领海、专属经济区和大陆架才是有效的；2.一些被中国所占的岛屿是否能被称作"岛屿"；3.一些中国所占岛屿会被海潮淹没，不能被人类居住，如黄岩岛。

接下来会有5名独立法官被挑选出来对案件进行裁决，整个过程会至少持续3—4年。目前最大的问题是，即使仲裁结果产生，菲律宾的各项议题都得到支持，中国是否会尊重裁决。但是到那时，外界的压力也会使中国服从结果，因为中国一直声称，崛起的中国是一个负责任的大国，是国际秩序的维护者。不尊重判决的中国将会承受巨大的道德损失。[2]

该文显示出三点重要信息：其一，菲方提起仲裁是因为中国行动强硬，谈判已无法推进；其二，"九段线"是否符合《公约》是本案关键；其三，中国不会尊重裁决结果，国际社会应对中国施压，迫使中国接受仲裁结果。

格雷戈里·波林看似平和的言论实际上蕴含着对南海仲裁案国际舆论的话语塑造。该文的核心内容是在预设仲裁结果将对中国极大不利的前提下展开阐述和立论的，带着对中国明显的偏见和攻击性。经该文以上三点信息指引，南海仲裁案变成菲律宾作为小国与强权大国谈判无望的无奈之举，而中国则被塑造为背离国际规则、因国际社会抵制而颜面尽失的角色。经随后的事实验证，该文以上三点信息成为了国际舆论评论南海仲裁案的重要角度，而美国战略与国际研究中心随国际舆论发展成为南海仲裁案事件的舆论中心，格雷戈里·波林则成为研究南海仲裁案事件"最有影响力的美国学者"之一。

随事态发展，2013—2016年，作为附属于美国战略与国际研究中心的亚洲海事透明倡议的主任格雷戈里·波林一共发布8篇专门探讨南海仲裁案的文章，其对华立场皆为敌视。当然，在这8篇文章中，其观点总体上并未超出2013年《马尼拉开启对南海问题的法律诉讼》这篇文章。

2016年7月仲裁结果公布前夕，AMTI公布了一个动态名单，梳理了公开支

---

[1] 此处原文如此，表明该文作者缺乏最基本的海洋法常识。菲律宾依据《联合国海洋法公约》附件七提起南海仲裁案，与联合国是没有丝毫关系的，而且该仲裁庭做出最终裁决后，属于联合国的国际法院专门发布消息，声明菲律宾南海仲裁案与其毫无关系。此声明足以说明国际法院急与菲律宾南海仲裁庭撇清关系，实属罕见。

[2] Gregory B. Poling, "Manila Begins Legal Proceedings over South China Sea Claims", *Center for Strategic and International Studies,* January 24, 2013, https://www.csis.org/analysis/manila-begins-legal-proceedings-over-south-china-sea-claims, 2018年11月6日登录。

持或反对中国立场的国家名单，目的是反驳中国关于"超过60个国家公开支持中方立场"的说法。[1] 此项名单管理者正是格雷戈里·波林。此外，碍于仲裁案的非当事国，美国缺乏直接介入仲裁案的理由，但美国通过论证"九段线"是否具有法理有效性，从侧面暗助仲裁案的审理过程。其中最著名的事件是美国国务院于2015年12月5日发布的《海洋界限：中国在南海的海洋主张》报告，该报告指出，关于中国主权要求的性质和范围，中国法律、宣言、官方行为以及官方声明所显示的证据相互矛盾，"除非中国明确说明断续线主张反映的只是对线内岛屿以及与国际海洋法相符的那些地物所产生的任何海洋区域拥有主权，否则中国的断续线主张不符合国际海洋法"。[2]

该报告臆测了中国南海断续线权利主张的内容。美国官方发布报告称"九段线不符合《公约》"，无疑将为仲裁庭对"九段线"的法律受理权和最终裁决背书。实际上，美国对断续线的干预远非一个官方报告这么简单。自2013—2016年美国智库发布有关南海仲裁案的文章达到130篇之多，其中有40篇涉及"九段线"问题，大部分是对该线的"法理无效性"展开论述。

可见，从仲裁案提起的第一时间至仲裁案事件推进的各关键节点，以战略与国际研究中心为代表的美国智库始终处于舆论战的"第一战场"，矛头始终指向否定中国南海断续线，极力塑造国际话语，并引导其传播方向。

美国智库平台效应明显，不断地将地区学者声音予以放大。AMTI在南海仲裁案国际舆论中扮演着重要角色。2014年11月，该智库平台自成立以来便专注于南海仲裁案事件，成立不到两年时间便发布了39篇关于南海仲裁案的文章，这一数字在各国际智库中排名第一，然而其对华友好度指数仅仅为2，在各主要智库中排名倒数。2014年12月该智库平台甫一成立，便接连发布了菲律宾学者、台湾地区学者的"南海仲裁案中的文件斗争""国民党和民进党对南海的分歧""菲中仲裁对外交的影响""打击中国权力政治：通过仲裁实现自由"等文章，将南海仲裁案带入国际社会关注的中心位置，并为仲裁案的舆情发展奠定了"美国对九段线的声明为仲裁案提供了理论支撑""美国和日本应该对菲律宾方面提供更多的支持""东南亚国家认为中国的九段线完全不符合《公约》规定"等基调。[3]

因汇聚了众多地区学者，AMTI对南海仲裁案的解读体现出很深的地区烙印。对于国际智库普遍漠视的"法理解读"，AMTI却十分重视。南海仲裁案对地区秩序产生的影响同样是其最为关注的。因立足于本国利益，地区学者大多承

---

1 Who Is Taking Sides After the South China Sea Ruling? *The Asia Maritime Transparency Initiative*, 15 Aug 2016, https://amti.csis.org/sides-in-south-china-sea/. 2018年11月6日登录。

2 United States Department of State: *Limits in the Seas China : Maritime Claims in the South China Sea.* 5 Dec 2014, http://www.state.gov/documents/organization/234936.pdf. 2018年11月6日登录。

3 See Analysis, The Asia Maritime Transparency Initiative, https://amti.csis.org/analysis/. 2018年11月6日登录。

认杜特尔特政府将对南海仲裁案保持理智的处理方式,对"地区影响"和"法理解读"主题持谨慎态度。而 AMTI 对"中方立场"和"美国应对"的对华友好度指数已跌至冰点,支持地区学者大力抹黑中国对南海仲裁案的"三不"立场,并对美国应对南海仲裁案的后续行动大加怂恿和期待。

AMTI 的平台效应使其设计和支持的观点得以不断放大并迅速传播,成为南海仲裁案事件中各国媒体争相转载的信息来源。2016 年 4 月 14 日,美国国家亚洲研究局参照 AMTI 的宗旨成立了海洋意识项目(MAP),对南海仲裁案进行了跟踪式研究。可见,未来美国智库平台在国际舆论中的作用将会越来越大。

美国智库积极影响美方决策,鼓吹美国利用仲裁案遏制中国的必要性。得益于美国"旋转门制度",美国智库对其政府部门一贯有较大的影响力,尤其是对外战略问题上,智库意见对美国决策部门至关重要。关于南海仲裁案,美国智库利用专家听证会、政策建议报告等方式影响着美国决策层的决策方向。

邀请智库专家学者参加听证会是美国决策层吸纳学界意见的重要方式。美国国会曾多次举行关于南海问题听证会。例如,2009 年 7 月 15 日美国国会参议院外交关系委员会举办听证会,探讨在南海地区"面对中国不断增强的军事实力"以及潜在的"亚洲争端",美国应当扮演的角色。2012 年 9 月 12 日美国国会又举办关于中国与南海问题听证会,主题是推动南海周边海上领土争端和平与合作解决。2013 年南海仲裁案被提起后,美国国会 2015 年 7 月举办了"美国在南海的安全角色"听证会。2015 年 7 月 23 日,美国国会众议院外交事务委员会举办了一场关于"美国在南海的安全角色"听证会,在会上发言的有四位美国智库学者,分别是新美国安全中心亚太安全项目高级顾问和高级总监帕特里克·克罗宁(Patrick M. Cronin)、美国海军学院中国海洋研究所教授安德鲁·埃里克森、时任 AMTI 主任(现为新美国安全中心研究员)米拉·拉普-胡珀、卡内基国际和平基金会亚洲项目高级研究员迈克尔·史文(Michael D. Swaine)。此四位学者均是美国智库中非常活跃的海洋问题和中国安全问题专家。值得注意的是,以上智库中,新美国安全中心和 AMTI 在南海仲裁案的对华友好度指数排行中排名历来是倒数(详见表 18),美国海军战争学院的安德鲁·埃里克森也对中国的南海仲裁案立场持敌视态度。

在听证会演讲中,尽管四位学者并未明确提及南海仲裁案,但他们均认为,中国"九段线"主张过于模糊,这为中国在南海进行"填海造岛"并推进后续的军事化行动提供了更大可能。因此,他们建议美国对中国"九段线"主张展开反制,利用国际法等手段迫使中国澄清其南海主张。迈克尔·史文特别提到,中国在南海建造的"人工岛"不具备岛屿地位,这是美国应用国家法手段的关键问题。此外,四位学者都提到了美国加强与地区盟友联系、提升盟友军事能力的目标。[1]

表18 部分国际智库对华友好度指数（数字大＝友好度指数高）

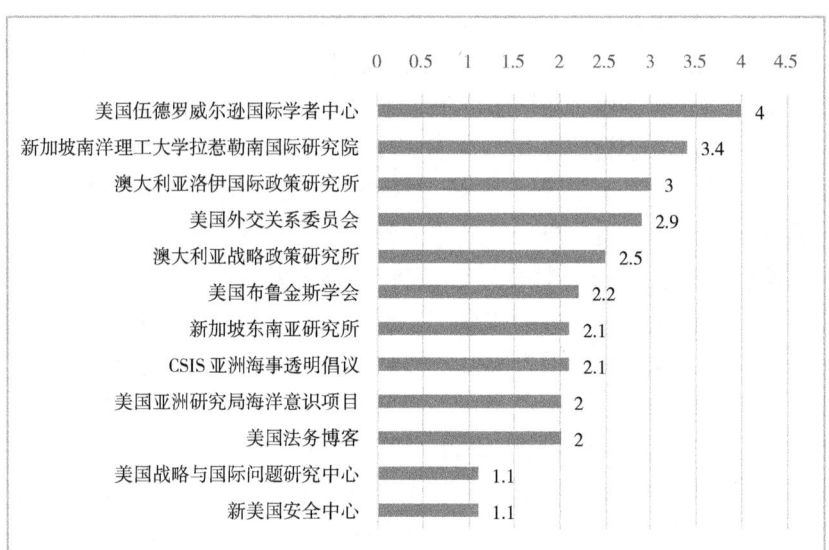

除听证会的形式外，美国智库对美国政府提交的专题性政策报告同样影响着美国对南海仲裁案的态度。2014年11月，美国海军分析中心为美国政府提交了一份题为《美国未来在南中国海的政策和选项评估》的政策报告，该报告为美国提出11项政策建议，基本与美国的后续行动相吻合。该报告作者退役海军少将迈克尔·麦克德维特（Michael McDevitt）建议美国，在此时间节点上，应就南中国海政策发布一系列重要政策文件，显示美方立场，公开支持菲律宾提交的南中国海仲裁案。[2] 而一个月后，美国国务院便颁布了《海洋界限——中国在南海的海洋主张》。

2016年5月和6月，美国布鲁金斯学会连续提交了两份报告——《南海问题的法律界限》和《美国在南海的"航行自由计划"：针对中国战略性模糊政策合法且必要的回应》，作者分别为葛维宝（Paul Gewirtz）和郭晨曦（Lynn Kuok）。葛维宝在报告中指出，《公约》稍显稚嫩，仲裁庭的裁决体系不可避免受政策选择和主观评价影响，加上仲裁结果无保障实施机制，因而仲裁结果的公布并不意味着南海问题的结束，相反是南海新一轮博弈的开始。因此，建议美国提前做好外交、法律和军事上的准备。郭晨曦在报告中指出，一旦国际仲裁庭裁决中国在

---

[1] Mira Rapp Hooper, Andrew S. Erickson, Michael D. Swaine, Patrick M. Cronin, "America's Security Role in The South China Sea", *Center for Strategic and International Studies*, 2015.07.23, https://www.csis.org/analysis/americas-security-role-south-china-sea, 2018年11月6日登录。

[2] Michael McDevitt, "The South China Sea: Assessing U.S. Policy and Options for the Future", *Center for a New American Security*, 2014.11.15, https://www.cna.org/cna_files/pdf/IOP-2014-U-009109.pdf, 2018年11月6日登录。

南海的相关岛礁无领海权利，美国"航行自由行动"将更富有国际法理依据，同时反过来会对中国不接受南海仲裁结果施加压力。作者建议美国持续声称其在南海争议地区的航行自由权利，同时做好记录，对于一些国家过度主张南海权益的行为，制作一个外交抗议清单并公开发表，最后，私下里说服其他国家加入美国"航行自由行动"，共同进行军舰航行、外交抗议等活动。[1]

综上所述，美国智库对南海仲裁案的国际舆论起着关键作用，其对外通过话语塑造、搭建平台等方式影响着国际社会对南海仲裁案的认识，对内通过参与决策流程的方式影响着美国政府对仲裁案的决策。**美国智库一系列举动体现出美国对仲裁案国际舆论宣传的决定性地位，也体现出仲裁案作为遏制中国手段的根本性质。**

（三）美国媒体发挥着信息快速散发的重要平台作用

表19显示，在各国媒体发表的涉华涉海文章总量里，美国居首位，达到16720篇，平均每年3344篇，平均每天约9篇。美国媒体利用自身作为全球舆论领导者的地位，有选择性地传播一些智库学者的特定观点，打造南海问题意见领袖，借此加大其对国际舆论的引导作用。在此过程中，推特、脸书等社交网络平台凭借灵活、快速、利于表达等优势，帮助美国所谓的南海问题专家形成了诸多稳定的南海话题讨论子群，大大拓展了美国南海问题意见领袖的舆论影响力。

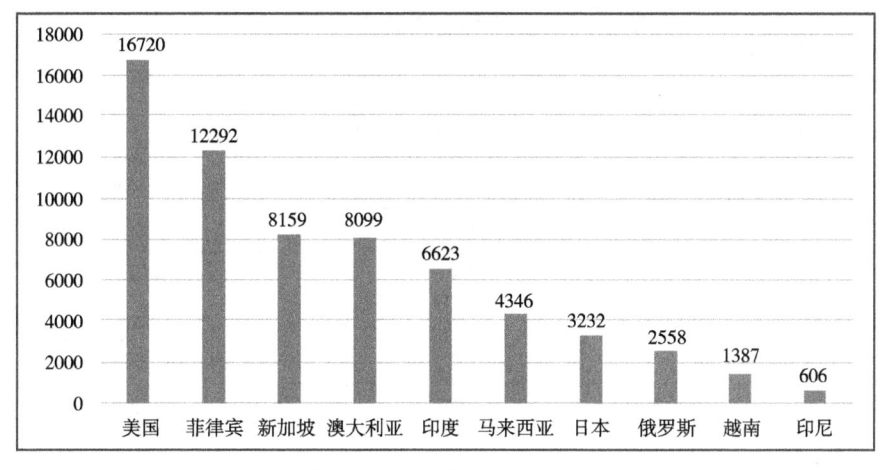

表19　2013—2017年各国媒体涉华涉海领域发文量

---

[1] Paul Gewirtz, "Limits of Law in the South China Sea," *The Brookings Institution*, 2016.05. https://www.brookings.edu/research/limits-of-law-in-the-south-china-sea/; Lynn Kuok, "The U.S. FON Program in the South China Sea: A lawful and necessary response to China's strategic ambiguity," *The Brookings Institution*, 2016.06.10. https://www.brookings.edu/research/the-u-s-fon-program-in-the-south-china-sea/, 2018年11月6日登录。

更重要的是，美国媒体联合智库共建直通国际舆论的高水平平台，重点培养东南亚地区尤其是南海争端国学者的国际影响力，提升其在国际舆论中的话语权，塑造东南亚学者在国际平台发声谴责中国的舆论环境。以菲律宾学者理查德·海德里安（Richard Javad Heydarian）为例，该学者起初为菲律宾德拉萨大学政治学助理教授，2009—2015年担任菲律宾众议院外交政策顾问。因有美国教育背景，尚不到30岁的海德里安受到美国诸多智库和媒体的"重点培养"。仅从2015年至今，他不仅在美国战略与国际研究中心、布鲁金斯学会、外交关系委员会等一流智库担任研究职务，同时在美国AMTI、彭博社、CNN、CNBC（美国全国广播公司财经频道）、《外交事务》《纽约时报》《华尔街日报》《华盛顿邮报》，以及路透社、法新社、BBC、《金融时报》《经济学人》《外交官杂志》《南华早报》等国际知名媒体上发表大量的南海评论。海德里安在AMTI发表的20多篇评论，先后被澳大利亚洛伊国际政策研究所、战略政策研究所、印度观察家研究基金会、新加坡南洋理工大学拉惹勒南国际研究院等地区智库转载。在关于中国岛礁建设和南海仲裁案等几波舆论浪潮中，海德里安在美国媒体助推下发布大量针对中国的分析评论，将菲律宾主张放大至全球，对中国的国际形象造成极大负面影响。类似海德里安受到美国媒体热捧的地区学者还有菲律宾的巴通巴卡（Jay Batongbacal）、越南的黎洪和（Le Hong Hiep）、张明武（Truong Minh Vu）等。

在本文统计时段内，国际智库一共发布涉华涉海报告和文章1347篇，其中涉南海的有1087篇，占涉华涉海报告和文章总数的80.1%（详见表20）。在美国智库发布的涉华涉海报告共有651篇，其中有关南海的是472篇，占涉华涉海报告总数的72.5%（详见表7）。由此可见，美国智库和其他国际智库发表的关于我国海洋问题的报告和文章里绝大多数是有关南海话题的。

表20 关于涉华涉海与涉南海的国际智库报告数量对比表

年 份	涉华涉海报告总计（单位：篇）	涉南海报告合计（单位：篇）	涉南海报告占涉华涉海报告总数的比例（%）
2013年	139	56	40.0
2014年	148	96	64.9
2015年	260	214	82.3
2016年	540	481	89.0
2017年	260	240	92.3
合 计	1347	1087	80.1

在2010年美国高调宣称在南海有其重要国家利益之前，即使偶发海上纠纷事件，但总能很快平息，南海局势长期相对平稳。美国是引发南海局势不稳定的最主要因素。从表21可见，在国际媒体讨论我国海洋问题时，最多被提及的国

家是美国。

表21 2013—2017年国际媒体涉华涉海文章中提及的国家（地区）篇数排行榜

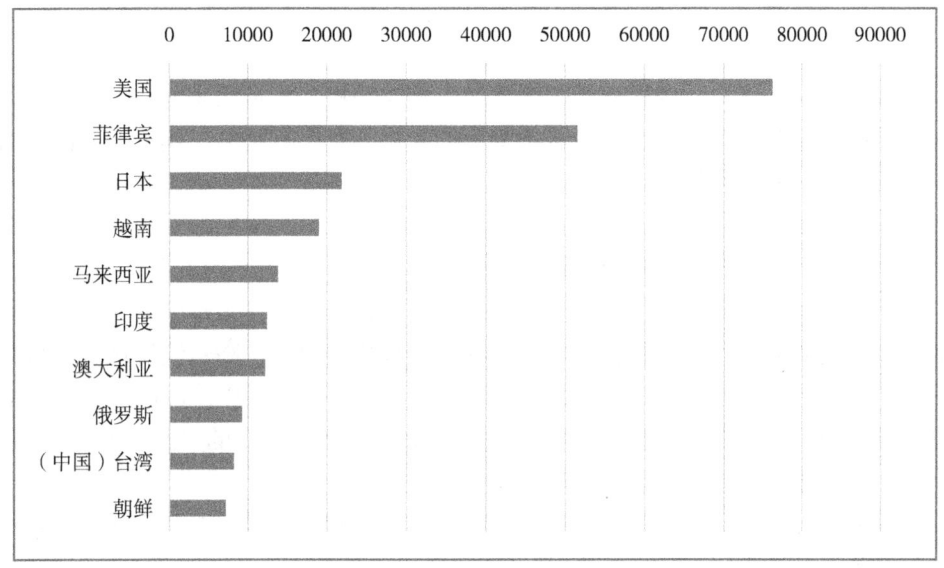

（四）美国媒体对南海问题的话语叙事特点

媒体作为信息媒介，对人的认识具有操纵和控制功能，此种操纵和控制通过对媒介内容、媒介使用语言的规范化和传播过程的模式化来实现。伴随对南海问题的长期报道，目前美国媒体对南海问题已形成特定的叙事框架。

美国媒体对南海问题的报道经历了一个从零散到集中、从个例到规范的演变过程。伴随该过程的是美国媒体对文章的描述用语、论证倾向以及文章结构的固化，体现在以下两方面：

一是美国媒体报道南海问题的负面话语运用。

当前美国媒体运用"岛礁建设与军事化"的框架报道南海问题，该框架已被塑造为中国崛起后南海政策的基本特征。在该框架下，中国岛礁扩建、军事和民用设施部署、海军力量建设、海警执法等行动均与中国军事目的直接相关，被美国媒体用以推断中国南海战略动机的证据。

以中国南海岛礁扩建为例，中国称之为"陆域吹填"或"岛礁扩建"，美国媒体则称之为"填海造陆""建设人工岛"，并以"巨大的""空前的、史无前例的"等词汇渲染中国行动的严重性。中国从未主张扩建后岛礁的法律地位发生变化，美国媒体则一再声称"中国企图由礁变岛主张人工岛12海里领海是违反国际法的"。AMTI持续监测岛礁建设动态并不定期发布高清晰图片，被国际各大媒体置于头版头条踊跃转载。在持续不断的国际传播下，中国岛礁扩建以及一系列相关行动已被塑造为"中国改变地区现状的修正主义"的证据。

此外,美国媒体大量运用"争议海域""独断的""侵略性的""军事的"等具冲突性、攻击性和改变现状含义的词汇形容南海局势以及中国的南海行动。关于地区秩序的稳定,"基于规则的秩序""国际法""《联合国海洋法公约》""东盟"等基于国际法和国际规则含义的词出现最多。

在"南海军事化"的框架内,中国南海战略动机不断被妖魔化,中国与菲律宾等国的合作被视为中国利用经济诱饵换取政治和军事利益的工具。而中国在海洋环境治理、海域空间区划方面对东南亚国家的培训和援助,则"不经意地"被美国媒体所忽略。

二是美国媒体报道南海问题特定结构是历史聚合。

除利用冲突型话语妖魔化中国的南海战略外,美国媒体报道的另一大特征是用回顾历史的方式映射现实,在文章结构上形成历史聚合,暗示读者现实事件与历史事件(多为冲突事件)直接相关,甚或是历史的"重演",以制造一种历史延续和冲突反复。此结构目前已成为美国媒体报道南海问题的"八股文"。具体而言,当前美国媒体报道南海事件的典型结构是:

第一部分:描述事件情况,引述官方发言,特别是"受害方"政府官方对中国的谴责,以及中国的强硬回应;

第二部分:引用专家分析,解读中国战略意图;

第三部分:回顾中国与南海声索国的主权争端历程,以及中国在南海的行动轨迹,插播南海争端国对中国的反抗声音,最后引入美国以"航行自由行动"等手段遏制中国的战略意图。而第三部分的历史回顾,并不以历史事件与现实报道事件直接相关为条件。

综上所述,美国智库和媒体在中国海洋战略国际舆情主体中占据主导地位,它们控制着国际舆论的话语权,设置着中国海洋问题的议题内容,引导着国际舆情的发展方向,塑造着中国海洋战略的国际舆情环境,营造着抹黑中国的国际舆论氛围。在议题和观点设计方面,美国发挥着显著的主导作用。许多国际知名媒体对我国海洋问题的报道和分析,多数是转引自美国智库报告和文章。尤其是引用 CSIS 亚洲海事透明倡议(AMTI)、布鲁金斯学会(BROOKINGS)、英国国际战略研究所(IISS)等欧美智库的成果。在传播途径和方式方面,美国智库和美国媒体发挥着主要播放平台和载体的作用。美国智库通过与美国媒体默契配合,共同营造舆论氛围。在涉华涉海热点话题的设计、生成与传播过程中,美国智库和媒体互相配合、互为补充,在短时间内便可迅速凝聚出一个吸引眼球的热词和直观而通俗易懂的主要观点,快速塑造出一个有明确倾向性的舆论氛围,发挥出对一个热点话题主导作用的舆论影响力。

在涉及南海的国际舆论里,国际知名智库和媒体既是主体也是载体。美国官方、专家、评论员和媒体记者等相互之间通过巧妙呼应和借力,共同营造出美国设计的围绕南海问题的国际舆论大环境。媒体时常引用"有关人士"或"不具名人士"所述的"事实"和观点,并分析预测即将要发生的事件及中国可能的反应等。这些媒体报道,实质上是在为美国官方随后的动作进行必要的舆情试探和舆论铺垫。例如:美国智库普遍重视其相关内容和观点的对外传播,它们不仅通过其平台和专家在相关媒体上开专栏或发表评论性文章、参加媒体评论节目和接受采访等传统媒体传播方式,而且还广泛运用新媒体,包括博客和视频直播等,积极对外发布其报告,炒作涉及中国海洋的热点问题,发挥其对决策层、精英阶层以及公众强大的舆论影响力和引导力。当然,媒体更是热衷于炒作热点问题,极大地提升其收视率。

四、南海国际舆论战的基本规律

其总体规律可总结如下:以传统安全为观察视角,以南海热点事件为研究主线,以中美博弈为最终落脚点。

(一)以传统安全为观察视角

从上文表5统计数据可明显看出,在国际智库涉华涉海研究领域里,关于"涉海外交""军事和安全"及"海洋主权"领域的报告和文章占据总量绝大多数。说明了国际智库对海洋传统安全领域的关注远远多于对海洋法律、经济和环境等问题的关注。

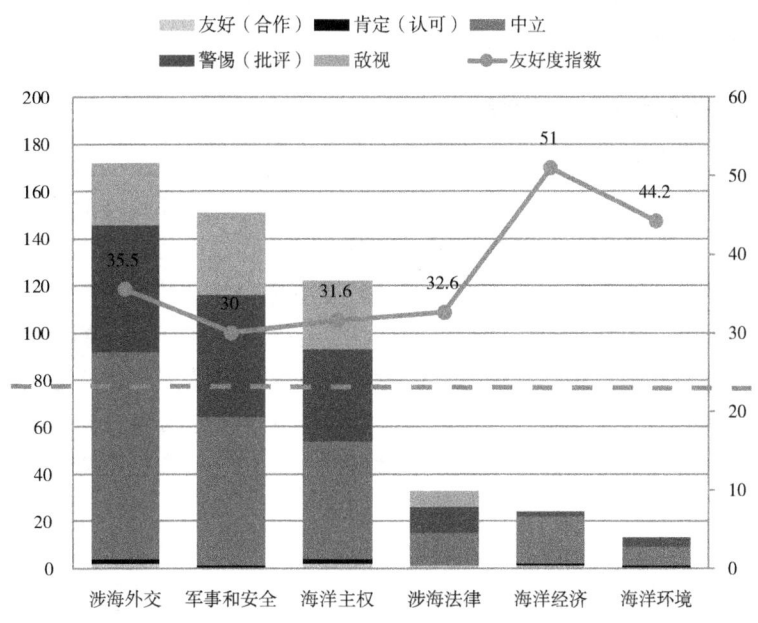

图2 2015年各研究领域友好度指数的构成图

如图2所示，国际智库对于传统安全领域的关注度与其对华友好指数成反比。也就是说，国际智库在其所聚焦的涉海外交、军事和安全和海洋主权三个研究领域内，对华友好度指数与均值基本持平甚至低于均值。而相比之下，备受海外智库冷落的海洋经济与海洋环境却分别有着51和44.2的高友好度指数。

上述现象说明了国际智库在关注度较低的海洋经济和环境等问题上，对华态度相对比较客观中立，甚至是持肯定的态度，支持在这些方面需与中国开展合作。但出于其传统安全思维，由于"对中国武力扩张的担忧"，国际智库的关注点始终聚焦于传统安全领域。在这些关注度较高的领域，国际智库的传统安全视角决定了其在涉华涉海舆论方面的总体立场，即对中国通常是持负面和批评的态度。

（二）以热点事件为研究主线

经梳理，2013—2017年，被炒作的有关我海洋话题超过十余个，其中热词有11个，详见上文表6。这些关键词构成了近年来涉华涉海国际舆论的热点议题。其中有些热点贯穿事件全程，一旦事件完毕，该事件在国际舆论的热度也基本上消退。例如岛礁扩建事件，成为2015—2016年的国际智库讨论最多、对我涉海舆论影响最大的关键词。但是，随着建设工程完工，该事件的舆论热度也随之降低了。又如南海仲裁案，在2016年7月仲裁结果发布时，成为国际智库和媒体狂炒议题，并保持热度到2017年底。但是，随着中菲关系转圜，以及国际智库又启动的新的议题，包括航行自由行动等，仲裁案在国际舆论的热度被渐渐淡化了。其他热点事件也基本遵循此规律。

（三）以中美博弈为最终落脚点

对我海洋问题来说，美国并非当事国，但中美关系却是最受国际智库重视的议题，反映出国际舆论将中美关系视为涉华涉海问题之实质所在的认识。总的来看，一方面，国际智库普遍认为中国"日益进取"的海洋战略将不可避免地受到美国的遏制，中美博弈将长时间处于亚太海洋事务中的核心位置。另一方面，在谈论中美关系时，国际舆论也认识到两国均无法承担战争风险，两国关系一旦失去控制将对世界秩序产生巨大冲击，因此大部分国际智库专家均将中美关系的落脚点置于危机管控上，如表15所显示的那样，中立态度始终占据较高的指数。因此，基于对中美关系的辩证认识，涉及两国关系的文章友好度指数与平均值基本持平。

尽管国际智库认识到中美战略博弈对亚太海洋局势发挥着基础性作用，因而对中美关系十分谨慎。但在谈及日本、澳大利亚、菲律宾、印度等美国地区盟友关系时，国际智库远不如前者理性。美应与其军事盟友"联合抗华"的观点层出不穷，尤其是日本、印度和澳大利亚的智库，鼓励其国家要与美国在亚太地区，特别是美军在南海的军事行动,应保持配合和支持,并将之称为围堵中国的"四边形"或"四重奏"。

综上所述,总体于我不利的涉华涉海国际舆论仍将持续一个时期。在清醒认识国际舆论的一些基本特征和运作模式及相关规律的基础上,有必要进一步深入研究,以便制定以我为主的南海舆论战应对方案。

中国参与全球海洋治理的态势分析与思维路径

罗 刚

内容提要：海洋空间独特的自然与社会特质，呼唤着海洋治理在区域或全球层面的国际化。积极参与全球海洋治理，对发展和壮大我国的蓝色经济，维护和拓展我国的海洋权益以及提升我国的国际涉海话语权都具有重要的战略意义。我国参与全球海洋治理，既拥有着大国地位、科技支撑、经验外溢等优势，也拥有着地缘不利、人才瓶颈、主体单一等劣势；既面临着多元平台、多元力量、多元疆域等机会，也面临着竞争态势、制度约束、单边主义等威胁。我们应善于运用疆域思维、合作思维、法律思维、跨界思维、区域思维和立体思维，深入参与全球海洋治理。

关键词：全球治理 海洋治理 战略态势 战略思维 海洋战略

引论：海洋治理的国际化

全球治理是治理概念在全球范围的延伸，海洋是全球治理的重要议题，全球

罗刚 国家海洋局海洋发展战略研究所助理研究员，法国巴黎第一大学法学博士。文中的观点仅是作者的个人看法，不代表任何组织或单位的意见。

本文为国家社科基金"新时代海洋强国建设"重大研究专项项目"提升我国在国际涉海事务中的话语权和制度性权利研究"（批准号：18VHQ006）的阶段性成果。

海洋治理是全球治理在海洋议题的深化。[1] 海洋是地球三大生态系统之一，是一个自然流动的整体。海洋运输占国际贸易总运量的三分之二以上，遍布各大洋、连接各大洲的众多航线构成了全球经济一体化的大通道。公海、极地和深海是各国期待能够赢得竞争优势的海洋新疆域。海洋污染、海洋酸化、过度捕捞等环境与资源问题威胁着全人类的生存与发展。正是海洋空间独特的自然与社会特质，呼唤着海洋治理在区域或全球层面的国际化。

如今，国际海洋事务进入快速发展期，以海洋为主题的国际合作不断升温，国际社会推动全球海洋治理的进程进一步深化。2015年9月，"联合国可持续发展峰会"达成了《2030年可持续发展议程》，推出17项可持续发展目标，其中的目标14与海洋相关，即"保护和可持续利用海洋和海洋资源以促进可持续发展"。为了响应这一目标，世界贸易组织（简称WTO）的渔业补贴谈判在搁置数年后已经重启，并期望在其框架下尽快达成相关法律协议。[2] 欧盟委员会于2016年11月发布了《国际海洋治理：我们海洋的未来议程》，提出了具体的行动计划和优先选项。[3] 首届联合国海洋大会于2017年6月在美国纽约召开，各国共商全球海洋的可持续发展大计。我国不仅将该议程与国家的中长期发展规划有机结合，还先后发布了落实该议程的国别方案和进展

---

[1] 近年来，随着"加快建设海洋强国"号角的吹响，"全球海洋治理"也日益成为学术界的研究热点，有一些学者尝试对它进行概念界定。笔者注意到，有些学者的定义方法似乎更依赖于"全球治理"的概念本身，即把"全球治理"的一般定义直接或简单移植到海洋场景。笔者认为，对"全球海洋治理"做出一个比较周全的定义并非易事，也不是本文的核心主题。一方面，"全球治理"的概念来自西方，是西方世界在全球化时代的治理想象，而国内部分学者对"全球治理"的定义依然没有逃脱西方概念的影响。笔者认为，从中国视角出发对"全球治理"进行界定，可能存在实然意义（西方构想主导的现存框架）与应然意义（中国主张争取的未来框架）之分。另一方面，目前全球治理的实践较多地发生在经济领域，而"全球海洋治理"相对而言是一个新兴领域，其系统的理论总结可能还有待于更多的实践活动。综上所述，笔者初步认为，"全球海洋治理"的概念起码具备三个要素：(1) 特征性要素（海洋空间独特的自然与社会特质）；(2) 一般性要素（对全球或区域海洋事务进行协作和协调的国际机制）；(3) 应然性要素（"共商共建共享"的治理原则）。

[2] 在2017年12月召开的布宜诺斯艾利斯第十一届部长级会议上，WTO的成员方通过了一项关于渔业补贴的决定，期望在2019年的下一届部长级会议前能够在WTO的法律框架下达成一项全面而有效的法律协议。关于WTO渔业补贴谈判的最新进展，参见WTO官网的相关页面，https://www.wto.org/english/tratop_e/rulesneg_e/fish_e/fish_e.htm，2018年9月7日登录。

[3] 2016年11月10日，欧盟委员会发布了《国际海洋治理：我们海洋的未来议程》，提出了50项有关海洋安全、健康和可持续发展的具体行动计划以及三大优先选项，详情参见欧盟官网的相关页面，https://ec.europa.eu/maritimeaffairs/sites/maritimeaffairs/files/join-2016-49_en.pdf，2018年9月8日登录。

报告。[1]

海洋事务在我国外交中的权重日益增加。习近平在2016年9月中央政治局第三十五次集体学习的讲话中指出要"提高我国参与全球治理的能力",并特别强调要"积极参与制定海洋、极地……等新兴领域治理规则,推动改革全球治理体系中不公正不合理的安排"。[2] 积极参与全球海洋治理,对发展和壮大我国的蓝色经济,维护和拓展我国的海洋权益以及提升我国的国际涉海话语权都具有重要的战略意义。笔者拟借助 SWOT 这一态势分析工具,试图勾勒出我国参与全球海洋治理可能拥有或面临的战略态势,包括内部"优势"(S-Strengths)和"劣势"(W-Weaknesses)以及外部"机会"(O-Opportunities)和"威胁"(T-Threats)。

一、中国参与全球海洋治理的内部态势

我国参与全球海洋治理的优势与劣势并存。下面,笔者拟对我国参与全球海洋治理所拥有的内部优势和劣势分别进行调查列举。

优势:

笔者认为,我国参与全球海洋治理的内部优势包括大国地位、科技支撑和经验外溢等。

大国地位。我国是联合国安理会五大常任理事国之一,也是世界上最大的发展中国家,还是众多国际条约和国际组织的重要缔约方和成员方。如今,我国与外部世界的关系已经发生了历史性变化,跃升为世界第二大经济体,国际地位获得了前所未有的提升,进入了"日益走近世界舞台中央、不断为人类作出更大贡献"的新时代。另外,我国始终注意加强同发展中国家的团结合作,支持扩大发展中国家在国际事务中的代表性和发言权。例如在第三次联合国海洋法会议上,我国旗帜鲜明地支持第三世界国家扩大200海里海洋权益的斗争,在海底委员会会议上坚决支持许多中小国家代表团的意见。[3] 这在一定程度上又反过来支撑着我国的国际影响力和号召力。

---

[1] 2016年3月,我国通过了《国民经济和社会发展第十三个五年规划》,将《2030年可持续发展议程》与国家的中长期发展规划进行了有机结合。同年9月,我国发布了落实该议程的国别方案,其中详细阐述了落实可持续发展目标14的具体方案,参见《中国落实2030年可持续发展议程国别方案》,外交部,2016年9月,https://www.fmprc.gov.cn/web/ziliao_674904/zt_674979/dnzt_674981/qtzt/2030kcxfzyc_686343/P020170414688733850276.pdf,2018年9月8日登录。2017年8月,我国又发布了落实该议程的进展报告,其中通过丰富的实例和数据,系统回顾了2015年9月以来中国落实可持续发展目标14的进展情况、面临挑战以及下步工作设想,参见《中国落实2030年可持续发展议程国别方案》,外交部,2017年8月,https://www.fmprc.gov.cn/web/ziliao_674904/zt_674979/dnzt_674981/qtzt/2030kcxfzyc_686343/P020170824649973281209.pdf,2018年9月8日登录。

[2] 习近平:《习近平谈治国理政》(第二卷),北京:外文出版社,2017年版,第448页。

[3] 参见段洁龙主编:《中国国际法实践与案例》,北京:法律出版社,2011年版,第94—97页。

科技支撑。海洋科技水平的高低，决定着利用海洋的能力，也影响着参与全球海洋治理的政策与立场。目前，人类对海洋的探索还不到5%，海洋存在着巨大的未知空间，而这又离不开海洋科技的支撑。近年来，我国持续推进海洋科学研究，大力研发海洋技术装备，有力地支撑着我国参与全球海洋治理。例如，截至2018年8月底，我国开展了50个航次的大洋科学考察，也是世界上第五个登记注册为国际海底先驱投资者的国家，在西太平洋、西南印度洋脊、东太平洋CC区（Clarion-Clipperton Zone）拥有多金属结核、多金属硫化物、富钴铁锰结壳等矿种的4个矿区，深海大洋科考事业强劲发展。

经验外溢。近年来，我国参与全球治理的范围不断扩大，覆盖经济、发展、生态环境、安全等诸多议题，而参与其他议题全球治理的实践经验具有溢出效应，为参与全球海洋治理提供了重要的框架指引。特别是2008年国际金融危机以来，我国在全球经济治理中的重要性日益凸显，推进了全球经济秩序的变迁。我国在世界贸易组织、亚洲基础设施投资银行、世界经济论坛、博鳌亚洲论坛等主客场治理平台所积累的有关参与策略、谈判技巧、情势研判等方面的宝贵经验，必定也会对全球海洋治理提供有益的参考。

劣势：

笔者认为，我国参与全球海洋治理的内部劣势包括地缘不利、人才瓶颈和主体单一等。

地缘不利。世界各国的海洋资源禀赋条件大不相同，而海洋地缘条件本身又会影响着我国参与全球海洋治理的政策与立场。我国地处西太平洋边缘，尽管拥有18000公里的海岸线，但大陆近海水深相对较浅，主张的专属经济区和大陆架与周边一些邻国的主张相重叠，海域外围又被美国设置的"三条岛链"所牵制，除台湾岛外，没有直接面向大洋的海域。相对不利的海洋地缘战略条件，可能会使我国在海洋治理的国际舞台上面临着更多的外部挑战。

人才瓶颈。参与全球海洋治理，离不开一支熟悉党和国家方针政策、了解我国国情和海情、具有全球视野、熟练运用外语、掌握海洋科学、通晓国际规则、精通国际谈判的专业人才队伍。近年来，随着我国国际地位的不断提升，依靠国家力量推动的"政治任命型"高级人才在国际机构或组织的任职不断增加。[1] 然而在国际公开招聘的基层和中层专业人才岗位中，中国籍雇员的占比还相对较小。例如，根据有关测算，我国在2016年承担着7.921%的联合国会费，占比仅次于美国和日本，然而中国籍雇员在联合国系统任职的总体人数仍然较少，还有

---

[1] 例如，在联合国国际法院（简称ICJ）、国际海洋法法庭（简称ITLOS）以及WTO上诉机构都有中国籍法官任职，在大陆架界限委员会（简称CLCS）有中国籍委员任职以及在国际海事组织（简称IMO）有中国籍主席任职。

半数名额空缺。[1] 我国向国际涉海组织输送的专业人才相对有限，这与我国的国际地位和综合实力不相匹配，可能会构成我国参与全球海洋治理的一大瓶颈。

主体单一。全球治理的基本理念和参与框架产生于西方，反映了西方国家在全球化时代的治理想象。[2] 由于西方国家在传统上塑造了"小政府、大社会"的社会治理格局，非政府组织等民间力量便得到了蓬勃发展，国家与非国家行为体的共同参与构成了西方全球治理理念的重要特征。一些非国家行为体（例如非政府组织）积极参与全球海洋治理的进程，并在国家管辖范围以外区域海洋生物多样性（简称 BBNJ）[3] 等国际谈判中发挥了积极的作用。[4] 长期以来，我国始终以"国家中心主义"的理念看待自身与全球治理间的关系，[5] 一直以政府或政府部门为核心参与全球治理。与西方国家相比，我国的社会组织（非政府组织）面临着注册困难的法律难题[6] 以及资金有限的财务困境，发展程度相对不足，以非国家行为体身份参与全球海洋治理的渠道并没有得到充分利用。

二、中国参与全球海洋治理的外部态势

我国参与全球海洋治理的机遇与挑战同在。下面，笔者拟对我国参与全球海洋治理所面临的外部机会和威胁分别进行调查列举。

机会：

笔者认为，我国参与全球海洋治理的外部机会包括多元平台、多元力量、多元疆域等。

---

[1] 参见"联合国缺中国人才'国际公务员'仍半数空缺"，中国新闻网，2016年10月13日，http://www.chinanews.com/sh/2016/10-13/8030851.shtml，2018年9月7日登录。

[2] 例如，早在1995年多位西方人士发起成立的"全球治理委员会"（Commission on Global Governance）发表了《天涯成比邻》（Our Global Neighborhood）的研究报告，较为系统地阐述了全球治理的概念。

[3] 1992年《生物多样性公约》（Convention on Biological Diversity，简称CBD）只调整国家管辖范围以内区域的生物多样性问题，而国家管辖范围以外区域的生物多样性（Biodiversity Beyond National Jurisdiction - BBNJ）问题（主要是公海）尚缺乏明确的国际规制。BBNJ 国际文书谈判进程始于2004年，历经11年九次特设工作组会议和2年四次预备委员会会议。2018年9月，该谈判已进入政府间谈判的关键阶段。未来的 BBNJ 国际文书被视为《联合国海洋法公约》第三份执行协定，可能会涵盖海洋遗传资源及其惠益分享、海洋保护区等划区管理工具、环境影响评价、能力建设和海洋技术转让等重要内容。

[4] 关于非政府组织在BBNJ国际谈判中的作用，参见 Robert Blasiak et al.,"The role of NGOs in negotiating the use of biodiversity in marine areas beyond national jurisdiction", Marine Policy, Vol. 81, July 2017, pp. 1-8.

[5] "国家中心主义"是指，强调国家的中心地位以及存在的优先性和独立性，并以主权与边界为考虑问题的出发点，从而将本国与他国以及其他行为体之间的关系视为冲突者或竞争者的理念和思维方式。参见蔡拓、杨雪冬、吴志成主编：《全球治理概论》，北京：北京大学出版社，2016年版，第416页。

[6] 例如，根据我国《社会团体登记管理条例》第9条的规定："申请成立社会团体，应当经其业务主管单位审查同意，由发起人向登记管理机关申请登记。"在实践中，一些非政府组织往往需要寻找这样的"主管部门"去挂靠。这就导致了国内不少非政府组织运转在法律的"灰色地带"里，甚至还有一些非政府组织为了"合法化"，并不在民政部门注册登记，而是作为企业在工商部门注册登记。

多元平台。如今,全球海洋治理的参与平台具有多元性,除联合国等全球性平台外,还有亚太经合组织(简称 APEC)等区域性平台;除联合国外交会议等官方平台外,还有众多以智库研讨会等形式架设的非官方(或半官方)平台。治理平台的多元化,增加了我国与其他国家在不同层面上沟通与交流,也为我国深入参与全球海洋治理提供了更多机遇。目前,我国积极利用联合国平台参与 BBNJ 国际文书的谈判,借助国际海底管理局的平台参与国际海底资源开发规章的制定,在 APEC 的框架下举办多届蓝色经济论坛,[1] 还全方位参与北极理事会、[2] 北极圈论坛等极地事务平台。

多元力量。大国关系一般被认为是国际关系中最为重要的关系,是影响国际形势发展的重要因素。尽管如此,小岛屿国家、太平洋岛国等具有较大管辖海域的海洋地理有利国在全球海洋治理的舞台上非常活跃,往往发挥着独特的政治作用。例如,在 BBNJ 国际文书谈判的进程中,一些太平洋岛国大力主张"邻近原则",在划定公海保护区的决策程序中要求考虑邻近沿海国家的利益,形成了一股不可忽视的政治力量。我国高度重视与小岛屿国家的合作关系。2017年9月,第一届"中国—小岛屿国家海洋部长圆桌会议"在福建平潭召开,并通过了《平潭宣言》。此外,我国还多次派遣政府代表参加"太平洋岛国论坛"。

多元疆域。当前,公海、极地和深海是世界各国期待能够赢得竞争优势的海洋新疆域。在公海治理方面,各国积极投身 BBNJ 国际文书的谈判。以77国集团为代表的"惠益共享派"与美俄日为代表的"海洋利用派"之间的矛盾冲突尖锐对立。在深海治理方面,国际海底资源的开发与利用越来越受到各国的关注。国际海底管理局已于2017年8月首次公布了国际海底资源开发规章草案,各方对此积极反应,纷纷提交书面评论意见。在极地治理方面,北极在战略、经济、科研、环保、航道、资源等方面的价值不断提升,正成为相关各国竞相争逐的热土。我国也积极参与 BBNJ 国际文书的谈判,并积极参与国际海底事务,对国际海底资源开发规章草案发表评论意见,还于2018年1月发布了《中国的北极政策》白皮书,明确表达了"中国是北极的利益攸关方"这一立场。

威胁:

笔者认为,我国参与全球海洋治理的外部威胁包括竞争态势、制度约束、单边主义等。

竞争态势。海洋是人类可持续发展的重要战略空间,事关国家和民族的核心利益,各国海权竞争的态势高度紧张。各国在国际涉海谈判中往往利益分歧较大、立场对立尖锐、妥协空间有限。例如,在 BBNJ 国际文书的谈判进程中,美

---

[1] 从2011年起,中国开始举办多届 APEC 蓝色经济论坛,旨在推动 APEC 各成员海洋领域的务实合作,促进各经济体的经验交流和分享,实现亚太区域海洋经济的可持续发展。

[2] 2013年5月,中国成为北极理事会正式观察员。

俄日等海洋科技强国在海洋遗传资源获取和惠益分享的问题上坚持"先到先得"和"自由获取"的原则,而以"77国集团"为代表的发展中国家受其经济水平和科技能力所限,主张海洋遗传资源是人类共同继承的遗产,双方的原则立场尖锐对立、难以调和。海权竞争高度紧张的态势,增加了我国在全球海洋治理中获得制度性权利的成本。

制度约束。如今,法治已经被国际社会列为一项普遍性的核心价值和基本原则。例如,2005年,联合国大会第60届会议的成果文件呼吁"在国家和国际两级全面遵守和实行法治"。[1] 随着BBNJ国际文书谈判的深入和国际海底资源开发规章的酝酿,全球海洋治理中的制度性约束会越来越多。同时,制度性工具还存在着被滥用的风险。例如,一些西方国家趁机改造"国际法治"议题,曲解相关国际法律文件,发动以"南海仲裁案"为标志所谓的"法律战",试图继续维持西方主导的海洋秩序。

单边主义。近年来,美国的海洋政策主张呈现出单边主义的苗头。2010年,奥巴马政府的海洋政策明确,美国会根据"可适用的国际法(applicable international law)"行使权利和管辖权,履行义务。[2] 然而2018年,特朗普政府改弦易张,明确美国根据"可适用的国内法"(applicable domestic law)以及"与国内法保持一致的"(consistent with applicable domestic law)国际法(包括国际习惯法)行使权利和管辖权,履行义务。[3] 可见,特朗普政府试图强化美国国内法在国际海洋事务中作用,单边主义的倾向对国际海洋秩序可能会带来更多不确定性因素。

三、中国参与全球海洋治理的战略思维

我们应善于运用疆域思维、合作思维、法律思维、跨界思维、区域思维和立体思维,深入参与全球海洋治理。

陆地是人类的栖息地,而海洋是人类生存与发展的拓展空间。深入参与全球海洋治理,离不开对海洋空间本身的深刻认识。正是海洋独特的自然与社会特质,塑造了参与全球海洋治理的战略思维。我们应善于运用疆域思维、合作思维、法律思维、跨界思维、区域思维和立体思维,深入参与全球海洋治理。

---

1 参见《2005年世界首脑会议成果》,联合国文件 A/60/L.1,第119段、第134段,2005年9月20日,https://documents-dds-ny.un.org/doc/UNDOC/LTD/N05/511/29/PDF/N0551129.pdf?OpenElement,2018年9月7日登录。

2 参见2010年《管理海洋、我们的海岸和大湖区的第13547号行政命令》,第2条(a)项,https://obamawhitehouse.archives.gov/the-press-office/executive-order-stewardship-ocean-our-coasts-and-great-lakes,2018年8月19日登录。

3 参见2018年《关于促进美国经济、安全与环境利益海洋政策的行政命令》,第2条(c)项,https://www.whitehouse.gov/presidential-actions/executive-order-regarding-ocean-policy-advance-economic-security-environmental-interests-united-states/,2018年8月9日登录。

疆域思维。当前,公海、深海和极地是世界各国期待能够赢得竞争优势的海洋新疆域。习近平在2017年1月联合国日内瓦总部《共同构建人类命运共同体》的演讲中明确指出:"要秉持和平、主权、普惠、共治原则,把深海、极地……等领域打造成各方合作的新疆域,而不是相互博弈的竞技场。"参与全球海洋治理,不仅要坚持陆海统筹,经略蓝色国土,还应坚持"走出去"的外向型战略,突破管辖海域,走向大洋,走向深海,走向极地。

合作思维。国际合作是全球海洋治理的题中应有之义。一方面,海洋本身的自然活动不受主权国家设定的政治疆界所束缚,具有跨境流动性。另一方面,世界的经济发展、全球的环境挑战、海权的和平竞争都需要国际合作。习近平在十九大报告中指出,"中国秉持共商共建共享的全球治理观",本质上也是要求运用国际合作思维。李克强总理也曾提到过包括"合作之海"在内的新海洋观。[1]"合作之海"还被列为我国南海的建设目标之一。[2]可见,合作是践行全球海洋治理的必经之路。

法律思维。美国著名法学家路易斯·亨金(Louis Henkin)曾指出:"在国际关系中,文明的演进表现为从武力走向外交,从外交走向法律。"[3]我国一直肯定国际法治在国际秩序构建与运行中的基础性作用,提出建立"以国际法为基础的公正、合理的国际秩序"。[4]作为1982年《联合国海洋法公约》的缔约国,我国明确提出要"尊重以国际法为基础的海上秩序",[5]还要"秉持国际法治原则,维护公平正义的国际海洋秩序"。[6]2014年10月《中共中央关于全面推进依法治国若干重大问题的决定》曾明确要求:"积极参与国际规则制定,推动依法处理涉外经济、社会事务,

---

[1] 参见"李克强在中希海洋合作论坛上的讲话:努力建设和平合作和谐之海",新华网,2014年6月21日,http://www.xinhuanet.com/world/2014-06/21/c_126651068.htm,2018年8月7日登录。

[2] 《中国坚持通过谈判解决中国与菲律宾在南海的有关争议》,中国外交部官网,2016年7月13日,https://www.fmprc.gov.cn/web/ziliao_674904/tytj_674911/zcwj_674915/t1380600.shtml,2018年8月15日登录。

[3] "In Relations Between Nations, the Progress of Civilization May be Seen as a Movement From Force to Diplomacy, From Diplomacy to Law," See Louis Henkin, *How Nations Behave: Law and Foreign Policy*, Columbia University Press, 1979, p.1.

[4] 例如,2016年《中俄关于促进国际法的声明》第十项指出,"根据双方战略伙伴关系,中华人民共和国和俄罗斯联邦决心进一步加强合作,以捍卫和促进国际法,建立以国际法为基础的公正、合理的国际秩序"。参见《中华人民共和国和俄罗斯联邦关于促进国际法的声明》,中国外交部官网,2016年6月26日,http://www.fmprc.gov.cn/web/zyxw/t1375313.shtml,2018年8月7日登录。

[5] 例如,2018年《第五轮中德政府磋商联合声明》以及《第二十次中国欧盟领导人会晤联合声明》都强调了双方作为《公约》的缔约国"尊重以国际法为基础的海上秩序",参见《第五轮中德政府磋商联合声明:"为构建更美好世界做负责任伙伴"》,新华社,2018年7月9日,http://www.gov.cn/xinwen/2018-07/10/content_5305483.htm,2018年8月7日登录;《第二十次中国欧盟领导人会晤联合声明》,新华社,2018年7月16日,http://www.gov.cn/xinwen/2018-07/16/content_5306805.htm,2018年8月8日登录。

[6] 参见《常驻联合国副代表吴海涛大使在〈联合国海洋法公约〉第28次缔约国会议"秘书长报告"议题下的发言》,中国外交部官网,2018年6月12日,http://www.fmprc.gov.cn/ce/ceun/chn/hyyfy/t1569734.htm,2018年8月8日登录。

增强我国在国际法律事务中的话语权和影响力,运用法律手段维护我国主权、安全、发展利益。"这实际上蕴含了"定规则"和"法律战"两个实践层次。在全球海洋治理的进程中,制定规则是海上秩序的关键抓手,而法理博弈是海权竞争的重要舞台。一方面,随着BBNJ国际文书谈判的深入和国际海底资源开发规章的酝酿,我国迎来了获得更多制度性权利的战略机遇期。另一方面,围绕我国海洋权益的国际斗争形势依然严峻,以"南海仲裁案"为典型的法律战已经成为海权竞争与博弈的新模式、新战场。我们必须积极运用法律思维,不断增强规则的制定能力和法理的博弈能力,巧妙地将国家自身的利益与国际通行的规则完美契合。

跨界思维。全球海洋治理并非是单一价值的治理,具有跨界性。海洋治理是基于地理空间的治理,空间的利用具有多种用途,空间的治理具有多种价值。海洋治理涉及政治、军事、安全、交通、生态、经济等诸多价值领域,而这些价值领域又彼此缠绕、互相关联。例如,作为海洋治理的范畴,渔业问题不仅仅是一个经济产业的问题,还可能涉及到生态环境、国家安全等诸多方面。一方面,渔业补贴有助于推动渔业经济的发展,但某些补贴行为往往被认为加剧了公海的过度捕捞,甚至助长了非法的(Illegal)、未报告的(Unreported)和无管制的(Unregulated)捕捞活动(简称IUU捕捞),进而导致了全球渔业资源的衰退。另一方面,频繁发生的渔权争议和蓄谋组织的渔业活动有时还会与海域划界争议、岛屿归属争端等政治和法律议题密切相关。[1] 为此,深入参与全球海洋治理,必须超越单一视角,自觉运用跨界思维,多角度、多面向、多价值地统筹考虑相关问题。

区域思维。全球海洋治理,就其广义而言,应包括全球和区域两个层面。由于不同的海域具有不同的地缘条件、不同的环境特征以及不同的治理进程,海洋治理的区域性方法在国际实践中依然备受推崇。例如,德国[2]和欧盟[3]都非常推崇海洋治理的区域性方法。从北极理事会到《里海法律地位公约》,[4]都可以看

---

[1] 例如,日本极右政党"奋起日本"曾多次组织钓鱼岛的渔业活动,借机"宣示主权"。

[2] 在2017年6月召开的首届联合国海洋大会上,德国政府提出了"区域海洋治理伙伴关系"的概念,并提议召开"提升区域海洋治理国际论坛"的倡议,不仅要关注"区域内的合作",还要关注"不同区域之间的关系"以及"区域与全球的关系"。关于德国政府区域海洋治理的提议,详情可参见 https://oceanconference.un.org/commitments/?id=18439,2018年9月7日登录。

[3] 在2017年10月召开的第四届"我们的海洋"大会上,欧盟和德国宣布"将在2020年以前为区域海洋治理建立一个跨领域、跨国境、多利益攸关方的平台",参见欧盟的大会承诺文件(OUR OCEAN 2017 Commitments),http://www.ourocean2017.org/sites/default/files/ooc-2017-list-of-commitments_en.pdf,第19页,2018年9月7日登录。

[4] 2018年8月,俄罗斯、阿塞拜疆、伊朗、哈萨克斯坦和土库曼斯坦五国签订了《里海法律地位公约》,规定了非里海国家不得在里海驻扎军队(第3条第6项);里海国家不得提供本国领土给第三国从事危害其他里海国家的军事行动(第3条第7项);非里海国家舰船不得进入里海(第3条第11项)。该公约的英文文本参见 http://en.kremlin.ru/supplement/5328,俄罗斯克里姆林宫(总统府)官网英文版,2018年9月7日登录。

到海洋治理区域性思维的影子。海洋治理的区域性方法不仅有助于域内国家合作与协调的工作"更接近、更深入、更迅速",[1]还有利于排除域外国家的干扰。习近平在十九大报告中要求"按照亲诚惠容理念和与邻为善、以邻为伴周边外交方针深化同周边国家关系",这在某种意义上也折射出区域治理的概念。在南海治理上,我国主张"南海和平稳定应由中国和东盟国家共同维护"。[2] 2018年8月,我国已与东盟国家就"南海行为准则"单一磋商文本草案达成一致,南海治理的区域化进程进一步深化。

立体思维。长期以来,西方国家的一些非国家行为体凭借其专业技术知识和社会动员方面的优势积极参与BBNJ等相关国际谈判,并协助开展各种外交游说活动,甚至还参与起草一些重要国际公约的法律文本。[3] 习近平在2018年6月中央外事工作会议的讲话中指出:"外交是国家意志的集中体现,必须坚持外交大权在党中央。……对外工作是一个系统工程,政党、政府、人大、政协、军队、地方、民间等要强化统筹协调,各有侧重,相互配合,形成党总揽全局、协调各方的对外工作大协同局面,确保党中央对外方针政策和战略部署落到实处。"[4] 这实际上蕴含了国家与非国家行为体通力合作的外交思想。一方面,我们必须要正确处理党的领导与立体外交的关系,另一方面,我们还要调动各方面的积极性,发挥各方面的能动性,使参与全球海洋治理成为一个系统工程,国家行为体与非国家行为体在其中要强化统筹协调,各有侧重、相互配合,特别是要积极发挥智库外交的独特优势,巧妙运用非国家行为体的独特渠道。

结　语

海洋治理的国际化是大势所趋,参与全球海洋治理时不我待。我国参与全球海洋治理,优势与劣势并存,机遇与挑战同在。我们应善于运用疆域思维、合作思维、法律思维、跨界思维、区域思维和立体思维,秉持共商共建共享的全球治理观,深入参与全球海洋治理,助力实现中华民族的海洋强国梦。

> 海洋治理的国际化是大势所趋,参与全球海洋治理时不我待。

---

1 "Why Regional Ocean Governance", https://www.prog-ocean.org/about/regional-ocean-governance/,2018年9月7日登录。

2 《中国坚持通过谈判解决中国与菲律宾在南海的有关争议》,中国外交部官网,2016年7月13日,https://www.fmprc.gov.cn/web/ziliao_674904/tytj_674911/zcwj_674915/t1380600.shtml,2018年8月15日登录。

3 例如,成立于1948年的国际自然保护联盟(简称IUCN)目前参与起草的重要国际环境公约包括《生物多样性公约》《濒危物种国际贸易公约》《世界遗产公约》以及《拉姆萨尔湿地公约》等。

4 "坚持以新时代中国特色社会主义外交思想为指导,努力开创中国特色大国外交新局面",新华网,2018年6月24日,http://www.xinhuanet.com/mrdx/2018-06/24/c_137276774.htm,2018年9月9日登录。

市场化手段：中国海外安全利益及风险管控的发展方向

温金荣　马鲁平

内容提要：随着中国融入全球进程的加速，中国因素无处不在，海外利益在各个层面、各个角落展现出来。中国海外利益的拓展与安全风险同步增加，既面临着一系列传统与非传统安全的威胁，又要面对大国的战略竞争和新兴及周边国家的警惕。我们需要学习借鉴大国的经验教训，辨析当前国际国内大局，以市场化手段介入，积极探索和实践中国海外安全利益外部风险管控的路径。

关键词：中国　海外利益　安全风险　风险管控

海外利益是大国崛起战略选择的核心要素，是大国发展过程中需要经历的一个阶段。维护与拓展海外利益是关系国计民生的重大议题。随着中国与国际社会相互关系的深化，中国国家利益的地理界限已被突破，日益融入经济全球化的潮流，呈现出国内利益国际化和国际利益国内化的趋势。中国在走向一个全球性海外利益大国的同时，也在成为一个海外利益受损严重的国家，安全风险与利益拓展同步增加。**中国海外利益安全隐患巨大，探索构建中国特色的海外利益安全保护体系迫在眉睫**。一种新的安全治理方式应运而生，私营安保公司开始成为中国海外安全利益保护的主要供给者。

温金荣　北京大学国际安全与和平研究中心特约研究员；马鲁平　汉卫国际安全护卫有限公司董事长。

一、中国海外安全利益的构成与分布

海外安全利益与海外政治利益、海外经济利益和海外文化利益等方面共同构成中国海外利益的主要内容,国家、企业和公民是主要承载者。中国海外利益具体包括:海外公民侨民的人身及财产安全,国家在境外的政治、经济及军事利益,驻外机构及驻外公司企业安全,对外交通运输线及运输工具的安全等。[1]

海外安全利益与海外政治利益、海外经济利益密切相关。国家的海外安全利益是以政治和经济利益为前提的,包括:国家驻外机构及其工作人员的安全、战略通道的安全、能源输送管线的安全等;企业的海外安全利益包括:企业对外投资的安全、营地及厂房设备和商家店铺的安全、员工安全等;公民的海外安全利益包括人身和财产安全等。[2]

(一)国家海外安全利益分布点多面广,亚非为重点地区

国家的海外安全利益是国家利益的重要组成部分,关系到国家的生存和发展,关系到国家综合实力的提升。一是中国驻外机构与人员急剧增加,海外安全需求增多。近年来,中国坚持互利共赢的经济开放战略,深化平等互信的政治关系,推动对外关系均衡和谐发展。目前,中国驻外机构已达279个,其中使馆170个,总领事馆98个,外交使团、处11个,外交官5600余人。[3] 分布于全球176个国家和地区,其中非洲和亚洲地区最多,使馆占比56%,领事馆占比48%(参见图表1–1、1–2)。二是中国对外贸易与能源需求增大,越来越倚重战略交通运输线的安全。七大海上交通线是中国海上贸易重要通道,其中南海是保障海上贸易通道的桥头堡,马六甲海峡是咽喉要道,中国进口石油约80%通过此地(参见表1–1)。此外,为保持长期稳定的原油供应,中国于21世纪初开始相继建成了中哈、中俄、中缅和中亚四条陆上油气管线,缓解了海上运输的压力,从而有力保障了中国西北、东北、西南地区的生活能源供应。

---

[1] 毕玉蓉:《中国海外利益的维护与实现》,《国防》,2007年第3期,第7—8页。

[2] 郎帅:《中国海外利益维护战略研究》,《中国战略报告》,2017年第1期,第56—59页。

[3] 中华人民共和国外交部官网,2018年8月12日登录,https://www.fmprc.gov.cn/web/zwjg_674741/zwsg_674743/yz_674745/。

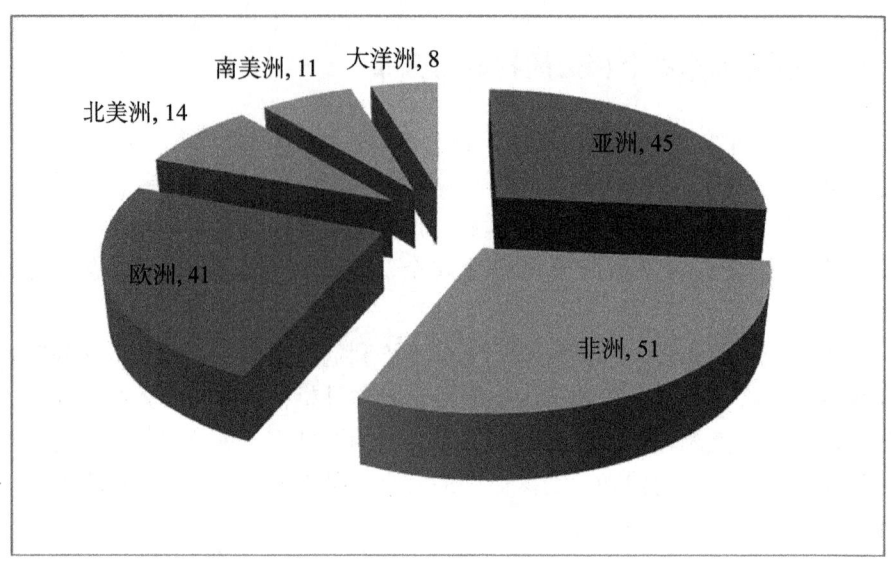

图表1-1 中国驻外使馆分布

来源:中国外交部网站最新公布数据统计,2018年8月制表。

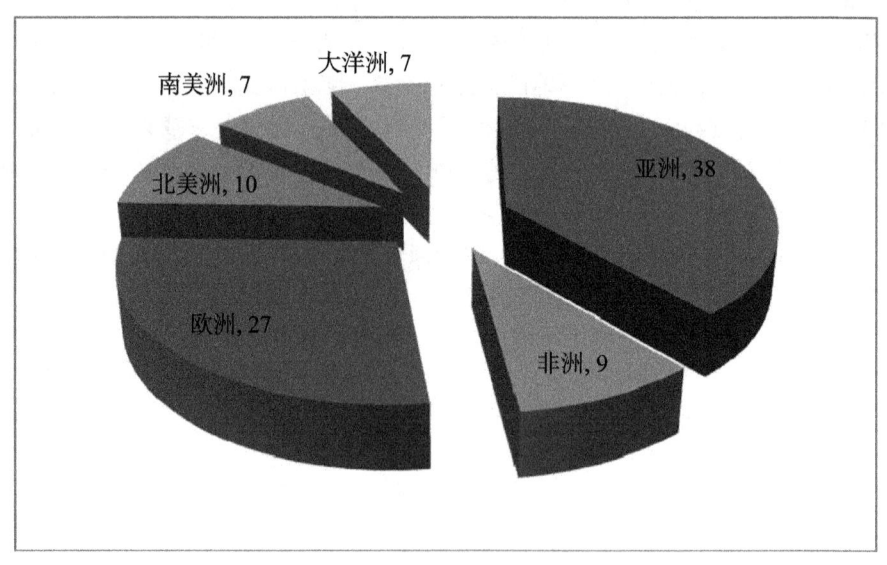

图表1-2 中国驻外领馆分布

来源:中国外交部网站最新公布数据统计,2018年8月制表。

表1-1　中国国际海上通道[1]

编号	航线名称	战略功能
1	北太平洋航线： 中国—加拿大；中国—美国；中国—墨西哥	贸易运输：中国贸易总量10%以上。
2	中太平洋航线： 中国—太平洋中部—加勒比海；北美东西海岸	贸易运输：中国贸易总量10%以上。
3	南太平洋航线： 中国—南太平洋—南美西海岸	资源进口：石油、铁矿石等战略资源。
4	东南亚—澳洲航线：中国—东南亚；中国—澳洲	贸易运输、资源进口：中国外贸总量20%以上，石油、天然气、木材、铁矿石等。
5	中欧航线： 中国—马六甲海峡—印度洋—苏伊士运河—地中海—欧洲各国	贸易运输、资源进口：中国外贸总量30%以上，石油进口50%以上。
6	中韩日航线： 中国—韩国；中国—日本	贸易运输：中国外贸总量15%以上。
7	西非航线： 中国—马六甲海峡—印度洋—好望角—西非	资源进口：中国石油进口的30%以上；铁矿石、锰矿石、有色金属等。

表1-2　跨国陆上石油管线[2]

编号	管线名称	战略功能
1	中哈原油管道： 全长2798公里。设计年输油能力2000万。	能源储备
2	中俄原油管道： 全长1030公里。设计年输量1500万吨。二线工程完成后年输送量增至3000万吨。	保障东北地区能源供应。
3	中缅油气管道： 全长约2500公里。原油管道设计能力为2200万吨/年。天然气管道设计输送能力120亿立方米/年。	保障西南地区能源安全。
4	中亚天然气管道： 全长约1万公里。	保障中国沿线14个省市、提供超5亿人的生活燃料供应。

来源：中国石油天然气集团有限公司发布数据，2018年8月制表。

---

[1] 根据杜正芷：《切实维护海上通道安全》，《学习时报》，2009-01-05（7）制表。
[2] 四线八路陆上油气管线：途经国家包括俄罗斯、哈萨克斯坦、土库曼斯坦、乌兹别克斯坦、塔吉克斯坦、吉尔吉斯斯坦、缅甸、中国。

（二）企业海外利益遍布全球，重点分布于亚太地区

2015年，中国已成为仅次于美国的全球第二大对外直接投资国，涉及领域包括海外能源、投资、制造、通信、文化、对外援助、基础设施建设等。根据中国官方《2016年度中国对外直接投资统计公报》[1]显示，2016年，中国对外直接投资净额为1961.5亿美元，同比增长34.7%。截至2016年底，中国2.44万家境内投资者在国（境）外共设立对外直接投资企业3.72万家，分布在全球190个国家，年末境外企业资产总额5万亿美元。

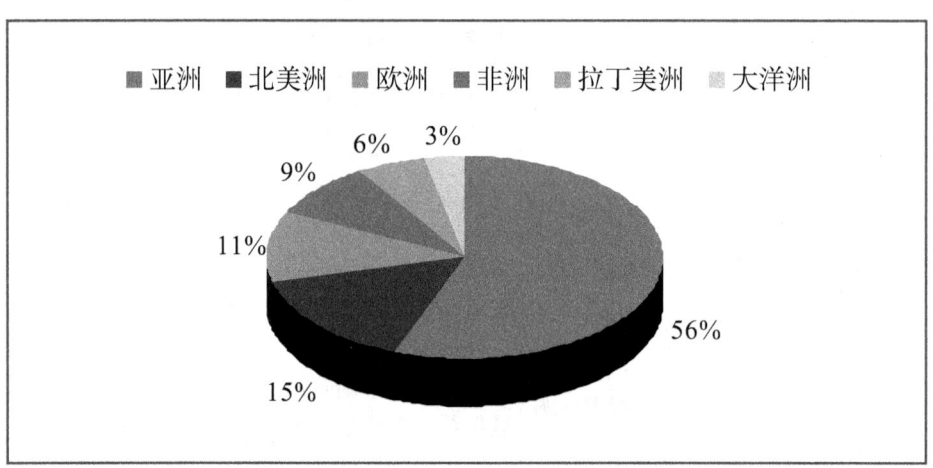

图表1-3　2016年末中国境外企业各洲分布情况

来源：根据中国商务部《2016年度中国对外直接投资统计公报》制表。

表1-3　2016年中国对外直接投资流量地区构成情况（单位：亿美元）

洲别	金额	同比增长（%）	比重（%）
亚洲	1302.7	20.2	66.4
拉丁美洲	272.3	115.9	13.9
北美洲	203.5	89.9	10.4
欧洲	106.9	50.2	5.4
大洋洲	52.1	34.6	2.7
非洲	24	−19.4	1.2
合计	1961.5	35.9	100

来源：根据中国商务部《2016年度中国对外直接投资统计公报》制表。

---

[1] 中华人民共和国商务部、中华人民共和国国家统计局、国家外汇管理局，2017年8月。

（三）公民跨境活动增多，规模超大、地域广泛

改革开放40年来，在经济社会发展的支撑下，中国公民出境旅游、商务、留学等人数逐年递增，在海外遭遇绑架、抢劫、枪击、偷窃等事件或自然灾害、战争内乱等伤害越来越多，人身安全堪忧。一是中国公民出境游人数保持高速增长，从周边逐步走向远方。根据《中国出境旅游发展年度报告2018》[1]显示，2017年中国公民出境旅游达到13051亿人次，出境旅游花费1152.9亿美元，继续蝉联世界第一大出境旅游客源国。截至2018年3月，我国正式开展组团业务的出境旅游目的地国家（地区）达到129个，最受欢迎的地区为中国香港、中国澳门、泰国、日本、越南、韩国、美国、中国台湾、马来西亚、新加坡、印度尼西亚、俄罗斯和澳大利亚等。近两年，摩洛哥、土耳其、突尼斯、捷克、德国、西班牙、阿联酋、英国、荷兰、冰岛等国家对我国游客的吸引力显著提升，成为中国公民出境游的"黑马"。总体看，东南亚是中国公民近些年出境游最爱的地区，其次为欧美。二是对外劳务合作不断扩大。随着对"一带一路"沿线国家投资合作的稳步推进，中国对外劳务派遣不断增多，迄2017年末中国在外各类劳务人员97.9万人，至2018年6月末增至99.6万人[2]，足迹遍布190个国家，重点区域在"一带一路"沿线的国家。三是出国留学人数保持增长态势，从发达国家向"一带一路"国家延伸。国家教育部的数据显示，2017年中国出国留学人数首次突破60万大关，达60.84万人，同比增长11.74%，持续保持世界最大留学生生源国

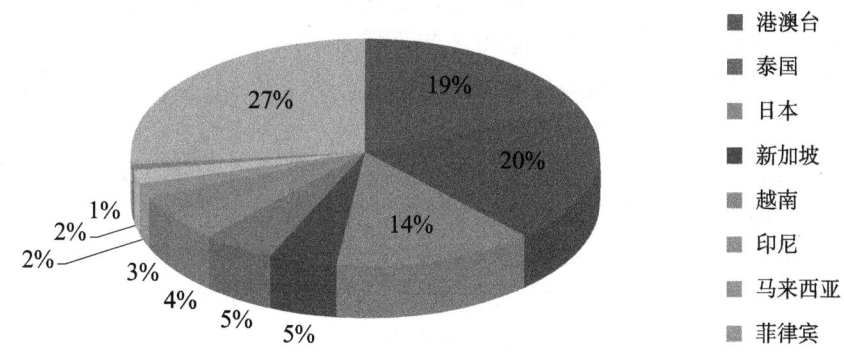

图表1-4　2017年出境游热门目的地国家和地区

来源：中国旅游研究院《2017年出境旅游大数据报告》，2018年3月1日。

---

[1] 中国旅游研究院2018年6月27日，https://mp.weixin.qq.com/s/nuHKQ1KC_HZMV12J9DTafQ 2/5。
[2] 中国商务部新闻办公室，新闻发布，2018-07-17。

地位。[1] 以2017年为例，中国出国留学人员目的地仍相对集中，多数前往欧美发达国家和地区求学。但近年来中国出国留学人员呈现超低龄化与多元化的特点，"一带一路"国家成为新目标选择地。

二、中国海外安全利益面临的主要风险

冷战后，国际安全形势发生根本变化，世界进入大发展大调整时期，世界并不太平。特别是"9·11"事件后，恐怖主义跻身为威胁国际安全形势的重要因素。从中国海外利益分布区域看，中国海外利益大多位于大国竞争激烈、恐怖主义活动肆虐、政治经济不太稳定、社会治安能力低下的地区和国家，面临一系列安全风险挑战。

（一）地缘政治风险日趋增大

首先，中国崛起引发西方大国的担忧，中国海外利益拓展正面临传统大国的竞争和限制。美国近年来视中国为现有国际秩序和国际体系的挑战国，战略上以"亚太再平衡"战略进行围堵，军事上以"威慑"加以遏制，经济上以"贸易战"进行封杀，中美结构性矛盾难以调和，竞争大于合作。在欧美，中国企业并购行为受到西方国家政府的格外关注，被限制进入能源资源、高科技等敏感行业，仅2016年中国多个对欧洲和美国企业的收购案被迫取消，全额超过750亿美元。在亚非拉，中国企业和中国影响被视为侵蚀其"传统势力范围"，受到西方大国的排斥。在东亚和东南亚，日本作为地区经济的引领者，与韩国和东盟国家有着密切的经贸往来，与中国的明争暗斗日趋激烈。

其次，新兴国家对中国海外利益拓展防范心理加重，存在信任缺失和利益竞争。2013年中国提出"一带一路"战略倡议，以"政策沟通、设施联通、贸易畅通、资金融通、民心相通"为主要内容，致力于亚欧非大陆及附近海洋的互联互通，建立和加强沿线各国互联互通伙伴关系。俄罗斯对"一带一路"战略倡议表示一定程度的赞同，但仍然谨慎提防中国对欧亚大陆地缘政治取得主导权，影响其构建更广阔的"大欧亚"框架。在南亚，"一带一路"战略构想被印度过度解读，肆意渲染其地缘政治意图。大多数印度战略学者强调，"一带一路"倡议对印度在印度洋主导地位构成战略威胁，使中国势力从北（巴基斯坦）、东（孟加拉和缅甸）、南（斯里兰卡）三面将印度包围起来，从而严重限制了印度的影响范围。

最后，中国海外利益大多处于地缘政治敏感甚至冲突地带，是大国博弈的焦点。在中东、中亚、南亚等地区，很多中小国家面临来自大国的压力，"多

---

[1] 中华人民共和国教育部官网，2018年9月6日登录，http://www.moe.gov.cn/jyb_xwfb/moe_2082/zl_2018n/2018_zl66/2018_zl6503/201809/t20180907_347689.html。

面下注"情况比较普遍,对"一带一路"重要项目的合作和对接会产生负面影响。比如"一带一路"沿线国家中,有20多个国家有美国驻军或与美国存在军事同盟关系,美国16个"非北约盟国"中有10个以上国家处于"一带一路"沿线,北约28个成员国中有13个国家位于"一带一路"沿线。可见,地区地缘政治的竞争十分激烈。此外,"21世纪海上丝绸之路"穿越南海、南太平洋和印度洋,途经马六甲海峡、孟加拉湾、阿曼湾、霍尔木兹海峡、波斯湾、亚丁湾、红海、苏伊士运河等重要国际通道,经济安全易受大国地缘政治控制,风险指数较高。

(二)恐怖主义袭击等非传统安全风险逐年增高

根据外交部统计数据,2017年,中国外交部和驻外使领馆处理的领事保护与协助刑事案件就达7万起,其中,涉及中方人员死亡的案件超过500起,全年在海外意外身亡的中国公民高达695人。这里面,因非传统安全问题造成中国海外公民人身安全得不到保障的因素占有很大一部分。

第一,恐怖主义袭击对中国海外公民人身财产安全构成的威胁在增大。2017年"伊斯兰国"主体遭受重创,中东地区大规模武装恐怖袭击势头受到遏制。虽然全球恐怖主义袭击危害自2014年以来连续呈下降趋势,但"伊斯兰国"及基地组织残余势力仍在,其影响仍然根深蒂固,在全球的恐怖活动依然猖獗,特别是在中东、非洲、南亚、东南亚等地区异常活跃(参见图表2-1,2-2)。2017年,50%以上的恐怖袭击发生在中资企业密集的伊拉克(23%)、阿富汗(13%)、印度(9%)和巴基斯坦(7%)四国,50%以上的死亡人数集中在伊拉克(24%)、阿富汗(23%)和叙利亚(8%)三国。[1] 令人忧虑的是,"伊斯兰国"叙、伊实体消亡后,外籍"圣战者"加速回流,骨干外线逃散,返回母国或转战第三国,出现不同暴恐组织合流、重组的趋势。如2017年,尼泊尔、喀麦隆、缅甸和肯尼亚等恐怖袭击活动急速增加,分别上升了474%、68%、55%和49%,其中缅甸和肯尼亚暴恐事件恶劣程度增高,造成多人死亡。[2] 上述高风险地区是中国海外利益的重点分布地区,其对中方企业和人员的暴袭关乎中国能源资源安全和"一带一路"倡议的推进。

第二,绑架勒索是中国海外公民面临的长期威胁。兴于20世纪70年代拉丁美洲地区的人质绑架到目前已在全球形成年产值逾30亿美金的产业,非洲和中东地区成为两个新兴市场,针对外国人的绑架时有发生。绑架事件发生次数排名位于前列的国家包括阿富汗、索马里、伊拉克、尼日利亚、巴基斯坦、印度、委内瑞拉、墨西哥、海地、哥伦比亚等,其中多为普通犯罪团伙作为,中东和非洲

---

[1] 美马里兰大学GTD全球恐怖主义数据库,《全球恐怖主义指数2018》,2018年8月。
[2] 同上。

地区有伊斯兰极端组织参与，占比可达20%以上。[1] 随着中国"一带一路"沿线项目的增多，中国影响力不断扩大，中国海外企业员工正成为所在国犯罪分子绑架勒索的主要目标，基本上以获取经济利益为诉求（参见图表2-3）。例如中国企业员工在巴基斯坦、尼日利亚、阿富汗、苏丹、也门、埃塞、印尼、哥伦比亚等国都曾遭遇过绑架，有的国家甚至多次发生，其中以中东与北非最为严重。此外，在美国等西方国家，中国留学生也成为不法分子绑架的对象。

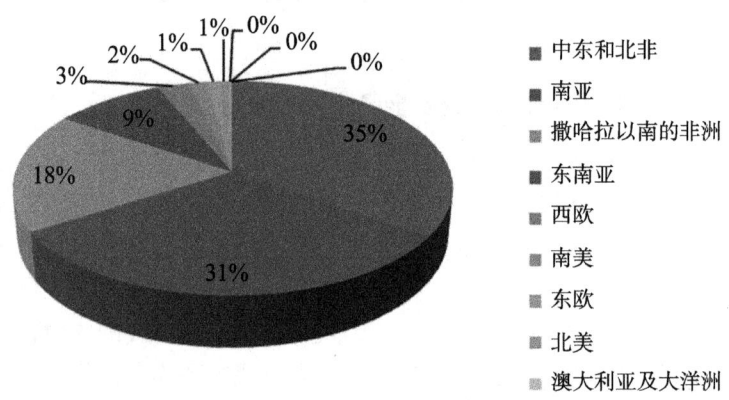

图表2-1　2017年全球恐怖主义袭击事件（10900起）

来源：美马里兰大学GTD全球恐怖主义数据库、《全球恐怖主义指数2018》，2018年8月制表。

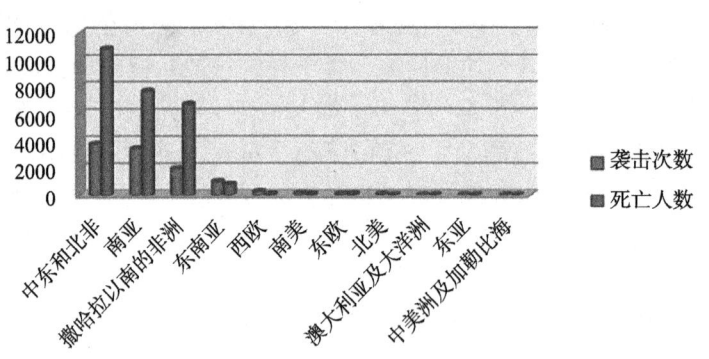

图表2-2　2017年恐怖主义袭击事件及死亡人数（26400）

来源：美马里兰大学GTD全球恐怖主义数据库、《全球恐怖主义指数2018》，2018年8月制表。

---

1 美马里兰大学GTD全球恐怖主义数据库，《全球恐怖主义指数2018》，2018年8月。

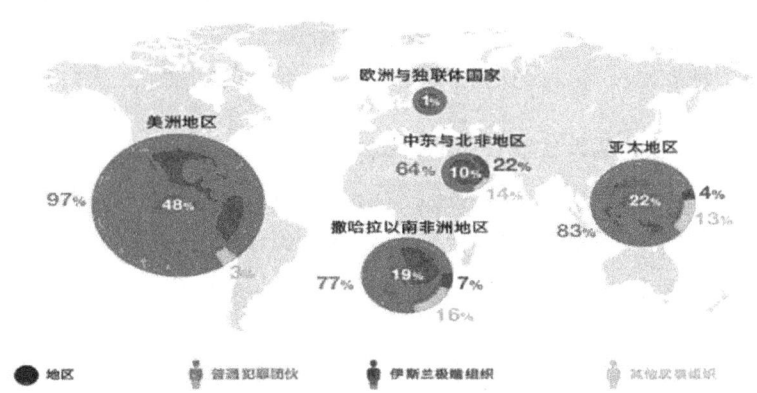

图表2-3 2017年全球绑架案件分布

来源：化险集团《2017年全球绑架风险趋势回顾》数据。

第三，针对在海外的中国公民的抢劫偷盗等刑事犯罪事件频发。据中国《法制晚报》统计数据显示，仅在2015年，在海外的中国公民遭遇的安全事件至少有483起，在海外遭遇的最大安全威胁是抢劫和偷盗，占比50%以上。2014年被抢的频率为平均2.3天一起，到了2015年，每1.7天就发生一起在海外的中国公民被抢的事件。最新数据显示，在海外的中国公民2017年被抢的频率升至为平均每天一起以上。南非、巴西、美国、英国、意大利、法国、俄罗斯等国是在海外的中国公民被抢的高发国家，主要针对中国游客。随着"一带一路"项目的推进，中国的影响力越来越大，沿线国家针对中国公民的抢劫盗窃事件也不断增多，而且很多是暴力抢劫，常常造成人员伤亡。加之这些国家大多数社会治安混乱、警力不足，导致抢劫和偷盗之风日益泛滥。

第四，海盗袭击风险依然存在。自2008年6月2日，联合国安理会授权国际社会打击亚丁湾海盗以来，整体海上安全环境得到一定的改观。但全球海盗活动对国际航运的威胁依然严峻，严重威胁中国海上能源与贸易通道的安全。一是东南亚海盗日益活跃。东南亚海盗近年来十分活跃，印尼、马来西亚附近海域和马六甲海峡的海盗袭击事件持续居高不下，已成为世界航运最危险的海域之一。二是几内亚湾海盗愈发猖獗。由于西非盛产石油、可可、矿石等高价值物资，海上贸易日趋频繁，几内亚湾海盗活动也随之不断上升。2010年以来，几内亚湾海盗袭击事件快速增长，平均每年发生海盗袭击事件约60起；尼日利亚外海是海盗作案高发区，通常占到几内亚湾海盗袭击事件总数的70%以上，且海盗作案手法较为暴力。

此外，自然灾害和公共卫生风险持续存在。中国海外员工有70%以上分布在中东、北非和亚太地区的发展中国家。非洲虽然自然灾害风险较少，但公共卫生医疗条件极差，而且疫情多发，是人身健康的最大威胁。东南亚地区是地震、海啸、台风、地质滑坡等自然灾害多发区，每年都会造成数千人失踪或伤亡。

（三）国家政局动荡等传统安全风险大幅增高

2008年金融危机以来，全球经济和贸易复苏缓慢，在金融危机长期冲击下，社会不稳定因素增加，特别是美国特朗普政府实施减税、加息、贸易保护等一系列新政后，一些国家社会政局持续动荡甚至可能进一步恶化，安全风险凸显，国家政治风险亦同步增高。主要表现是：

一是新兴国家受到严重挑战。自2018年1月以来，美国加息引发新一轮金融危机，一些新兴经济体国家如巴西、阿根廷、俄罗斯、土耳其首当其冲，先后爆发了汇率危机，货币持续贬值，大量资本抽离。过高的债务和通胀必将引发民众不满情绪高发，从而引发社会动荡、政局不稳。此外，美国对中国挑起贸易战，逼迫中国深化改革，不确定因素亦存在。

二是发达国家安全隐忧增大。受金融危机影响，欧洲一些国家的罢工、罢课风潮不断，并越来越倾向使用"暴力抗争"。意大利政治动荡，政府组阁一次又一次失败，整个国家陷入无政府状态，民粹党、五星运动党崛起，坚持人民高福利，等等。危机引发人们对资本主义制度及其弊端的反思，各种极端、无政府主义思潮和行动呈泛滥之势。

三是中东地区持续动荡，依然面临着严重军事威胁。近十几年来，中东地区的战火始终无法平息，俄罗斯和美国的强势介入，让中东局势增添了更多变数。在叙利亚，战争已让近1300万人流离失所。根据非政府组织"武装暴力行动"（AOAV）发布的交战记录、武器进口数量和军事演习等数据综合分析，2018年军事风险居高位的前十国家是：亚洲的叙利亚、伊拉克、阿富汗、巴基斯坦、印度、也门、埃及，非洲的索马里、尼日利亚，欧洲的俄罗斯。

四是一些发展中国家进入动荡和政变的高发期。近年来，一些新兴国家经济困难，社会矛盾突出。巴西、土耳其、印度、伊拉克等国相继爆发大规模示威和骚乱；津巴布韦、马来西亚、巴基斯坦等近20个国家首脑更迭，引发政局不确定性因素增多；作为中国海外投资的重要目的地，西亚、北非地区仍是世界上最危险最动荡的地区，贫穷、战争、内乱、腐败、恐袭绑架、枪击等问题极为严重，特别是宗教种族冲突频发，波及面广，持续时间长，伤亡更加惨重。

五是全球防务费用逆势上涨。金融经济危机造成各国财力捉襟见肘，国际社会对发展中国家的援助和关注度也随之下降，但是，主要国家防务和安全费用非降反升，安全费用和武器开支增加，与此相关的军火工业蒸蒸日上。在2018年世界军费排名榜上，美国以6220亿美元（同比增长1%）继续保持全球第一，中国位居第二。印度506亿美元,排名第四位,但增速最快,同比增长8%。印度是新兴经济体中最大的武器购买国,近5年来持续增长,其中2012—2013财年国防预算为19340.7亿卢比(约合390亿美元),同比猛增17.6%,涨幅是1947年独立以来最大的一次。

六是核安全前景堪忧。个别国家急欲拥核,即使违反了有关国际条约也在所不惜。一些国家民族主义势力抬头,并试图发展核、生物和化学等大规模杀伤性武器。有核国家中的美、俄、法等核大国相继对核战略做出重大调整,力图通过"先发制人"和加紧对核武器的改造和研发,抢占新的制高点。这也大大增加了爆发地区核危机的可能性。

1929年爆发了经济危机,1939年一场世界大战也随之爆发。如今历史虽不会重演,但美国总统特朗普的保护主义是否会引发一场结局无法预料的贸易战,导致全球经济进入新一轮的倒退乃至社会动荡,仍待观察。

三、当前中国海外安全利益维护的困境

维护和拓展中国的海外利益是中国的一个重大战略议题。进入21世纪,面对新形势、新挑战,中国决策层已深切意识到维护海外利益的重要性,开始设计海外利益保护机制。2004年7月,外交部涉外安全事务司正式运作;2004年8月时任国家主席胡锦涛明确指出:"要增加我国海外利益保护能力。"[1] 2008年12月26日中国人民解放军海军奉命开始执行亚丁湾和索马里海域护航任务;2012年11月胡锦涛在中国共产党第十八次全国代表大会上进一步指出:"我们将扎实推进公共外交和人文交流,维护我国海外合法权益。"[2] 2014年11月,习近平指出:"要切实维护我国海外利益,不断提高保障能力和水平,加强保护力度。"[3] 2015年5月发布的《中国的军事战略》明确"维护海外利益的安全"[4]是中国军队的一项重要使命。2016年《政府工作报告》明确:"加强海外利益保护能力建设,切实保护我国公民和法人安全。"[5]

党政军高层对海外利益维护问题的持续重视,表明了中国对维护海外利益的坚定决心,同时也表明执行这项任务的紧迫性、长期性和艰巨性。最近两年,中

---

[1] 胡锦涛:在北京召开的第十次驻外使节会议上的讲话,2004年8月25—29日。

[2] 胡锦涛:《坚定不移沿着中国特色社会主义道路前进 为全面建成小康社会而奋斗——在中国共产党第十八次全国代表大会上的报告》,《人民日报》,2012年11月18日。

[3] 习近平:在北京召开的中央外事工作会议上的讲话,2014年11月28—29日,《人民日报》,2014年11月30日。

[4] 中华人民共和国国务院新闻办:《中国的军事战略》,《人民日报》,2015年5月27日。

[5] 李克强:《政府工作报告》,2016年3月5日,在第十二届全国人民代表大会第四次会议上,《人民日报》,2016年3月18日。

国政府也在积极研究和探索保护海外利益的有效途径,包括强化领事保护、加强投资监管、改革国内机制、发展市场渠道、发展海外军事存在等多个维度综合推进海外利益保护的体系建设。

实际上,在海外利益大国中,中国是一个后来者,和美、英、日等国家相比差距较大。一是严重滞后的国内相关制度法规与中国公民、企业和机构的海外需求不适应。中国在维护海外利益方面经验不足,法规制度不健全,防御手段有限,对存在的风险认识不足。二是当前中国海外利益的保护手段比较单一,以领事保护等传统手段为主,制约了中国海外利益保护工具可选范围。从战略层面看,中国在维护海外安全利益的全局上缺乏整体筹划和顶层设计;从策略上看,以"刺激—反应"为主要方式,缺乏稳定自信的多元化举措。

(一)中国领事保护无法满足日益增长的海外企业与公民的安全需求

领事保护是主权国家驻外机构和官员,对本国公民在外国居留或短暂停留期间的正当和合法权益受到侵害而实施保护的最有效、最有法律依据的途径。中华人民共和国外交部是负责公民海外安全的职能部门。据不完全统计,2007年至2012年,外交部会同各有关部门,共受理和处置了近16万起领事保护案件,涉及中国公民近百万人。特别是2011年上半年发生的埃及、利比亚、日本等几次大规模人员撤离活动,有力维护了海外中国公民和机构的正当权益,体现了"外交为民"的执政理念。但是,由于海外中国公民分布范围广,出国方式、目的、时限各不相同,中国领事保护工作面临着"点多面广、工作量大、任务艰巨"的特点。以2017年为例,外交部12308领事保护热线共接到了各类求助来电超过17万次,和驻外使领馆妥善处置了7万起领事保护案件,平均每天处理200起案件,但还有近60%案件未能得到及时处理。目前,外交部驻外使领馆负责领事侨务工作的仅有600余人,平均一个领事保护人员要为十多万人提供保护,这个比例在美国是1∶5000,在日本是1∶1.2万,中国领事官员的工作任务远远超过其他大国,严重超负荷运转,导致领事保护工作无法深入和细致。当前,单一的领事保护已经无法解决中国公民的海外安全问题,供需矛盾越来越突出。

(二)军事保护手段面临现实阻碍

美国以实力、制度和观念为支撑维护其全球海外利益的安全,军事实力是其强大的后盾,通过全球军事力量前沿部署达成保障美国战略安全和经济利益安全的目标。中国则不同,中国一直坚持不干涉内政原则,不插手他国内政事务。一旦投资对象国发生战争或内乱,中国政府会选择尽快组织军队保护中国人员撤离该国,及时止损。保护海上交通线的安全和维护海外利益安全是当前中国军队的重要使命之一,保护国家的海外安全利益是军队义不容辞的责任。近十年来,中国海军已先后出动30批护航编队赴亚丁湾、索马里海域执行反海盗护航任务,并协助完成了利比亚和也门的撤侨行动。[1] 事实上，在特定情况下有条件地使用军事手段维护国家海外利益，不仅能够以相对较低代价解决危机，而且其产生的威慑作用亦可抑制更多威胁的出现，但是仅限于有限使用。

当前，除国家战略和外交政策层面缺乏支撑外，中国军队参与海外利益保护还面临如下阻碍：（1）目标和手段不匹配。军队作为一国军事力量，是主要的传统安全保护手段，主要服务于政治、军事、外交，动用军队涉及比较大的国家战略决策，一般只能临时动用，很难做到常态化部署。（2）规模不匹配。中国的海外贸易版图不断拓展，所涉及的国家和经贸领域日益增多，动用军队为海外经贸活动提供商业和个人保护无法满足当下日益扩大的现实需要，传统的保护手段与现实的海外利益规模明显不匹配。

（三）能力不匹配

中国近几年在加强海外军事存在和军力部署方面取得了一定成就，但对外派遣军队仍然是中国部队的短板，海外军事基地较少，投送能力上存在不足，相关情报信息等的收集能力有待提高。因此，以政府供给、派遣军队为主的政策层面面临各种现实阻碍，无法为中国海外利益供应长期有效的安全保护。[2] 实际上，军队的部署和使用往往是一种战略决策，中国政府不可能为企业在某一国的商业项目派遣一个特种兵分队执勤站岗。

（四）国际协作联合执法短板明显

中国也在尝试开展国际警务协作模式保护海外利益安全。1998年公安部开始向有关国家派驻警务联络官。迄2017年9月，中国在全球31个国家的37个驻外使领馆派驻警务联络官，计64人。近年来，我国各驻外警务联络机构不断提高打击跨国犯罪的合作水平，截至2016年底，共协助办理各类跨国案件4460起，协助我国和驻在国缉捕、遣返犯罪嫌疑人1048人。2001年6月，上海合作组织签署《打击恐怖主义、分裂主义和极端主义上海公约》；2009年和2010年，又分别签署了《关于合作保障上合组织成员国境内石油和天然气管道安全的决议》和《上合组织执法安全合作部级联席会议制度》，旨在开展执法合作，保障中国海外利益。但是，警务合作主要是侧重袭击（或事件）发生后就如何减小损失和进行打击所采取的措施，无法做到有效预防。中国需要的是一套综合性的大规模风险管理体系，寻找、利用各种具有成本效益的机会来降低重大风险事件的负面影响。

---

[1] 2018年8月6日，第30批护航编队700人（包括3艘军舰、2架直升机、特战队员数十名）从青岛某军港启航，中国海军网。

[2] 孙永生、吴永超：《一带一路：中国海外利益安全风险防范》，《智库理论与实践》，第2卷，第6期，2017年12月。

四、中国海外安全利益风险管控的发展方向

一种新的保障方式正在形成——私营安保公司开始成为中国海外安全利益保护的主要供给者。

随着全球化的发展,大规模的跨国流动随之出现,这对中国海外利益安全形成了巨大的压力,同时也在世界范围内出现了安全保障市场化的趋势。近年来,随着中国企业和公民大规模"走出去",中国海外安全治理的方式正在呈现一种非常明显的变化,一种新的保障方式正在形成——私营安保公司开始成为中国海外安全利益保护的主要供给者。[1]

(一)海外安全保障市场化形成的动因

国际上对全球范围海外安全保障市场化形成的动因看法不一,出现了"安全真空论",[2] 新公共管理思想、[3] 风险社会理论[4] 等理论解释,有的认为冷战结束所创造的"安全真空"提供了安全市场化迅速发展的沃土,有的认为安全市场化能够提升安全供给的效率,它比其他形式的安全供给机制更占优势,有的则认为风险社会使人们愈发了解身边的风险,认识到自己的脆弱性,从而更加关注预防和阻止可能发生的威胁和不安全因素。风险社会通过影响公众的态度和政府的政策,给予了私营安保公司参与安全治理的合法性。关于中国海外安全保障市场化的形成,既有政府的政策松绑,也有学者和民间力量的推动,既有海外安全压力的现实需求,也有参与全球治理的美好愿望。

首先,海外安全需求急增是内在动力。中国"走出去"战略和"一带一路"倡议导致企业和公民海外安全需求不断扩大,"走出去"规模越大,程度越高,安全需求就越大。"走出去"战略带来了公民、企业和国家的"断档",原本在

---

[1] 赵可金、李少杰:《探索中国海外安全治理市场化》,中国社会科学网,2016-02-24,《世界经济与政治》,2015年第10期,http://www.cssn.cn/zzx/gjzzx_zzx/201602/t20160224_2880565.shtml。

[2] "安全真空论",罗伯特·曼德尔(Robert Mandel)和曾负责联合国人道主义事物的高级顾问戴维·希勒(David Shearer)等学者都持这样的观点,认为冷战结束所创造的安全真空提供了安全市场化迅速发展的沃土。

[3] 新自由主义解释,英国苏塞克斯大学卡洛斯·奥尔蒂斯(Carlos Ortiz)指出,"安全真空论"的说法在解释非洲国家对私营安保公司的使用方面非常有效,但是难以解释美国为何在巴尔干冲突、阿富汗战争和伊拉克战争中使用私营安保公司。应将安全市场化放到西方政治思想史演变的脉络中去理解,认为私营安保公司的兴起是共和主义与新自由主义斗争的一个产物。

[4] 乌尔里克·贝克(Ulrich Beck)的风险社会理论。该理论认为,风险社会使人们愈发了解身边的风险,认识到自己的脆弱性。这种意识上的改变使得人们更加关注预防和阻止可能发生的威胁和不安全。加拿大渥太华大学丽塔·亚伯拉罕森(Rita Abrahamsen)创造性地将风险社会理论引入分析,指出不能想当然地把安全市场化的发展视为公共领域中外包思潮的必然结果。与安全有关的社会和文化规范的变化,构成了安全市场化的重要背景。在塑造安全需求的同时,风险社会通过影响公众的态度和政府的政策,给予了私营安保公司参与安全治理的合法性。

国内安全体制庇护下的非独立状态的企业和公民,以独立的安全需求主体大量出现在世界各地,尤其是高风险地区,导致中国企业和公民海外安全需求急剧扩大。因此,有学者提出,在现有政府安全保护机制,特别是领事保护机制无法向海外企业提供足够安全保护的情况下,中国应该学习西方发达国家使用武装安保公司的做法,在高风险地区建立武装安保公司,负责保护海外中国员工和项目。

其次,传统安全机制自身缺陷是间接原因。以政府为中心的传统安全机制难以提供充足的安全保障。在主权国家体系内,《联合国宪章》等国际法的不干涉内政条款使得母国政府无法轻易运用军队在东道国为本国企业提供安全保障,除非签订有同盟条约或者其他基于主权平等原则基础上的授权和同意。当东道国安全治理体系失败,没有能力为外来企业和公民提供安全保护时,安全保障就会急剧下降。不干涉政策限制了中国政府对海外企业和公民的安全保障,这制造了一个"安全真空",使得企业和公民有必要使用私营安保公司保护自身安全。

再次,供需差距是海外安全市场化的催化剂。安全需求和供给之间的巨大差距即"安全鸿沟",[1]迫使公民、企业和政府寻求新的安全解决方案。私营安保公司作为一种具有诸多优势的市场工具,顺应了海外安全治理所面临的新形势,并得到了政府的认可,使其得以全面介入海外利益保护。

最后,中国参与全球治理是外在动力。2013年中国提出共建"一带一路"倡议,顺应了全球治理体系变革的内在要求,彰显了中国同舟共济、权责共担的命运共同体意识,为完善全球治理体系变革提供了新思路新方案。习近平在推进"一带一路"建设工作5周年座谈会上指出:"共建'一带一路'不仅是经济合作,而且是完善全球发展模式和全球治理、推进经济全球化健康发展的重要途径。"[2]要确保在"一带一路"沿线国家基础建设与投资安全,风险管控不能仅仅沿用传统模式,必须有新思路新办法,"坚持对话协商、共建共享、合作共赢、交流互鉴,同沿线国家谋求合作的最大公约数"。[3]

总之,海外安全保障市场化是由安全需求与安全供给之间的"安全鸿沟"所决定的,国家间的"安全鸿沟"越大,海外安全市场化就越突出。以私营安保公司为主要形式的海外安全治理方式,应该成为中国海外安全治理体系的重要组成

---

[1] 赵可金、李少杰:《探索中国海外安全治理市场化》,中国社会科学网,2016-02-24,http://www.cssn.cn/zzx/gjzzx_zzx/201602/t20160224_2880565.shtml。

[2] 习近平:在北京人民大会堂出席推进"一带一路"建设工作5周年座谈会讲话,2018年8月27日,新华社。

[3] 习近平:在北京人民大会堂出席推进"一带一路"建设工作5周年座谈会讲话,2018年8月27日,新华社。

部分，并被纳入中国特色大国外交的轨道。[1]

（二）安全保障市场化的优势

海外安全保障的市场化特指政府、公民和企业诉诸市场机制解决安全问题，通过使用私营安保公司获取安全服务，从而让私营安保公司成为海外安全治理机制的具体承载者。根据中国企业近十余年来海外安全自救实践经验，通过使用私营安保公司不仅可以达成规避风险、转移风险、降低风险的目标，还可以融入当地社会，促进当地公共关系维护，增进人文交流和人文关怀，改善当地安全环境。

中石油是中国企业海外安全保障市场化的见证者和实践者。中石油自1993年开始走出国门，参与国际油气合作，2003年开始涉足风险勘探，国际业务进入加速发展时期，2008—2009年在中东两伊获取鲁迈拉、哈法亚等5个大型油气项目后，海外业务迈入规模发展时期。对于如何保障在安全形势恶劣的伊拉克顺利作业，当时中石油在伊拉克有两种选择：一是依靠政府，即依靠伊拉克政府的军警安全力量或者中国政府紧急情况下提供的领事保护；二是依靠市场，即通过市场渠道向私营安保公司等第三方安全机构购买安全服务。中石油国际选择了后者，将目光投向了市场。

通过对国外安保咨询机构的安保管理调研，中石油集团公司国际业务于2009年启动了HSE[2]社会安全管理体系建设，关注生命健康、安全风险和环境保护。其中安全风险管控，是通过系统地部署和使用私营安保公司，围绕治安犯罪、恐怖袭击、武装绑架和战争或武装冲突等安全风险，以风险管理为核心，形成了一个闭环式、全过程的风险管控机制，即在项目启动前有信息预警和风险评估，项目运行中有"人防、物防、技防"和"三大一统一"安保管理模式，发生突发事件时有应急响应和应急处置，项目重启时有恢复程序和风险评估。[3]同时，从思想上高度重视中国与所在国在信仰、文化风俗等方面的差异，积极参与当地公共设施建设，加强人文交流，以开放合作的胸怀与当地政府、部落和社区居民共建利益共同体，从而营造安全舒适的工作环境和生活环境。

---

[1] 赵可金、李少杰：《探索中国海外安全治理市场化》，中国社会科学网，2016-02-24，http://www.cssn.cn/zzx/gjzzx_zzx/201602/t20160224_2880565.shtml。

[2] 指的是健康（Health）、安全（Safety）和环境（Environment）三位一体的管理体系。

[3] 晁阳：《中石油国际业务安全管理实践》，2017年6月。

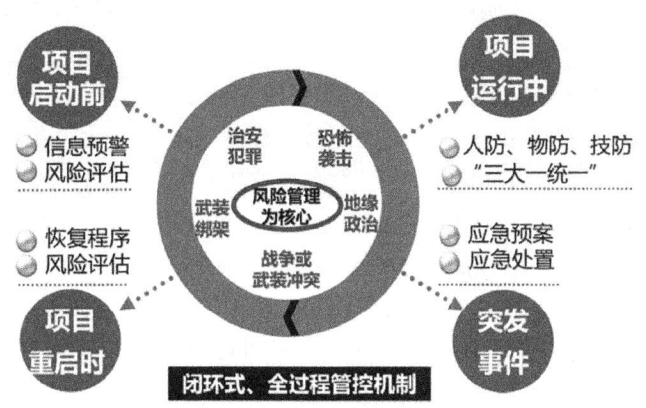

图表4-1 安全风险管控机制

截至2018年9月，中石油在伊拉克已连续多年实现安全零事故，较少发生人员被绑架、袭击、敲诈和勒索的事件，很多子公司都在伊拉克创下了安全生产的新纪录。同时，中石油国际业务社会安全管理体系得到了一些国家部委的高度认可，在国际同行业也处于领先地位。

随着"走出去"步伐的加快，中国企业海外安全治理方式正在经历一个市场化的进程。近年来，越来越多的境外中资企业和中国公民倾向于使用安保公司来保护自身安全，特别是中国主要的能源企业、工程承包企业和航运企业。中石油、中石化、中铁、中远、中水等大型央企都有现成的可供观察的实际案例，华为、中兴等大型民营企业也在海外购买安保服务。据一家提供旅行安全服务公司的负责人说，在公民海外安全方面，近几年，越来越多的中国公民在出国的时候选用他们的服务，甚至连中国的政府机构也不例外。例如，负责中国公民和企业安全事务的外交部，早在2010年就和国际 SOS 公司签署合约。根据这份合约，中国外交部驻外使领馆的人员及其家属可借由国际 SOS 获得不间断的援助服务和安全信息服务。中国在一些国家的使领馆的外围安保也有使用私营安保公司的记录。可见，中国海外安全治理的市场化不是无关全局的小事件，它渗入了海外安全保护的每一个方面。

（三）安全治理市场化的隐忧

私营安保公司并不是海外安全治理的"万灵药"。私营安保公司参与海外安全治理，有积极的一面，也要看到私营安保公司与生俱来的弱点。

一是"雇佣兵"的困扰始终挥之不去。例如，在特定的历史条件下迅速崛起的美国的"黑水"公司，就带有明显的雇佣兵色彩，其负面影响至今还在。20世纪90年代，两极格局结束，美国"一超独大"，海外军事行动日益增多。为弥补兵力不足和完成不便使用军事力量的任务，美军开始雇佣私人安保公司介入军事行动。当时"黑水"公司90%的收入来自美国政府的外包合同，其中三分之二的合同不需要投标即可承接，客户包括美国国防部、国务院、交通运输部、联邦执法部门、跨国公司和外国政府。"黑水"公司在快速发展的同时，也因为"虐囚门"和误击伊拉克平民等一系列丑闻，在2009年被吊销了在伊拉克的安保牌照，从此迅速衰退，2010年即被外国投资者收购并改名为"ACADEMI"。[1] 据称，美军目前在阿富汗战场仍雇佣2.7万名合同工和非政府人员，承担从后勤保障到安全维护、从物流到训练等广泛范围的军事任务；在中东地区则雇佣5万多名合同工，其中只有2万为美国人，其余2.3万则来自第三世界国家，8000人为当地人。[2] 据称俄罗斯在叙利亚战场和其他地方也雇佣了军事安全公司。[3]

在中国海外安全治理市场化的讨论中，将安保公司视为雇佣兵的记者和学者比比皆是，有的是出于类比上的方便，更多的则是不明白私营安保公司和雇佣兵之间的区别，不明白军事安全公司与私营安保公司的区别。虽然私营安保公司不是雇佣军公司，但它的确会引起诸多类似雇佣军问题的道德及法律关切。以中国冶金科工集团公司和江西铜业股份有限公司在阿富汗搁浅的艾娜克铜矿为例，该项目在安保力量的部署和使用上一直深受困扰。一些国际组织抓住不放，要求中国公司公开包括安保力量部署和使用的合同条款。

二是财富差距可能导致新安全分化。安全私有化意味着安全资源基于财富而非权威实施分配，将市场引入安全资源的分配，必然会带来安全上的分化。有学者认为，私营安保公司价格高昂，那些冒着风险进入危险地区的中国小商人和小企业无法使用这些公司的服务。如此一来，那些对中国怀有恶意的组织或不法分子可能更易将矛头对准那些因贫弱而雇不起安保公司的中国公民和企业。现实中的安全贫富分化的确在发生，这将会伤害那些境外安全中的弱势群体。[4]

三是管理不善易使对外公共关系受损。和欧美国家成熟的市场化安保相比，中国安保公司走向国际刚刚起步，面临三大短板：一是国际安保体系不健全，二是国际业务能力较弱，三是国际市场信誉度较低。当前，中国安保行业海外供给基础薄弱，暂时无法与国际安保市场需求相匹配。与一些发达国家的安保企业相比，中国安保企业普遍存在一些问题，如：企业人力资源结构不匹配，缺乏国际性人才；国际业务经验不足，应对风险能力较弱；企业管理模式落后，不能适应国际化需求；业务技能欠缺，无法满足客户要求。这种乱象如果不加以监管和规范，极易在海外损坏中国形象，对中国公共外交产生负面影响。在推进海外安全

---

1 埃里克·普林斯：《阴影中的军队：黑水公司和他的平民勇士》，中信出版社，2015-01-21。

2 Raja Mandala: *Privatising the Afghan War*, Indian Express, 2018-08-28.

3 同上。

4 赵可金、李少杰：《探索中国海外安全治理市场化》，中国社会科学网，2016-02-24，http://www.cssn.cn/zzx/gjzzx_zzx/201602/t20160224_2880565.shtml。

治理市场化的同时，如何妥善化解问题，也是中国外交转型必须重视的课题。

（四）中国安保走向国际市场化应把握的几个问题

近年来，随着中国"一带一路"倡议的实施，中国海外安全服务市场正迎来发展的良好时机，不仅国际安保公司普遍看涨中国海外安保市场，中国安保公司的参与热情也在急剧高涨，将民间资源整合为中国外交资源有着雄厚的社会基础。政府也在谨慎逐步放松政策限制，培养公共和私营部门的海外安全供给能力。

然而，中国安保要在海外市场立足，成为中国海外安全利益保护的承载者，成为参与全球治理的一支民间力量，仍然面临复杂的局面。国际上，新一波"中国威胁论"甚嚣尘上；在国内，相关法规和制度滞后或缺失。直接拿欧美发达国家的安保体系，或使用国内现有的安保体系，都不适合中国安保在国际上的发展。中国安保要想成为中国海外利益保护体系的组成部分和海外安全风险的"防护衣"，必须以共建"人类命运共同体"[1]为目标推动海外安全市场化，强化"四种能力"[2]建设，成为一支助中国和平发展"添彩""不添乱"的维和力量，助地区和东道国社会安全治理的维稳力量，助世界和平稳定的积极贡献者。具体应把握"立势（principles）、择道（strategy）、优术（tactics）、合众（cooperation）"的基本指导。

立和平发展之势。中国安保走向国际，必须遵循中国和平发展的基本战略方针，要坚持符合国家现行的政策法规，符合国际法对安保行动的行为规范，符合所在国的法律规定。企业在国际上开展安保行动，呈现给所在国和国际舆论的应该是防御的、专业的、不具有侵略性的形象，是一支维护地区稳定的和平力量，坚决杜绝雇佣兵性质的行为，顺应国际发展潮流。

择合作专业之道。中国安保走向国际，必须坚持合作开放的态度，以本土化方式进入他国安保行业，不大包大揽，不越俎代庖，通过与当地安保公司的深度合作，以非排他性的、非博弈性的方式，实现保护中国企业安全利益的目的。必须抓好专业队伍的建设，着力打造一支懂政策、听指挥、业务精的管理团队和一支守纪律、敢作为、能作为的专业服务队伍，呈现出高水平的专业素质。

优经营管理之术。中国安保走向国际，必须学习国际优秀安保企业管理理念，借鉴其先进经验，形成具有中国特色的现代经营管理模式。以满足海外中资企业的安全需求为基本着眼点，结合国际通行的国际行为标准，建立规范的国际

---

[1] 习近平总书记在中共十九大报告中强调指出："构建人类命运共同体，建设持久和平、普遍安全、共同繁荣、开放包容、清洁美丽的世界。"在这一思想体系中，持久和平是目标，普遍安全是追求，共同繁荣是机制，开放包容是路径，清洁美丽是基础。它是中国经济、政治、文化、社会、生态"五位一体"总体布局的国际延伸。

[2] 四种能力：风险预警与管控能力、海外社会沟通能力、海外信息获取能力和海外紧急救助能力。

安保管理体系。规范经营，规范管理，不断融入各地区文化，不参与所在国内部冲突，不介入各方政治纷争，以保护中国企业安全利益为根本宗旨，将中国安保企业的正面形象展现在国际舞台上。

合互利共赢之众。中国安保走向国际，必须保障各方利益均衡，促进各方安全和谐发展。合众则生是中国国际安保企业的生存基础。与国际市场相融合，以中国特有的安保思想与各个国家和地区安保行业相结合，通过各种途径合作开展同行互助、经验交流、信息分享、互勉共进。以共赢力为主轴，整合当地各种资源，培育企业成长的肥沃土壤，要特别注意去"关系化"，不以私人关系作为企业成长的主要依靠，要以专注的、专业的、利益共享的方式凝聚市场，实现中国安保企业、当地安保力量和客户三方利益共赢。[1]

中国已经成为一个具有一定领导角色的新兴大国，这要求我们在思考海外利益维护时，不能仅仅从"维护"的现实维度出发，还要考虑到治理的战略维度，即如何增益地区治理和全球治理，促进世界秩序与和平。安全市场化只是中国海外安全利益风险管控的一种手段，必须在国家战略和海外利益维护大战略下运行。

安全市场化只是中国海外安全利益风险管控的一种手段，必须在国家战略和海外利益维护大战略下运行。

---

[1] 马鲁平:《适应国家"外向型"经济战略 走出中国特色的国际安保之路》,《中国安保》,2016年8月。

从阿富汗到叙利亚：中国应对恐怖风险的对策

［法］杜懋之（Mathieu Duchâtel）

一、导言

2018年8月，一辆载有中国中冶公司工人的汽车在前往巴基斯坦山达克（Saindak）铜金矿的途中遭到自杀式炸弹袭击，三名中国公民受伤。"俾路支解放军"（Balochistan Liberation Army, BLA）声称对此负责。[1] 对中国来说，影响中国海外公民安全的恐怖主义不是一个新问题。2004年至2018年间，50名中国公民在中国境外发生的恐怖袭击中丧生，不过大部分海外恐怖袭击并非专门针对中国公民。当今的中国是一个全球化的经济体，一年中的任何时点都有超过500万公民身居海外。根据定义，所谓恐怖主义就是经常不加区分地袭击平民的非国家暴力行动。无论在波士顿、布鲁塞尔还是内罗毕，中国公民都是茫茫人群中的一部分，因此也无法逃脱恐怖分子的袭击。不过，也有一些专门针对中国的袭击案例。巴基斯坦、马里和"伊斯兰国"控制地区的一些恐怖组织，将打击中国的利益作为其政治目标的一部分。究其原因，主要是他们不满于俾路支省开发所获经济收益的分配，中国在加奥[2]的联合国维和行动，以及中国的新疆政策。[3]

这一客观威胁已经将恐怖主义置于中国的全球风险版图之上，并使反恐成为

［法］杜懋之（Mathieu Duchâtel） 蒙田研究所（巴黎）亚洲项目主任。

[1] "Three Chinese Wounded in Dalbandin Suicide Hit", *The Nation*, 12 August 2018, https://nation.com.pk/12-Aug-2018/three-chinese-wounded-in-dalbandin-suicide-hit.

[2] 译者注：加奥为非洲马里东部城市。

[3] Mathieu Duchâtel, "Terror Overseas, Understanding China's Evolving Counter-terror Strategy", *ECFR Policy Brief*, October 2016, https://www.ecfr.eu/publications/summary/terror_overseas_understanding_chinas_evolving_counter_terror_strategy7160.

中国保护"海外利益"计划的一部分。反恐是胡锦涛任期以来中国外交和安全政策中的优先事项，在习近平任内中获得了更多关注。中国政府在机构能力建设方面投入了大量资金。外交部建立并扩展了领事保护制度。商务部、国资委和国家发改委制定了一系列规章，以确保风险意识融入对外投资决策。中国人民解放军（PLA）和中国人民武装警察部队（PAPF）正在考虑是否选择参与海外反恐行动。根据中国2015年的《反恐法》，中国在海外部署军事作战单位已经不再是科幻小说中的情节。《反恐法》第71条规定，"中国人民解放军、中国人民武装警察部队派员出境执行反恐怖主义任务，由中央军事委员会批准"。

本文探讨了中国反恐行动的国际执法合作，这是迄今为止较少受到关注的一个议题。和许多欧洲国家一样，中国同样存在着海外武装人员的问题：中国公民加入恐怖组织并参与了叙利亚战争。这些武装人员中的大多数是中国的维吾尔族人。还有一些维吾尔族人，他们虽然不是中国公民，但始终和新疆保持密切联系。其中部分武装人员从阿富汗前往叙利亚。因此，中国一直在寻求与有关国家加强情报和执法合作，特别是与那些位于新疆通向中东移民路线上的国家深化合作。中国与西北邻国（从巴基斯坦到哈萨克斯坦）之间的边境管控已经很严格了，最近的努力集中在东南亚新移民路线上的关键国家：印度尼西亚、马来西亚、泰国和土耳其。正如本文所述，国际警务合作和引渡问题在中国的外交政策议程中占据重要位置。

中国持续推动国际执法合作的努力发生在中国政府在新疆开展新的严打行动背景下，这些行动无疑正在影响中国所处的国际环境。联合国消除种族歧视委员会（CERD）对中国新疆政策的公开评估遭到了中方的坚决否定，但这也导致中国在新疆采取的压制行动受到更多的国际关注，[1] 并迫使中国在处理与新疆有关的涉外事务时，设法进行"损害控制"（damage control）。总体来看，只有俄罗斯和中亚国家接受了中国提出的"三股势力"概念，[2] 其他国家对这一概念的理解与中国存在差异，这继续阻碍着中国的国际反恐合作朝着完全符合中国预期的方向推进。

二、中国对威胁的评估

中国公民（大部分是维吾尔族人）曾在阿富汗与苏联作战。在"9·11"事件和苏联入侵阿富汗的战争之后，很明显有更多维吾尔族人加入了在阿富汗和巴基斯坦部落地区活动的恐怖组织，这导致中国对阿富汗和巴基斯坦的政策进行了

---

[1] "U.N. Panel Confronts China Over Reports That It Holds a Million Uighurs in Camps", *New York Times*, 10 August 2018, https://www.nytimes.com/2018/08/10/world/asia/china-xinjiang-un-uighurs.html.

[2] 译者注："三股势力"即恐怖主义、分裂主义和极端主义。

重大的调整。[1]

叙利亚战争和"伊斯兰国"（该组织自2014年宣布"建国"时起就公开仇视中国）的出现造成了一个新问题：中国籍维吾尔族海外武装曾经仅局限于阿富汗—巴基斯坦边境地区，但现在扩散到大中亚区域并有演变为全球性问题的风险。从阿布·欧麦尔·突厥斯坦尼（Abu Omar al-Turkistani）的个人经历中可以看到阿富巴（Afpak）[2]和叙利亚战区之间的关联。阿布·欧麦尔·突厥斯坦尼是"突厥斯坦伊斯兰党"（Turkestan Islamic Party）的资深人物，他是一名出生在新疆的"圣战"分子，曾在托拉博拉（Tora Bora）战役中与美国领导的驻阿富汗联军作战，尔后在巴基斯坦服刑10年，出狱后重返阿富汗，加入了乌兹别克斯坦和"基地"组织的伊斯兰运动团体。再往后，他到叙利亚参加了在阿勒波（Aleppo）和拉塔基亚（Latakia）的战斗。2017年1月阿布·欧麦尔·突厥斯坦尼被美国的无人机炸死。[3]

据苏凡中心（Soufan Center）提供的数据显示，共有来自100多个国家的4万多名外国人在叙利亚和伊拉克为"伊斯兰国"战斗。[4]没有人知道参与叙利亚战争的中国籍武装人员的确切人数。中国政府叙利亚问题特使解晓岩承认：中国缺乏相关的准确数据。2018年7月解晓岩特使访问叙利亚、沙特阿拉伯和以色列之后评论说："关于有多少维吾尔族恐怖分子，我看过各种各样的数字——有人说是1000到2000，或者2000到3000，或者4000到5000，还有人说可能更多。"[5]中国从未就这些中国籍海外武装人员遣返回国的可能性进行过公开讨论，并假定这种遣返从未发生。关于海外武装人员确切数量不详的问题并非中国独有，不少国家在获取精准情报方面都存在困难，而且所有国家都会对公开信息做出取舍。中国对获取精准情报有着明显的兴趣，而且从官方角度来看，这似乎足以让国际社会知道中国也存在着海外武装人员。

---

1 Andrew Small, *The China-Pakistan Axis: Asia's New Geopolitics*, London, C.Hurst&Co Publishers Ltd, 2015; Mathieu Duchâtel, "The Terrorist Risk and China's Policy towards Pakistan: Strategic Reassurance and the 'United Front'", *Journal of Contemporary China*, Vol. 20, No.71, pp. 543–561; Angela Stanzel, "Fear and Loathing on the New Silk Road: Chinese Security in Afghanistan and Beyond", *ECFR Policy Brief*, 12 July 2018.

2 译者注：2008年3月27日，时任美国总统奥巴马宣布了对阿富汗和巴基斯坦反恐行动的新计划，并把阿富汗(Afghanistan)和巴基斯坦(Pakistan)两个单词的前几个字母组合起来，创造了"阿富巴"（Afpak）一词，用以指代奥巴马政府的新战略，并且强调美国将两国看作同一问题。

3 Caleb Weiss, "Uighur Jihadist Fought in Afghanistan, Killed in Syria", *The Long War Journal*, 14 February 2017, https://www.longwarjournal.org/archives/2017/02/uighur-jihadist-fought-in-afghanistan-killed-in-syria.php.

4 Richard Barrett, "Beyond the Caliphate, Foreign Fighters and the Threat of Returnees", The Soufan Center, October 2017, http://thesoufancenter.org/wp-content/uploads/2017/11/Beyond-the-Caliphate-Foreign-Fighters-and-the-Threat-of-Returnees-TSC-Report-October-2017-v3.pdf.

5 "China Envoy Says No Accurate Figure on Uighurs Fighting in Syria", *South China Morning Post*, 20 August 2018, https://www.scmp.com/news/china/diplomacy-defence/article/2160465/china-envoy-says-no-accurate-figure-uygurs-fighting.

有一些中国的海外武装人员加入了"伊斯兰国",但由于"东伊运"(东突厥斯坦伊斯兰运动,ETIM / TIP)和本·拉登的"基地"组织在阿富汗和巴基斯坦境内发展的历史联系,更多的中国海外武装人员加入了"基地"组织。若两者合计,总人数估计从几百到几千人不等。"突厥斯坦伊斯兰党"(Turkestan Islamic Party)在社交网络上发布的它在叙利亚的活动,包括了把维吾尔族人输送到叙利亚的行动和它在叙利亚—土耳其边境地区伊德利卜省(Idlib)的军事行动。[1] 据称,加入"基地"组织的维吾尔族人数以千计,这其中也包括他们的妻子和孩子。[2] 据黎凡特新闻网站(The Levant News)估计,约2000到2500名维吾尔族人在"努斯拉阵线"[3](Al-Nusra Front)作战,约500到1000名维吾尔族人加入了"伊斯兰国"。[4] 总的来说,加入"伊斯兰国"的维吾尔族人相对较少。在中国的媒体中,通常是说有300名维吾尔族人加入了"伊斯兰国"。不过在泄露出来的"伊斯兰国"战士内部名单中,只有200人是维吾尔族人。[5] 另有消息来源称,这一数目大约在100人左右。[6] 叙利亚驻华大使伊马德·穆斯塔法(Imad Moustapha)给出的人数最多。2017年5月他在北京说,多达5000名维吾尔族人在叙利亚的各个激进组织中作战,并表示中国应该对此"非常关切"。[7] 一些在叙利亚作战的维吾尔族人的原国籍可能是土耳其或中亚国家。中国的一些汉族人也加入了叙利亚战争。盈利性的"圣战"雇佣军组织"圣战黑水"(Malhama Tactical Group)已宣布计划扩大在新疆和中国其他地区的行动,并声称已经招募和训练了来自中国的维吾尔族和汉族武装

---

1 Colin P. Clarke, Paul Rexton Kan, "Uighur Foreign Fighters: An Underexamined Jihadist Challenge", *ICCT Policy Brief,* International Centre for Counter-Terrorism, The Hague, November 2017, https://icct.nl/publication/uighur-foreign-fighters-an-underexamined-jihadist-challenge/.

2 同上。

3 译者注:"努斯拉阵线"曾是"基地"组织在叙利亚的分支机构,被美国和俄罗斯等国认定为恐怖主义组织。

4 Haytham Mouzahem, "Uighur 'Jihadis' Role In Syria War", *The Levant News*, 19 April 2016, http://the-levant.com/chinese-uighur-jihadis-play-a-significant-role-in-syria-war/.

5 "About 300 Chinese said fighting alongside Islamic State in Middle East", *Reuters*, 15 December 2014, https://www.reuters.com/article/us-mideast-crisis-china/about-300-chinese-said-fighting-alongside-islamic-state-in-middle-east-idUSKBN0JT0UX20141215?feedType=RSS&feedName=worldNews Duchâtel, "Terror Overseas", op.cit, p. 4.

6 Bethany Allen-Ebrahimian, "Report: More Than 100 Chinese Muslims Have Joined the Islamic State", *Foreign Policy*, 20 July 2016, https://foreignpolicy.com/2016/07/20/report-100-chinese-muslims-have-joined-isis-islamic-state-china-terrorism-uighur/.

7 "Syria Says Up to 5000 Chinese Uighurs Fighting in Militant Groups", *Reuters*, 11 May 2017, https://www.reuters.com/article/uk-mideast-crisis-syria-china/syria-says-up-to-5000-chinese-uighurs-fighting-in-militant-groups-idUSKBN1840UP.

人员。[1]

在叙利亚的维吾尔族海外武装人员中，只有少部分人来自阿富汗，2015年时估计数量约为200人。中亚国家是维吾尔族武装人员的另一个来源地。在过去5年中，东南亚已经成为了维吾尔族武装人员新的中转站。确有报道称，来自中国的海外武装人员经由云南境内现有的走私路线加入东南亚的恐怖组织，包括"阿布·萨耶夫组织"（Abu Sayyaf）和"东印尼神圣战士组织"（Mujahidin Indonesia Timur）。[2] 与欧洲情况类似，犯罪网络为恐怖组织进行意识形态操控和招募未来的恐怖分子提供了肥沃的土壤。这对中国在菲律宾南部棉兰老岛周边地区的利益，以及在菲律宾苏禄海、马来西亚沙巴和印度尼西亚婆罗洲等周边海域的利益形成了新的威胁。[3]

因此，中国感觉自己周边的安全环境已经逐步恶化。中国武警部队（PAPF）副司令员秦天中将指出，中国面临的潜在威胁是多中心和分散化的。[4] 事实上，中国的海外武装人员问题不仅仅指由"回流者"所带来的在中国境内发动袭击的风险。海外武装人员，无论是否与"伊斯兰国"有关，无论是否是中国人，都可能会在世界上任何一个地方打击中国的利益。因此这种威胁在地理上是高度分散的。

事实上，出于对新疆事务的关注，其他国家的武装人员也可能对中国构成安全威胁。例如，吉尔吉斯斯坦政府曾在2016年谴责乌兹别克人主导的"卡迪巴尔圣战组织"（Katibat al Tawhid wal Jihad）对比什凯克的中国大使馆进行了袭击，该组织受乌兹别克斯坦公民西罗日丹·穆赫塔罗夫（Sirozhiddin Mukhtarov）领导。[5] 虽然对发动此次袭击的三名恐怖分子的调查和定罪并未解决所有问题，但该案件表明隶属于"基地"组织的不同恐怖组织之间有着共同的议程并相互支持。中国海外公民面临的恐怖主义风险可能威胁到"一带一路"倡议的成功。"一带一路"倡议是习近平提出的具有代表性的外交政策，目的在于掀起中国企业新

---

[1] Alessandro Arduino, Nodirbek Soliev, "Malhama Tactical Threatens to Put China in Its Crosshairs", *Terrorism Monitor*, Vol. 15, No. 22, 27 November 2017. https://jamestown.org/program/malhama-tactical-threatens-put-china-crosshairs/.

[2] Rommel C. Banlaoi, "Uyghur Militants in Southeast Asia: Should PH be Worried?" *Rappler*, 15 June 2017, https://www.rappler.com/thought-leaders/118137-uyghur-militants-southeast-asia-philippines; Zachary Abuza, "The Uighurs and China's Regional Counter-Terrorism Efforts", *Terrorism Monitor*, Vol. 15, No. 16, 15 August 2017, https://jamestown.org/program/the-uighurs-and-chinas-regional-counter-terrorism-efforts/；译者注：这两个组织分别是位于菲律宾和印尼的伊斯兰极端主义组织。

[3] 江焕辉:《中国籍武装人员向东南亚集中回流及下一步动向》,《反恐与海外安全简报》,2017年第26期, http://www.cwzg.cn/theory/201709/38469.html。

[4] 秦天:《21世纪前期反恐形势与中国反恐军事力量建设》,《中国军事科学》,2017年第1期, 第50—59页, http://www.cnki.com.cn/Article/CJFDTotal-XKSJ201701007.htm。

[5] Catherine Putz, "3 Convicted for Chinese Embassy Attack in Bishkek", *The Diplomat*, 30 June 2017, https://thediplomat.com/2017/06/3-convicted-for-chinese-embassy-attack-in-bishkek/.

一轮的全球化浪潮,并增强中国的全球影响力。如果"一带一路"的重大工程成为大规模恐怖袭击的受害者,中国将如何应对?

总体而言,维吾尔族海外武装人员的存在表明,中国在获取精准情报上面临着挑战。由于中国不参与在叙利亚的军事行动,它在当地几乎没有自主的人工情报搜集能力,只能依靠与外国情报机构的交流。这种情形构成了复杂的挑战。海外武装人员是流动的,而且他们的流动性在叙利亚战争结束后只会进一步增加。由于依赖于相同的网络,他们很可能流入位于移民路线上的相同国家。为避免海外武装人员回流,中国的当务之急是与有关国家共享有关海外武装人员身份和旅行证件的信息,但这项任务极具挑战性。[1] 与此相关,国际执法合作在中国外交政策中的重要性日益凸现。

三、加强执法和情报合作

(一)概述

执法合作可以帮助中国实现两个目标:其一,弥补情报缺口,弄清可能图谋破坏中国利益的(海外)中国籍武装人员的数量、身份和行踪;其二,展开相关的引渡谈判。对于海外武装人员,中国并没有一个清晰的公开原则。中国的高级官员也未曾公开发表声明,说明是否希望让他们在中国接受审判,或是不惜代价让他们留在境外。中国在这一问题上模糊的做法有助于创造灵活的空间,也不会导致这一问题引起媒体关注。但显然,防止在中国领土上发生恐怖袭击是中国的当务之急。

中国正在积极扩大其执法合作制度化的范围,主要是通过签订引渡条约和移管被判刑人员的协议。推动中国扩大这一协议网络的首要决定因素是恐怖主义威胁和中国的新疆政策;次要的决定因素则是习近平的反腐运动,特别是追踪国际逃犯的"猎狐行动"。

中国与亚洲,欧洲,中东和北非国家的引渡条约[2]

签约国	签约时间	生效时间
泰国	1993年8月26日	1999年3月7日
保加利亚	1996年5月20日	1997年7月3日

---

1 刘猛、汪勇、梅建明:《中国反恐情报信息国际交流的法制规范与推进理路》,《情报杂志》,2017年6月,第36卷第6期,第16—21页。

2 资料来源:中国外交部网站。http://www.fmprc.gov.cn/web/ziliao_674904/tytj_674911/wgdwdjdsfhzty_674917/t1215630.shtml。

续表

签约国	签约时间	生效时间
白俄罗斯	1995年6月22日	1998年5月7日
俄罗斯	1995年6月26日	1997年1月10日
罗马尼亚	1996年7月1日	1999年1月16日
哈萨克斯坦	1996年7月5日	1998年2月10日
蒙古	1997年8月19日	1999年1月10日
吉尔吉斯斯坦	1998年4月27日	2004年4月27日
乌克兰	1998年12月10日	2000年7月13日
柬埔寨	1999年2月9日	2000年12月13日
乌兹别克斯坦	1999年11月8日	2000年9月29日
韩国	2000年10月18日	2002年4月12日
菲律宾	2001年10月30日	2006年3月12日
突尼斯	2001年11月19日	2005年12月29日
老挝	2002年2月4日	2003年10月13日
阿联酋	2002年3月13日	2004年5月24日
立陶宛	2002年6月17日	2003年6月21日
巴基斯坦	2003年11月3日	2008年1月10日
阿塞拜疆	2005年3月17日	2010年12月1日
西班牙	2005年11月14日	2007年4月4日
阿尔及利亚	2006年11月6日	2009年9月22日
葡萄牙	2007年1月31日	2009年7月25日
法国	2007年3月20日	2017年7月17日
印度尼西亚	2009年7月1日	2018年1月19日
意大利	2010年10月7日	2015年12月13日
伊朗	2012年9月10日	2017年1月14日
波斯尼亚—黑塞哥维亚	2012年12月20日	2014年10月12日
阿富汗	2013年9月27日	2017年5月23日
塔吉克斯坦	2014年9月13日	2017年1月18日
亚美尼亚	2015年3月25日	2018年1月4日
越南	2015年4月7日	/
斯里兰卡	2016年4月7日	/
摩洛哥	2016年5月11日	/

续表

签约国	签约时间	生效时间
比利时	2016年10月31日	/
土耳其	2017年5月13日	/
肯尼亚	2017年5月15日	/

上表显示了中国在发展这种制度化的合作中所面临的一些挑战：首先，尽管与土耳其的商签启动较早，但是直到2017年双方才完成双边协议的签署；其次，印度尼西亚用了相当长的时间才完成中国—印尼双边引渡条约的国内批准过程；最后，中国同马来西亚目前仍未签署引渡条约。

不过，引渡条约并不是中国谈判遣返被判刑人员的唯一渠道。中国还与伙伴国签署了关于移管被判刑人的条约，以便将因海外犯罪而被判刑的中国公民遣返回国。截至2018年8月，中国与10个国家签署的这类条约已经生效，相关国家包括俄罗斯、哈萨克斯坦、泰国、伊朗、巴基斯坦、吉尔吉斯斯坦、塔吉克斯坦和蒙古。此外，中国有时还可以根据与他国签署的安全合作相关的条约进行引渡。在2002年至2010年间，中国与俄罗斯、巴基斯坦及中亚五国签署了《关于打击恐怖主义，分裂主义和极端主义的合作协议》。这些国家完全接受了中国对"三股势力"的提法。最后，还有一些中国公民被遣返回国是基于中国与他国签署的其他某些安全协议。

这些执法合作的推进并非一帆风顺，其中也面临着诸多阻力。如下文中一些案例显示，在人权和新疆人民待遇方面的分歧，可能是阻碍中国与他国开展执法合作的"绊脚石"。不过，总体而言，主权国家总能找到行使自由裁量权的理由，因为引渡条约本身带有保障措施，而且政治博弈在其中起着重要的作用。因此，将执法合作制度化有助于中国构建反对"三股势力"战略的国际支柱，但在具体案件中始终存在着政治博弈的空间。

（二）中国在东南亚的努力

给中国带来全球恐怖主义风险的区域包括东南亚地区。正如中国社会科学院研究员张洁指出的那样，东南亚的问题是那些从前局限于大中亚区域的问题的延伸。[1] 中国与中亚邻国的边境安全已经在很大程度上得到了改善，这主要得益于以下几方面原因：上海合作组织的努力；中国加大了边境监控的硬件投资（如红外摄像机和面部识别系统）；中国与阿富汗国民军在瓦罕走廊开展的联合巡逻；

---

[1] 张洁：《中国—东盟反恐合作：挑战与深化路径》，《国际问题研究》，2017年第3期，第27—40页，http://www.cqvip.com/QK/94094X/201703/。

中国、阿富汗、巴基斯坦和塔吉克斯坦四国反恐合作协调机制的建立。[1]

在这种情况下，穿越云南与东南亚国家松散的边界、而后途经土耳其的新移民路线，已经成为维吾尔族人逃离中国的理想选择。这条新路线直到2014年才为世人所知。泰国、马来西亚和越南曾逮捕了一些利用这条新移民路线的维吾尔族人，有些被捕者所持证件为土耳其护照。[2] 2014年和2015年，印度尼西亚也逮捕了一些曾参与"东印度尼西亚圣战组织"（Mujahidin Indonesia Timur, MIT）和"伊斯兰国"的维吾尔族人。[3]

维吾尔族人不仅利用东南亚作为基于现有走私路线进行非法移民的中转站，同时还在这一地区发起针对中国人的恐怖袭击。2015年8月泰国曼谷四面佛景点附近的炸弹袭击正是这样的典型案例。此案件的法院审理程序仍在进行中，并且可能2022年才宣判，而这次恐怖袭击的主要嫌疑人正是来自新疆。[4] 没有任何恐怖组织声称对此次袭击负责，不过针对这一事件发生的原因有如下几种说法：一是对泰国在一个月之前将109名维吾尔族人驱逐回中国的报复；另有人称此举是对泰国镇压维吾尔族商业活动的报复，因为四面佛吸引了许多来自中国大陆、中国香港和中国台湾的游客，这一恐怖袭击可以直接损害中国人的利益；甚至还有一种阴谋论的说法，认为这是土耳其人采取的秘密行动。

四面佛恐袭事件再次将引渡问题推到中国与东南亚国家反恐合作的风口浪尖。中国有人抱怨，称泰国拒绝了中国要求驱逐在泰国服刑的维吾尔族人的请求。[5] 引渡要求与以下三个敏感议题关联在一起，而这三个议题不仅在中泰关系中形成裂隙，也在中国与印度尼西亚和马来西亚的双边关系中造成摩擦。首先，中国与东南亚国家对恐怖主义的规范性定义存在差异，有些东南亚国家不愿意认可中国"三股势力"的提法，因为它将恐怖主义与极端主义和分裂主义置于同一层面。其次，东南亚国家并不认可中国对待犯人的方式。最后，因为接受引渡可能被理解为屈从于中国的"淫威"，这里还有一个与中国关系的政治问题。

有中国学者指出，应对"迁徙圣战"回归人员应该是中国与东南亚国家反恐

---

[1] 根据作者2017年在北京进行的访谈。Angela Stanzel, "Fear and Loathing on the New Silk Road: Chinese Security in Afghanistan and Beyond", *ECFR Policy Brief*, 12 July 2018, https://www.ecfr.eu/publications/summary/new_silk_road_chinese_security_in_afghanistan_beyond.

[2] Zachary Abuza, "The Uighurs and China's Regional Counter-Terrorism Efforts", *Terrorism Monitor*, Vol. 15, No. 16, 15 August 2017, https://jamestown.org/program/the-uighurs-and-chinas-regional-counter-terrorism-efforts/.

[3] 同上。

[4] "No Justice in Sight Two Years After Erawan Shrine Bombing in Bangkok," *Straits Times*, 18 August 2017, https://www.straitstimes.com/asia/se-asia/no-justice-in-sight-two-years-after-erawan-shrine-bombing-in-bangkok.

[5] 根据作者2018年7月在北京进行的访谈。

合作的当务之急。[1] 为解决这一问题,该学者建议完善司法和执法合作的法律框架,特别是引渡条约;建立"迁徙圣战"人员的联合数据库;增加执法交流和联合培训;就解决"迁徙圣战"回归人员的问题、恐怖主义融资活动以及管控网络空间恐怖主义传播等达成协议。[2] 东南亚移民路线的出现也促使中国在多边层面开展工作,寻求与东盟签署引渡条约。[3]

但对中国来说,优先推进的事项仍然是与印度尼西亚和马来西亚这两个穆斯林人口最多的东南亚国家达成共识。最近的事态表明,中国在这两个国家仍面临着一些阻力,否则合作可能会更顺利。印度尼西亚是一个关键国家,中国正在与印度尼西亚发展更多的联系以便于引渡维吾尔族人。2016年,印度尼西亚拒绝了中方引渡四名中国籍维吾尔族恐怖分子,以交换遣返一名印度尼西亚逃犯的提议。中国最终遣返了这名逃犯,但四名在印度尼西亚涉恐服刑的维吾尔族人并没有被遣返回中国。不过有人猜测称,中国因此在印度尼西亚获得了关于维吾尔族人的更好情报合作路径。[4]

2014年至2016年间,在尚未签署引渡条约的情况下,中国通过与马来西亚的执法合作从马方遣返了100多名中国公民。[5] 2017年初马来西亚副总理称,自2013年以来,马来西亚已将28名维吾尔族武装分子驱逐回中国。不过,这一行为并不是根据引渡条约,因为两国之间尚未签署引渡条约,而是根据情报共享协议。根据吉隆坡的说法,中国方面提供了令人信服的证据,即被马来西亚驱逐出境的28人属于"东伊运"。[6] 2018年,马来西亚副总理表示,马来西亚正面临着向中国而不是泰国引渡11名维吾尔族人的"巨大压力"。这11个人从泰国越狱并非法进入马来西亚,据说马来西亚要就这11人是否参与了恐怖活动展开调查。[7]

(三)中国—土耳其关系的新风向

新疆问题经常导致中土关系紧张。曾任伊斯坦布尔市长(1994—1998年)、

---

1 姜南、朱明、邵贞:《东南亚地区恐怖主义犯罪对我国的影响》,《云南警官学院学报》,2018年第1期,第37—42页,http://www.cqvip.com/qk/82700a/201801/674469584.html。

2 同上。

3 根据作者2018年7月在北京进行的访谈。

4 "Indonesia Will Not Send Four Uyghurs to China: Officials", *Radio Free Asia*, 21 April 2016, https://www.rfa.org/english/news/uyghur/uyghur-indonesia-04212016174321.html.

5 NGEOW, Chow-Bing, Forthcoming, "A 'Model' for Asean Countries? Sino-Malaysian Relations during the Xi Jinping Era," In *China and Southeast Asia in the Xi Jinping Era*, edited by Alvin Cheng-Hin Lim and Frank Cibulka, Lanham, MD: Lexington Books.

6 "Malaysia deports 28 Uighurs to China", *Straits Times*, 13 January 2017, https://www.straitstimes.com/asia/malaysia-deports-28-uighurs-to-china.

7 "Malaysia Says China Seeking Extradition of Uighur Detainees", *Reuters*, 10 February 2018, https://www.reuters.com/article/us-malaysia-uighurs/malaysia-says-china-seeking-extradition-of-uighur-detainees-idUSKBN1FU0QX?il=0.

现任土耳其总统埃尔多安是维吾尔族身份的坚定支持者。[1] 2009年（新疆）骚乱发生后，埃尔多安总统指责中国对新疆的维吾尔族人实施"种族灭绝"政策。2015年7月泰国将100名维吾尔族人遣返到中国，同时土耳其政府发表声明表达对新疆宗教自由新设限制的"深切担忧"，[2] 在这两起事件后，土耳其爆发了反华抗议活动。

如今，土耳其方面有意淡化两国在新疆问题上的分歧，以免破坏双方2010年建立的战略伙伴关系。[3] 例如，迄今为止，土耳其政府在新疆"再教育营"问题上一直保持沉默。王艳称，新疆问题已成为观察中土关系的"晴雨表"，并指出土耳其政府永远不会在新疆问题上保持中立。不过，"一带一路"倡议下的经济合作为两国进一步深化伙伴关系提供了新的机遇。[4] 总而言之，土耳其试图在地缘政治、经济利益及其对泛突厥主义的传统支持之间寻求平衡，因而其政策立场存在一定程度的波动和不可预测性。没有任何迹象表明当前中土两国之间的妥协有着坚实并且可持续的基础。

当前中土两国面临的地缘政治环境对中国来说更为有利。目前，土耳其正在逐步放弃将外交政策的重心放在美国和欧洲的做法，特别是在2016年7月发生针对埃尔多安总统的政变之后，这一外交转变更为明显。[5] 土耳其与美国的贸易战也为中国和土耳其深化贸易、投资和金融关系提供了机会。[6] 当然，土耳其仍然是北约的盟国，而且与欧洲有着深厚的联系。但是埃尔多安总统正在借助与中国发展的关系，使土耳其获得战略影响力和经济喘息的空间，反对西方的自由民主模式，寻求新的地缘政治平衡。埃尔多安总统（和普京总统一道）出席2017年北京"一带一路"国际合作高峰论坛并致辞，凸显了土耳其在这方面的作用。安卡拉对中国新战略重要性的认可还体现为：2017年10月，埃尔多安总统的前首席顾问阿卜杜勒－卡迪尔·埃明·厄嫩（Abdulkadir Emin Önen，中文名约南）被任命为驻华大使。

---

1 译者注：埃尔多安是"突厥帝国"神话的信奉者。不过，人类学家和民族学家早有研究表明，历史上，土耳其与维吾尔族并没有联系，它们从来不是同一个民族，更谈不上维吾尔族是突厥人的后裔。

2 译者注：当时境外有关媒体和相关人士声称，新疆禁止穆斯林在斋月期间封斋并履行宗教仪式，而土耳其政府方面也附和这种说法。不过，中国方面严正指出境外媒体的这些说法与事实完全不符。

3 Mehmet Söylemez, "Turkey and China, An Account of a Bilateral Relations Evolution", Asia Centre, Observatoire Chine, note d'actualité n°22/24, December 2017, https://f-origin.hypotheses.org/wp-content/blogs.dir/3723/files/2018/06/22-Soleymez-ChineTurquie_De%CC%81c2017.pdf.

4 王艳：《中国—土耳其关系中 中国新疆因素的波动及前景》，《新疆大学学报》（哲学·人文社会科学版），2016年9月第44卷第5期，第70—76页。

5 Selçuk Colakoglu, "Turkey-China Relations: From 'Strategic Cooperation' to 'Strategic Partnership'?" USAK Center for Asia-Pacific Studies – Ankara, 20 March, 2018, http://www.mei.edu/content/map/turkey-china-relations-strategic-cooperation-strategic-partnership.

6 "China Money Flows into Turkey as Crisis Creates Opening", *Nikkei Asian Review*, 22 August 2018, https://asia.nikkei.com/Politics/International-Relations/China-money-flows-into-Turkey-as-crisis-creates-opening.

然而，这一人事调整并不足以巩固两国政府在维吾尔族人问题上的信任关系。一方面，土耳其将"东伊运"列入恐怖组织名单，并在2017年与中国签署了引渡条约。这一条约仍需要经过批准程序方可生效（不过，批准程序应该不存在问题）。另一方面，中国对土耳其社会以及安卡拉可能在维吾尔族人问题上的两面三刀做法心存担忧。

大约有30万维吾尔族人生活在土耳其，在世人眼中土耳其的民间社会非常亲维吾尔族人。许多亲新疆的组织在土耳其蓬勃发展。[1] 在中国看来，与20世纪90年代相比，中土关系在新疆问题上已经取得了一定的进展。当时维吾尔族人的组织在土耳其更为活跃，并在更高层次上获得了更多的政治关注。但土耳其为维吾尔族文化的繁荣提供了一个相对安全的避风港，这一事实导致了中国方面对土耳其的不信任，因为中国主要从安全的角度来看待新疆问题。

中国对土耳其的不信任也同土耳其发放本国护照的行为有关。2015年，中国指责土耳其驻上海和吉隆坡的外交官向维吾尔族人发放土耳其护照，帮助他们加入叙利亚战争。[2]《人民日报》指责"某个国家"的领事官员向在东南亚国家的中国新疆人发放护照和旅行证件，以帮助他们前往土耳其。这种行为打着"营救"的幌子，宣称要让受助人在土耳其过上幸福生活，但到头来他们却沦落为叙利亚和伊拉克恐怖主义组织的"炮灰"。[3] 泰国曼谷四面佛炸弹爆炸事件发生后，警方从嫌疑人家中搜出了250本空白的土耳其护照。中国媒体就如何在泰国获得土耳其护照展开了调查，并列出了三种途径：其一，策划偷渡的组织发放假护照；其二，某些土耳其驻东南亚的使领馆发放"紧急旅行证件"；其三，土耳其官方秘密地发放土耳其护照。[4] 据了解，一般来说土耳其外交机构的领事官员在向维吾尔族人发放身份证明文件方面持灵活和开放的态度，只要这些人能够设法抵达土耳其使领馆。

目前尚不清楚土耳其驻上海和东南亚国家外交官的（发放护照或旅行证件）行为是因为得到土耳其情报部门指令，还是贪腐官员所为，抑或由于受到支持维吾尔族人的非政府组织的压力。今天，尽管中土双边关系不断改善，但中国方面仍然怀疑土耳其是否完全停止了其在发放土耳其护照时宽松和充满政治意图的做法。[5] 应该指出的是，这种不信任并非只来自中国。持民族主义立场的海外维

---

[1] 张屹、宫建伟：《论中亚国家的去突厥化及其对中国周边安全形势的影响》，《云南民族大学学报》（哲学社会科学版），2016年9月第33卷第5期，第5—11页。

[2] "China Accuses Turkey of Aiding Uighurs", *Financial Times*, 12 July 2015, https://www.ft.com/content/93607210-285c-11e5-8613-e7aedbb7bdb7.

[3]《中国查处非法偷渡遭干扰：个别国使馆勾结世维会》，人民网，2015年7月10日，http://military.people.com.cn/n/2015/0710/c1011-27282449.html。

[4]《在泰国，如何获得一本土耳其假护照？》，腾讯网，2015年9月5日，https://new.qq.com/cmsn/20150905/20150905013253。

[5] 根据作者2018年7月在北京进行的访谈。

吾尔族人仍在指责土耳其收容维吾尔族的伊斯兰教徒，并把他们作为土耳其在叙利亚的代理人。[1]

除了这种不信任之外，土耳其接下来对维吾尔族海外武装分子所采取的政策尚难定论，特别是在叙利亚政府军占领大多数维吾尔族人所在的伊德利卜省后。"伊斯兰国"的持续崩溃和其他"圣战"组织的溃败将迫使维吾尔族的海外武装为自己的未来做打算。不过，他们手中并没有太多的筹码，他们的选择将由土耳其对自身利益的计算来决定。埃尔多安总统是否想继续利用维吾尔族人作为土耳其在战后叙利亚的代理人？他是否会因为维吾尔族人在叙利亚为土耳其作出的贡献而为他们提供安全的避风港，或者提供前往其他国家的安全通道？或者，他是否会抛弃他们？[2]

四、结论

中国的海外武装人员问题不会轻易消失。叙利亚战争结束后，在战斗中幸存下来的武装人员将四处逃散。他们的妻子和孩子也可能对中国的海外利益构成威胁。然而，海外武装人员只是中国面临的更宏大问题的最极端事例。除此之外，中国必须面对的棘手问题还有：被剥夺公民权的国民群体日益激进化，"圣战"意识形态的吸引力，恐怖分子招募网络的存在，以及新疆内部高度紧张的态势。

从北京的角度来看，海外武装人员的回流以及"圣战"意识形态在中国境内的渗透使国内和国际的恐怖主义勾结在一起。与此同时，中国在新疆的政策影响到其他国家按照中国的条件开展合作的意愿。从这个意义上说，新疆局势缺乏透明度显然不利于中国与有关国家深化打击恐怖主义和极端主义的合作，也不利于处理好涉及中国海外（武装）人员的问题。中国有关"三股势力"的提法，与许多国家针对恐怖主义和极端主义采取的做法不一致，这是中国的主要弱点。很显然，这个问题不但在中国与欧洲自由民主国家的关系中造成了不信任，而且也对中国与土耳其、泰国、马来西亚和印度尼西亚的双边关系产生了影响。

（崔志楠译；徐彤武校）

---

[1] 根据作者2018年6月在巴黎进行的访谈。

[2] Colin P. Clarke, Paul Rexton Kan, "Uighur Foreign Fighters: An Underexamined Jihadist Challenge", ICCT Policy Brief, International Centre for Counter-Terrorism, *The Hague*, November 2017, https://icct.nl/publication/uighur-foreign-fighters-an-underexamined-jihadist-challenge/.

朝核问题与美韩同盟的未来

孙 茹

内容提要：2018年以来的朝核变局波及美韩同盟，美韩暂停联合军演，驻韩美军去留的讨论升温，在此基础上实现"完全的无核化"势必进一步影响美韩同盟的地位和作用。由于朝美无核化基本立场未变，朝鲜和美韩同盟做出妥协、达成新的无核化协议很难，目前的"双暂停"局面可能逆转。美韩对朝政策步调不一，分歧凸显。文在寅政府急于"快速"推进对朝政策，但无力突破美国掣肘，韩对朝政策"自主"空间有限。未来美韩分歧可能扩大，但同盟根基深厚，朝核问题对美韩同盟的冲击有限。

关键词：朝核问题 美韩同盟 朝韩关系 朝美关系

朝核问题的解决影响到朝鲜半岛未来的安全安排，势必对美韩同盟的地位和作用产生影响。本文结合2018年以来的朝核形势，探讨朝核问题对美韩同盟的影响。文章从以下几方面展开：第一部分阐述朝核形势变化及其对美韩同盟的影响；第二部分考察朝鲜的弃核条件和优先次序，分析其对美韩同盟的诉求；第三部分讨论美韩分歧及其对同盟的影响。

一、朝核变局波及美韩同盟

2018年以来，朝核形势峰回路转。朝鲜发动新一轮外交攻势，一系列的穿梭外交和首脑峰会轮番上演。朝韩开启"冬奥外交"，时隔11年后举行了第三次朝韩峰会。金正恩和文在寅一年内三次会晤，创下历史纪录。中朝关系迅速转

孙茹 中国现代国际关系研究院研究员。

暖,金正恩三次访华、中联部长宋涛、国务委员兼外长王毅、人大常委会委员长栗战书等相继访朝。俄朝关系稳中有进,俄外长拉夫罗夫访朝。最受瞩目的当属美朝关系的戏剧性变化:6月12日,美国总统特朗普和朝鲜领导人金正恩在新加坡举行了具有历史意义的首次美朝峰会。美国务卿蓬佩奥四次访朝,朝鲜高官也频繁访美,美朝高层保持了友好氛围。

此轮朝核变局的一个显著特点是,朝鲜率先采取弃核措施;美国考虑到朝鲜的安全关切,对美韩同盟做了小幅调整。2018年以来,朝鲜在无核化上出现积极变化。3月5日,金正恩在会见韩国特使团时表示,无核化是先辈遗训,不会改变。3月底金正恩首次访华时重申致力于无核化。4月20日,朝鲜宣布停止核试验和洲际弹道导弹试射、废弃丰溪里核试验场。4月27日朝韩峰会发表《板门店宣言》,朝鲜承诺实现"完全的无核化"。6月12日"特金会"发表联合声明,金正恩首次对美国做出"完全的无核化"承诺。9月19日朝韩峰会发表的《平壤共同宣言》延续了"完全的无核化"表述。2017年11月至今,朝鲜没有进行核导试验,形成了事实上的"核冻结"。特朗普政府没有对朝鲜的弃核举措提供经济补偿,而是承诺提供安全保障,这一做法对美韩同盟产生了直接影响。

第一,美韩暂停了联合军演。美韩联合军演以朝鲜为假想敌,名目繁多,[1]目前规模最大的是每年3月初到4月底举行的"关键决心"和"鹞鹰"联合军演及8月下旬举行的"乙支自由卫士"联合军演。近年来,美韩不断完善作战计划[2]及演练,2013年出台"共同应对局部挑衅"计划,2015年制定了对朝鲜军事和政治设施实施精确打击的"5015作战计划"。以航母、战略轰炸机、核攻击潜艇为代表的美战略武器频繁进出半岛及周边海域,越来越具有进攻性。2017年朝鲜半岛局势空前紧张,四月危机、八月危机接连出现,美"动武论"甚嚣尘上。5月,"里根"号航母和"卡尔·文森"号航母举行联合演习,这是自20世纪90年代以来,美首次在半岛海域附近举行双航母演习。2017年9月朝鲜第六次核试后,美国B-1B和B-2战略轰炸机飞赴半岛。2017年11月初,"里根"号、"尼米兹"号、"乔治·华盛顿"号三艘航母齐聚日本海举行联合演习,战争一触即发。

朝鲜一直要求美韩停止"为侵略朝鲜做准备的战争演习",美韩在暂停军演

---

1 美韩联合军演种类包括:海域联合军演、海军陆战队联合反恐训练、海军陆战队指挥所联合演习、联合登陆训练、联合反潜演习、联合海上机动演习、空中作战指挥演习、空军战斗控制组联合演习、空中交通管制演练、模拟轰炸训练、延伸威慑手段运用演习、联合战时增援演习、实弹演练、综合火力剿敌演习等。参见沈定昌:《美韩联合军演与朝鲜半岛》,北京大学亚洲太平洋研究院编:《亚太研究论丛》(第十三辑),北京大学出版社,2016年。

2 美韩制定的作战计划包括通过全面战争推翻朝鲜体制的"作战计划5027",对朝鲜核设施实施空袭的"作战计划5026",在朝鲜体制出现动摇时采取军事干预的"作战计划5029",在朝鲜经济陷入凋敝时实施制裁和内部颠覆活动,进行斩首行动的"作战计划5030"。参见高浩荣:《美韩联合军演:影响半岛局势稳定的重要因素》,《军事文摘》,2018年第6期,第34—35页。

上也有先例。20世纪90年代初，美韩为了推动朝鲜弃核曾暂停最大规模的"协作精神"年度联合军演。2015年和2016年朝鲜连续两年提出美韩暂停联合军演、朝鲜暂停核导试验的"双暂停"倡议，但美韩拒绝将"合法"的军演与朝鲜"非法"的核开发做交易，一直到2018年才实现事实上的"双暂停"。美韩先以平昌冬奥会为由推迟举行联合军演，继而在"特金会"后宣布暂停"乙支自由卫士"大型联合军演，韩国外长康京和称此举是为"鼓励朝鲜积极、快速地开展无核化进程"。[1] 美韩也克制使用战略武器。2018年5月，在朝鲜抨击美韩"超级雷霆"空战联合军演并以此为由退出朝韩高级别会谈后，美韩撤销了B-52轰炸机参加演习的决定。

第二，驻韩美军的驻留问题再度浮现。驻韩美军是美韩同盟的核心，牵动美韩同盟的走向。驻韩美军人数自朝鲜战争结束后呈现下降趋势。20世纪70年代初，尼克松政府撤走一个步兵师，驻韩美军总人数从六万削减至四万余人。卡特政府宣布撤退全部美军，遭到韩、日及美国会反对，之后美国担心撤军可能导致朝鲜军力占优，加之美苏对抗加剧，遂中止了撤军计划。冷战结束后，美国大幅削减海外驻军，老布什政府宣布1990—2000年分三阶段撤走全部驻韩美军，但是朝核危机爆发后，美国停止了撤军计划，此后美军保持在3.7万人的规模。"9·11"事件后美全球军力大调整，驻韩美军基地也被整合为两大军事基地群，美军削减到2.85万人左右。

长期以来，朝鲜要求撤退驻韩美军，部分韩国左翼团体和青年学生组织也主张撤军，但这些诉求并未引起美韩官方重视。2018年以来，由朝核问题引发的美韩同盟走向引发广泛关注。"撤军论"影响扩大，越来越多的战略界人士认识到解决朝核问题绕不开美韩同盟。4月底，文在寅总统的外交安保顾问文正仁在美国《外交事务》网站发文称，"如果签署和平协定，那么美军将很难以正当理由继续驻扎在韩国",[2]《纽约时报》也刊文称特朗普下令制定削减驻韩美军的计划,[3] 引发美韩以撤军换取朝鲜弃核的猜测。美韩两国紧急"灭火"，称驻韩美军是美韩同盟决定的事项，与和平协定无关。[4] 但是撤军问题持续发酵，甚至一

---

1 "Secretary of State Michael R. Pompeo, Japanese Foreign Minister Taro Kono, and South Korean Foreign Minister Kang Kyung-wha at a Press Availability," July 8, 2018, https://www.state.gov/secretary/remarks/2018/07/283888.htm, 2018年7月18日登录。

2 Chung-in Moon, "A Real Path to Peace on the Korean Peninsula: The Progress and Promise of the Moon-Kim Summit," https://www.foreignaffairs.com/articles/north-korea/2018-04-30/real-path-peace-korean-peninsula, 2018年7月4日登录。

3 Mark Landler, "Trump Orders Pentagon to Consider Reducing U.S. Forces in South Korea," https://www.nytimes.com/2018/05/03/world/asia/trump-troops-south-korea.html, 2018年7月4日登录。

4《文在寅否认驻韩美军将撤出》，新华网，2018年5月3日，http://www.xinhuanet.com/mil/2018-05/03/c_129863726.htm; "Remarks With Republic of Korea Foreign Minister Kang Kyung-wha at a Press Availability," https://www.state.gov/secretary/remarks/2018/05/282041.htm, 2018年7月4日登录。

贯维护美韩同盟的韩国保守派都提及撤军,前国家安全顾问千英宇表示,如果撤退驻韩美军是朝鲜弃核的必要条件,韩国将不得不面对美军的削减。[1] 撤军论者认为,朝鲜与韩国的经济、军事实力差距进一步拉大,驻韩美军的军事必要性已经不复存在。[2] 美国国际关系学者罗伯特·杰维斯(Robert Jervis)分析了核武器对于朝鲜的重要意义,认为只有终止美韩同盟并从半岛撤军才能说服朝鲜弃核。[3]

特朗普政府相关表态及暂停联合军演的决定对美韩同盟产生冲击。特朗普在美朝峰会后的记者会上宣布暂停美韩联合军演并表达了撤军之意,他表示联合军演是"战争游戏",十分具有"挑衅性"且花费"昂贵"。[4] 特朗普此番表态未事先告知韩、日,被猛批使用朝鲜的话语来定性美韩军演,放弃了美韩联合军演是"防御性"的原则立场;也被批只盯着军演费用,缺乏战略眼光。由于抛出了驻韩美军议题,特朗普被批让步太早太大。有专家批评特朗普暂停联合军演和撤军表态削弱了美国在东亚的战略态势,削弱了美韩及美日同盟。[5] "特金会"后,美国紧急消除负面影响,澄清并无撤军计划。

美韩暂停联合军演表明,朝核问题与美韩同盟存在关联性。驻韩美军问题浮现也表明,要实现"完全的无核化"目标,势必要进一步调整美韩同盟,相关问题将包括驻韩美军削减到什么水平合适,是"部分撤军"还是"全部撤军",驻韩美军是为大规模战争做准备还是转向发挥象征性作用等。

二、朝鲜的弃核条件及其对美韩同盟的诉求

朝美双方在无核化的定义、弃核路径和次序上的分歧根深蒂固,在"双暂

---

[1] Uri Friedman, "Former South Korean National-Security Adviser: The U.S. May Have to Withdraw Some Troops," *The Atlantic,* May 23, 2018,https://www.theatlantic.com/international/archive/2018/05/us-forces-korea-chun-yungwoo/560852/,2018年7月4日登录。

[2] Ramon Marks, "Could America Pull Troops Out of South Korea If It Wanted?"*National Interest*, May 11, 2018, https://nationalinterest.org/blog/the-skeptics/could-america-pull-troops-out-south-korea-if-it-wanted-25786; Doug Bandow, "Offer to Withdraw America's Troops from South Korea to Seal a Nuclear Deal with the North," April 14, 2018,http://nationalinterest.org/blog/the-skeptics/offer-withdraw-americas-troops-south-korea-seal-nuclear-deal-25351?page=show,2018年7月4日登录。

[3] Robert Jervis and Mira Rapp-Hooper, "Perception and Misperception on the Korean Peninsula: How Unwanted Wars Begin, "*Foreign Affairs,* May/June, 2018.p.106.

[4] "Press Conference by President Trump," June 12, 2018, https://www.whitehouse.gov/briefings-statements/press-conference-president-trump/,2018年6月26日登录。

[5] Bonnie S. Glaser and Oriana Skylar Mastro, "The Big Winner of the Singapore Summit: How China Ended Up Getting the Best Deal, " https://www.foreignaffairs.com/articles/china/2018-06-15/big-winner-singapore-summit; Daniel C. Sneider, "Mind the Gap: The Singapore Summit and U.S. Alliances,"June 14, 2018, http://nbr.org/research/activity.aspx?id=878;Josh Rogin, "The Biggest Winner of the Trump-Kim Summit is China," https://www.washingtonpost.com/news/josh-rogin/wp/2018/06/12/the-biggest-winner-of-the-trump-kim-summit-is-china/?utm_term=.c64866b3394c,2018年8月22日登录。

> 朝美双方在无核化的定义、弃核路径和次序上的分歧根深蒂固，在"双暂停"基础上达成新的弃核协议仍然困难重重。

停"基础上达成新的弃核协议仍然困难重重。"核宝剑"是朝鲜的唯一筹码，"氢弹"试验、洲际弹道导弹发射的成功以及"特金会"的举行增加了朝鲜的自信，也使得朝鲜更不愿轻易弃核，对"完全的无核化"设置了很高门槛。朝鲜的弃核条件可概括为以下几方面。

首先，美韩应消除对朝鲜的核威胁，包括美国取消对韩核保护，不对朝鲜进行先发制人的核打击等。1958年美国在韩部署了战术核武器，1991年宣布撤出。1994年10月签署的美朝核框架协议中，美国保证不对朝鲜进行核威胁或使用核武器，但小布什政府2002年制定的《核态势评估》报告将朝鲜列为七个核打击对象国之一。2005年9月通过的"9·19"共同声明中，美国重申不以核武或常规武器侵略朝鲜，但此后美国加大了在半岛的核存在。2009年6月美国首次书面承诺向韩提供核保护在内的延伸威慑，美韩成立延伸威慑政策委员会。美以朝核威胁为由在韩部署"萨德"（THAAD）系统，战略武器频繁进出半岛。

朝鲜将弃核与消除核威胁挂钩。2009年1月13日，朝鲜外务省发言人提出，"只有在美国消除对朝鲜的核威胁以及美国不再对韩国提供核保护伞的时候，朝鲜才会放弃核武"，"对于美国在韩国部署核武器，以及撤走的经过，必须进行能够接近现场的验证；对于美国是否重新在韩国部署核武器等问题，也必须制定能够加以正常核查的程序。"[1] 2016年7月6日，朝鲜发表声明，要求美韩提供五方面的实质性安全保障：公开在韩美军核武器，撤销在韩所有核武器和核武器基地，确保不再将核打击手段用于朝鲜半岛和周边地区，承诺任何时候都不对朝鲜使用核武器，宣布撤离在韩拥有核使用权的美军。[2]

朝鲜也提出撤退驻韩美军问题，韩国则认为朝鲜默许美军驻扎。据韩国媒体报道，朝鲜国防委员长金正日在2000年6月首次朝韩峰会上表示，统一后接受美军驻扎。[3] 2018年3月金正恩会见韩国总统特使团时，未将撤军和废除美韩同盟作为无核化的前提条件。2018年4月初蓬佩奥第一次访朝时，朝鲜也未提出撤军要求。[4] 但撤军未置于优先议程并不表明朝鲜放弃诉求，其原则立场仍是美军撤

---

[1] 高浩荣、张滨阳：《朝鲜提出放弃核武器的条件》，人民网，2009年1月13日，http://military.people.com.cn/GB/1077/52987/8670528.html，2018年8月22日登录。

[2] 郭一娜、陆睿：《朝鲜对美韩提出实现半岛无核化五方面要求》，新华网，2016年7月7日，http://www.xinhuanet.com/mil/2016-07/07/c_129123327.htm，2018年8月22日登录。

[3] 《最高领导人金正恩或认可驻韩美军》，韩国中央日报中文网，2018年5月5日，http://china.joins.com/gb/article.do?method=detail&art_id=179281；《特朗普再放嘴炮暗示将撤驻韩美军引争议》，韩国中央日报中文网，2018年3月17日，http://china.joins.com/gb/article.do?method=detail&art_id=177739，2018年7月3日登录。

[4] Mark Landler and Choe Sang-Hun, "North Korea Drops Troop Demand, but U.S. Reacts Warily", April 19, 2018, https://www.nytimes.com/2018/04/19/world/asia/north-korea-american-troops-withdrawal-trump.html.

走,"终止美国的军事霸占和支配"。[1]

其次,签署和平协定,实现停和机制转换。以军事分界线、非军事区、军事停战委员会、中立国监督委员会为代表的朝鲜战争停战机制延续至今,军停委、中监委冷战结束后停止工作,但交战方并未建立和平机制。

朝鲜将弃核与建立半岛和平机制挂钩。在朝核问题的相关文件——美朝核框架协议和"9·19"共同声明中,均提出建立半岛永久和平机制,而建立和平机制又与驻韩美军问题交织在一起。1997—1999年,中美朝韩就建立半岛和平机制举行了四方会谈,朝鲜认为驻韩美军威胁朝鲜安全,是实现半岛和平的障碍,要求驻韩美军撤退,但美韩只同意采取军官互访、安设直通电话、事先通报演习等措施缓解紧张局势,拒绝讨论撤军问题。建立和平机制也可能影响联合国军司令部的存废,消除美韩以联合国军名义自动获得联合国授权的可能性。朝鲜坚持"建立和平机制是实现半岛无核化目标的必经之路","如果停战机制变为和平机制,引发核问题的美国对朝敌视政策和对朝核威胁就会消失,朝鲜半岛自然会走向无核化的道路"。[2]《板门店宣言》及"特金会"发表的联合声明中,均提出构建半岛和平机制。在"特金会"联合声明四点内容中,和平机制被列入第二点,排在无核化之前。在和平机制难以一步到位的情况下,朝鲜提出先签署终战宣言。

再次,获得经济和能源援助,解除对朝制裁。给予朝鲜经济补偿一直是相关核协议的组成部分。美朝核框架协议签署后,美国对朝鲜核"冻结"的经济补偿是,每年提供50万吨重油,分担建设轻水反应堆部分费用,并放宽对朝经济制裁。"9·19"共同声明发表后,朝鲜炸毁宁边冷却塔,进行申报和去功能化,获得了六方会谈其他成员国提供的能源援助和经济援助。2012年2月美朝达成"闰日协议",奥巴马政府承诺提供价值24万吨的营养食品换取朝鲜暂停核导试验,但此协议因朝鲜发射卫星并未实施。对于2018年采取的弃核措施,朝鲜同样要求获得经济回报。

自2017年以来,朝鲜遭到空前严厉的制裁,经济遭受重创。据韩国估计,2017年朝鲜经济负增长3.5%。[3] 2018年4月,朝鲜劳动党七届三中全会提出集中一切力量进行社会主义经济建设的战略路线,"核与经济并进路线"转向发展经济优先,急于改善外部环境。朝鲜在停止核导试验、废弃核导设施、释放被扣押的美国人、归还美军士兵遗骸后,强烈要求美国放松制裁,否则决不采取新的弃核措施。

1《反帝民战中央宣传局痛斥侵略和分裂的元凶、不幸和痛苦的祸根——"驻韩美军"》,朝中社平壤2018年9月7日电,http://www.uriminzokkiri.com/index.php?lang=chn&ftype=document&no=13662,2018年11月5日登录。

2 赵嘉鸣:《朝鲜:并不想永久拥有核武器》,《人民日报》,2005年7月26日。

3《报告:去年朝鲜经济增速创近20年来新低》,韩联社中文网,2018年7月20日,http://chinese.yonhapnews.co.kr/newpgm/9908000000.html?cid=ACK20180720004800881,2018年11月5日登录。

最后,"分阶段""同步走"弃核。

一是"决不先缴枪(弃核)"。朝鲜认为其拥核是"美国敌视朝鲜政策和核威胁产生的。那种认为只要朝鲜首先放弃核武器就能改善朝美关系的看法是本末倒置",[1] "美韩才是造成和恶化半岛核问题的罪魁祸首"。[2] 基于此认识,朝鲜一直将朝核问题定义为"朝鲜半岛核问题",而不是"朝鲜核问题",无核化不是朝鲜被单方面解除武装,而是应该包括消除对朝鲜核威胁在内的一揽子的、公正的无核化,需要美国放弃敌朝政策,也需要韩国改善对朝关系。

二是"决不快速弃核"。朝鲜主张解决朝核问题需要敌对双方建立信任,为解决问题创造良好气氛和环境,在建立互信的过程中朝鲜获得真正的安全保障,不再需要核武,朝核问题也就迎刃而解。由于建立信任是一个漫长过程,朝鲜弃核也难以一蹴而就。朝鲜的立场犹如分期付款买房子(朝鲜所定义的安全保障)一样,建筑商(美韩)每盖一层楼,朝鲜掏出一部分钱(阶段性弃核),直到房子盖好,朝鲜才会交全款(完全弃核)。

从朝鲜的弃核条件可以看出,实现完全的无核化目标需要美韩同盟做大幅让步。从2018年以来的形势发展看,朝美基本立场没有变化,美国只关注朝鲜弃核,并未大幅调整美韩同盟。

朝鲜坚持原则立场。3月5日,金正恩对韩国特使团表示,若军事威胁得到消除、政权安全获得保障,朝鲜也没有理由继续拥核。3月底访华时,金正恩表示,如果美韩"以善意回应我们的努力,营造和平稳定的氛围,为实现和平采取阶段性、同步的措施,半岛无核化问题是能够得到解决的"。[3] 金正恩希望朝美双方频繁举行会晤、建立信任、结束战争及缔结互不侵犯条约。[4] 频繁举行会晤意味着美朝建立正常化的联系,建立信任则是一个长期过程,终战及缔结互不侵犯条约将排除美对朝军事打击的可能性。在采取新的弃核措施之前,朝鲜迫切要求美国放松制裁和签署终战宣言,要求美国全面履行"特金会"联合声明,并行构建新的美朝关系与和平机制,不能只谈朝鲜弃核。9月29日,李容浩外相在联大演讲时表示,如果美国不采取"相应的"措施来响应朝鲜的"重大"措施,朝鲜决不可能单方面解除武装。只有在朝鲜对美国产生充分信任时才能实现无核化,为此要先构筑美朝互信。[5]

---

[1] 高浩荣、张滨阳:《朝鲜提出放弃核武器的条件》,人民网,2009年1月13日。

[2] 郭一娜、陆睿:《朝鲜对美韩提出实现半岛无核化五方面要求》,新华网,2016年7月7日。

[3]《习近平同金正恩举行会谈》,《人民日报》,2018年3月29日。

[4] Chung-in Moon, "A Miracle in a Day: The Moon-Kim Summit and Prospects for Peace in Korea," *Global Asia*, No.2, June 2018, p.52.

[5] Megan Specia, "'No Way' North Korea Will Denuclearize Without U.S. Concessions," *The New York Times*, September 29, 2018, https://www.nytimes.com/2018/09/29/world/asia/korea-denuclearize-un.html;《朝外相联大演讲:弃核以国家安全为前提》,韩联社中文网,2018年9月30日, http://chinese.yonhapnews.co.kr/international/2018/09/30/0301000000ACK20180930000100881.HTML,2018年11月5日登录。

美国同样坚持原则立场。在暂停联合军演后，美国对待终战宣言态度消极，要求朝鲜先采取"有意义的无核化措施"。在朝鲜最关切的制裁问题上，美国拒不让步。2018年2月，美国出台"史上最重"的对朝经济制裁，制裁56个实体和个人；6月22日，特朗普签署行政令，将依据"国家紧急状态法"实施的对朝制裁延长一年。蓬佩奥国务卿表示，美国不能重复过去的错误，不能在完全的无核化之前对朝提供经济和财政上的救助。[1] 美国向联合国提供朝鲜违反安理会制裁决议的情报。9月27日，蓬佩奥在安理会举行的涉朝问题部长级会议上表示，必须继续强力、坚定执行制裁决议，切断朝鲜非法出口煤炭，限制朝鲜输出劳工人数。[2] 美国将"完全、可验证、不可逆地弃核"（CVID）的提法改为"最终、完全可验证的无核化"（FFVD），但是对"无核化"的界定没有任何变化，核查标准更严。蓬佩奥将"最终的"定义为朝鲜没有可能重启大规模杀伤性武器和导弹项目，"完全可验证"意味着比伊朗核协议更高水平的验证，可能会核查朝鲜的军事设施。[3] 美国坚持朝鲜"先弃核、快速弃核"的立场。美国国务院前对朝政策特别代表尹汝尚提出，朝鲜先进行核申报并接受核查，并对废弃核导设施、废弃核材料及核装置设立时间表。[4] 美国曾希望朝鲜一年之内快速弃核，之后提出希望2021年1月（特朗普第一任期结束）完成谈判。[5] 对于达成新协议后面临的无核化费用问题，锱铢必较的特朗普政府不愿分担经济负担。

"特金会"后，美朝无核化谈判进展缓慢。美国内仍质疑朝鲜是"假弃核"，仍在秘密提升核导能力。2018年11月初，美韩恢复了小规模的海军陆战队联合演习。如果美朝无核化谈判久拖不决，美韩可能恢复大规模联合演习，"双暂停"局面将倒退。

---

[1] "Press Availability With Korean Foreign Minister Kang Kyung-wha and Japanese Foreign Minister Taro Kono, " June 14, 2018,https://www.state.gov/secretary/remarks/2018/06/283213.htm.

[2] "Remarks at a Meeting on the Democratic People's Republic of Korea," September 27, 2018,https://www.state.gov/secretary/remarks/2018/09/286265.htm, 2018年11月5日登录。

[3] Michael R. Pompeo, " Confronting Iran:The Trump Administration's Strategy," *Foreign Affairs*, Nov./Dec. 2018, https://www.foreignaffairs.com/articles/middle-east/2018-10-15/michael-pompeo-secretary-of-state-on-confronting-iran, 2018年11月5日登录。20世纪90年代初，国际原子能机构对朝鲜的可疑军事设施提出核查要求，朝鲜坚决拒绝并退出了《核不扩散条约》（NPT），蓬佩奥提出核查朝鲜军事设施问题将使达成新的核协议更困难。

[4] Joseph Yun, "Is a Deal With North Korea Really Possible?The Gap Between Expectations and Reality," May 30, 2018,https://www.foreignaffairs.com/articles/north-korea/2018-05-30/deal-north-korea-really-possible?cid=int-lea&pgtype=hpg, 2018年6月27日登录。

[5] "On the Outcome of Summit Meeting Between President Moon and Chairman Kim," September 19, 2018, https://www.state.gov/secretary/remarks/2018/09/286039.htm，2018年11月5日登录。

三、美韩分歧及其影响

韩国在半岛事务中一直谋求主导权。文在寅政府在对朝政策上改变对美"一边倒",增强"自主"性,积极推进合作,美韩对朝政策分歧凸显。

第一,在对朝政策手段上,美历届政府坚持"所有选项都在桌面"上,保留对朝发动先发制人的军事打击权利。韩国历届政府反对动武,进步势力执政时期反对动武更坚决。克林顿政府时期,美曾考虑对朝核设施发动外科手术式打击,遭到韩国金泳三政府反对。2003年伊拉克战争后,卢武铉政府反对美对朝发动先发制人的打击。2017年,特朗普政府摆出动武架势,释放对朝"流鼻血"(bloody nose)打击信号。文在寅政府反对半岛生战,一再宣示未经韩国同意,不得发动战争。如果美朝无核化谈判久拖不决,特朗普政府可能恢复对朝军事恫吓,美韩分歧将复现。

第二,在签署终战宣言和建立和平机制上,美国态度消极,[1] 担心这会助长朝鲜的撤军要求,变相成为美朝互不侵犯宣言,令美丧失对朝军事打击的权利。韩国"保守"的李明博政府和朴槿惠政府与美立场一致,认为朝鲜签署和平协定的呼吁是转移焦点,拖延无核化进程。"进步"的文在寅政府在无核化的先后次序上立场较灵活,认为美国需要采取措施回应朝鲜的无核化举措,有必要签署终战宣言。文在寅政府将终战宣言视为和平协定的前一阶段,不具有法律或制度效力,仅仅是"政治性宣言",[2] 有助于鼓励朝鲜采取新的弃核举措。

第三,在对朝交流和经济合作上,美国提出美韩应步调一致,朝韩关系发展应与无核化进度保持一致,警惕韩国松动对朝制裁,削弱美日韩协调机制。韩国则认为朝韩关系与无核化进度无法机械地保持一致,朝韩关系先行一步,可带动朝美关系改善。文在寅对卢武铉时期没能早点举行朝韩峰会、没能实现峰会的定期化感到遗憾,[3] 执政后急速推进对朝和解和合作。朝韩"冬奥外交"后,体育、音乐等交流频繁,联合组队参加亚运会,举行了离散家属会面,设立了朝韩共同联络事务所,这是双方第一个全天候、全领域的沟通联络机构。文在寅政府积极落实朝韩铁路连接和公路连接计划,有意重启金刚山旅游和开城工业园区,拟大幅增资南北合作基金,推动构建单一的经济共同体。朝韩9月签署了军事协议,开始撤除军事分界线附近的哨所、军队及武器装备。

---

[1] "North and South Korea Push to End Korean War, but U.S. Remains Wary," *The New York Times*, September. 17, 2018, https://www.nytimes.com/2018/09/17/world/asia/kim-jong-un-summit-moon-jae-in.html, 2018年11月5日登录。

[2] 《无核化进程停滞不前,"终战宣言"成韩朝美三方博弈》,韩民族日报中文网,http://china.hani.co.kr/popups/print.hani?ksn=5301, 2018年8月24日登录。

[3] [韩]文在寅:《命运:文在寅自传》,王萌译,南京:江苏凤凰文艺出版社,2018年,第249—250页。

文在寅政府谋求发挥"自主"作用和"驾驶员"角色,宣称朝韩才是朝鲜半岛相关问题的主角,"朝韩关系的发展不是朝美关系进展的副产品""朝韩关系的推进才是朝鲜半岛无核化的动力",[1] 不愿将对朝政策从属于对美政策,推动南北合作先行。但是,文在寅政府无力突破美国掣肘。在终战宣言上,为打消美国疑虑,文在寅将朝核问题与美韩同盟切割开来,称签署终战宣言不会影响联合国军司令部以及驻韩美军的地位。驻韩美军由美韩同盟决定,与终战宣言无关。[2] 即使朝鲜弃核、签署和平协定、半岛统一之后,美韩同盟仍会存在,以便继续维护东北亚的和平与稳定。[3] 尽管文在寅的表态对美韩同盟是一颗定心丸,但美国仍不签署终战宣言。在朝韩铁路、公路连接以及其他经济合作项目上,韩国如果向朝鲜运入生产器械、交通工具、钢铁等被列入安理会决议制裁清单的物资,需要得到美国的首肯,而美国强调朝韩关系改善不能与核问题脱节,[4] 美国掣肘为文在寅的对朝政策投下变数。

美韩对朝政策分歧由来已久。未来随着朝韩关系的发展,美韩分歧可能扩大,削弱同盟团结。如同过去所经历的调整一样,美韩同盟可能根据形势需要调整其作用和功能,削减驻军人数。另一方面,朝核问题对美韩同盟的冲击仍将有限,从韩国、美国以及同盟层面看,历经65年的美韩同盟根基深厚,维持同盟的其他因素依然存在。

对韩国而言,还没有取代美韩同盟的更好选择。驻韩美军至今扮演韩国安全保护者的角色,韩军的作战能力虽有提升,但军事情报、侦察等方面仍依赖美军。从朝鲜战争至今,韩军的战时作战指挥权仍掌握在美军手中,应韩国要求,移交战时作战指挥权日期一再推迟。韩国经济依赖美国市场及投资,驻韩美军每年军费的相当一部分融入韩国经济,为韩国创造了就业机会。如果驻韩美军撤退,韩国将被迫大幅增加军费,背负沉重经济负担。美国在韩国社会及民众中所扮演角色的广度和深度都大大超过了19世纪末中日甲午战争爆发前中国扮演了几千年的角色,[5] 韩国对美国的依赖已经深入到文化、心理层面。即使朝核问题

---

1 "Full Text of President Moon Jae-in's Address on Korea's 73rd Liberation Day," *The Korea Herald*, August 15, 2018, http://www.koreaherald.com/view.php?ud=20180815000095, 2018年11月4日登录。

2 "Address by President Moon Jae-in at a Joint Conference Co-hosted by the Council on Foreign Relations, the Korea Society and Asia Society," September 25, 2018, https://english1.president.go.kr/BriefingSpeeches/Speeches/74, 2018年11月4日登录。

3 "Our Greater Alliance, Making Peace: A Conversation With President Moon Jae-in," September 25, 2018, https://www.cfr.org/event/our-greater-alliance-making-peace-conversation-president-moon-jae, 2018年11月4日登录。

4 《美国务院:韩朝关系改善不能与解决朝核问题脱节》,韩国中央日报中文网,2018年10月17日,https://chinese.joins.com/gb/article.aspx?art_id=184206&category=002002,2018年11月4日登录。

5 [韩]姜声鹤:《韩国外交政策的困境:国家安全与国家统一目标的定义》,王亚丽译,北京:社会科学文献出版社,2017年,第7页。

解决了，韩国也不会轻易放弃美韩同盟。

对美国而言，美韩同盟是美国介入半岛及东亚事务的抓手。美国一直警惕朝鲜分化美韩同盟，对朝鲜的核政策调整疑虑很深。美专家李成允（Lee Sung-yoon）认为朝鲜使用"朝鲜半岛无核化"暗含废除美韩同盟条约、取消美国对韩日的延伸威慑、解除对朝制裁、签署和平协定诉求。车维德（Victor Cha）认为，朝鲜的目标是让韩、日成为核人质，以此迫使美国的同盟承诺"脱钩（decouple）"。前助理国务卿希尔也认为，朝鲜的真正目的是让美韩安全关系"脱钩"，削弱同盟信心。[1] 2018年10月31日，美韩安全磋商会议发表联合公报，美国防长重申将维持现有驻军规模，为撤退驻韩美军的争论暂时画上了句号。

美国也担心削弱美韩同盟产生的不利连锁反应：一是削弱地区国家对美国承诺的信心。几乎每次削减驻韩美军人数都会引起对驻日美军的质疑，令有关盟友和伙伴产生"美国从亚洲抽身"的担心。在中美战略竞争加剧的情况下，驻韩美军的削减和美韩同盟的削弱，将削弱美地区前沿部署，令日本和有关国家不安。二是削弱美主导的亚洲秩序及国际秩序。从小布什政府以来，美国怀疑中国意欲将美国影响力排挤出亚洲，搞亚洲版"门罗主义"。美国前助理国防部长华莱士·格雷格森（Wallace Gregson）称，朝鲜并非主要挑战，"真正重要的问题是巩固同盟，迎接正在崛起的中国实力和雄心的挑战"，如果朝核问题损害美国的同盟，将摧毁美国亚洲的政策、战略和势力基础，意味着战后自由秩序的完结。[2] 从维护在东北亚和"印太"的战略地位出发，美国同样不会轻易放弃美韩同盟。

从同盟本身看，双方均不愿第三者置喙美韩同盟，拒绝朝核协议直接提及美韩同盟。正如北约不容许俄罗斯在东扩问题上有否决权，美韩也不容许朝鲜对美韩同盟的未来拥有否决权。冷战后美韩同盟转型，将美韩军事同盟扩展至包括政治、经济、社会等领域的"全面战略同盟"。驻韩美军增强了"战略灵活性"，谋求针对半岛以外的地区事态。尽管韩国反对驻韩美军介入台湾海峡事态，但是驻韩美军搬迁到平泽新基地后，其行动能力和活动半径可迅速扩大到半岛以外地区。美韩同盟反共反朝的意识形态基础根深蒂固，即使朝核问题解决了，美国也会拿朝鲜的常规军力做文章，继续批评朝鲜的人权状况和政治制度，为保持驻军寻找理由。

---

1 参见李成允、车维德和希尔的证词。Sung-Yoon Lee, Victor Cha and Christopher R. Hill, Testimony before the House Committee on Foreign Affairs Subcommittee on Asia and the Pacific on "North Korea's Diplomatic Gambit: Will History Repeat Itself?" April 11, 2018。

2 Wallace C. Gregson, Confront the North Korea Threat with Increased Deterrence, *National Interest*, March 7, 2018, https://nationalinterest.org/feature/confront-the-north-korea-threat-increased-deterrence-24793?page=0%2C1, 2018年8月27日登录。

结 语

朝核问题既是美韩同盟的黏合剂,也是美韩同盟最大的摩擦源。朝美韩三方围绕无核化的博弈,实际上是争夺对半岛未来秩序的主导权。在朝美的无核化立场未发生根本变化的情况下,要达成新的核协议、实现"完全的无核化"很困难。韩国的自主意识可能进一步强化,面临的两难选择将会日益突出。美韩同盟可能根据形势变化调整其作用和功能,减少驻军人数。无论未来形势如何发展,要实现"完全的无核化",绕不开美韩同盟这个坎儿。

美国宣布退出《巴黎协定》对全球气候治理制度与结构的影响

张海滨　戴瀚程　王彬彬　陈婧嫣

内容提要：美国宣布退出《巴黎协定》对全球气候治理制度与结构的影响一直备受国际社会的关注。在制度层面，美国宣布退出《巴黎协定》对全球气候治理的基本原则和规范产生了一定影响，但尚未造成根本冲击。在结构层面，美国宣布退出《巴黎协定》并没有改变以《联合国气候变化框架公约》体系为核心的全球多层多元气候治理结构，但多层多元的结构内部发生了一些重要变化。从近期看，国际社会似乎正在逐步适应一个没有美国（联邦政府）领导的全球气候治理进程。

关键词：《巴黎协定》　全球气候治理　制度与结构

2017年6月1日，美国总统唐纳德·特朗普（Donald Trump）宣布美国退出《巴黎协定》。国际社会对这一举动可能对全球气候治理带来的影响高度关注。一年半过去了，全球气候治理制度和结构是否因此受到影响？如果有影响，具体是哪些影响？本文拟对上述问题做初步分析。

张海滨　北京大学国际关系学院教授；戴瀚程　北京大学环境与工程学院助理教授；王彬彬　北京大学国际关系学院博士后；陈婧嫣　清华大学公共政策与管理学院2017级博士生。

本文系国家重点研发计划课题"全球气候治理关键问题研究"（课题号2018YFC1509001）阶段性成果。

一、特朗普宣布退出《巴黎协定》对全球气候治理制度的影响

（一）美国宣布退出《巴黎协定》对全球气候治理目标的冲击有限，应对气候变化的总体目标和"保2℃争1.5℃"的具体目标均未受到动摇

全球气候治理的目标可分为总体目标和具体目标。总体目标即1992年5月通过并于1994年3月正式生效的《联合国气候变化框架公约》（以下简称《公约》）明确提出的全球气候治理的最终目标："将大气中温室气体的浓度稳定在防止气候系统受到危险的人为干扰的水平上。这一水平应当在足以使生态系统能够自然地适应气候变化、确保粮食生产免受威胁并使经济发展能够可持续地进行的时间范围内实现。"具体目标则是指《巴黎协定》中第二条明确提出的目标："把全球平均气温升幅控制在工业化前水平以上低于2℃之内，并努力将气温升幅限制在工业化前水平以上1.5℃之内，同时认识到这将大大减少气候变化的风险和影响。"

自美国宣布退出《巴黎协定》以来，国际社会虽然感到沮丧和失望，但普遍认为应该继续致力于实现全球气候治理的目标不动摇。其中突出的标志包括：2017年11月举行的联合国气候变化波恩大会重申了上述目标；自2015年联合国政府间气候变化专门委员会(IPCC)决定针对《巴黎协定》提出的"在温度上升控制在2℃的基础上向1.5℃努力"这一目标编写全球温升1.5℃特别报告以来，这份特别报告的编写进程没有受到美国立场变化的影响，进展顺利，报告已于2018年10月正式发布，反响热烈。2018年底举行的联合国气候变化卡托维兹大会通过了《巴黎协定》实施细则，再次确认了全球气候治理的总体目标和具体目标。

（二）全球气候治理的基本原则"共同但有区别的责任和各自能力原则（共区原则）"根基仍在，但有所弱化

特朗普宣布退出《巴黎协定》以来，共区原则在谈判中整体上仍得到了坚持，反映在后续的谈判案文中，但是各方对于这一原则仍存在不同的理解。共区原则的关键在于"区别"而非"共同"。在这一问题上发达国家与发展中国家之间、发展中国家内部的分歧均日益明显，美国退出《巴黎协定》更是加剧了共区原则的弱化态势，"区别"更加模糊。

首先，发达国家与发展中国家在谈判的过程中存在明显的争议。发达国家更注重减排力度和透明度问题，回避适应、资金及技术转让问题。发展中国家则更强调发达国家在资金及技术转让问题上的责任与义务。这一矛盾在2017年年底举行的联合国气候变化波恩大会和2018年底的联合国气候变化卡托维兹大会的谈判中表现得更加突出。

其次，发展中国家阵营内部也发生了进一步的分化，分化的原因在于美国退出《巴黎协定》使得小岛屿国家应对气候变化的意愿更加迫切，导致与其他一些

发展中国家发生分歧。例如，在全球气候治理的目标上，小岛国坚决主张1.5℃的温控目标，而其他一些发展中国家的立场并未如此迫切。在2018年的联合国气候变化卡托维兹气候大会上，小岛国与沙特等少数国家之间围绕是否应该"欢迎"IPCC关于温升1.5℃的特别报告发生激烈争执，一度使谈判停顿。

再次，在透明度问题上发达国家对"基础四国"为代表的新兴大国提出了更高要求，施加了更大压力。

最后，在谈判中，一些发达国家对中国的期待和压力加大，希望中国提高减排力度，提高透明度，提供更多的资金援助，甚至质疑中国的发展中国家地位。

（三）全球气候治理中以国家自主贡献为基础的"自下而上"减排模式的不确定性增加，但未受明显冲击

《巴黎协定》的最大成果之一是确定了以国家自主贡献为基础的"自下而上"减排模式。在"自下而上"的国家自主贡献减排模式下，全球气候治理的成效开始依靠各方根据自身能力做出的承诺，而非通过谈判达成整体目标的分解和减排量的分配。美国退出《巴黎协定》表明美国在应对气候变化问题上的政治意愿明显减弱，理论上讲容易产生多米诺骨牌现象，对"自下而上"减排模式发挥作用是非常不利的，但事实上其他绝大多数国家的政治意愿并未随之减弱。2018年联合国气候变化卡托维兹大会通过《巴黎协定》实施细则，使《巴黎协定》的履约向前迈进了一大步。虽然仍然存在诸多不确定性，但至少从短期看，这预示着"自下而上"的减排模式将得到进一步的推进。究其原因，由于美国宣布退出《巴黎协定》，将《巴黎协定》的履约置于危险境地，损害全球生态安全，大多数国家更加感觉到团结一致的必要性，谈判气氛更好，各国表现出更愿意合作的一面。[1]

（四）就全球气候治理的科学基础而言，全球层面与气候变化相关的研究并未停滞，且研究范围有所拓展；但美国"去气候化"政策对全球气候变化研究带来的潜在影响不容忽视

事实上，在特朗普宣布美国退出《巴黎协定》后，全球范围内与气候变化相关的研究并未停滞。

2018年3月，世界气象组织（WMO）发布了《2017年全球气候状况声明》（Statement on the State of the Global Climate in 2017），强调2017年全球平均气温较工业化前高出约1.1℃。2013—2017年全球平均温度达到了有记录以来的最高值。此外，北大西洋极为活跃的飓风季、印度次大陆严重的季风洪水以及非洲东部部分地区持续的严重干旱，使2017年成为有记录以来灾害性天气气候事件损

---

[1] 2018年12月20日对中国气候变化特别代表解振华的采访。

失最大的一年。另外，作为气候变化科学性议题上最具权威性的IPCC的工作仍有序进行。2017年10月，政府间气候变化专门委员会（IPCC）在加拿大蒙特利尔召开了第46次全会，会议明确了IPCC在第六次评估周期内将编写三份特别报告、一份国家温室气体清单方法报告以及第六次评估报告（AR6）。AR6的三个工作组的报告将于2021年编写完成。此外，IPCC的研究范围也正在不断拓展。此轮评估将推出的特别报告中有一份便是关于气候变化中的海洋与冰冻圈，这意味着科学研究正越来越关注气候变化与其他相关领域之间的相互关联。

美国自宣布退出《巴黎协定》以来，采取了一系列"去气候变化"的政策。从白宫公布的2018财政年度预算草案中可以看出，美国联邦政府大幅削减气候科研预算，其中首当其冲的便是美国环境保护局（EPA），其预算被削减了超过31%。此外，美国联邦政府还停止向绿色气候基金（GCF）注资，并解散温室气体社会成本机构间工作组等机构。在缺乏联邦政府大力支持的情况下，美国气候变化相关研究的进一步推进面临很大困难。

（五）全球气候治理的政治基础总体稳定

美国宣布退出《巴黎协定》之后，全球气候治理向何处去？国际社会是否还能对应对气候变化保持足够的政治意愿和信心？世人对此高度关切和担忧。幸运的是，国际气候谈判的其他关键行为体采取了坚定支持国际合作应对气候变化的立场。国际气候谈判的发起者联合国表示将坚定不移地继续推动气候变化议程。联合国秘书长安东尼奥·古特雷斯（António Guterres）在2018年初的新年致辞中突出强调了气候变化对人类构成的重大威胁，强调："气候变化的速度已经超过了我们的行动速度。"在联合国的支持下，联合国气候变化卡托维兹大会取得成功。目前联合国正在积极筹备2019年9月的气候峰会以进一步提升全球应对气候变化的政治意愿。

欧盟表示将更加积极地推动《巴黎协定》的落实。欧盟委员会主席容克（Jean-Claude Juncker）曾于美国总统宣布退出《巴黎协定》后的第一时间表达了不满，随后提出欧盟的五大优先事项，其中的第三点即是："我希望欧洲能够成为应对气候变化的领导者。"容克专门提到，关于应对气候变化，"相比雄心壮志已经崩塌的美国，欧洲必须确保我们的星球再次伟大"。

中德两国政府在2018年7月9日举行第五轮中德政府磋商后发表《第五轮中德政府磋商联合声明》。声明强调："气候和环境对安全与稳定具有影响。双方支持《巴黎协定》确定的目标，致力于为保护气候采取更积极的措施。双方愿推进保护环境和自然的努力，并就此寻求加强交流与合作。"这一声明展示了两国应对气候变化的坚定决心，也表达了两国在推动国际气候谈判和全球气候治理方面的共识。

2018年11月30日，中国国务委员兼外交部长王毅、法国外长让－伊夫·勒德里昂（Jean-Yves Le Drian）、联合国秘书长古特雷斯在二十国集团领导人布宜诺斯艾利斯峰会期间举行气候变化问题三方会议并发表新闻公报，重申合作应对气候变化的坚定承诺和决心。由中国、巴西、印度、南非组成的"基础四国"则更加积极地协调谈判立场。在2017年底举行的联合国气候变化波恩大会上，"基础四国"的立场"空前一致"，在高级别部长会议开始前一天发布"联合声明"，要求对发达国家提供的气候资金进行追踪和审计、气候谈判应继续尊重"共同但有区别的责任"和各自能力原则。事实上，"基础四国"一致立场的达成与美国宣布退出《巴黎协定》有着直接的关系，美国单方面退出在一定程度上反而使得国际社会更加"团结"起来。[1]

二、美国宣布退出《巴黎协定》对全球气候治理结构的影响

美国宣布退出《巴黎协定》前的全球气候治理结构主要表现为：以《公约》为核心，包括国家、国际组织（含国际非政府组织）、城市、企业等多行为体共同参与，全球层次、国家层次、次国家层次等多层次共存的多元多层治理结构。[2] 美国退出《巴黎协定》并未改变全球气候治理结构的上述基本特征，但局部有变化。

（一）全球气候治理的领导模式由"G2"向"C5"过渡

长期以来困扰全球气候治理的一大难题是全球领导力的缺失。2009年哥本哈根气候大会之后，美国时任总统贝拉克·侯赛因·奥巴马（Barack Hussein Obama）与中国国家主席习近平加大了中美气候合作的力度，在"共同但有区别的责任"原则问题上达成双方均可以接受的谅解，通过签署三个中美气候变化元首声明，为2015年巴黎气候大会的成功举办扫清了关键障碍，形成了中美合作引导全球气候治理的"G2"模式。遗憾的是，特朗普2017年就任美国总统之后，完全推翻了奥巴马的气候政策，宣布退出《巴黎协定》，中美两国政府之间的气候合作基本停滞，中美"G2"模式不复存在。全球气候治理的领导力赤字问题由此再度恶化。

面对这一严峻形势，中国、欧盟和加拿大等一些关键谈判方开始探讨组建新的集体领导核心的可能性，例如，2017年9月15—16日，加拿大、中国和欧盟在蒙特利尔共同举办了气候行动部长级会议，来自34个主要经济体政府和其他气候变化重要参与方的代表出席了本次会议。会议旨在就推动《巴黎协定》的全面实施展开讨论，并展示出继续强化全球行动的政治承诺。2018年6月，第二届气

---

[1] 2018年12月18日对中国气候变化特别代表解振华的采访。

[2] The Intergovernmental Panel on Climate Change (IPCC), Climate Change 2014: Mitigation of Climate Change, p.1013.

候行动部长级会议在布鲁塞尔召开,各方就波兰卡托维兹气候变化大会涉及的原则、行动、支持、透明度等重大问题坦诚深入交流,为谈判取得成功注入了正能量。目前,从卡托维兹气候变化大会的谈判看,全球气候治理的领导模式正在向"C5"转变。"C5"即"Climate 5"的简称,中文为气候变化五国(方)俱乐部。五国(方)为中国、欧盟、印度、南非和加拿大。

(二)美国退出《巴黎协定》对中国、欧盟、日本等谈判方的减排空间和宏观经济产生重要影响,增加了实现温控2℃目标的成本和难度,最后将对国际气候谈判中的大国间博弈产生微妙影响

基于全球多部门、多区域动态可计算一般均衡(CGE)模型,在全球碳排放空间固定且分配方式固定的条件下,有关研究表明,美国退约将为自身获得较大的碳排放空间和较低的碳减排成本,同时将会对欧盟、中国、日本等其他国家和地区碳排放空间形成不可忽视的挤压,进而推高其他国家和地区碳减排成本,最终增加实现温控2℃目标的成本和难度。[1] 随着《巴黎协定》履约进程的推进,这些影响可能加剧国际气候谈判中的大国竞争。

(三)美国退出《巴黎协定》加大了《公约》下应对气候变化的资金缺口,使南北气候伙伴关系的建立难度增加

资金问题始终是气候变化谈判中的核心问题,是事关发展中国家能不能为应对气候变化做出更多努力、更大贡献的核心问题。2009年哥本哈根会议上已明确要求,2020年之前,发达国家每年要为发展中国家提供1000亿美元的资金支持。但迄今发达国家也没有兑现其资金承诺。美国曾是绿色气候基金最大的捐助国,奥巴马政府曾承诺向绿色气候资金捐款30亿美元,但在捐出10亿美元之后,特朗普当选美国总统,其余20亿美元被美国政府取消。这无疑加大了发展中国家应对气候变化的资金缺口和履约难度。

(四)美国退出《巴黎协定》对《公约》外机制的影响比较复杂:政府间国际组织的作用有升有降,次国家行为体的作用在上升

在政府间国际组织中,"主要经济体能源与气候论坛"(MEF)由美国总统乔治·沃克·布什(George Walker Bush)发起,奥巴马总统改造而成,一度在气候变化领域发挥重要作用,但在特朗普治下已被弃用。自2017年以来,G7峰会和G20峰会由于美国的阻挠,均无法就气候变化议题达成一致,在气候变化领域的影响力和作用有所下降。但值得注意的是,美国退约后,联合国安理会更深介

---

[1] 戴瀚程、张海滨、王文涛:《全球碳排放空间约束条件下美国退出〈巴黎协定〉对中欧日碳排放空间和减排成本的影响》,《气候变化研究进展》,2017年第9期。

入气候变化问题。2018年7月11日,联合国安理会举行会议,审议主题为"维护国际和平与安全——理解和应对与气候相关的安全风险。"这是历史上安理会继2007年和2011年之后第三次就气候与安全问题举行公开辩论,受到普遍关注。总体而言,2007年以来安理会连续三次讨论气候安全问题,表明气候问题安全化的趋势在不断发展,安理会将越来越多地介入到气候变化领域,发挥更大作用。

在次国家行为体中,跨国城市网络组织的作用越来越重要。据本课题组对全球十大跨国城市气候网络组织[1]的跟踪分析,各跨国城市网络组织对《巴黎协定》的内容高度重视,在特朗普决定退出《巴黎协定》后,纷纷发表声明,批评美国的气候政策,坚定地推出各种行动和计划。其行动和计划形式多样,包括召开市长气候研讨会、以跨国城市网络为主体发表宣言、制定新的城市气候计划等,各城市网络组织之间也加强了相互合作。

美国退出《巴黎协定》对非政府组织(NGO)的影响主要表现在:首先,对于美国本土的NGO来说,出现了两种情况。第一,捐赠方调整资金使用渠道,把更多的钱用来填补美国国内气候财政缩减所造成的资金短缺。第二,特朗普的反对者和气候变化事业的坚定拥护者为美国本土NGO提供了更多的资金。以自然资源委员会(NRDC)为例,其主要收入是每年2亿美元的会员会费,特朗普宣布退约后,其会费收入累计增加了5000万美元。

其次,对于中国的NGO而言,业界普遍认为,美国退约给中国本土的NGO带来了千载难逢的机会。这有三个原因:一是《巴黎协定》本身和美国退约强化了"自下而上"趋势,扩大了NGO的活动空间,加上中国面临环境治理压力和国际环境治理权力格局的变化,中国NGO需要做的事情更多了;二是中国政府总体上对于NGO,特别是环境类NGO的态度比以前更加开放和支持;三是美国退约这个共同的话题强化了NGO之间的对话和共同体意识,使NGO之间更加团结。不过,任务的增加和对NGO期望值的提高也反过来凸显出中国本土NGO能力不足的问题。

最后,对于其他国家的NGO而言,也存在两种情况。一是主要捐赠方把资金用于美国国内以后,其他国家NGO的资金相对减少。另一种情况是特朗普的反对者和气候变化事业的坚定拥护者贡献更多的气候资金,而这些气候资金通过美国的NGO流向对象国和对象国NGO的具体项目。总体而言,当下捐赠方更

---

[1] 全球十大跨国城市网络组织包括:世界大都市气候先导集团(The C40 Cities Climate Leadership Group, C40)、世界地方环境行动理事会(The International Council for Local Environmental Initiatives, ICLEI)、国际气候组织(The Climate Group, CG)、市长契约计划(Compact of Mayors, CM)、全球气候与能源市长联盟(Global Covenant Majors, GCM)、全球市长议会(Global Parliament of Mayors, GPM)、100韧性城市(100 Resilient Cities)、欧洲城市网络(EUROCITIES, 1986)、亚洲城市气候变化应对网络(Asian Cities Climate Change Resilience Network, ACCCRN)、欧洲城市和地区委员会(Council of European Municipalities and Regions, CEMR)。

加关注资金的使用效率。[1]

三、结论

第一，在结构层面，美国宣布退出《巴黎协定》并没有改变以《联合国气候变化框架公约》体系为核心的全球多层多元气候治理结构，但多层多元的结构内部发生了一些重要变化。

以中美合作引导全球气候治理的"G2"模式已经瓦解，"C5"有望取代"G2"成为全球气候治理新的领导集体。次国家行为体的作用在上升，联合国安理会更多介入气候变化问题。其后续影响值得高度关注。总之，美国宣布退出《巴黎协定》以来，国际社会经历了从震惊、担忧、响应到逐渐适应的过程，当前，国际社会正在逐步适应一个没有美国（联邦政府）领导的全球气候治理进程，继续履行《巴黎协定》。

> 美国宣布退出《巴黎协定》以来，国际社会经历了从震惊、担忧、响应到逐渐适应的过程，当前，国际社会正在逐步适应一个没有美国（联邦政府）领导的全球气候治理进程，继续履行《巴黎协定》。

第二，在制度层面，美国宣布退出《巴黎协定》对全球气候治理的基本原则和规范尚未造成根本冲击。

全球气候治理的整体目标未变，具体目标也没有受到重大影响。"共同但有区别的责任"原则遭到弱化。在卡托维兹气候大会的谈判中反对"共同但有区别的责任"原则的声音比过去更强。气候变化的科学基础并未动摇。国际社会对全球气候治理的走向保持着基本的信心，美国退出《巴黎协定》的决定反而在一定程度上提升了其他国家在气候领域的合作意愿。

第三，美国退出《巴黎协定》削弱了全球气候治理急需的全球领导力，增加了以"自下而上"减排模式为特征的《巴黎协定》履约前景的不确定性。在此背景下，国际社会对中国的期待急剧上升，出现"中国被聚焦""中国中心化"趋势。在全球地缘政治冲突加剧和中美贸易摩擦持续的大背景下，中国应在保持战略定力的同时顺势而为，加强对"引领"问题上的研究，积极塑造和引导国际舆论。

第四，以美国退出《巴黎协定》为代表的单边主义在美国愈演愈烈，其影响正在超越环境气候领域，向贸易和安全领域蔓延，导致地缘政治经济的紧张局势加剧，最后反过来会危及全球气候治理的前景。为此，中国应在可持续发展框

> 中国应在可持续发展框架下主动研究气候变化与可持续发展相关议题的协同效应，寻找新的突破口，将气候治理经验外溢到其他可持续发展领域，以获得新的话语权和影响力。

---

[1] 以上信息来自北京大学国际组织研究中心于2018年6月举办的"美国退出《巴黎协定》对民间社会的影响"学术研讨会。世界自然基金会、绿色和平、美国自然资源委员会、大自然保护协会、乐施会、中国人民对外友好协会、中国国际民间组织合作促进会、阿拉善SEE企业家基金会、大道应对气候变化促进会、创绿研究院、万科基金会等非政府组织代表与会发言。

架下主动研究气候变化与可持续发展相关议题的协同效应,寻找新的突破口,将气候治理经验外溢到其他可持续发展领域,以获得新的话语权和影响力。

第五,特朗普宣布退出《巴黎协定》仅有一年多,未来仍充满巨大的不确定性,上述结论只是初步的。

美国恢复制裁与伊核协议前途探析

马晓霖

内容提要：美国总统特朗普执政后，以"让美国再次强大"为口号，强调美国优先，奉行孤立主义和单边政策，先后退出多个多边机制，包括影响较大、防止中东核扩散的"6+1"伊朗核协议，进而使各方多年付出的不懈努力遭受重挫。尽管参与协议的中国、俄罗斯、法国、英国、德国和伊朗等其余几方试图挽救其免于彻底夭折，但是，特朗普政府已将大幅度修改伊核协议当作其全面遏制伊朗、确保美国中东核心利益并一揽子解决中东问题的战略抓手。其余签约方乃至没有参与签约的世界各国无力阻挡美国经济、贸易、金融霸权带来的重压，而不得不陆续压缩与伊朗的经贸联系特别是石油贸易，伊核协议前景堪忧。如果伊朗拒绝屈从美国压力接受伊核协议大幅度修改或推倒重来，该协议则有可能在实施近3年后寿终正寝，进而给中东带来新的不安定因素，包括军备竞赛、核竞赛乃至局部战争。中东重返核竞赛其实并不能给美国的以色列盟友带来太多安全，反而可能损害其安全，使美国的毁约行为最终南辕北辙。

关键字：美国 伊朗 伊核协议 石油制裁 中东

美国总统特朗普（Donald Trump）执政两年后逐步形成清晰中东政策，并试图以退出伊朗核协议或追加额外条款的方式重新孤立和封锁伊朗，进而实现中东无核化并推动巴以冲突取得突破。2018年11月5日，美国财长姆努钦（Steven Mnuchin）表示，当日将向伊朗的企业和个人追加制裁，制裁对象超过700个。其中数百个对象是此前根据伊核协议被解除制裁的企业和个人，另外300多个是新增的。此次制裁重点针对伊朗能源、造船、航运和金融等部门，特别是伊朗石

马晓霖 北京外国语大学教授，中国中东学会常务理事。

油出口。而2018年8月重启的首批制裁，主要涉及伊朗金属、矿产、汽车、金融等一系列非能源领域。美国还要求其他国家停止从伊朗购买原油，否则将对他们实施制裁。[1]

美国对伊朗制裁"关门留缝"，暂时的"留缝"是为了最终"关门"，终极目标是迫使伊朗接受包括修改2015年签署的《联合全面行动计划》（简称伊核协议）在内的一揽子让步条款。美国出于自身利益考虑，采取策略性"缓期极刑"而给各方博弈预留半年回旋空间。但是，从目前态势和以往经验看，其他参与伊核协议的五大国有心无力，恐怕最终无法对抗美国施加的直接或间接制裁而导致协议彻底流产。面对美国的"胡萝卜加大棒"政策，伊朗进退两难，寄望于其他伙伴维持协议以巩固现有成果，但前景不容乐观。

一、美国如期重启对伊制裁，为保油价稳定而"关门留缝"

2018年11月7日，是美国中期选举的大日子，特朗普政府早已对中期选举有所考量，特意选择选举投票前两天重启对伊朗全面制裁。但是，由于美国意外地宣布豁免八个经济体的对伊石油贸易180天，国际石油价格应声回落，使担心高油价时代再次光临的各界又松一口气，也稳定了特朗普的基本票仓。据美国有线电视新闻网（CNN）报道，8日美国油价继续下跌1.6%而达每桶60.67美元，达到8个月来最低水平，与10月3日一度达到的每桶76.41美元4年峰值相比，总降幅已达21%。一个月内油价如此跌宕起伏相当罕见，美国新中东政策显然发挥了最关键的杠杆作用。特朗普当天不无得意地宣称："我们将允许那些的确需要（伊朗）石油的国家维持进口，因为我不想让油价冲到每桶100或150美元，而这是非常容易发生的事。最近油价大幅度下跌，都是因为我。"[2]

尽管特朗普好大喜功，但是，油价没有失控的确很大程度上是他的相关政策特别是中东与能源政策所致。2018年8月2日沙特流亡记者贾马尔·卡舒吉（Jamal Khashoggi）在土耳其沙特领馆被杀后，舆论普遍担心美国制裁战略盟友和世界主要产油国之一沙特，国际油价瞬间飙升并于次日创下4年来最高点，伦敦布伦特标油价格更是每桶摸高86.29美元。[3] 随后，由于特朗普政府采取明显的淡化和低调立场，牺牲一贯主张的价值观和人权标准而维护美沙关系的前景基本明朗，油价止升回落并转入平稳区间。

沙特默契地采取组合拳配合美国"灭火"，最关键的一招也是动用石油话语权和影响力。10月23日，沙特能源大臣法利赫（Khalid al-Falih）宣布，沙特已

---

[1] 刘忆丹：《美国今起全面重启对伊朗制裁》，中新社，2018年11月5日电。
[2] 环球网：《油价下跌都是我的功劳》，http://news.ifeng.com/a/20181108/60150850_0.shtml。
[3] 马晓霖专栏：《美国制裁伊朗缘何关门留缝》，《北京青年报》，2018年11月10日，第二版。

将石油产量提高到每天1070万桶，接近历史波峰，未来还可继续增产以弥补美国即将制裁伊朗而造成的市场缺口。[1] 此言一出，美英标油价格分别回落到66.04美元和76.44美元。

几个月前曾有专家预测，如果2018年11月美国对伊朗实行石油"零出口"政策，世界油市将出现200多万桶短缺，油价可能直线上涨到100至150美元。地缘专家进一步假设称，如果美国制裁导致伊朗冒险关闭波斯湾霍尔木兹海峡，油价将翻两番达到200或250美元，并形成新的全球石油危机。[2] 尽管伊朗切断霍尔木兹海峡这条中东石油大动脉的概率几乎为零，但是，马上拧死伊朗石油龙头的后果也相当严重。因为即便沙特挖掘全部闲置产能，也无法很快补足伊朗留下的市场份额，而美国的产能也已见顶。

特朗普显然已精算和推演过对伊朗立即和彻底断油的后果，即"杀敌一千，自损八百"。因为他希望维持温和油价以便保持美国经济持续复苏势头，避免上任后获得的经济业绩停止或下滑。在这种利益诉求驱动下，特朗普才做出允许8个经济体继续进口伊朗石油180天的折中决定，包括中国、中国台湾、印度、日本、韩国、土耳其、希腊和意大利。从伊朗原油和凝析油的出口目的地来看，2017年中、印、日、韩、中国台湾等亚洲经济体占67%以上。[3] 美国国务卿蓬佩奥（Mike Pompeo）解释称，这批伊朗贸易伙伴的石油交易量与油价稳定密切相关，其次，它们已开始配合美国减少进口伊朗石油。[4]

避免剧烈调整中东政策，是美国维持油价稳定的魔术棒，但又不是唯一法宝。特朗普的能源政策客观上也发挥了重要作用，或者说美国自身的石油杠杆已无撬动空间。CNN报道称，美国西得克萨斯产油区的产能自2018年8月起就超过每天1100万桶，创下历史新高。自2015年年底美国国会解除石油出口禁令以来，由于技术革新和资金投入到位，特别是特朗普新的能源政策激励，美国放量增产石油，并超过俄罗斯和沙特跃升世界头号出口国，再无为伊朗退出补仓的挖潜余地。[5]

另外，现阶段能源市场供应相对富裕，投资界对世界经济增长缓慢的预期，也都抑制了石油投机商的胃口。据美国能源资料协会（EIA）2018年11月7日公布，11月2日当周，全美商业原油产量触及最高纪录1160万桶。[6] 同时，华尔街石

---

[1] Falih: Saudi Arabia plans oil output hike in October, https://finance.yahoo.com/news/saudi-arabia-plans-oil-output-hike-october-november-142414380--finance.html.

[2] 马晓霖专栏：《美国制裁伊朗缘何关门留缝》，《北京青年报》，2018年11月10日，第二版。

[3] 孙霞：《美国重新制裁伊朗，为何临时豁免这8个经济体？》，《石油商报》，2018年11月21日，第二版。

[4] U.S. Renews Sanctions On Iran But Exempts 8 Oil Importers, Including China And Japan, https://www.npr.org/2018/11/05/664275967/new-u-s-sanctions-against-iran-go-into-effect.

[5] EIA: U.S. Exports of Crude Oil and Petroleum Products https://www.eia.gov/dnav/pet/pet_move_exp_dc_NUS-Z00_mbblpd_m.htm.

[6] EIA: West Coast (PADD 5) Imports of Crude Oil (Thousand Barrels), wnew.www.eia.gov/dnav/pet/hist/LeafHandler.ashx?n=PET&s=...

油行情也表现疲软，标普500指数的原油板块股价11月8日平均下挫2%，康菲、阿帕奇和美国石油天然气公司（EOG）等石油巨头的股票价格回落超过3%。[1]

油价相对回落是好事，但是，起伏不定依然是大趋势，特别是伊核危机的未来走势。美国中期选举导致民主党和共和党分别控制众参两院，改变了特朗普任期前半程"府院一致"的格局，尤其是民主党总体支持奥巴马任内达成的伊核协议，但是，美国总统有较大外交决策和专断权，这使得伊核协议的前景依然不妙。

二、伊朗软硬兼施，期待避免伊核协议彻底流产

美国尽管全面重启对伊朗制裁，但是，不仅没有在石油领域立刻把伊朗逼进死胡同，在金融领域也令人意外地网开一面，允许伊朗继续留在SWIFT国际结算体系，意在方便获得豁免的石油贸易得以进行。[2] 伊朗则在制裁生效前购买一批美国大豆，并公开表示，愿意重新与美国谈判有关核协议的升级版。这表明，双方都不愿意硬磕死碰，都在寻求自己的利益最大化。这种斗而不破的底牌，不仅成为刺破高油价肥皂泡的有效利器之一，也给美伊挽救伊核协议、避免双方再次全面对峙带来一丝希望。

2018年6月6日，伊朗驻国际原子能机构代表纳杰菲（Reza Najafi）曾宣称，如果伊核协议最终失败，伊朗将重启核活动。纳杰菲对伊朗媒体披露，伊朗已开始准备相应的工作，第一项是打算重启用于生产六氟化铀的伊斯法罕铀转化设施，另一项准备则涉及可能生产新离心机的基础设施。[3]

伊核协议宗旨是避免伊朗制造核武器，同时缩减其核计划并加强监督，允许其保留民用发展核计划，以换取联合国和美国解除与此相关的制裁与封锁。协议要点包括伊朗履行义务、取消制裁回报和违规惩罚三大方面：伊朗必须在协议签署后15年内将库存的约1万千克浓缩铀减少到300千克以下，承诺改造阿克拉重水反应堆以避免生产武器级的钚，并将部分反应堆封存或转化为研究设施，大幅度压缩离心机数量。一旦伊朗履约得到确认，联合国通过的对伊制裁都将取消，欧美也将采取相应措施并解冻伊朗资产。如果伊朗违规，所有制裁将自动恢复。

对于这个近40年来改善美伊关系并有助于建设无核世界的历史性文献，考虑到操纵参众两院的共和党会极力反对，奥巴马政府回避了让议会批准为条约、宣言等法律地位更高的形式而得以通过，但也降低了文本的法律地位，进而给国

---

1 CNN: Crude Oil Suffers Longest Losing Streak Since 1984, https://www.localnews8.com/news/crude-oil-plunges-into-bear-market/852349234.

2 观察者网：《美媒：美国将就制裁伊朗豁免8个国家》，https://www.guancha.cn/international/2018_11_02_478022.shtml。

3 参考消息网：《外媒称伊朗准备全面重启核活动》，http://www.cankaoxiaoxi.com/world/20180608/2278636.shtml。

会每3个月复审一次并吊打伊朗留下操弄空间。特朗普竞选期间就指责该协议非常糟糕,并威胁执政后推倒重来。特朗普上任后,国会首次复审伊核协议,特朗普虽然弃权而未加否决,但已表示这是最后一次放行,如果不加修改,他将宣布退约,而且最终兑现了诺言。

2018年8月6日,特朗普抛出退出伊核协议后的第一只靴子,签署行政命令,重启首批对伊朗制裁清单,限制范围包括:伊朗政府换取美元的活动、黄金及其他贵金属交易;与伊朗本币里亚尔相关的交易;石墨、铝、钢、工业软件以及伊朗汽车、民用航空业。特朗普同时宣布,3个月后也即11月5日启动第二批制裁,主要锁定伊朗经济命脉的能源业、航运业和伊朗央行与外国金融机构的业务往来。[1]

2018年8月11日,伊朗原子能组织发言人贝赫鲁兹·卡迈勒(Behrooz Kamalvandi)威胁说,伊朗将很快从俄罗斯接收第二批丰度为20%的浓缩铀供核反应堆使用。卡迈勒对伊朗法尔斯通讯社称:"我们签署了伊核协议,随后停止了生产20%丰度浓缩铀,并把这些燃料存放在俄罗斯,数量将近10批。大约7个月前,我们从俄罗斯接收了第一批,第二批将很快运回伊朗。"他进一步解释说:"如果伊核协议依旧有效,其他国家应该卖给我们这种燃料;如果协议不复存在,我们将毫无障碍地自己生产。"[2]

尽管伊朗不断释放强硬立场,但是,即使美国重启全面制裁,伊朗也没有在脱离伊核协议轨道方面越雷池一步,而是尽量争取国际舆论支持,以便联合其他伙伴维持协议的有效性和连续性。国际原子能机构(IAEA)总干事天野之弥(Yukiya Amano)2018年11月9日向73届联大报告称,伊朗依然在遵守伊核协议中有关铀浓缩提炼与库存及其他物品的限制。[3] 但是,综合各方面的情况看,伊核协议得以保全和继续维持的前景相当悲观,美国完全有能力利用其超级经济、金融和高科技霸权逼迫其他与伊朗签约的伙伴就范,进而造成这一协议的夭折,或迫使伊朗修改协议,签署新的城下之盟。

> 综合各方面的情况看,伊核协议得以保全和继续维持的前景相当悲观。

三、特朗普政府"以退为进",企图一揽子解决中东问题

其实,美国退出伊核协议并不是为了"退圈"而退圈。与其他孤立主义、美国利益至上和反全球化、反多边主义的毁约行为不同,特朗普政府此举是"以退为进"。通过颠覆伊核协议,另起炉灶或追加补充内容,进而一揽子解决中东问

---

[1] Dailywire: Trumps Exit From Iran Deal: Here Are The Sanctions That May Free The Iranian People, https://www.dailywire.com/news/30400/trumps-exit-iran-deal-here-are-sanctions-may-free-hank-berrien.

[2] 南方日报:《伊朗将从俄罗斯接收第二批浓缩铀》,2018年8月13日,A08版。

[3] IAEA:https://www.iaea.org/newscenter/statements/iaea-director-generals-statement-to-the-73rd-regular-session-of-the-united-nations-general-assembly.

题，为美国的核心利益和中东政策服务。

2018年5月21日，继特朗普亲自宣布退出伊核协议后，美国国务院推出完整的"B计划"，不仅要彻底解除伊朗核威胁，还打算彻底埋葬伊朗在中东苦心经营的地缘成果，重塑地区格局和美以历史关系。这套计划其实是美国解决朝鲜核问题的翻版，是典型的"胡萝卜加大棒"路线图。但是，和对朝鲜提出的要求相比，条件更为苛刻，视野更为广阔，考虑更长远，完全是置于解决中东各种历史与现实矛盾、重新让中东回到力量相对平衡的框架中考虑的系统方案。

蓬佩奥当日在美国传统基金会发表讲话强调，伊朗必须满足12项要求，换取美国免除所有经济制裁并全面重建两国关系，否决将面临"史上最严厉制裁"。这12项要求分门别类地敦促伊朗彻底告别核武与弹道导弹、释放被拘押人员、停止支持"恐怖主义"、停止干涉地区国家内政或威胁其安全。[1]

涉及核武与弹道导弹的四条要求提出：伊朗须向国际原子能机构申报所有军事核项目，永久和可核查地放弃类似项目；停止所有浓缩铀活动，永不进行钚后处理，关闭重水反应堆；允许国际原子能机构无条件进入任何地点核查；停止扩散弹道导弹，停止发射或研制载核导弹系统。上述条件仅从维持核不扩散机制的层面看，也远超伊核协议的限制，要彻底剥夺伊朗拥核和远程投放核弹能力。

涉及与非国家行为体关系的三条规定，要求伊朗需立即停止对真主党、哈马斯和伊斯兰圣战组织在内的中东恐怖组织的支持；停止支持阿富汗及周边地区塔利班等"恐怖"势力，停止庇护"基地"组织高级领导人；中止伊斯兰革命卫队特别是"圣城军"对世界各地"恐怖分子"和"武装"的支持。美国认为伊朗是中东各种极端组织的后台或同盟军，特别是妨碍巴勒斯坦和阿拉伯国家对以色列做出让步的"钉子户"和策源地，是中东和平进程迟迟不能解决的麻烦制造者，解决中东问题必须拿伊朗开刀。

涉及与地区国家关系的四条要求是，尊重伊拉克主权，允许伊朗支持的什叶派民兵解除武装、复员和重返社会；中止对也门胡塞武装的军事支持，致力于也门问题的和平与政治解决；撤离在叙利亚的所有伊朗军事人员；停止威胁摧毁以色列和向沙特阿拉伯、阿联酋等国发射导弹，不再威胁国际航运，不再发起网络攻击行为。此外，美国还要求伊朗释放所有"被拘押"的美国及其伙伴、盟国的公民。上述与核武及导弹项目无关的八项条件，进一步超越核问题本身，显示出美国试图全面约束和遏制伊朗在中东乃至全球的军事和外交行动，是对伊朗在中东战略扩张过度，直接威胁美国战略盟友以色列及海湾产油国等温和力量，激化地区教派和民族冲突的战略反制，逼迫伊朗全面停止对外投放影响，放弃此前扩

---

[1] Aljazeera: Mike Pompeo Speech: What are the 12 Demands Given to Iran? https://www.aljazeera.com/news/2018/05/mike-pompeo-speech-12-demands-iran-180521151737787.html.

张所获的势力范围。[1]

作为对12条要求的"合规"回报,美国承诺伊朗做出切实、明显和可持续改变后,不仅将与其签署新的核协议,还将结束所有制裁,逐步恢复美伊外交和经贸关系,允许伊朗获得高科技,支持其推动经济现代化并融入国际经济体系。显而易见,这是特朗普政府出台的全新伊朗政策,是统筹和彻底解决美伊敌对关系并重塑地缘关系及力量格局的路线图,既有从不同角度挥向伊朗的"狼牙大棒",也有可观诱人的"胡萝卜愿景",意图改写伊朗目前"地区超级大国"态势,推动其回归伊斯兰革命爆发前的地区普通大国状态,以解决美国及其盟友的全部安全关切。

四、美国实施"连坐式"制裁,胁迫伊核协议伙伴退约

尽管伊核协议由多国政府签署并经过联合国安理会相关决议认可而具有一定的国际法地位,尽管伊朗之外的其他五国均反对美国退约并强调将继续维持这个框架的运行,履行相关义务以维持中东核不扩散机制,但是,形势比人强。从特朗普风格强硬粗暴、美国与相关国家经贸科技联系密切,以及各国对美国倚重性较强等几个维度考察,美国退约后实施的"史上最严厉制裁"将通过无情打击和关联制裁的方式迫使其他各国退出协议,或导致各国无法兑现伊朗遵守协议而支付的报酬,进而使协议名存实亡。2018年11月5日出台的"关门留缝"制裁决议,恐怕无法改变彻底关门的最终结局。理由大致如下:

其一,退出伊核协议是特朗普一系列"退圈"行动的发展和组成部分,是其兑现竞选诺言,着眼于国会中期选举和他本人谋求连任的重大决定,也是维护美国核心利益与全球霸权的新策略。此前,特朗普曾宣布退出跨太平洋贸易伙伴关系(TPP)、《巴黎协定》、联合国教科文组织、联合国人权理事会,此后又宣布退出联合国万国邮政联盟、《美俄中程导弹条约》,并威胁退出世贸组织。这些被美国退出的多边机制中,联合国教科文组织和人权理事会,均是不满其他成员国同情巴勒斯坦、指责以色列而导致美国做出这一决定,是完全服务于美国中东政策与外交战略的任性行为。同样,退出伊核协议也是出于相同动机,因此,不达目的誓不罢休,而且一定会言必行、行必果。

其二,支持伊核协议的阵营已发生分化,法、德早已表现出犹豫和动摇,愿意考虑附加条件或更新协议内容,以挽救这项重大成果于既倒。2018年4月23日,访美前夕曾信誓旦旦绝不让步的法国总统马克龙(Emmanuel Macron),在

---

[1] 马晓霖专栏:《伊朗"老鼠戏猫"还是再吞"毒药"?》,《北京青年报》,2018年5月26日,第二版。

抵达华盛顿并与特朗普会谈后变卦改调,声称可以考虑修改协议。[1] 几天之后访问美国的德国总理默克尔(Angela Dorothea Merkel)也模棱两可地承认伊核协议存在缺陷。英国虽然坚持伊核协议来之不易且已是最好成果,不同意推倒重来,但也鼓励美国与其他各方包括伊朗进行对话。法德英的意图很明显,只要能说服美国重返伊核协议,愿意对其追加补充条款。俄中两国立场并没有变化,坚持该协议的合法性、连续性、严肃性和完整性。中国常驻维也纳联合国和其他国际组织代表王群2018年9月12日强调,伊核协议是经联合国安理会核可的多边协议,实践证明行之有效。维护和执行协议,有利于国际核不扩散提议及中东和平稳定,也是坚持多边主义和国际规则的应有之义,符合国际社会共同利益。[2] 俄罗斯外交部2018年8月中旬在美国重启对伊制裁后强调,"决心采取一切必要措施维护和全面落实伊核协议"。[3] 尽管签署协议的其他各方基本保持维持伊核协议的愿望,但是,态度和立场存在明显温差,在美国强力退出并引发西方伙伴犹豫、摇摆的大背景下,仅靠中俄伊三国之力难以维持该协议的有效生命。

其三,美国利用贸易、金融和技术杠杆容易撬动各国立场,各国政府和企业迫于美国压力和制裁,几乎不可能为了在伊朗的些许利益而承受对美贸易和相关发展的巨大代价。2017年,欧盟对美贸易总额高达近7000亿美元,其中包括1514亿美元顺差,而欧盟与伊朗贸易总额只有250亿美元;中国对美贸易总额为6359.7亿美元,包括3200多亿美元顺差,[4] 而中伊贸易额只有370亿美元,孰重孰轻一目了然。2014年,法国巴黎银行因为违反美国规定与被制裁对象国交易而被罚89亿美元。[5]

2018年中国中兴公司因为与伊朗做生意而在被美国罚款8亿美元的基础上又追加10亿多美元,被迫改组董事会并接受长达十年的更为严厉的美国进驻团队监管。[6] 基于历史教训和现实压力,最早进入伊朗的中国电信巨头华为也彻底退出伊朗市场。[7]

---

1 USA Today: Trump, Emmanuel Macron Seek Common Ground on Iran Deal that Trump Calls 'insane', https://www.usatoday.com/story/news/politics/2018/04/24/arriving-state-visit-emmanuel-macron-highlights-differences-climate-trade-and-iran/545222002/.

2 《中国代表:维护伊核协议是坚持多边主义的应有之义》,新华社,维也纳,2018年9月13日电。

3 《俄外交部:莫斯科无条件支持〈联合全面行动计划〉》,http://sputniknews.cn/politics/201809251026434851/。

4 马晓霖专栏:《伊核协议前景不容乐观》,《北京青年报》,2018年6月2日,第二版。

5 WJS: BNP Paribas Draws Record Fine for 'Tour de Fraud'. https://www.wsj.com/articles/bnp-agrees-to-pay-over-8-8-billion-to-settle-sanctions-probe-1404160117.

6 bgr: Report: ZTE Has Reached A Deal to Have US Sanctions Lifted, https://bgr.com/2018/06/05/zte-us-sanctions-lifted/.

7 Gulfnews: Huawei to Curb Iran Operations, https://gulfnews.com/business/huawei-to-curb-iran-operations-1.948500.

凡此种种都表明，面对贸易、投资、金融和技术等严重倚重美国的局面，几乎没有哪个国家有实力抗拒美国在上述领域的霸权，也没有哪个国家会因为呵护伊朗而不惜与美国撕破脸。

五、伊朗极力挽留，多国企业陆续退场

伊朗一直敦促欧洲伙伴坚持履行核协议，包括维持正常石油进口，甚至对欧洲企业出现退出迹象啧有烦言。2018年5月30日，伊朗石油部长赞加内（Bijan Namdar Zanganeh）敦促法国石油巨头道达尔（Total）必须在两个月内获得美国商务部的制裁豁免，否则，其在伊朗南帕尔斯的油气田项目股份将移交给中国石油天然气集团。[1] 道达尔是美国纳斯达克上市公司，2017年市值超过1715亿美元，而它在总额40亿美元、有11个区块的南帕尔斯项目中只有4700万投资。

道达尔公司曾在2018年5月16日称，除非法国和欧盟能争取到美国制裁豁免，否则，它将2018年11月4日前逐步减少乃至停止投资伊朗天然气项目，但是，由于努力无望，2018年10月10日，道达尔正式决定停止采购伊朗石油，而其对伊朗石油进口量占欧洲近一半。丹麦石油产品海运企业马士基油轮公司称将在2017年11月前中止与伊朗油企签署的运输合同，而它退出伊朗市场的行动从5月就已开始。德国安联保险公司2018年5月中旬也承诺将逐步中止与伊朗相关的业务。美国波音公司也宣称将遵循政府新政策，它与伊朗航空公司的出口业务也将在90天过渡期后逐步停止……全球最大海运集团之一、拥有世界第三大货运船队、海运量占全球11%以上的法国达飞轮船公司2018年7月初宣布正式与伊朗市场绝交，以免伤害其在美国的众多业务。2018年9月19日，德国大众公司经过与美国大使对话后，宣布将终止其在伊朗的所有业务运营。可以想象，2015年伊核协议达成后，欧美企业、资本获得的一个新兴市场将很快关闭。

尽管欧盟向美国争取过伊核协议框架下的投资与贸易豁免，但是，美国不顾双方间的特殊关系而断然拒绝。以美国当下快速回升的经济实力和正在加强的军事实力，以及特朗普硬朗粗糙的作风，伊朗未来承受的围堵、绞杀和压力将超过忙于两场战争的布什任期和全面收缩的奥巴马时期。即使其他维持伊核协议的各方不情愿美国大行单边主义，但终究难以对抗美国经济、金融和技术霸权以及株连式综合制裁而不得不疏远伊朗。

2018年6月4日，中国外交部发言人华春莹在答记者问时强调，中国政府一贯反对任何国家根据其国内法对别国实施单边制裁。中伊两国一直保持着正常的贸易往来。中国将在不违反自身国际义务的前提下同伊朗开展合作。2018年8月

---

[1] Aljazeera: Iran: Total Oil Company Has 60 Days to Secure US Sanctions Waiver, https://www.aljazeera.com/news/2018/05/iran-total-oil-company-60-days-secure-sanctions-waiver-180530182558190.html.

3日，外交部发言人耿爽再次重申这一立场，称中伊在不违反各自国际义务的前提下保持着正常交往与合作，这"合情、合理、合法，无可厚非"。

尽管如此，美国第二次贸易制裁到来前夕，在伊朗的中国较大规模企业都开始未雨绸缪，尤其担心美国的金融制裁，中国各大金融机构对伊朗项目的政策开始收紧。2018年5月以来，中国对伊朗投资情况发生了明显变化。大型中国企业正在推进的项目或多或少受到冲击，出现了终止或停止情况；而大量中资中小商户也陆续撤离。即便出现新的投资机会，中国企业也大多持观望态度，而不会贸然"接盘"。[1] 过去专门从事中伊贸易贷款业务的昆仑银行，2018年10月通知客户11月后收款渠道将正式关闭，以规避中国无法获得美国豁免后可能引发的制裁……

俄罗斯对美贸易正常情况下也只有500亿美元，近几年的制裁已使俄美双边贸易更加忽略不计。尽管如此，俄罗斯第二大石油公司卢克2018年5月29日也宣布暂停对伊朗投资以规避美国制裁。

六、伊核协议一旦废除，中东将重陷入军备竞赛

美国"12条"始于退出伊核协议，但远不止于维护核不扩散，试图一劳永逸地破解困扰美国和中东近40年的伊朗问题。这显示了特朗普本人及其鹰派外交及安全团队的地区秩序观及强硬立场。这也必然激化美伊矛盾，使双边关系在核危机外陡增新障碍。

这些条件对于长期致力于输出伊斯兰革命、追求波斯帝国荣光的伊朗而言无疑与虎谋皮。在得到美国"胡萝卜"之前，将过去几十年的巨大战略投资和既得丰厚收益付诸东流，显然强伊朗所难。然而，一旦美国实施空前严厉的"竭血制裁"并成功胁迫其他国际社会成员参与，伊朗将再次成为世界经济、贸易、金融的孤岛，外汇收入出现断崖式暴跌，支持其政权运行的发展经济、稳定民生和经略中东的三线战略支出将难以为继，陷入严重危机。如果伊朗以对抗式态度重返核扩散而引发中东新一轮的核竞赛，势必导致以色列对伊朗开战进而胁迫美国参与集体防卫，届时，中东将面临一场新的地区战争。

如果伊朗以对抗式态度重返核扩散而引发中东新一轮的核竞赛，届时，中东将面临一场新的地区战争。

美国言而无信，这对积极推动该协议签署的伊朗主和派是一次强烈打击，有可能引发伊朗民族主义特别是反美情绪的抬头。美国如果重启贸易制裁特别是胁迫其他国家加入这一阵营，可能推动伊朗保守力量占据上风并导致伊朗政府中止履行相关义务，重启丰度20%以上铀浓缩提炼进程，进而使消停3年的中东核危

---

[1] 21世纪经济报道：《制裁风险分析：中国在伊投资或受影响 中小企业"部分撤退"》，http://www.21jingji.com/2018/8-11/4NMDEzNzlfMTQ0Mzg4NA.html。

机再次凸显。

伊朗一旦重返核武进程,核诱惑的潘多拉魔盒将重新打开。与伊朗存在结构性矛盾和战略竞争的国家,特别是沙特、阿联酋、埃及等阿拉伯大国势必加入核竞争,在追求核恐怖平衡的逻辑下发展核力量。这个核扩散态势,将给美国最在意的以色列带来灾难性后果。

一般认为,以色列是中东唯一实际拥有核打击能力的国家,美国国家利益网站发文估计,其拥有的核弹头数量在200枚左右。[1] 在1973年斋月战争初期,以色列甚至一度考虑对埃及和叙利亚使用核弹,以便遏制其突如其来的两面夹击。长期以来,作为"威慑战略"的组成部分,以色列对是否拥有核武器采取"战略模糊"态度,从不承认也不否认,但是拒绝接受国际原子能机构的核查,也不加入核不扩散条约。阿拉伯国家虽然普遍未与以色列实现关系正常化,但总体默认以色列单独拥核这一现实。因为没有哪个阿拉伯国家还抱有不承认以色列甚至消灭以色列的幻想,也很少见到阿拉伯国家制造要求以色列实现核透明的国际舆论。

伊朗一直借助巴勒斯坦问题谋求地区主导权,拒不承认以色列,而且长期扶持、武装黎巴嫩真主党和巴勒斯坦哈马斯等力量对其构成前沿南北夹击,一旦拥核将在中东构成大面积恐慌。不仅以色列的核垄断优势荡然无存,更重要的是,基于波斯人与阿拉伯人、什叶派与逊尼派的长期对立,特别是地区大国权力角逐,逊尼派阿拉伯国家特别是海湾君主国,将面临霍梅尼式伊斯兰革命输出的更大压力。

基于对核伊朗的恐惧,阿拉伯邻居特别是强邻将陆续加入核武俱乐部,最终使以色列独家拥核优势地位转换为被核武邻居包围的劣势处境。美国《华盛顿自由灯塔报》曾报道,美国一家核裁军研究机构2017年3月发布的报告显示,为了对抗伊朗在签署协议后仍研发核武器的行为,沙特被确信也在寻求核武器技术。阿拉伯新闻网也曾援引沙特外交大臣朱拜尔的话证实了官方与伊朗实现核恐怖平衡的立场。[2] 一旦泛阿拉伯民族主义或泛伊斯兰主义在中东大行其道,以色列面临的核战风险不仅非常现实,而且处于不利地位。基于此,以色列长期不允许任何阿拉伯国家试图拥核,1981年主动轰炸伊拉克核反应堆,2007年主动轰炸叙利亚核实验室都是活生生的战例。也基于此,以色列是最渴望遏制伊朗核能力的地区国家之一,并在伊核危机爆发的13年里极其活跃,多次向美国申请,准备单独轰炸伊朗核设施,甚至为此进行了反复单独演练。

2018年9月27日联合国大会期间,以色列总理抛出大量所谓伊朗隐藏秘密核设施及核仓库的情报,称伊朗有15个集装箱的与核相关秘密设备和材料,总

---

[1] Nationalinterest: The World's Most Mysterious Nuclear Weapons Program (And It's Not North Korea), https://nationalinterest.org/blog/the-buzz/the-worlds-most-mysterious-nuclear-weapons-program-its-not-20198.

[2] Arabnews: Saudi Arabia 'to Seek Nuclear Weapon' If Iran Resumes Program, http://www.arabnews.com/node/1299706/saudi-arabia.

重量达300吨，并指责伊朗为逃避国际检查而不断转移这些敏感设备和材料。尽管伊朗矢口否认，国际原子能机构也澄清说，这些物品都是伊核协议达成前的旧货，伊朗签署协议以来并无违规行为。但是，以色列制造伊朗拥核恐慌，进而为推翻伊核协议造势，为美国退出伊核协议并重启对伊制裁的动机一目了然。

作为对付伊朗并诱惑伊朗开战进而将美国拖入地区战争的策略之一，以色列近两年来加大对叙利亚军事目标的袭击，特别是伊朗的导弹、反导系统和军事基地，并公开声称绝不允许伊朗及其扶持的黎巴嫩真主党长期在叙利亚存在，尤其不能出现在大马士革以西地区。由于伊朗的克制未曾还击，事态才维持在可控范围之内。

八、美国退约组建"中东版北约"，阿以"跨界"联合共同遏制伊朗

特朗普长期经商期间，不仅与美国犹太商界关系密切，还把大女儿嫁给犹太人库什纳（Jared Kushner），更是将其任命为总统特别顾问进而成为外交首席智囊，并且收受了大量犹太人的竞选捐助。因此，在竞选阶段就表现出与奥巴马截然不同的伊朗观。同样，沙特和阿联酋等国也大量资助特朗普以便影响其当选后的中东政策，同样使其贬斥伊核协议，重返呵护以色列与沙特等关键盟友的传统美国中东政策立场。

2017年5月，特朗普入主白宫后首次出访即把沙特、以色列当作出访对象，打破了历届美国总统的惯例。特朗普此行不仅替美国推销了执行十年、总价4000多亿美元的军火，而且指责伊朗支持和输出恐怖主义，召开美国—阿拉伯—伊斯兰国家峰会并将伊朗及其地区盟友排斥在外，组建美国主导、美沙以铁三角为核心的"中东版北约"，将矛头直指伊朗。

随后，特朗普继续调整中东政策，于2017年12月颠覆既往五任总统长达22年的做法，宣布承认耶路撒冷为以色列首都，并于2018年5月14日如约将美国大使馆迁入耶路撒冷。美国此举不仅被以色列欢呼为最大支持，据悉也得到了沙特、埃及等地区温和阿拉伯国家的支持，进而加剧了阿拉伯大国与伊朗之间围绕巴勒斯坦问题而产生的温差与不和。

在特朗普新中东政策刺激和鼓励下，为了抱团取暖，强化遏制伊朗的地区联盟，以色列与沙特的针对伊朗的情报交流合作浮出水面，而且扩大了与其他海湾阿拉伯国家的交流与互动。

2018年10月26日，内塔尼亚胡突然对阿曼进行访问，这是22年来以色列总理首次正式访问阿曼。在此期间，阿曼苏丹卡布斯（Qabus）会见了内塔尼亚胡，阿曼国家电视台还播放了内塔尼亚胡参加一系列会谈的照片与视频。没有邦交关系的阿拉伯国家如此高调接待以色列领导人，十分罕见。

2018年10月27日，阿曼外交大臣优素福（Yousef）在巴林出席阿拉伯国家

安全论坛时称,以色列作为中东国家已是公认事实,敦促阿拉伯国家接纳以色列。随后,以色列运输与情报部长卡茨(Lsrael Katz)也到访阿曼,并呼吁海湾阿拉伯国家加强与以色列在交通旅游方面的合作,他由此也成为第一位受邀在阿拉伯首都参加国际会议的以色列阁员。

2018年10月30日,以色列文化体育部长雷盖夫(Miri Regev)访问阿联酋并出席国际柔道竞标赛,也成为公开参观著名的大清真寺并留言签名的第一位以色列高官。当以色列柔道运动获得金牌后,赛场升起以色列国旗,奏响以色列国歌,这情形与一年前阿联酋的做法大相径庭。此外,以色列电信部长卡拉(Ayoob Kara)也出席了迪拜举行的国际电信联盟会议。

众所周知,在中东冲突中,海湾阿拉伯国家一般都持温和立场。1982年菲斯阿拉伯国家联盟峰会,沙特就提出了里程碑式的"以土地换和平"倡议,奠定延续至今的阿盟统一立场。1991年马德里和会开启后,以色列与海湾阿拉伯国家就保持着往来,不仅阿曼接待过以色列总理佩雷斯(Shimon Peres)并开设了以色列利益代表处,卡塔尔还曾接纳过以色列贸易代表处,其元首哈马德也秘密访问过以色列。

观察家们注意到,在以色列与海湾阿拉伯国家陷入蜜月之后,2018年3月底后持续不断的巴以冲突在2018年11月明显升温。2018年11月11日,以色列以策划恐怖袭击为由,派出特种部队潜入强硬派哈马斯控制的加沙地带,打死该组织军事领导人之一努尔·巴拉克及其他成员共七人,次日,哈马斯向以色列境内发射460枚火箭,并造成93人受伤。以色列12日发动大规模空袭,摧毁160多处哈马斯的军事和宣传机构目标,但在埃及和联合国代表斡旋下,接受了哈马斯提出的停火要求。

按照以往经验,大规模火箭袭击是以色列不可接受的突破红线行为,以色列曾经为此分别于2008年、2012年和2014年对加沙地带发动三次局部战争,并给巴勒斯坦造成严重的生命和财产损失。但是,这次以色列力避对哈马斯全面开战,也是着眼于维护当前与阿拉伯国家的"跨界"合作,着眼于共同遏制战略敌人伊朗。

而哈马斯素来与伊朗关系密切,曾经因为追随伊朗而遭到沙特警告、谴责甚至断绝财政援助。2015年沙特又与埃及联手,将哈马斯与真主党这两支阿拉伯国家仅存的抗击以色列武装定性为"恐怖组织",以惩罚其追随伊朗而继续采取强硬立场。内外交困的哈马斯被迫于2017年5月1日发表里程碑式宣言,默认以色列作为一个主权国家在地区存在。但是,由于哈马斯拒绝承认以色列并坚持以暴力方式与其对话,因此,依然受到以色列的高压和封锁,进而在加沙引发严重的人道主义灾难,加重了哈马斯的道义压力,削弱了其执政合法性,进而也变得愈加孤立。在特朗普调整中东政策,偏袒以色列并冷淡巴勒斯坦之后,巴勒斯坦上下弥漫着绝望,更是因以色列与海湾国家无原则的战略热络而失望。因此,哈马斯策动了这次火箭雨袭击，希望唤醒阿拉伯人的民族主义，重新将巴勒斯坦事业列入中东核心政治议程。然而，对于以色列和其他阿拉伯国家而言，如何对付伊朗并维护本国利益和教派主导权，远比巴勒斯坦人的历史权利更重要。因此，注定了各方不会将焦点偏移伊朗、不会错过美国退约而绞杀伊朗的难得历史机遇。

九、结语

维持伊核协议，将伊朗核行为纳入可控范围，至少会避免多个地区国家加入核竞赛而引发的核混乱与核危险。

维持伊核协议，将伊朗核行为纳入可控范围，不仅有助于维护核不扩散机制，更有助于维护以色列的核优势，至少会避免多个地区国家加入核竞赛而引发核混乱与核危险。因此，美国单方面撕毁核协议，看似在帮以色列等地区盟友解决眼前的伊朗地缘扩张压力，但从长远看却是在帮倒忙，是在助推地区核竞赛和常规军备竞赛，是在恶化以色列和沙特的战略环境，这不是为盟友两肋插刀，而是向盟友两肋插刀。

美国伊朗政策的特朗普转弯：
理解其动因及战略后果

［美］弗林特·莱弗里特　［美］希拉里·莱弗里特

2018年5月8日，特朗普总统宣布美国退出《全面联合行动计划》(The Joint Comprehensive Plan of Action, JCPOA，以下简称《伊核协议》)。[1] 几乎可以肯定地说，事实将证明：这一决定不仅是特朗普政府统治下美国外交政策的分水岭，而且是美国作为现代国际关系中最重要行为体的立场转折点。

为了更加全面地理解这一决定，我们需要从三个层面对特朗普的决定进行评估。首先，必须透过美国国内政治的视角，关注特朗普政府内部的动力以及特朗普自身的选举议程。其次，在美国对中东整体大战略的背景下审视这一决定。冷战结束以后，特别是"9·11"事件之后，美国历届政府均未能与伊朗伊斯兰共和国（它是正在崛起的地区独立强国）达成妥协，并未能根据伊朗地位的变化调整对伊关系。[2] 同时，特朗普致力于根据其竞选时的允诺重塑美国的中东战略，中止美国在中东地区无休止的军事干预，同时维持美国在这一地区的主导地位。最后，展望未来，非常重要的是评估特朗普这一决定对伊朗的影响，以及对美国同俄罗斯、中国等域外大国在中东竞争性的接触所带来的影响。

［美］弗林特·莱弗里特（Flynt Leverett）　美国宾夕法尼亚州立大学国际事务学院教授；［美］希拉里·莱弗里特（Hillary Mann Leverett）　战略能源与全球分析咨询公司（Strategic Energy and Global Analysis）首席执行官。

1 White House, "Remarks by President Trump on the Joint Comprehensive Plan of Action," May 8, 2018, https://www.whitehouse.gov/briefings-statements/remarks-president-trump-joint-comprehensive-plan-action/.

2 Flynt Leverett and Hillary Mann Leverett, *Going to Tehran: Why America Must Accept the Islamic Republic of Iran*, New York: Metropolitan/Picador, 2013, pp.334-368.

特朗普伊朗政策的国内动因

美国退出《伊核协议》的决定与特朗普在2018年初大规模重组其国家安全及外交政策团队密切相关。在2018年3—4月几周的时间内，特朗普通过一系列人员调整，彻底颠覆了其政府内部政策制定的机制。特朗普任命迈克·蓬佩奥（Mike Pompeo）接替雷克斯·蒂勒森（Rex Tillerson）出任国务卿；任命前副国务卿、前美国常驻联合国代表约翰·博尔顿（John Bolton）接替赫伯特·雷蒙德·麦克马斯特（H.R.McMaster）出任国家安全事务助理；任命劳伦斯·库德罗（Lawrence Kudlow）接替加里·科恩（Gary Cohn）出任国家经济委员会（NEC）主席。美国经济和外交政策的诸多领域都已经、而且未来将持续地受到特朗普政府内部重新整合的影响。比如在贸易领域，特朗普下令对钢铁和铝产品进口征收关税，并针对中国发起了特定国家关税；再如在阿拉伯—以色列冲突问题上，2018年5月，特朗普重新选定美国在耶路撒冷的领事机构作为美国驻以色列的新大使馆。不过正如下文所述，特朗普政府人事调整所产生的影响对美国的伊朗战略意义尤其重大。

特朗普调整国家安全和外交团队及内部政策制定机制，一方面是为了在2018年11月国会中期选举中最大程度地稳住国内政治票仓，另一方面是为在2020年总统大选中再次胜选打下基础。特朗普已经加大了对2018年国会选举的投入，这远远超出了大多数观察家在几个月之前的预期。这背后的原因在于，特朗普认识到，如果民主党人重新获得众议院多数席位，那么众议院极有可能在2020年选举周期到来之前，发起对其本人的弹劾。特朗普也认识到，在2020年的党内初选中，他将比过去大多数在任总统都面临更多潜在的挑战。为了扭转事态，特朗普于2018年2月正式启动备战2020年大选，并任命布拉德·帕斯凯尔（Brad Parscale）来负责此次竞选。帕斯凯尔曾在2016年担任特朗普总统竞选团队的数字技术主管，他谋划了数据驱动的竞选路径并成功将特朗普推上总统宝座。[1]

在特朗普看来，如果要维持共和党人对国会的控制，避开主要的挑战者，并实现成功连任，他必须再次动员那些曾在2016年总统大选中为其助力的选民们。[2] 这意味着作为总统，特朗普需要回归并且更加果断地采纳那些令其在2016

---

[1] Toluse Olorunnipa and Jennifer Jacobs, "Trump Names Brad Parscale His 2020 Campaign Manager," *Bloomberg*, Feb. 27, 2018, https://www.bloomberg.com/news/articles/2018-02-27/trump-is-said-to-tap-digital-guru-parscale-as-2020-campaign-head and Jack Holmes, "Who Is Donald Trump's 2020 Campaign Manager, Brad Parscale?" *Esquire*, Feb. 27, 2018, https://www.esquire.com/news-politics/a18769163/who-is-brad-parscale-trump-2020-campaign-manager/.

[2] 关于这一点，由帕斯凯尔领导特朗普2020总统竞选事宜也表明，特朗普为了寻求连任，希望复制过去的成功做法。

年大选中脱颖而出的政策立场。随着特朗普进入"选战模式",其对国家安全和外交政策团队的调整旨在方便转向竞选时曾提出的政策立场。如果"建制派"人物如蒂勒森、麦克马斯特和科恩继续留在原有职位,推行这些政策转向可能更加困难。

特朗普在竞选期间提出的外交政策纲领在诸多方面背离了美国"建制派"的正统观念,这在中东问题上体现得尤为明显。特朗普对美国在中东及其他地区大战略的疑虑与其问鼎白宫的战略直接相关。当年特朗普参与竞选之时,民主党和共和党的政治专家所持主导的观点都强调全国选举策略应适应美国选民不断增加的多元化。与此相反,特朗普的竞选活动关注于白人选民——特别是关注于那些心怀不满的白人,他们认为自己遭到了经济全球化的剥夺,面对日益增长的多样性不断被边缘化,并断定数十年来两党精英对美国全球领导力的投入和贡献对他们来说毫无帮助。特朗普团队的算盘是,通过动员足够多这样的选民,他能够掌控那些深"红"州,赢得那些奥巴马在2008年和2012年大选中拿下的、但目前摇摆不定的州(如艾奥瓦州、北卡罗莱纳州和俄亥俄州),从民主党人的"蓝墙"内撬动宾夕法尼亚州和中西部的工业州(如密歇根州、明尼苏达州、威斯康辛州),从而保证至少获得选举人团投票的胜利。[1]

特朗普的外交政策纲领(包括中东政策)在很多方面都是针对这些目标选民出台的。特朗普一面承诺将美国的军事优势推进到更高的水平,一面许诺避免将美国的资源浪费在政权更迭、人道主义干涉和促进民主的战争中——拒绝重复美国在"9·11"事件后与中东接触的模式。特朗普承诺用美国的力量针对那些直接威胁美国安全和身份认同的挑战。在中东,这意味着将威胁目标锁定在"极端的伊斯兰恐怖主义"或者(更简单地说)"极端的伊斯兰教"势力。对特朗普而言,"极端的伊斯兰教"势力不仅存在于"伊斯兰国"、基地组织和其他圣战武装中,同样也存在于伊朗伊斯兰共和国内部。特朗普对待"极端的伊斯兰教"的方式包

---

[1] 在美国的政治话语中,"蓝墙"(blue wall)包括华盛顿特区在内的18个州。从1992—2012年,这18个州在每次总统选举中均投票给民主党提名的候选人,它们共产生242张选举人票,接近赢得选举所需的270张。关于特朗普的选举策略,可参见以下文献:Mark Barabak and Michael Finnegan, "Donald Trump Trashed the Political Playbook, Then He Made His Own Rules," *Los Angeles Times*, Nov. 9, 2016, http://www.latimes.com/politics/la-na-pol-trump-politics-20161109-story.html; Domenico Montanaro, "7 Reasons Donald Trump Won the Presidential Election," *NPR*, Nov. 12, 2016, https://www.npr.org/2016/11/12/501848636/7-reasons-donald-trump-won-the-presidential-election; Nate Cohn, "How the Obama Coalition Crumbled, Leaving an Opening for Trump," *New York Times*, Dec. 23, 2016, https://www.nytimes.com/2016/12/23/upshot/how-the-obama-coalition-crumbled-leaving-an-opening-for-trump.html?_r=0; Sean Trende and David Byler, "How Trump Won—Conclusions," *Real Clear Politics*, Jan. 20, 2017, https://www.realclearpolitics.com/articles/2017/01/20/how_trump_won_-_conclusions_132846.html; Greg Sargent, "Why Did Trump Win? New Research by Democrats Offers a Worrisome Answer," *Washington Post*, May 2, 2017, http://www.nzherald.co.nz/opinion/news/article.cfm?c_id=466&objectid=11848774; and Joshua Green, *Devil's Bargain: Steve Bannon, Donald Trump, and the Storming of the Presidency*, New York: Penguin, 2017。

括限制［如果不是"禁止"（banning）］穆斯林进入美国；不过，并不包括美国继续支持让叙利亚总统巴沙尔·阿萨德（Bashar al-Assad）下台的努力。特朗普将其对美国亚欧盟友不屑的情绪扩展到了中东，他批评沙特阿拉伯和其他长期以来的地区盟友"白白享用"（freeloading）美国提供的安全。不同于美国大部分的政治精英，特朗普似乎更乐意接受经典的均势概念（如大国协调、势力范围等），这使得他较少关心其他大国在中东的介入。[1]

特朗普在中东问题上的看法，连同他在其他外交政策事务、贸易及移民问题上所持观点，在2016年总统大选中，成功地帮助特朗普大规模地动员了白人选民，并使其获得了足够多的选举人团的投票。[2] 不过，入主白宫后，特朗普发现，如若坚守竞选时做出的许多政策承诺，他所面临的困难要远超预期；久而久之，支持特朗普的政治基础存在发生动摇的危险。在特朗普当选之前，我们就怀疑：他能否将竞选期间提出有关中东诸多议题的立场转化为连贯的政策，最后体现为一个真正的新战略。在我们看来，而且事实证明，这其中存在着两个非常突出的障碍。

首先，特朗普在竞选期间发表的有关中东地区的言论自相矛盾。如前所述，特朗普严厉批评了美国之前在中东地区执行"做好事者"（do gooder）的使命，因为它并未实现设定的目标，反而造成美国自损大量的生命和财富。与此同时，特朗普不愿意放弃美国在中东地区决定性的、在某些方面甚至是主导性的战略影响力。[3] 因此，作为总统候选人，特朗普可以在同一场演讲中，一边公开抨击政权更迭、军事占领和民族国家构建（nation-building）；一边强调美国本应在武力干涉伊拉克和利比亚后，保留在那里的石油利益——这意味着要求美国更多的且无休止的介入。从更加广泛的角度看，特朗普以"极端伊斯兰教"的名义将伊朗同逊尼派圣战武装纠合在一起的做法本身就决定了其战略中存在功能失调的矛盾。特朗普声称希望同俄罗斯合作对抗"伊斯兰国"，但是对德黑兰意识形

---

[1] Flynt Leverett, *US Election Note: Middle East Policy After 2016*, Research Paper, US and the Americas Programme, Royal Institute for International Affairs, Oct. 2016, https://www.chathamhouse.org/sites/files/chathamhouse/publications/research/2016-10-05-us-election-note-mena-leverett.pdf, pp.1-4, 7 and Flynt Leverett, "The Middle East and North Africa" in X. Dormandy, *America's International Role Under Donald Trump*, Royal Institute for International Affairs, Jan. 2017, pp.37-38.

[2] 最后，特朗普赢得了1992—2012年间连续支持共和党提名总统候选人的13个"红墙"州（亚拉巴马州、阿拉斯加州、艾奥瓦州、堪萨斯州、密西西比州、内布达拉斯州、北达科他州、俄克拉荷马州、南卡罗来纳州、南达科他州、得克萨斯州、犹他州和怀俄明州），以及其他10个经常支持共和党人的州（亚利桑那州、阿肯色州、佐治亚州、印第安纳州、肯塔基州、路易斯安那州、密苏里州、蒙大拿州、田纳西州和西弗吉尼亚州）；他还赢得了4个关键的摇摆不定州（佛罗里达州、爱荷华州、北卡罗来纳州和俄亥俄州），并从民主党的"蓝墙"阵营中成功拿下三个关键州（密歇根州、宾夕法尼亚州和威斯康星州）。因此，特朗普成功获得了306张选举人票，尽管对手希拉里·克林顿在普选中比特朗普多出了近乎400万的选票。

[3] 关于这一点，请参考Walter Russell Mead, "Trump, Iran and American Power," *Wall Street Journal*, May 14, 2018, https://www.wsj.com/articles/trump-iran-and-american-power-1526338180。

态上的敌意使得特朗普不愿意考虑同伊朗合作，而伊朗正是俄罗斯在叙利亚地盘上最重要的伙伴国。特朗普抱怨美国的对外干涉，却严词批判《伊核协议》，而这一协议尽管有争议，恰恰是减少了美国发动另一场地区性战争的可能性。[1] 自特朗普上台执政以来，上述矛盾已经阻碍其手下的团队制定具有连贯性的政策——对于中东地区的政策是如此，对于其他重要地区和功能性挑战（functional challenges）的政策也是如此。[2]

其次，也是更为重要的一点，事实上，将那些不赞同特朗普竞选立场的人完全排除在共和党政府的国家安全和外交事务机构（在次内阁级别，甚至内阁之中）之外，在当下几乎是不可能的。为了更好地理解这一点，仔细考虑共和党内相互竞争的外交政策"阵营"之间影响力的平衡尤为重要。从意识形态的角度来看，这样的"阵营"有如下三个：

民族主义者（Nationalists）。他们强烈拥护美国的军事霸权，支持针对美国所受安全威胁采取强势行动；他们对民族国家构建、人道主义干涉和与对手开展外交行动嗤之以鼻。在小布什（George W. Bush）政府中，副总统迪克·切尼（Dick Cheney）和国防部长唐纳德·拉姆斯菲尔德（Don Rumsfeld）是持这一观点的代表性人物；今天约翰·博尔顿亦持同样立场。

自由派不干涉主义者（Libertarian non-interventionists）。他们拒绝军事干涉，反对无限制地投放美国的硬实力。究其原因，部分是由于他们认为这是对美国国力与繁荣的自我伤害，部分是因为他们认为这样的做法不利于维持有限政府和国内的公民自由。参议员兰德·保罗（Rand Paul）（肯塔基州共和党人）是这类观点的代表。

国际主义者（Internationalists），包括新保守主义者和经济国际主义者。新保守主义者希望牢固确立美国的军事/战略优势，某种程度上通过强制的方式，以对美国友好的"民主政体"替代那些挑战美国外交政策目标的非自由政府。小布什政府中，副总统切尼的关键副手、他第二任期内的国土安全特别咨询顾问约翰·汉纳（John Hannah）和拉姆斯菲尔德的关键副手、国防部副部长保罗·沃尔福威茨（Paul Wolfowitz）均持这一立场。当下，副总统迈克·彭斯（Mike Pence）和美国常驻联合国代表妮基·黑莉（Nikki Haley）亦在此阵营中。[3]

在过去至少四分之一世纪中，新保守主义者和其他保守派国际主义者主导了共和党内外交政策的商议，这在很大程度上导致了不干涉主义者、甚至是民族主

---

[1] Flynt Leverett, *US Election Note: Middle East Policy after 2016*, 8 and Flynt Leverett, "The Middle East and North Africa," p.39.

[2] Hillary Mann Leverett, "Why Trump's Foreign Policy Is Dangerous," *Al Jazeera*, July 9, 2017, https://www.aljazeera.com/indepth/opinion/2017/07/trump-foreign-policy-dangerous-170708093805747.html.

[3] Colin Dueck, "Republican Party Foreign Policy: 2016 and Beyond," Foreign Policy Research Institute, July 22, 2016, https://www.fpri.org/article/2016/07/republican-party-foreign-policy-2016-beyond/.

义者被边缘化。在竞选的过程中，特朗普成功地将民族主义者和不干涉主义者集结在一起，"针对共和党内占主导地位的国际主义者发起了全面彻底而且政治上成功的攻击"。[1] 尽管如此，特朗普也未能逃脱共和党内外交政策精英中国际主义者的影响。他选择彭斯作为其竞选伙伴标志着国际主义者观点（其实就是新保守主义观点）对其竞选过程较早的渗入。胜选后，特朗普在自己身边保留了一批民族主义者的骨干力量，如，他最早的国家安全事务助理迈克尔·弗林（Michael Flynn），白宫首席战略家史蒂夫·班农（Steve Bannon），资深政策顾问史蒂夫·米勒（Steve Miller），全国贸易委员会主席彼得·纳瓦罗（Peter Navarro），以及非正式的"圈外"顾问约翰·博尔顿（John Bolton）。但是，更多共和党建制派的国际主义者进入了特朗普的外交政策咨询圈，如，国务卿雷克斯·蒂勒森，取代迈克尔·弗林出任国家安全事务助理的赫伯特·雷蒙德·麦克马斯特，国防部长詹姆斯·马蒂斯（James Mattis），以及国家经济委员会主席加里·科恩。

这样一来，特朗普政府的外交政策决策过程便一直充满了高度的争议性，竞选期间的政策咨询团队与胜选后新加入的建制派之间长期存在着紧张关系。民族主义者致力于实现特朗普竞选期间提出的政策宣言，而建制派国际主义者则拥护更为"传统共和党"的政策，两者之间的分歧尤为尖锐。[2] 在特朗普总统任期的第一年，民族主义者成功地取得了一些破坏性的政策成果，实现了特朗普在竞选期间提出的政策主张。例如，2017年1月，美国退出了最早由其提出的《跨太平洋伙伴关系协定》（Trans-Pacific Partnership Agreement, TPP）；2017年6月，美国退出《巴黎气候协定》；2017年12月，美国承认耶路撒冷为以色列的首都。不过，总的来说，在特朗普执政的第一年中，民族主义者对特朗普出台政策的影响力还是输给了建制派国际主义者。一个最为明显的例子就是特朗普政府针对《伊核协议》所采取的方式和路径。

无论是作为总统候选人还是总统，特朗普对伊核协议一贯持批评态度，并一再显示出推动美国退出该协议的冲动。

无论是作为总统候选人还是总统，特朗普对《伊核协议》一贯持批评态度，并一再显示出推动美国退出该协议的冲动（Impulse）。特朗普入主白宫后，持民族主义立场的咨政者——包括蓬佩奥、班农（直至2017年8月离开白宫）和

---

[1] Colin Dueck, "Republican Party Foreign Policy: 2016 and Beyond," Foreign Policy Research Institute, July 22, 2016, https://www.fpri.org/article/2016/07/republican-party-foreign-policy-2016-beyond/.

[2] Hillary Mann Leverett, "Can Trump Salvage His Presidency?" Al Jazeera, Nov. 8, 2017, https://www.aljazeera.com/indepth/opinion/trump-salvage-presidency-171107142200491.html，保守的国际主义者在继续保持美国压倒性的军事优势方面同民族主义者持相同立场。两者的不同之处在于：民族主义者希望美国针对感知到的威胁果断使用军事力量，然后撤出军事力量；而国际主义者极力主张维持美国在全球至高无上的地位，这不仅意味着要保持美国傲视群雄的军事力量，同时也意味着坚守对同盟的承诺以及保持美国作为在关键地区安全事务中最终裁决者的角色。关于这一点，可参见 Barry Posen, "The Rise of Illiberal Hegemony: Trump's Surprising Grand Strategy," Foreign Affairs, 97, No. 2, Mar./Apr. 2018, pp.21-24，在经济领域，国际主义者对美国至上的基本看法就是持续维护美国在多边经济框架中的领导地位。

（政府外的）博尔顿——均敦促特朗普退出《伊核协议》。不过在特朗普执政的第一年，建制派中的国际主义者（包括蒂勒森、麦克马斯特和马蒂斯）建议美国继续留在《伊核协议》中。[1] 建制派的骨干力量竭力主张，鉴于国际原子能机构（IAEA）一直在核实伊朗方面的履约情况，美国并没有一个国际上可接受的理由来退出《伊核协议》。他们还提到，特朗普并没有一个国际上公认合理的、可用以替代《伊核协议》的方案，来处理与伊朗的关系及其有关的核活动。所以，尽管特朗普再三表达了对继续履行《伊核协议》的不满，他还是不断地更新针对伊朗核相关制裁的豁免，以保证美国可以最低限度地履行《伊核协议》的要求。[2] 在2017年8月班农离开白宫之后，博尔顿公开抱怨他在白宫变得如此不受欢迎，以至于甚至不能向特朗普传递一份之前索要的关于退出《伊核协议》的备忘录。博尔顿最终将这一备忘录发布在了一个保守主义的网站上。[3] 2018年1月12日，特朗普发表政策声明宣称，这是欧洲同华盛顿合作"修补《伊核协议》中存在的可怕缺陷的最后机会"。不过，即使在发表上述声明后，特朗普政府仍旧在继续更新对伊朗的制裁豁免以保证美国的作为符合《伊核协议》的要求。[4]

随着进入总统任期第二个年头，面对不同意识形态"阵营"对政府政策喋喋不休的争论，特朗普下定决心打破它们之间的平衡，以便于更容易转向并更加果断地采取那些使得他在2016年大选中脱颖而出的政策立场。在做出上述判断后，特朗普迅速改变了其国家安全和外交政策机构的人员配置，而这一举动深刻地改变了特朗普政府政策制定的动力，包括深刻地影响了《伊核协议》的

---

1 美国参谋长联席会议主席和美国中央司令部司令均力主美国继续履行《伊核协议》。

2 关于特朗普对《伊核协议》履约情况的不满，可参见 White House, "Remarks by President Trump on Iran Strategy," Oct. 13, 2017, https://www.whitehouse.gov/briefings-statements/remarks-president-trump-iran-strategy/. 2015年10月，时任国务卿约翰·克里确认美国将放弃且最终将终止针对伊朗的相关制裁，以履行《伊核协议》中美方的义务。参见美国国务院经济及商业事务局，"JCPOA Contingent Waivers," Oct. 18, 2015, https://www.treasury.gov/resource-center/sanctions/OFAC-Enforcement/Pages/jcpoa_implementation.aspx and "Waiver Determinations and Findings," https://www.state.gov/documents/organization/248501.pdf.

这些核相关的制裁措施包括在《伊朗自由与反扩散法案》（IFCA）、《降低伊朗威胁与叙利亚人权法》（ITRSHRA），《对伊制裁法案》（ISA）以及2012年度的《国防授权法案》（NDAA）中第1245（d）(5)的条款中。2016年1月16日，克里公布了首份对伊制裁豁免名单。参见美国财政部，"Implementation Day Statement," Jan. 16, 2016, https://www.treasury.gov/resource-center/sanctions/OFAC-Enforcement/Pages/jcpoa_implementation.aspx.

从严格的法律意义上讲，《伊朗自由与反扩散法案》《降低伊朗威胁与叙利亚人权法》《对伊朗制裁法案》中的制裁豁免必须每180天延期一次；《国防授权法案》中的制裁豁免必须每120天延期一次。在2017年离任前，奥巴马政府都是在美国法律规定的时间间隔内对这些制裁豁免名单进行延期。特朗普政府于2017年5月公布了第一批对伊制裁豁免名单。参见美国国务院，"U.S. State Department Issues Report on Human Rights Sanctions on Iran," May 17, 2017, https://www.state.gov/r/pa/prs/ps/2017/05/270925.htm。

3 John Bolton, "How to Get Out of the Iran Nuclear Deal," *National Review*, Aug. 28, 2017, https://www.nationalreview.com/2017/08/iran-nuclear-deal-exit-strategy-john-bolton-memo-trump/.

4 White House, "Statement by the President on the Iran Nuclear Deal," Jan. 12, 2018, https://www.whitehouse.gov/briefings-statements/statement-president-iran-nuclear-deal/.

命运。2018年1月12日特朗普总统发表了关于《伊核协议》的声明，2018年5月8日他宣布美国退出《伊核协议》。在此期间，特朗普团队加强了与欧盟三国（"EU-3"，即英国、法国和德国）关于"修复"《伊核协议》中存在的所谓缺陷（如针对伊朗的核限制措施的有效期限，特朗普所说的不充分的核查条款，以及对伊朗导弹计划缺乏限制，等等）的对话。2018年5月的早些时候，国务卿蓬佩奥向特朗普争取了两周时间用以拖延退出《伊核协议》的节奏，以便于他同欧盟三国达成一个新的"协议"。[1] 但是，正如法国总统马克龙所说的那样，特朗普在2018年4月13日的白宫会见时已经告诉他，退出《伊核协议》是他意在信守的"竞选承诺"。[2]

《伊核协议》与美国的中东战略

在考虑美国国内驱动力的同时，从美国对中东大战略的整体背景出发来考察特朗普退出《伊核协议》的行为同样重要。第二次世界大战以来，无论共和党还是民主党执政，美国都力求成为称霸中东的域外大国。美国官员把美国在中东地区的优势地位视为影响中东油气资源流向国际市场的关键——这一影响力是美国全球地位不可或缺的要素。[3] 为了巩固这一优势地位，华盛顿长久以来一直寻求在中东地区形成一个高度军事化的、亲美的政治与安全秩序，并排挤和削弱那些不愿意放弃战略独立性并遵守本地区秩序的行为体。[4] 战后美国历届政府的这些努力，在苏联解体特别是"9·11"事件后进一步强化。不过，所有这些努力不仅仅只是失败了，它们还导致了教科书里描述的"帝国过度扩张"（imperial

---

1 Mark Landler, "Trump Abandons Nuclear Deal He Long Scorned," *New York Times*, May 8, 2018, https://www.nytimes.com/2018/05/08/world/middleeast/trump-iran-nuclear-deal.html and Josh Lederman, " 'Defective At Its Core': How Trump Decided to Scrap Iran Deal," *AP*, May 10, 2018, https://apnews.com/c8553592cda046238d9fa08273b102df.

2 "Macron: Trump Will Exit Iran Nuclear Deal in May," *Sputnik*, April 26, 2018, https://sputniknews.com/news/201804261063912001-macron-trump-exit-nuclear-deal/.

3 Robert Keohane, *After Hegemony: Cooperation and Discord in the World Political Economy*, Princeton: Princeton University Press, 1984/2005, pp.139-41, 150-181, 190-195, 202-206; Rashid Khalidi, *Sowing Crisis: The Cold War and American Dominance in the Middle East*, Boston: Beacon, 2009, pp.6-16, 40-62, 107-111; Flynt Leverett and Hillary Mann Leverett, "The Balance of Power, Public Goods, and the Lost Art of Grand Strategy: American Policy toward the Persian Gulf and Rising Asia in the 21st Century," *Penn State Journal of Law and International Affairs* 1, No. 2, November 2012, pp.216-218; and Flynt Leverett and Hillary Mann Leverett, "America's Monetary Stake in the Persian Gulf and the Looming Challenge of the Petroyuan" in Steven Hook and Tim Niblock, eds., *The United States and the Gulf: Shifting Pressures, Strategies and Alignments*, Berlin/London: Gerlach, 2015, esp. pp.115-124.

4 John Mearsheimer, "Imperial by Design," *The National Interest*, No. 111 (January/February 2011), pp.16-34 and Flynt Leverett and Hillary Mann Leverett, *Going to Tehran: Why America Must Accept the Islamic Republic of Iran*, pp.1-11, 328-334.

overstretch）的情景，¹ 使美国的力量在地区和全球层面受到了削弱。

我们一直主张，为了从帝国过度扩张中恢复过来，美国必须采取新的中东战略。新战略的目标不在于实施强制性的统治，而是要构建一个合理而稳定的区域均势结构。它应当是一种真实存在的均势结构，而不是一种妄想。这种妄想的特征是美国的霸权，加上被美国政策制定者打上了误导性"均势"标签的做法，比如对以色列和沙特阿拉伯等美国传统伙伴无休止的偏袒。我们还一直认为，为了培育一个战略上更加平衡的中东，华盛顿需要与中东地区所有的重要行为体进行接触，并且重新调整与美国传统盟友的关系；对于当今中东地区无法回避的大国伊朗，美国应采取务实开放的外交政策——这对于实现上述目标至关重要。² 从这一视角来看，支持《伊核协议》是明摆着的事情（"no-brainer"）；过去（和现在）并不存在反对《伊核协议》的严肃争论。从其自身来看，《伊核协议》本身确实无关紧要；重要的是美国如何利用它。摆在美国面前有两个选择：一是将《伊核协议》作为改善美伊关系的第一步；二是将《伊核协议》作为一个有限的军备控制措施，防止核武器落入"坏人"之手，除此之外别无他用。

从战略角度来讲，只有华盛顿将《伊核协议》作为与德黑兰广泛和解的出发点（类似尼克松访华的破冰之旅），这一协议才真正举足轻重。但是，远在人们严肃对待特朗普当选可能性之前，奥巴马及其政府并没有这样做。相反，奥巴马政府从狭隘的技术角度出发来谈判及"推销"《伊核协议》，认为这一多边协议是把伊朗铀浓缩活动在理论上产生的核扩散风险置于国际规管之下的最为合算的方式。正如我们在2015年春所论述的，这样的判断给美国外交带来了两个重大问题。

首先，"（奥巴马政府的）这种狭隘技术性做法很容易招致批评，这一方式并没有真正地实现它所提出的目标（典型的抨击来自以色列总理内塔尼亚胡，他声称外交手段'并没有阻挡伊朗获得核武器的道路，反而是为此铺平道路'）。20世纪70年代，卡特政府坚持认为，与苏联政府谈判达成的《第二阶段限制战略核武器条约》（SALT II）限制了莫斯科战略核武库的扩充。但是这一技术性论断很快被另一种更加政治性的声音所淹没：这一条约会造就一个无法重构的苏联，让这个（美国的）对手获得太强大的核能力。最终，美国国会的反对扼杀了这一条约。如果奥巴马不准备将《伊核协议》作为更广泛意义上的（以及战略上至关重要的）与德黑兰和解的催化剂，他将面对不断增加的政治阻力，反对美国为履

---

1 Paul Kennedy, *The Rise and Fall of the Great Powers: Economic Change and Military Conflict from 1500 to 2000*, New York: Random House, 1987, and Ezzat Ibrahim, "America Goes Too Far" (interview with Paul Kennedy), *Al-Ahram Weekly Online*, Sept. 28-Oct. 4, 2006, http://weekly.ahram.org.eg/Archive/2006/814/intrvw.htm.

2 可参见 Flynt Leverett and Hillary Mann Leverett, *Going to Tehran: Why America Must Accept the Islamic Republic of Iran*; Hillary Mann Leverett, "Why Iran's Rise Is a Good Thing," *CNN*, March 4, 2015, https://www.cnn.com/2015/03/04/opinion/leverett-iran-relations/index.html; and Flynt Leverett and Hillary Mann Leverett, "Reality Check: America Needs Iran," *The National Interest*, April 7, 2015, http://nationalinterest.org/feature/reality-check-america-needs-iran-12561?page=show.

行《伊核协议》而兑现诺言"。[1]

以上论断正是现实中《伊核协议》所遭遇的问题。2015年我们进一步指出，除了这些美国国内的政治动因，"奥巴马在《伊核协议》上的立场将越来越可能导致这样一种结局：通过外交途径解决伊朗核问题带来的主要地缘政治收益归于中国和俄罗斯，而不是美国。另外还很有可能的是，奥巴马政府将继续反对将《伊核协议》作为美国与德黑兰'尼克松破冰之旅'式全面和解方案的一部分。有一点似乎确定无疑：根据这一协议，奥巴马政府将仅仅需要承诺在执政期内每6个月'豁免'（waive）美国对伊朗的相关制裁。奥巴马政府处理对伊关系的技术简化手段（technically reductionist approach）提升了风险，使得原本可以成为20世纪70年代改善对华关系以来美国外交最大胜利的努力落得一个加剧美国在中东地区被边缘化的结局"。[2]

事实上，自2016年特朗普参加总统竞选以来，他对《伊核协议》批评的一个方面就是认为外界与伊朗日益增加的经济交往所带来的好处主要由其他国家而非美国所得。

基于这一视角，人们对美国不再继续兑现其在《伊核协议》中的承诺并不感到吃惊。特朗普随性而为的执政风格及朝令夕改的政策制定过程直接影响了美国退出《伊核协议》的方式和时机。不过，非常有可能性的是，美国中东战略中悬而未决的矛盾，特别是华盛顿对伊朗伊斯兰共和国所持前后矛盾的立场，推动美国最终脱离了《伊核协议》。

上述评估凸显了奥巴马在《伊核协议》及其整体伊朗政策在战略上的失败。正如我们在2016年所指出的那样，对奥巴马和他的政府来说，寻求通过谈判解决伊核问题的最直接的动机有两个：首先，如果伊朗继续发展本土铀浓缩能力，奥巴马愈发担忧，"在缺乏外交解决方案的前提下，他将面对来自国内选民和美国地区盟友（如以色列）不断增加的压力，要求美国对伊朗的核设施进行军事打击。奥巴马判断，比起美国对伊拉克的入侵和占领，为阻止伊朗在国际保障监督的前提下进行铀浓缩而在中东地区发动另一场战争，可能更加伤害美国在本地区的地位"。其次，"奥巴马和他的政策顾问担忧与伊朗相关的制裁——特别是二次制裁——都已经达到了政策工具的极限"。最终，"基于这些考虑，奥巴马在其第二任期的早些时候（2013年3月）派遣副国务卿威廉·伯恩斯（William Burns）去阿曼秘密会见了伊朗外交官员。伯恩斯首次传达了奥巴马的意见：核协议中必须包括美国认可伊朗开展受监督保障的铀浓缩活动内容。奥巴马承认现实的态度，以及他（至少含蓄地）原则上接受伊朗在监督保障条件下开展铀浓缩活动的意愿，

---

[1] Flynt Leverett and Hillary Mann Leverett, "Busted Stuff: America's Disastrous Iran Policy," *The National Interest*, March 28, 2015, http://nationalinterest.org/feature/busted-stuff-americas-disastrous-iran-policy-12500?page=show.

[2] 同上。

开启了美伊之间的外交进程,这一进程的高潮是两年后《伊核协议》的签署。但是,正如奥巴马的国家安全事务助理苏珊·赖斯(Susan Rice)最近所说,这一协议的主要目的"并非尝试开启美伊关系的新时代……而仅仅是为了实质性地降低伊朗这一危险国家的危险程度"。[1]

正如我们在2016年进一步论证的那样,"至少奥巴马政府中有一些人愿意通过《伊核协议》推动美伊关系的改善——不过即便这部分官员也承认,奥巴马政府中不存在这样行事的共识"。[2] 所以,尽管奥巴马和他的团队完成了《伊核协议》的谈判,但其处理方式使得美国最终不可避免地抛弃了这一协议。

特朗普一方面寻求中止美国在中东地区无休止的军事干预,另一方面要继续维持美国在这一地区的霸权地位,在这一背景下,美国退出《伊核协议》就完全不可避免。除了《伊核协议》与奥巴马有着千丝万缕的关联之外(特朗普在竞选期间对奥巴马大肆进行妖魔化批判),该协议还阻碍了特朗普推动以色列与美国的逊尼派阿拉伯盟友(如沙特阿拉伯、埃及、约旦和阿联酋)深化合作的努力——从宏观角度看,这些努力有助于华盛顿重塑其在中东的力量,而比起美国政府在过去25年间所采取的政策,这种方式耗费较少。[3]

美国退出《伊核协议》的后果

美国退出《伊核协议》的影响首先取决于其他各方(欧盟三国、中国和俄罗斯)能否确保伊朗在继续履约的情况下(德黑兰倾向于这么做),持续获得足够的经济和政治收益。当然,欧洲、中国和俄罗斯都批评美国退出《伊核协议》的举动,并重申了对该协议的支持。如果这些相关方能够在美国退出的情况下,成功地维持《伊核协议》的运转,那将标志着国际社会向着一个更加真正意义上的多边国际秩序迈出了重要一步,同时这也标志着华盛顿在国际事务中主导作用的相对减弱。

不过,我们有理由怀疑欧洲、中国和俄罗斯是否有能力并且/或者愿意在一定的时间内,调集足够的资源来确保伊朗长期留在《伊核协议》内。

美国对伊朗持续实施的金融制裁后果令人不寒而栗,所以欧洲主要银行都不愿意为欧洲企业在伊朗的投资提供资金;这也反过来抑制了自《伊核协议》生效以来欧洲对伊朗的投资。美国退出《伊核协议》之后,欧盟三国和欧盟都在寻

---

1 [美]弗林特·莱弗里特、[美]希拉里·莱弗里特:《伊核协议签署后的伊朗:一个崛起大国的战略方针》,《中国国际战略评论(2016)》,王缉思主编,世界知识出版社,2016年版,第221—237页。

2 同上。

3 关于这一点,也可参见 Walter Russell Mead, "Trump, Iran and American Power."

找保护欧洲在伊投资项目的途径，并试图维持与伊朗的贸易关系。[1] 例如，他们正在同特朗普政府接触，就美国对伊朗重新施加的制裁争取可能的豁免和例外安排；同时也在考虑可能的单边措施——例如，实施所谓的"阻断法规"（blocking statutes），顶住美国阻止伊朗银行进入环球银行金融电信协会系统（SWIFT）的压力直接向伊朗中央银行转账，以规避美国的金融制裁。[2] 欧洲政府和欧盟还在研究创建国家支持的政策工具，为在伊朗投资/或者与伊朗进行贸易的欧洲公司提供资金和交易支持。[3] 这些政策工具可能使欧洲的中小企业能够开启一些与伊朗相关的业务。但是，欧洲国家和欧盟不太可能创建一个对伊友好的法律、政策及监管环境，使得大型的欧洲公司和金融机构准备好为在伊朗的新投资项目注入大量的资金支持。[4]

中国已经与伊朗建立了卓有成效的经济关系，并且具有扩大双边经济联系的兴趣。中国官方辞藻华丽的声明、中国公司自2016年《伊核协议》生效后在伊朗达成的诸多初步投资协议，以及中国对伊朗在"一带一路"倡议中重要作用的认可，都说明了这一点。从理论上讲，美国退出《伊核协议》并重启对伊制裁，应该是为中国增加与伊朗的经济联系创造了更多机会。但是，在把在伊朗新近签订的诸多初步协议转化为最终投资合同的过程中，中国的经济行为体行动迟缓。

---

[1] 欧盟为保持和深化与伊朗的经济联系，已经形成了一个包含9条具体内容的工作日程。参见 "Remarks by HR/VP Mogherini At the Press Conference Following Ministerial Meetings of the EU/E3 and EU/E3 and Iran," May 15, 2018, https://eeas.europa.eu/headquarters/headquarters-homepage/44599/remarks-high-representativevice-president-federica-mogherini-press-conference-following_en。

[2] Andrew Buckley, "How the Iran Nuclear Deal Can Be Saved by Europe," *Handelsblatt Global*, May 11, 2018, https://global.handelsblatt.com/politics/how-europe-save-iran-nuclear-deal-921141; Zeeshan Aleem, "Europe Is Threatening to Fight Trump on Iran Sanctions," *Vox*, May 11, 2018, https://www.vox.com/world/2018/5/11/17344242/europe-iran-deal-sanctions-trump; Sam Fleming, Philip Stafford, and Jim Brunsden, "US and EU Head for Showdown Over Shutting Iran Off From Finance," *Financial Times*, May 17, 2018, https://www.ft.com/content/04b831fc-5913-11e8-bdb7-f6677d2e1ce8; and Robin Emmott, "EU Considers Iran Central Bank Transfers to Beat US Sanctions," *Reuters*, May 18, 2018, https://www.reuters.com/article/us-iran-nuclear-europe/eu-considers-iran-central-bank-transfers-to-beat-u-s-sanctions-idUSKCN1IJ100。

[3] 关于欧洲在这方面的政策选择，可参见 Bijan Khajehpour, "Can European Business and Technology Save the Iran Deal?" *Al Monitor*, March 19, 2018, https://www.al-monitor.com/pulse/originals/2018/03/iran-jcpoa-europe-business-trade-promotion-trump-withdrawal.html; Bijan Khajehpour, "How Iran and Europe Can Save the Nuclear Deal," *Al Monitor*, May 14, 2018, https://www.al-monitor.com/pulse/originals/2018/05/iran-e32-p41-economy-jcpoa-nuclear-deal-sanctions-europe.html#ixzz5FYyLIiTA; and "Export Finance Won't Save Iran Business—French Official," *Reuters*, May 15, 2018, https://www.reuters.com/article/iran-nuclear-france/export-finance-wont-save-iran-business-french-official-idUSL5N1SM4EB。

[4] 一些欧洲大公司的声明支持了上述论断，这些公司包括安联、马士基、西门子、道达尔和温特沙尔等。它们发布的声明表示，在美国重启对伊制裁后，如果无法豁免美国的制裁，它们将离开伊朗或者退出伊朗市场。

美国退出《伊核协议》后，中国政府承诺"保持与伊朗正常的经贸关系"。[1]但是德黑兰最初无法从中国买家那里获得保证，答应在美国重启对伊制裁后继续从伊朗进口与原来差不多数量的原油。[2]此外，中美贸易谈判前路崎岖，加上未来华盛顿将紧盯在伊朗做生意及从美国进口核心技术零件的中国公司的前景，这些都可能导致中国经济行为体对其在伊朗业务的拓展持更加谨慎的态度。[3]

欧洲、中国和俄罗斯对美国退出《伊核协议》的反应以及它们的回应可能会产生积累效应，让世界加速转向一个更加真实的多边国际经济秩序。然而，美元仍在国际金融体系中占据统治地位；美国在具有重要战略意义（主要是高科技方面）的全球供应链中，仍扮演着独一无二的强势供应国角色。因此，现存国际经济秩序还远未清晰地达到多边体系的境地，特别是在减缓美国官方利用上述有利地位方面做得很不够。从长远来看，国际经济秩序尚无法确保欧洲、中国和俄罗斯能够调集足够规模的资源并在必要的时间框架内把伊朗留在《伊核协议》之内。

可以肯定的是，包括哈桑·鲁哈尼总统和外交部长穆罕默德·贾瓦德·扎里夫在内的伊朗重要政治人物都将看到，伊朗有着重要的经济和战略利益来继续执行《伊核协议》。但是，即便在特朗普2018年5月8日宣布退出该协议之前，伊朗精英和民众对《伊核协议》的不满已经在不断累积，特别是伊朗人越来越感到这一协议对伊朗的经济回报太过微薄。如果这些仅有的收益在美国重启对伊制裁后变得更少，那么伊朗人对《伊核协议》的态度可能进一步逆转，从而促使德黑兰选择中止履约。届时，伊朗很可能会将其民用核计划（如铀浓缩）扩展至超出《伊核协议》的限定范围。几乎可以肯定：德黑兰在国际原子能机构的监督下会走这一步，而扩充伊朗核燃料循环处理能力将重新唤起来自美国国内选民及美国地区盟友（如以色列）的政治压力——要求美国对伊朗核设施进行打击，而这正是当年促使奥巴马优先就《伊核协议》展开谈判的原因。

在这种情况下，特朗普将如何应对这些压力？当然，特朗普最终可能选择对伊朗的核基础设施采取军事行动。依据我们的判断，向伊朗开战对美国在中东及

---

1 Rick Noack, "China's New Train Line to Iran Sends Message to Trump: We'll Keep Trading Anyway," *Washington Post*, May 11, 2018, https://www.washingtonpost.com/news/world/wp/2018/05/11/chinas-new-train-line-to-iran-sends-message-to-trump-well-keep-trading-anyway/?utm_term=.94dc8bb01673.

2 Chen Aizhu, "Iran Asks Chinese Oil Buyers to Maintain Imports after U.S. Sanctions," *Reuters*, May 16, 2018, https://www.reuters.com/article/us-iran-nuclear-china-oil-exclusive/exclusive-iran-asks-chinese-oil-buyers-to-maintain-imports-after-us-sanctions-sources-idUSKCN1IH0VL.

3 Damian Paletta, Ellen Nakashima, and Steven Mufson, "Penalties Against China Telecom Giant ZTE Become a Bargaining Chip as White House, Chinese Officials Discuss Potential Trade Deal," *Washington Post*, May 13, 2018, https://www.washingtonpost.com/news/the-switch/wp/2018/05/13/trump-pledges-to-help-chinese-phone-maker-zte-get-back-into-business/?utm_term=.994b0f63ca0a and Tom Mitchell, Sherry Fei Ju, and Shawn Donnan, "ZTE Reprieve Paves Way for Next Round of US-China Trade Talks," *Financial Times*, May 14, 2018, https://www.ft.com/content/cbb67f96-574e-11e8-bdb7-f6677d2e1ce8.

全球的地位、影响力和物质实力所带来的损害，将远远超过入侵和占领伊拉克对美国造成的伤害。鉴于特朗普在2016年竞选中对美国在中东的军事干预持高度批判的态度，他是否以及在何种情况下会判定向伊朗开战对美国来说是一个政治上有利的举动，目前尚无定论。针对叙利亚政府武装据称使用化学武器的行为，特朗普对叙利亚军事目标进行了有限的军事打击。这意味着特朗普对待伊朗可能采取类似的"有限"军事行动。但是，随着博尔顿出任国家安全顾问，特朗普比奥巴马更有可能选择对伊朗核基础设施动武。

为了维持特朗普总统任期中的平衡，与伊朗开展认真的外交是替代军事行动的唯一真正具有战略意义的选择。

为了维持特朗普总统任期中的平衡，与伊朗开展认真的外交是替代军事行动的唯一真正具有战略意义的选择。在2018年5月8日宣布退出《伊核协议》的声明中，特朗普声称后续外交行动旨在达成比《伊核协议》"更好"的协议，这是他伊朗政策议程的重要组成部分：

"在我们退出同伊朗的协议时，我们将与盟国合作，找到应对伊朗核威胁的真正、全面和持久的解决方案。这一解决方案将包括努力消除伊朗弹道导弹计划的威胁；阻止伊朗在全世界的恐怖活动；并阻断其在整个中东的威胁活动……伊朗领导人当然会说他们拒绝新协议的谈判。他们对此持拒绝的态度并无大碍。如果我在他们的位置，我可能也会说同样的话。但事实是，他们未来还是希望达成一个可使伊朗和伊朗人民受益的新的、持久性的协议。我已随时准备好，愿意并且有能力与伊朗达成这一协议，只等待伊朗领导人做出决策。"[1]

在这段讲话中，特朗普甚至提到了他将在（当时的预期）2018年6月与朝鲜领导人金正恩会晤，以表明他"可能会对伊朗采取重大行动"的主张。[2]

在朝鲜和伊朗的案例中，我们有充分的理由质疑，特朗普是否真的准备好在谈判桌上为对方提供足够的"胡萝卜"，同时充分缓和美国方面的立场，通过与平壤和/或德黑兰达成"重大交易"（grand bargains）的方式解决美国与朝鲜和/或伊朗的核问题。尽管如此，我们仍然认为，无论对朝鲜还是对伊朗，与对方达成"重大交易"都将是美国唯一富有成效的外交途径。[3] 唐纳德·特朗普及其政府能否完成这个任务，人们将拭目以待。

（崔志楠译；徐彤武校）

---

[1] White House, "Remarks by President Trump on the Joint Comprehensive Plan of Action."

[2] 同上。在特朗普宣布美国退出《伊核协议》两周之后，美国国务卿迈克·蓬佩奥在传统基金会详细阐述了特朗普政府打算同伊朗达成一个"更大、更好"协议的政策立场。参见 Mike Pompeo, "After the Deal: A New Iran Strategy," The Heritage Foundation, Washington, DC, May 21, 2018, https://www.state.gov/secretary/remarks/2018/05/282301.htm。

[3] 关于朝鲜案例，可参见 Flynt Leverett, "How Trump Should View North Korea's Nuclear Ambitions," Fortune, Apr. 23, 2017, http://fortune.com/2017/04/23/north-korea-nuclear-missiles/。

美国的中亚政策：反俄与反华倾向

[俄罗斯] 伊·阿·萨弗兰丘克

在过去25年间，美国的中亚政策有一个不变的前提，即维护中亚国家的主权，不能让它们再度落入莫斯科的势力范围。然而，当前一些迹象表明，美国在中亚政策中的反俄倾向明显减弱了。在未来十年，美国的中亚政策可能会转向反华方向。

美国中亚政策的演变

在20世纪90年代，美国国内形成了一种观点，认为中亚各国应在政治、经济和人文等各领域摆脱对俄罗斯的依赖，具有广泛的选择机会，只有这样，才能维护中亚各国的主权。因此美国直接与中亚国家进行合作，同时想方设法鼓动自己的盟友与伙伴扩大与中亚的联系，[2]为当地精英最大程度地提供不依靠俄罗斯的经济与政治发展机会。

俄罗斯则一直对后苏联国家保有某种道德上的（用叶利钦在回忆录中的话说，甚至是"家庭的"[3]）责任，哪怕是在对后苏联地区的实际兴趣较低时期也是如此。即便在20世纪90年代，莫斯科也想将中亚国家封闭在自己的经济和人文空间之内。当时，这也符合中亚国家的利益，因为当时中亚国家与俄罗斯经济联系中断、人员交流困难，中亚国家的后社会主义经济陷入了尖锐的危机。于是，20世纪90年代美国确定了其中亚政策的主基调：降低该地区对俄罗斯的依赖，

[俄罗斯] 伊·阿·萨弗兰丘克（Сафранчук И.А.） 莫斯科国际关系学院（大学）国际研究学院中亚与阿富汗问题研究中心高级研究员，高等经济大学（俄罗斯）国际关系副教授。

2 Rollie Lal, Central Asia and Its Asian Neighbors, Security and Commerce at the Crossroads, Santa Monica, RAND, 2006.

3 Б.Н. Ельцин. Записки президента. Москва. 1994. Стр. 232.

限制莫斯科在该地区的政治影响，这一政策延续至今。

美国在其中亚政策总体大框架下采取了不同的形式。过去20年，美国对该地区有两个主要的战略愿景。

从20世纪90年代末到2000年初，美国曾设想在里海和欧洲之间建立庞大的交通走廊。由此形成了一种传统：美国致力于将高加索和里海地区联合成一个整体。这也意味着，不仅里海沿岸国家土库曼斯坦与哈萨克斯坦能够连入跨高加索基础设施，中亚中部的乌兹别克斯坦也有机会连入。"古阿姆"集团就是实现这一联结的具体政治方案，欧盟和土耳其是实现美国这一战略愿景的天然伙伴。截至2005年，已经建成几个里海与黑海间的基础设施项目，其中规模最大的是巴库—第比利斯—杰伊汗石油管道。然而，大规模的交通走廊并没有建成。这是因为，围绕里海地位的争论阻碍了跨里海基础设施的建设；2008年高加索危机之后，高加索的地缘政治风险显著上升。但最主要的原因在于：自2001年"9·11"事件以来，美国开始以阿富汗为中心向中亚地区渗透。

欧洲政治家们认为，美国对此前以欧洲为中心的"中亚—高加索—欧洲"项目仍有兴趣。譬如，欧盟中亚事务特别代表、法国外交官皮埃尔·莫瑞尔（Pierre Morel）这样描述欧盟与美国近五年来的政策："美国正在发展中亚和南亚之间的联系。我理解这些举措背后的战略与经济原因。发展'南部走廊'，或者更准确地说，建设多条南方通道的必要性显而易见。然而，中亚南部的开放需要时间、互信，以及社会自身和意识的转变。根据中亚的历史经验，更主要的是，出于欧洲自身利益，欧洲国家认为与中亚发展关系应优先遵循'东西'路线。2004年提出的《巴库倡议》，其秘书处设立在基辅，该倡议强调了能源与交通运输之间的基础性关系，并发展了统一市场的思想，该统一市场能将欧盟与里海地区紧密地联结起来。"[1] 然而，美国却将更多精力投入到了2005年提出的"大中亚计划"之中。

2001年"9·11"恐怖袭击之后，中亚国家允许美国及其北约盟友使用本国领土上的军事设施，允许过境其领空，并提供其他援助。中亚国家这一举动既是出于"9·11"之后与美国团结对敌的情感，也有实用主义的考虑：该地区的大多数领导人对塔利班政权不满，并想推翻它，他们还希望用合作换取美国援助和紧密的关系。美国则欣然接受援助，作为回报，美国大幅提高与之政治交往的层次与频率，也扩大了经济援助。美国人以阿富汗为中心的观念逐渐扎下根来，并有了新的内涵。2005年中亚与高加索研究所（位于美国华盛顿的约翰·霍普金斯大学的非政府组织）所长、教授弗雷德里克·斯塔尔发表了《阿富汗及其邻国的大中亚伙伴关系》报告。他主张把中亚五个原苏联加盟共和国、阿富汗、伊朗、

---

[1] Интервью спецпредставителя ЕС по Центральной Азии Пьера Мореля // Большая Игра: политика, бизнес, безопасность в Центральной Азии. № 36 2007. стр. 9.

巴基斯坦和印度视为一个整体地区，在这一空间内采取共同的地区政策，并在这一广大地区建设统一的交通与贸易基础设施。[1]

2005年美国时任国务卿赖斯完成对中亚各国的访问之后，公开表示支持"大中亚计划"的设想。同年，在国务院内部，原属欧洲局的中亚处并入南亚局。更早时候（尚未公布构想文件）中亚国家就被划归美国中央司令部管辖。接下来几年中，美国开展的很多政治与军事技术活动都是在这新框架中进行的，即：将中亚与南亚的代表们集中到一起。在2006年《美国国家安全战略》中新增了"南亚与中亚"一节，其中特别提到："在连结南亚与中亚这两个极为重要地区的过程中，阿富汗将愈发显示出历史上作为南亚和中亚之间纽带的作用。"[2] 在美国与国际社会的援助下，连通中亚与南亚的许多基础设施建设项目得到资助。其中包括一些非常实用的项目：修建连接塔吉克斯坦与阿富汗的桥梁和新的道路，推动了地区贸易的发展。中亚国家对"大中亚计划"也表现出了兴趣，扩大了与美国的合作。然而，颇具雄心的"大中亚计划"并没有实现。阿富汗在2005—2010年间变得愈发不稳定。此外，美国过于积极地在中亚推行民主化，导致了当地精英对"颜色革命"的担忧。

后来，奥巴马政府又提出了"新丝绸之路"构想，该构想很大程度上重复了"大中亚计划"的基本原则。但在实施过程中，奥巴马政府将其变成了为驻阿富汗美军提供补给的北方配送网络（Northern Distribution Network）（这能够尽可能减少对巴基斯坦的供给依赖）。值得注意的是，"大中亚计划"之父斯塔尔起初就公开对"新丝绸之路"表示了支持，[3] 随后，在2011—2012年，他批评奥巴马政府对该计划的实施不够积极。[4]

2011—2015年的情况越来越清楚地表明，美国既无法使中亚转向欧洲，也无法将中亚与南亚融合。虽然现实政策中这两种方案的一些内容仍然保留，但任何一种方案对美国都不再具有战略重要性，美国也不会向其投入大量资源。

美国对中国在中亚政策的态度

20世纪90年代的美国学术界和政界对中国在中亚政策持双重态度。一方面，美国想要实现中亚国家经济与政治关系的多样化，使中亚国家最终减少对俄罗斯的依附。另一方面，美国对中国采取"战略包围"政策，试图吸引中亚国家加入自己的反华战线。尽管在90年代第二种态度在学术和现实政治层面都非常流行，

---

[1] F. Starr, A Greater Central Asia Partnership for Afghanistan and Its Neighbors, 2005.

[2] The National Security Strategy of the United States of America, 2006, pp. 39-40.

[3] F. Starr, A. Kuchins, The Key to Success in Afghanistan, A Modern Silk Road Strategy, 2010.

[4] F. Starr, Afghanistan beyond the Fog of Nation Building: Giving Economic Strategy a Chance, 2011; F. Starr, Finish the Job: Jump-Start Afghan's Economy, 2012.

但第一种态度还是得以贯彻。一些美国专家写道，美国和中国在中亚的利益是互补的，中国对该地区的参与符合美国的利益，[1] 因为这能够将俄罗斯"排挤"出该地区。20世纪头十年美国的立场延续了这种双重性。到了2010年代初，美国对中国在中亚政策的态度更为正面。

2013年秋，美国国内就中国的"丝绸之路经济带"倡议展开了热烈讨论。在讨论过程中也有对中国倡议的夸张性评价：一些人将"丝绸之路经济带"倡议描述为经济和政治扩张，会对中亚国家主权构成威胁。然而，奥巴马政府的官方人士和大多数美国专家对"丝绸之路经济带"倡议持谨慎的积极态度。

接下来几年，美国对"丝绸之路经济带"倡议的态度变得愈发正面。美国占主流的意见是，中国通过大规模投资基础设施能积极促进中亚的发展。于是，奥巴马政府在2015年秋更新了美国的中亚战略，公开对"丝绸之路经济带"倡议持积极态度。介绍新版战略时，副国务卿安·布林肯重申了许多过去就被认定为美国在中亚的利益：安全、打击恐怖主义/极端主义、经济合作、民主化和人权。[2] 但是，他发言中的重要部分则是关于中国在中亚的正面角色的描述，以及"丝绸之路经济带"计划。布林肯称，"丝绸之路经济带"倡议（及中国在中亚的整体政策）与美国在该地区政策"完全互补"（fully complementary）。此外，布林肯还表示支持美中在中亚协调行动。考虑到布林肯总是猛烈抨击俄罗斯在中亚的作用，认为俄罗斯对中亚构成威胁，他对中国在中亚政策的积极评价更为引人注目。总的来说，由于历史原因，俄罗斯在中亚保留一定的影响，但却是负面影响；而中国在中亚的影响不断上升，且为正面影响。布林肯还强调，美国支持中国在中亚的政策是基于中国实现这些计划的方式；他多次重复了这一点，"重要的不仅是中国正在做什么，还有如何做"。

尚不完全清楚为什么奥巴马政府转移了重点，更为积极地看待中国在中亚政策的问题。不能排除，奥巴马政府对与中国建立某种特殊关系（是指美国扮演"老大哥"，而中国地位略低）怀有希望，甚至在北京拒绝了奥巴马的战略家布热津斯基的建立美中"G2"的建议之后，奥巴马政府仍有这种想法。美国的战略界仍记得一百多年前的历史，当时迅速崛起的亚洲大国日本，选择的主要扩张方向——深入欧亚大陆，或是从海路扩张，选择后者就意味着最终将与美国发生战争。这一历史经验昭示美国采取历史上的做法会更为有利，使崛起中的亚洲大国中国向欧亚大陆方向扩张，不会与世界海洋霸主的美国在海上冲突。但奥巴马政府对"丝绸之路经济带"倡议持积极态度，更大程度上是出于反俄的考虑。

在2009—2014年间，美国非常担心俄罗斯在中亚及整个后苏联地区影响力

---

[1] Mark Burles, China Policy toward Russia and the Central Asian Republics, Santa Monica, RAND, 1999, p. 62.

[2] Antony J. Blinken, An Enduring Vision for Central Asia, Brookings Institute, Washington, DC, 2015, March 31 // http://www.state.gov/s/d/2015/240013.htm.

的扩大。近些年，在该地区成立了关税同盟、统一经济空间，建立欧亚联盟的谈判也启动了。2011年10月普京提出了建立欧亚联盟的倡议。值得注意的是，当时仅仅说的是"联盟"，没有"经济"一词，这使美国的战略家们非常不安。[1] 此外，纳扎尔巴耶夫不仅没有反对，反而表示"今天应当克服对'联盟'一词和臭名昭著的'帝国入侵'说法的恐惧"。[2] 美国不出意料地对后苏联地区一体化的前景表示了极度担忧。他们认为，这种一体化与美国希图使中亚国家减少对俄罗斯的依赖，实现经济联系多样化的总方针相背离。普京和纳扎尔巴耶夫关于"联盟"的说辞使得美国外交官们认为，他们对重建苏联这一最坏情况的担心是有道理的。在此背景下，中国的"丝绸之路经济带"倡议被美国看作是俄罗斯在中亚计划的竞争者。2014年底，美国甚至提议协调中国的"丝绸之路经济带"与美国的"新丝绸之路"。然而，中国更倾向于"丝绸之路经济带"与欧亚一体化协调合作。

美国在中亚政策的前景

特朗普政府在上台前就已清楚：惧怕欧亚一体化，并过度夸大俄罗斯在中亚以及整个后苏联地区的影响力，都是毫无根据的。于是，美国减少了对中亚的关注。与此同时，联结中亚与阿富汗的重要性也在降低。在缩减驻阿美军规模后，美国对中亚的兴趣再次下降。如此一来，在过去15年里决定美国在中亚政策的俄罗斯方面和阿富汗方面的因素都减弱了。因此，近两三年里美国对中亚的总体兴趣显著下降。当然，很多事务由于惯性仍然得以发展，此前商定的一些方案和项目正在实施。然而对该地区的政治关注和相关的财政预算明显减少。

乍一看，这对俄罗斯、中国和中亚地区其他邻近国家是个好消息。然而，中亚国家却将美国对该地区关注度的降低视为负面消息，它们一直期待国际社会对自己的关注可以转化为金融红利，可以促进精英的收益以及整体经济的发展。因此中亚国家采取措施，努力维持美国对该地区的关注。为此，各国准备应美国的要求，更大程度参与阿富汗事务，为阿富汗的发展提供协助。这将会带来一些风险。

21世纪头十年中亚曾是俄美激烈竞争的舞台。近十年来，在美俄关系急剧恶化的背景下，有些人担心中亚更可能成为大国对抗的舞台，这引发了中亚国家的担忧，但这种情况并没有发生。然而，受此种担忧影响，中亚的利益认知发生了变化。2008年高加索危机后的近十年，尤其是乌克兰危机开始后的四年来，中

---

[1] Путин В.В. «Новый интеграционный проект для Евразии – будущее, которое рождается сегодня» // Известия. 3 октября 2011 г.

[2] Назарбаев Н.А. Евразийский союз: от идеи к истории будущего // Известия. 25 октября 2011 г.

亚各国精英逐渐改变了自己对地缘政治平衡的解释。在20世纪90年代和21世纪头十年，地缘政治平衡就是大国矛盾的博弈，甚至某种程度上是激化大国矛盾，通过大国间的竞争提升自己的价值，从中获取经济上的好处。如今，中亚国家认为地缘政治平衡是调整与大国的关系，首先是调整与美国和俄罗斯的关系，这可以使自己免遭两国的地缘政治压力，避免卷入地缘政治对抗。实质上，中亚的精英想在当前美俄对立情况下保持地缘政治中立。目前来看，美俄尚未将中亚国家拖入到彼此的对抗中来。

对于特朗普而言，最优先的选择是强硬地遏制中国，改变全球经济规则，以使中国不再能够借全球化轻易致富。特朗普政府搞的重大反华议题——双边贸易战，推行"印度洋—太平洋"战略，其本质是在亚洲建立一个广泛的联盟，将与美国友好的国家，同时又与中国有摩擦的国家联合起来。如果未来美国继续推行特朗普当前的反华政策，那么受此影响，在2—4年内，美国的整个对外政策都将重新调整。

值得注意的是，经过权衡，特朗普政府开始改变对待"丝绸之路经济带"倡议的积极态度，转而支持印度，对中国的倡议保持戒备。照此趋势，反华可能成为美国未来十年中亚政策的主基调。在美国专家中，存在两种观点，一派对中国的中亚政策持正面看法；另一派则持批评态度。奥巴马政府时期倾向于第一种，在特朗普时期开始倾向第二种观点。

反华可能成为美国未来十年中亚政策的主基调。

（戴惟静译；荆宗杰校）

修正主义视角下的土耳其与美国战略伙伴关系前景探析

唐志超

内容提要：土耳其是美国的传统盟友，也是中东及伊斯兰世界唯一北约成员国。近年来，围绕释放被土关押的美国牧师安德鲁·布伦森、引渡"居伦运动"领导人费特胡拉·居伦、美支持叙利亚库尔德武装、土购买俄罗斯S-400反导系统以及美对土钢铁铝制品加征关税等一系列问题，土美矛盾持续上升，两国战略伙伴关系风雨飘摇。土美矛盾激增表面上反映的是双方利益冲突与政策分歧的增多，实际上是身份危机的反映，根源在于土美自我身份认同的重构以及对彼此身份、关系的再审视。为此，土美关系需要历史性再定位。

关键词：土耳其 美国 战略伙伴关系 修正主义 变化

一、处于十字路口的土美关系

第二次世界大战结束后不久，土耳其与美国就确立了战略盟友关系，至今已有70余年历史。进入21世纪后，两国关系则每况愈下，呈现走下坡路势头。英国《经济学家》直言，土美关系正坠入历史最低点。[1] 美土国内舆论都在讨论土

唐志超 中国社科院西亚非洲研究所中东研究室主任、研究员。
1 "Relations between Turkey and America are Near Breaking Point", *The Economist*. 9 October 2017, https://www.economist.com/europe/2017/10/14/ties-between-turkey-and-america-are-near-breaking-point.

美战略伙伴关系是否正在走向终结。[1] 一些美国学者则担心土耳其将成为"巴基斯坦第二"。[2]

回顾历史，我们可将土美关系划分为三个发展阶段。

第一阶段（1918—1945年），从"一战"结束到"二战"结束，关系平淡期。期间，彼此对发展双边关系并不热心，关系也不密切。1918年第一次世界大战结束，战败的奥斯曼帝国解体并被瓜分。1923年，土耳其共和国成立。不过，直至1927年美国才与土耳其正式建交。这恐怕与当时的土耳其采取亲苏政策有莫大关联。"二战"期间，土耳其在两大阵营中间采取"骑墙"政策，对德国态度暧昧，保持藕断丝连联系，直到战争结束前最后一刻才匆忙对德宣战。[3] 这也埋下了苏联对土不满的种子。

第二阶段（1945—2002年），关系稳固的蜜月期。"二战"后，土耳其很快成为美苏开启冷战的战线前哨。1946年，苏联向土提出修改关于土耳其海峡的《蒙特勒公约》和割让领土等一系列要求，导致爆发土耳其危机。在苏联威胁下，土耳其决定寻求美国保护，而美积极予以回应，填补英国撤离遗留的真空。1947年3月，美国总统杜鲁门在国会发表了后来被称为"杜鲁门主义"的国情咨文，提出向土耳其、希腊提供经济和军事援助以抵御苏联的扩张。在咨文中，他强调"捍卫土耳其国家领土完整，对于中东秩序的维持是必不可少的"。[4] "杜鲁门主义"奠定了冷战时期美国外交政策的基础，这一讲话也标志着冷战的开启。5月，美国会通过了向希腊和土耳其提供4亿美元援助的法案。7月，土美签署《经济与技术合作协定》。到1950年，美共向希腊、土耳其两国提供6.59亿美元的援助。1952年2月，土耳其加入北约，成为北约的唯一伊斯兰成员国。自此，土美建立起战略伙伴关系，土耳其成为美在该地区最亲密盟友之一，土承担起西方从西南翼方向遏制苏联的重要战略前哨。土积极参加朝鲜战争，在中东拼凑"中央条约组织"，允许在土境内建立美军事基地并部署针对苏联的核武器。

第三阶段（2003年至今），两国关系剧烈调整的动荡期。这期间，一系列内

---

[1] Philip Gordon, "Turkey and the US Face the End of a Promising Partnership", *Financial Times*, October 10, 2017; Kilic Bugra Kanat, "Is It the End of Turkey-US Partnership?" *Daily Sabah* ,August 31, 2018, https://www.dailysabah.com/columns/kilic-bugra-kanat/2018/09/01/is-it-the-end-of-turkey-us-partnership; Semih Idiz , "Is Turkey's Strategic Partnership with America Coming to an End?" al-monitor, August 15, 2018, http://www.al-monitor.com/pulse/originals/2018/08/turkey-united-states-is-strategic-partnership-ending.html.

[2] Martin Forgues, "Is Turkey the New Pakistan?" August 2, 2015, https://thenewsrep.com/42480/turkey-new-pakistan/;Jennifer Cafarella, "How Turkey Could Become the Next Pakistan", Jul.19, 2016, http://www.understandingwar.org/backgrounder/how-turkey-could-become-next-pakistan；Mark Almond, "Is Erdogan turning Turkey into the new Pakistan?" *the telegraph*, 12 Oct. 2015, https://www.telegraph.co.uk/news/worldnews/europe/turkey/11926989/Is-Erdogan-turning-Turkey-into-the-new-Pakistan.html.

[3] 1945年2月23日，土耳其政府对德国宣战。

[4] "President Harry S. Truman's Address Before a Joint Session of Congress, March 12, 1947", http://avalon.law.yale.edu/20th_century/trudoc.asp.

外因素推动两国关系逐步发生变化。

首先，2002年雷杰普·塔伊普·埃尔多安（Recep Tayyip Erdogan）领导的正义与发展党（AKP，下简称正发党）赢得大选并于次年上台执政。正发党大幅修正了土传统内政外交路线，由此对土美关系产生重要影响。2003年2月，土大国民议会否决允许美军过境土耳其，开辟军事打击伊拉克的"北方战线"的议案。土议会这一行动在土美关系史上具有里程碑意义，标志着土美蜜月期的正式结束。

其次，土美在地区和国际事务上的矛盾与分歧日增，彼此共同利益递减，双方龃龉与摩擦不断，在一系列全球和地区重大问题上日益不合拍。土美在伊拉克战争、巴以问题、伊朗核问题、库尔德问题、叙利亚问题、民主改革、地区反恐等一系列重大问题上都存在严重分歧。

最后，中东地区及国际格局发生一系列显著而重大的变化，伊拉克战争、国际反恐战争、伊朗核问题、"阿拉伯之春"、利比亚战争、叙利亚战争、极端组织"伊斯兰国"的兴起等地区重大事件频发。地区格局的变化以及地区重大安全问题频发，非但未能拉近土美关系，反而分化了两国同盟关系。土日益认为，作为盟友的美国所推行中东政策严重损害了土核心利益和国家安全。比如，土反对伊拉克战争，认为难民问题以及库尔德问题将对土产生重要影响，但未能阻止美采取行动。在叙利亚问题上，土要求美军事干预叙利亚，而美国则希望从中东抽身。在库尔德问题，美出于反恐需要积极援助叙利亚库尔德人打击"伊斯兰国"，而土公开谴责这是"支持恐怖主义"。

二、土美关系中的主要问题

近年来，尤其是从奥巴马政府第二任期开始，土美矛盾骤增，摩擦不断，彼此战略目标和利益分歧日增。特朗普上台后，这一趋势并未得到逆转，反而加速恶化。综合起来，当前土美矛盾主要集中在几个问题上。

土美矛盾近年来加速恶化。

第一，美支持叙利亚库尔德武装。库尔德问题是当前土美关系中最突出、最重要的问题，事关土核心利益和国家安全，是土外交的一条"红线"。长期以来，土一直指责美在反恐问题上持双重标准，打击土分裂武装"库尔德工人党"（PKK）不力。叙利亚战争爆发后，这一矛盾更加尖锐。叙战争期间，由于叙中央政府失去对叙北部库尔德地区的控制，与库尔德工人党关系密切的叙库尔德政党民主联盟党（PYD）及其军事分支"人民保卫军"（YPG）实际控制了叙北部，并实现了事实上的自治。这成为土耳其的心腹大患，阻止库尔德人自治并打压库尔德人已上升为土对叙政策的主要任务。而库尔德人达到今天这一地位，与美国的支持密切相关。由于美不愿动用地面部队去打击"伊斯兰国"和威慑巴沙尔政权，为此美大力扶植叙库尔德武装，并为其提供大量军援。对此，土十分不满，谴责美与"恐怖组织"为伍。双方围绕库尔德问题矛盾不断上升。2016年,土不顾美强烈反对,对叙库尔德武装发动空袭。2017年,美土曾就此问题达成谅解,但很快埃尔多安就批评特朗普背弃承诺,继续向库尔德武装提供武器。2018年1月,美宣布将在叙组建以库尔德武装为主体的"边境安全部队",并将在新年度预算中拨款3亿美元进行援助。土方立即做出激烈反应,称美此举"不可接受"。埃尔多安表示,"边境安全部队"对土国家安全构成威胁,土将消灭该部队。一周后,土便向叙库尔德人控制的阿夫林地区发动代号为"橄榄枝行动"的大规模军事行动。在夺取阿夫林之后,土又进军叙重镇曼比季。面对咄咄逼人的土军,因担心两个北约盟友之间爆发直接军事冲突,美不得不向土让步,劝说库尔德武装先后撤离阿夫林和曼比季,为此大失颜面。2018年6月,土美达成曼比季协议,随后土军开始在曼比季郊区部分地区巡逻。2018年10月,埃尔多安又表示,土将撕毁土美关于曼比季的协议,土军将进军幼发拉底河以东打击库尔德武装。10月28日,土军对幼发拉底河以东的库尔德武装目标实施炮击,这是土耳其军队首次袭击幼发拉底河东部地区。11月初,土美再次达成协议,土美两国军队开始在曼比季联合巡逻。美承认开展联合巡逻的目的是保护曼比季的长远安全以及支持美对北约盟友土耳其的安全承诺。预料,土美将围绕库尔德问题再次爆发冲突。

第二,关于引渡"居伦运动"领导人问题。2016年7月15日,土发生未遂军事政变。埃尔多安指责温和的泛伊斯兰组织"居伦运动"以及长期居住在美国费城的该组织领导人费特胡拉·居伦(Fethullah Gulen)是军事政变的"幕后元凶"。"居伦运动"在土社会拥有广泛影响力,尤其在军队、政界、商界和教育界。英国广播公司(BBC)称,费特胡拉·居伦为土耳其"排名第二的最具影响力的人物",仅次于埃尔多安。该组织原为埃尔多安的政治盟友,但因双方在一系列内政外交问题上存在分歧,2015年以来该组织与埃尔多安逐步分道扬镳。军事政变未遂后,土政府全力打击居伦运动,清洗该组织成员,迄今已有超过11万人因涉嫌与"居伦运动"有关系而被捕。土政府还在全球范围内清剿居伦组织成员,或引渡,或绑架和暗杀。政变后不久土就向美提出引渡居伦要求,多次派代表团赴美就此进行谈判,并向美方提供了大量关于居伦涉嫌参与军事政变的材料。政变未遂后,土国内阴谋论盛行,批评美是政变幕后支持者。土政府谴责美中央司令部司令约瑟夫·沃特尔(Joseph Votel)"站在政变策划者一边"。[1]还有土媒体指责美退役将军、前北约驻阿富汗联军司令约翰·坎贝尔(John F. Campbell)是政变的"幕后主谋"。[2] 对埃尔多安而言,在土唯有"居伦运动"才能对其执政地位构成实质性威胁,"居伦运动"对其威胁远甚于库尔德问题。为

---

[1] "Turkey's Erdoğan to Drop Lawsuits Against People Who Insulted Him", BBC News, 29 July 2016.

[2] "US Commander Campbell: The Man Behind the Failed Coup in Turkey", *Yeni Safak*, 25 July 2016, http://www.yenisafak.com/en/news/us-commander-campbell-the-man-behind-the-failed-coup-in-turkey-2499245/.

此，埃尔多安本人多次向奥巴马总统、特朗普总统提出引渡问题。美方要求土方必须提供"确凿证据"。迄今为止，土引渡居伦的目标并未实现。对此，土极度不满，埃尔多安指责美支持和庇护"恐怖主义领导人"，并威胁美必须在安卡拉和居伦之间做出选择。

第三，土购买俄罗斯S-400弹道导弹系统问题。2007年12月，土耳其与俄罗斯签署了土向俄购买S-400防空导弹系统的协议。根据协议，土将向俄购买4套S-400防空导弹系统，并由俄提供贷款。计划于2020年3月首批交付。土这一决定遭到美国及北约强烈反对，并就此多次与土磋商。美国政府坚决反对土采购俄S-400防空导弹系统，认为S-400系统不仅与北约武器不兼容，还可能导致北约的军事机密和先进技术泄露给俄方，并危及北约集体安全。美多次警告土方，此举不仅损害土美军事合作，还将对土美关系造成难以修复的伤害。2017年6月，美副国务卿韦斯·米切尔（A. Wess Mitchell）在国会作证时指出，阻止土购买S-400是美土关系中的一项优先任务。他强调，一旦土购买，美土关系将难以恢复，美将依照《以制裁反击敌人方案》对土实施制裁。"我们已明确告知土方，如果购买S-400，后果自负"。为阻止土购买S-400，美采取了与土购买第五代战机F-35挂钩的策略，决定暂停向土出售第五代战斗机F-35。2018年7月，美参院专门通过法案，要求政府在解决S-400问题以及释放美籍牧师安德鲁·布伦森（Andew Bruson）之前，不得向土交付F-35战机，并将此条款写进了最新的2019国防预算法案中。此举进一步触怒了土方。依照土美之前的协议，土已订购35架F-35战斗机，计划总共购买120架。目前，美不允许已交付土耳其的2架F-35战斗机回国，将其无限期扣留在美境内。对美方的威胁，埃尔多安回应称，土有权建立独立自主的防空力量，其他国家无权干涉。对土制裁威胁，埃尔多安强调土正在研究"各种替代方案"。土外长也表示，土不能接受对其制裁要挟的做法，若美拒绝向土提供F-35战机，土将采取回应措施。事实上，S-400问题不仅仅是军事问题，更是政治问题，反映了土美俄三边关系的嬗变，潜藏着美对土转向俄以及俄力图在北约中打入楔子的担忧。

第四，土关押美牧师安德鲁·布伦森以及多名美驻土使领馆雇员。据悉，目前在土被关押的美国公民以及美驻土使领馆土籍雇员有十多人，他们大多于2016年军事政变后被土方指控与"恐怖组织"有联系。其中包括著名的美国牧师安德鲁·布伦森以及美国天文学家塞尔坎·格杰（Serkan Golge，土耳其裔）。2017年10月，因土警方逮捕两名美驻土使馆的当地雇员，美方决定暂停在土受理所有非移民签证。随即，土政府也宣布针对申请土签证的美公民采取相同措施。由此引发美土间长达三个月的签证停摆危机，直到2017年12月底，双方才达成协议，宣布全面恢复签证服务。当前双方主要是围绕释放安德鲁牧师发生严重争执。2016年10月，长期在土生活的美籍牧师安德鲁·布伦森被捕，罪名是与居伦运动"合谋"以及支持库尔德工人党。围绕释放布伦森，奥巴马、特朗普、副总统彭斯、前国务卿蒂勒森和现任蓬佩奥、多名重量级美国会议员都亲自做埃尔多安的工作，但均无效。2018年7月，土法院驳回了要求释放布伦森的上诉。7月25日，土法院决定将布伦森改为软禁，但禁止其离境。7月26日，特朗普和副总统彭斯公开要求土方立即释放布伦森，否则将面临"大规模制裁"。7月27日，国务卿蓬佩奥与土外长会面，要求土必须释放布伦森。8月1日，美财政部宣布对土司法部长和内政部长实施制裁，指责其"侵犯人权"。8月10日，特朗普宣布对土钢铁和铝产品加征关税，主要理由是土拒绝释放布伦森。8月14日，美总统国家安全顾问博尔顿与土驻美大使会面讨论布伦森问题，博尔顿强调美不会让步。8月15日，土法院再次驳回释放布伦森的上诉。曾在奥巴马政府任职的前财政部负责恐怖融资事务的助理部长丹尼尔·格拉泽（Daniel Glaser）称，美国对北约成员国实施制裁，"还真是第一次发生"。埃尔多安也愤怒回击美国，指责"美国正因一个牧师而改变与土耳其的战略伙伴关系"。[1] 特朗普坚持必须释放安德鲁，如土仍不释放安德鲁，威胁将采取更多制裁措施。经过数月交涉，双方达成秘密交易。2018年10月12日，布伦森牧师获释，随即美表示将解除对土制裁。[2] 不过，虽然布伦森问题得以解决，但土美"人质危机"依存，仍有数名美国人以及土籍雇员在土被关押。土长期关押如此众多美国人，这在土美关系上可谓罕见。

第五，土部分官员和商人在美遭指控和审判影响土美关系。2016年3月，土耳其商人礼萨·扎拉布（Reza Zarrab）在美国迈阿密被捕，美方指控其协助伊朗规避制裁。2017年3月，土耳其国有银行人民银行（Halkbank）副行长穆罕默德·哈坎·阿提拉（Mehmet Hakan Atilla）在美被捕，美方指控其协助扎拉布合谋规避美对伊制裁。9月，美司法部发布声明称，土前经济部长卡格拉扬、人民银行行长阿斯兰以及阿提拉、扎拉布违反美对伊制裁。随后，扎拉布和阿提拉分别受审。已认罪的扎拉布在法庭上指证阿提拉，还声称交易涉及埃尔多安等人。2018年1月，美检方以密谋帮助伊朗躲避制裁为由起诉阿提拉等九人，陪审团裁决针对阿提拉的六项指控中有五项罪名成立。土政府自始至终声称这个案子是"西方和居伦共同导演的一个阴谋"。埃尔多安公开谴责美法院的审判，称"美对阿提拉进行的庭审过程实质是在试图对土发动新政变"。[3] 该事件实际上暴露了

---

[1] "US Changing Strategic NATO Partner with Pastor, Turkish President Erdoğan Says", August 11, 2018, http://www.hurriyetdailynews.com/dont-force-turkey-to-look-for-other-friends-erdogan-addresses-us-in-nyt-article-135685.

[2] 2018年10月12日，土耳其法院以支持恐怖主义罪名判处安德鲁·布伦森监禁3年零1个月。鉴于实际羁押时间，因此决定将其释放。

[3] "Erdoğan Claims Conviction of Atilla Part of a 'New Coup Attempt' Against Turkey", January 10, 2018, https://www.turkishminute.com/2018/01/10/erdogan-claims-conviction-of-atilla-part-of-a-new-coup-attempt-against-turkey/.

土美在伊朗问题上的严重分歧。

第六，日益尖锐的经济问题。这一问题是土美关系中的新问题，但正变得日益重要，特朗普与埃尔多安都将此问题上升至事关国家安全的高度。2016年土美贸易额约为170亿美元。土是世界第八大钢铁出口国，而美是土钢材最大出口市场。2018年3月，特朗普政府决定对土耳其钢铁和铝制品分别征收25%和10%的关税。6月，土实施报复，决定对价值18亿美元的美国产品加征关税，加征关税额为2.67亿美元。8月4日，美贸易代表办公室还宣布，美正在考虑是否撤销土享受的普惠制待遇（GSP）问题。根据该制度，2017年土向美出口17亿美元，占土对美出口总额的17%。8月10日，特朗普宣布将土钢铁和铝产品的进口关税进一步分别上调至50%和20%。此举引发土里拉危机。对此，土做出反击。8月15日，土颁布总统令，决定对美国生产的22种商品加征进口关税，将酒类税率升至140%，汽车税率升至120%，香烟和化妆品税率升至60%，大米税率升至50%，水果提高至20%，总价值达5.33亿美元。埃尔多安谴责美国对土实施"经济战"，呼吁抵制美国电子产品，尤其是苹果手机。而白宫称土报复行动是"向错误方向迈出的一步"。

三、土美结构性矛盾凸显

当前土美关系中出现的问题，反映了双方政策分歧的日益扩大和共同利益的日益缩小。从根本上说，土美矛盾绝非短期利益之争，而是一种深层次矛盾的必然反映，是时代大势和土美自身演变的必然结果。

> 土美矛盾绝非短期利益之争，而是一种深层次矛盾的必然反映，是时代大势和土美自身演变的必然结果。

奥巴马政府曾期望与土建立一种"模范伙伴关系"(model partnership)，[1] 可惜最终未能如愿。奥巴马离任时，土美矛盾已累积了大量矛盾，双方在战略上以及地区问题的策略上都产生了巨大分歧。特朗普上台后也宣称与埃尔多安之间有"化学反应"，对奥巴马极度失望的埃尔多安起初也对特朗普抱有很大期待，两人也多次相互示好。不过，事情并未向预期方向发展，两国矛盾不减反增，双边关系加速恶化。这显示土美关系之间存在结构性矛盾，而这绝非通过示好或利益调和短期就能解决的。过去数十年来，尤其是在冷战时期，土美盟友关系完全基于共同的安全威胁，可谓志同道合。苏联解体严重削弱了土美联盟的根基。之后，双方逐步走向志不同，道不合。后冷战时代的土美关系变化与调整反映了国际格局的变迁，也反映了土美各自内外战略的深刻调整。事实上，土美在内政外交上都在推行一条修正主义的路

---

[1] "Obama Says U.S., Turkey Can be Model for World", April 6, 2009, http://edition.cnn.com/2009/Politics/04/06/obama.turkey/index.html.

线，彼此平行而不交叉，这也决定了双方关系必然要进行历史性修正。

正发党在土耳其上台执政以来，埃尔多安一直在全力打造"新土耳其"（New Turkey）。埃尔多安提出的"新土耳其"概念，实质上是要对以凯末尔主义[1]为指导原则的"旧土耳其"的根本性改造，是推行"去凯末尔主义化"。在埃尔多安看来，凯末尔所推行的彻底世俗化、脱亚入欧的西化道路并不符合土耳其国情，长期推行的依附于西方、做西方跟班的外交路线也损害了土耳其在国际舞台上本应具有的独特作用。而一个横跨亚欧的伊斯兰的地区大国更符合土耳其的国家定位和身份。在外交上，埃尔多安推崇"战略深度"（Strategic Depth）的外交思想，[2] 强调土耳其有着特殊的地理位置、辉煌的历史和独特的文化，为此必须发挥与之相匹配的大国作用。在其看来，当今世界格局已变，国际力量对比正发生由西向东转移的历史性变化。土耳其不能再扮演西方跟班的角色，必须实行独立自主外交，必须改变"脱亚入欧"的传统外交路线，回归欧亚和伊斯兰国家身份，推行"西顾、南下、北上、东向"的新外交路线，发挥地缘优势，以在全球及地区事务中扮演重要角色。在其看来，土耳其推行近百年的"脱亚入欧"政策基本是失败的，西方对土可谓薄情寡义。欧盟一直拒绝土加入。美国一再叛卖土耳其的利益，从1962年古巴导弹危机，因塞浦路斯问题制裁土，再到当代的伊拉克战争、叙利亚战争、库尔德问题等，不胜枚举。土日益难以忍受美在全球战略和地区政策方面丝毫不顾忌盟友的感受及利益的做法，对事关土核心利益的重大问题态度暧昧。埃尔多安强调，美国不理解和不尊重土耳其人民的关切。除非美尊重土主权，改变单边主义和不对称、不平等的政策和态度，否则土美伙伴关系将可能处于危险之中。如果美不改变单边主义和不尊重土耳其的做法，土耳其将被迫寻找新的伙伴和朋友。[3] 前美国助理国务卿菲利普·戈登（Philip Gordon）也呼吁华盛顿，要按土耳其国家的本来面目，而不是美国人所希望的那样去对待它。[4]

与此同时，美国的内政外交也在发生急速转变，重新寻找自己的身份与国际定位。冷战结束以来，从克林顿到小布什，从奥巴马到特朗普，可以明显看到美国正在发生由外转向内，由自由主义到保守主义，由国际主义到孤立主义的意识形态和政策转变，这在奥巴马时期和特朗普政府身上表现最为抢眼。我们正迎

---

[1] 穆斯塔法·凯末尔·阿塔图尔克（1881年5月—1938年11月），土耳其国父。以六大主义（共和主义、民族主义、平民主义、国家主义、世俗主义、改革主义）为核心原则的凯末尔主义是土耳其共和国的核心意识形态。

[2] 前土耳其外长达武特奥卢提出的一种外交理论，并成为埃尔多安及正义与发展党的主要外交指导思想与原则。

[3] "US Changing Strategic NATO Partner with Pastor, Turkish President Erdoğan Says", *hurriyet daily news*, Aug. 11, 2018, http://www.hurriyetdailynews.com/dont-force-turkey-to-look-for-other-friends-erdogan-addresses-us-in-nyt-article-135685.

[4] Philip Gordon, "Turkey and the US Face the End of a Promising Partnership", *Financial Times*, October 10, 2017.

来一个带有更多民族主义色彩的内敛化的美国。在美方看来，土耳其的战略价值已不再那么重要。首先，美全球战略正从欧洲和中东向亚太转移，主动从中东战略收缩，对土战略需求下降，对土安全和利益也难以顾及。自2009年奥巴马访土以来，美总统未再访土。奉行"美国优先"的特朗普加速实施从中东及全球的退缩，对北约成员国的利益与安全并不特别关心，也不愿与盟友共同分担安全风险，对土耳其也更多关注短期利益，比如叙利亚问题、打击"伊斯兰国"问题等。其次，"土耳其模式"风光不再。冷战结束后一段时期，西方一度认为土耳其是伊斯兰世界将世俗与民主相结合的典型，并大力向伊斯兰世界兜售。不过，现如今西方对此兴趣已大大下降。这既与西方世界力不从心、"土耳其模式"在各地水土不服有关，也与"土耳其模式"自身也在逐步变异有很大关联。最后，美对土战略疑虑逐步上升，对土未来走向充满疑虑。埃尔多安的内政外交路线正日益偏离西方轨道。美国内批评埃尔多安搞独裁专制和推行伊斯兰主义政策的声浪日高。"维基解密"披露的美驻土使馆秘密外交电报显示，美驻当地外交官将埃尔多安描绘为"一个原教旨主义分子"，称他"迷失于新奥斯曼的伊斯兰主义狂热之中"。[1] 2017年12月，美总统国家安全顾问麦克马斯特公开批评埃尔多安在全球范围内积极支持伊斯兰主义，并警告"土耳其正在远离西方世界"。[2] 对土耳其里拉危机，白宫经济顾问委员会主席凯尔文·哈塞特称，美加征钢铁关税对里拉暴跌的影响微乎其微，主要原因在于土丧失了自由民主。[3]

在某种程度上，当前的土美危机也是两国各自面临的身份危机的反映。埃尔多安的土耳其和特朗普的美国都处于重新寻找自我和航向的迷失中。随着共同利益减少，战略互信日益下降，土美各自对自身定位以及对外战略的调整，土美关系已很难回到过去。土美渐行渐远在民意中也有明显反映。自正发党上台以来，美在土受欢迎度持续下降。2017年8月，美国皮尤调查中心发布的一项民调显示，高达72%的土耳其受访者认为美国是土耳其的最大安全威胁，为2013年以来最高比例。另有82%的土耳其受访者表示不信任特朗普。[4] 而美国舆论对土的看法也是日益负面。美智库"安全政策中心"（Center for Security Policy）总裁、前美国助理国防部长弗兰克·加夫尼（Frank Gaffney）明确指出，土耳其已不再是美国的盟友，埃尔多安希望成为新奥斯曼帝国的新哈里发，并且正在拥抱美国的敌人：俄罗斯、中国和伊朗。"最近很少有地缘战略发展像土耳其从一个可靠的、

---

[1] Tim Lister, "Leaked Cables Point to Vital, Volatile U.S. Relationship with Turkey", CNN, November 30, 2010, http://edition.cnn.com/2010/US/11/29/wikileaks.turkey/?hpt=C1.

[2] "US Official Accuses Turkey of Pushing Extreme Islamist Ideology", Voice of America, 13 December 2017.

[3] "White House Adviser Hassett: US Monitoring Turkey Situation 'Very Closely'", Voa, August 13, 2018, https://www.voanews.com/a/white-house-adviser-hassett-us-monitoring-turkey-situation-very-closely-/4526961.html.

[4] "72 Percent of Turkish Citizens See US as Security Threat", *hurriyet daily news*, 2 August 2017, http://www.hurriyetdailynews.com/72-percent-of-turkish-citizens-see-us-as-security-threat-116272.

世俗的、民主的同盟国家转变成一个充满敌意的、伊斯兰至上主义和日益专制的政权统治的国家那样令人担忧"。[1] 值得注意的是，加夫尼的观点几乎是近年来美国土耳其研究的主流看法，反映了当前美主流社会对土的基本认知。[2]

未来，动荡中调整将是土美关系的新常态。 未来，动荡中调整将是土美关系的新常态。短期内，虽土美激烈冲突，但土美恐难彻底破裂，彼此对继续维护战略伙伴关系仍有需要。美知名中东专家迈克尔·辛格（Michael Singh）和詹姆斯·F.杰弗里（James Jeffrey）认为，土耳其对美仍有战略价值，土美战略伙伴关系值得继续维护。没有土耳其的合作，美很难实现在伊拉克、叙利亚、伊朗、俄罗斯以及欧洲的目标。美政府不能因为土耳其不好打交道，就放弃它。[3] 前美驻阿塞拜疆大使马修·巴瑞扎也警告，美国承担不起失去土耳其的代价。[4] 对土而言，土在经济和安全上对西方依赖很深，短期难以改变这一现状。加入欧盟虽困难重重，但仍是土既定目标，并未改变。土多次扬言要加入上合组织，更多出于对欧盟的威胁。美助理国务卿米切尔在国会调整会上明确表示，土耳其在战略上和政治上继续与西方结盟符合美国的国家利益，同样也符合土耳其的利益。[5] 国防部长马蒂斯也承认，如果禁止对土出口F-35战斗机，可能导致该型号战斗机的供应链中断，并危及正常生产和按期交付。[6] 事实上，美土围绕库尔德问题、制裁问题还是达成了一系列妥协，比如释放布伦森牧师、围绕曼比季达成协议、允许土耳其飞行员在美国境内接受F-35战斗机培训等。

从长远看，土美关系渐行渐远恐将是难以改变的趋势。而土美持续恶化无疑对全球与地区安全构成一系列严重冲击。首先，土美关系恶化不可避免将导致土

---

[1] Michael W. Chapman, "Gaffney: 'Turkey Is An Ally No More'", CNSNews.com, April 18, 2018, https://www.cnsnews.com/news/article/michael-w-chapman/gaffney-turkey-ally-no-more.

[2] Clare M. Lopez, Harold Rhode, Christopher C. Hull, Daniel Pipes, David P. Goldman, Burak Bekdil, Uzay Bulut, Deborah Weiss, *Ally No More: Erdogan's New Turkish Caliphate and the Rising Jihadist Threat to the West*, Create Space Independent Publishing Platform, April, 2018; Soner Cagaptay, "The New Sultan: Erdogan and the Crisis of Modern Turkey", I.B. Tauris & Co Ltd, June 27, 2017; David L. Phillips, *An Uncertain Ally: Turkey under Erdogan's Dictatorship*, Routledge, 1 edition, April, 2017; Halil Karaveli, *Why Turkey is Authoritarian: Right-Wing Rule from Atatürk to Erdogan*, Pluto Press, 1 edition, June 20, 2018.

[3] Michael Singh and James F. Jeffrey, "The U.S. Alliance With Turkey Is Worth Preserving", March 19, 2018, https://www.washingtoninstitute.org/policy-analysis/view/the-u.s.-alliance-with-turkey-is-worth-preserving.

[4] Matthew Bryza, "The U.S. Can't Afford to Lose Turkey", *The Washington post*, August 15, 2018.

[5] Testimony for Assistant Secretary Wess Mitchell House Foreign Affairs Committee Hearing on "U.S. Policy Toward a Turbulent Middle East", April 18, 2018, https://docs.house.gov/meetings/FA/FA00/20180418/108182/HHRG-115-FA00-Wstate-MitchellA-20180418.pdf.

[6] F-35战斗机是北约联合研制项目。其中，土耳其投资约12.5亿美元，部分零配件在土生产和组装。Joe Gould, "Tim Mattis Warns Congress Not to Block Turkey from F-35 Program", July 23, 2018, https://www.defensenews.com/congress/2018/07/23/jim-mattis-warns-congress-not-to-block-turkey-from-f-35-program/.

与北约关系生变，冷战时期构建的以北约为核心的西方安全体系可能面临危机，北约面临从内部瓦解的可能。其次，土美关系生变将重构土美俄三角关系。自冷战开始以来，土美战略伙伴关系的基石是一致对俄，但现如今这一根基已开始发生动摇。近年来，在土与西方关系恶化的同时，土与俄罗斯的关系正不断加强，双方在核电站、军售、天然气管道以及叙利亚问题等诸多方面开展合作。俄罗斯趁虚而入，竭力拉拢土耳其，力图在北约体系中打入楔子，突破北约的围堵。美助理国务卿米切尔还为此指责俄分化美盟友关系。最后，土美分歧影响地区问题解决，冲击地区稳定。土美在叙利亚、反恐、库尔德问题、伊朗问题、美制裁俄罗斯、巴以问题、沙特与卡塔尔危机等地区重大问题上均存在很大分歧，使得地区问题愈难解决。比如，美担忧土对以色列日益严厉的态度以及对哈马斯的支持，不愿看到曾经推动的土以战略合作关系的破裂。在叙利亚问题上，土美有着各自的冲突议程，美更多关注伊朗的影响以及恐怖主义，而土则希望美采取军事行动推翻巴沙尔政权，并限制对叙利亚库尔德武装的支持。

高超音速飞行器及其战略影响

贾子方

内容提要：高超音速飞行器具有高速度、高机动性、高精度的技术特点，现有导弹防御体系无法拦截，可对陆地和海上高价值目标实施远程精确打击，是先进的非对称打击手段。总体而言，高超音速飞行器有利于维持大国间战略稳定。一方面，在常规战争场景下，高超音速飞行器能够更加高效地打击对方作战体系中关键节点，这提升了大国的常规威慑能力，有利于常规威慑的稳定。另一方面，在核战争场景下，高超音速飞行器只是投射手段升级，不能从根本上削弱对方的第二次打击能力，不会危及核平衡。

关键词：高超音速　导弹防御　常规威慑　核平衡

高超音速飞行器（又称高超声速飞行器，Hypersonic Vehicle）是指飞行速度超过 M5（5 马赫 /5 倍音速），在天空和临近空间[1]飞行，飞行全程可控并具备高机动性的飞行器。[2]在国际安全研究视角下，其属于尚未完全转化为实际作战能

贾子方　外交学院国际关系研究所讲师。

[1] 一般将距离地表20—100公里的空间界定为临近空间（Near Space），100公里以上为外层空间（Outer Space），参见 E. B. Tomme, "The Paradigm Shift to Effects-Based Space: Near-Space as a Combat Space Effects Enabler," Research Paper, Maxwell AFB, Alabama, U.S.: Air University, U.S. Air Force, 2005, p.9, http://www.au.af.mil/au/awc/awcgate/cadre/ari_2005-01.pdf, 2018年8月1日登录； UN Committee on the Peaceful Uses of Outer Space, *National Legislation and Practice Relating to Definition and Delimitation of Outer Space*, 2006, http://www.unoosa.org/pdf/reports/ac105/AC105_865Add1E.pdf, 2018年8月1日登录。

[2] 定义综述自：杨亚政等：《高超音速飞行器及其关键技术简论》，《力学进展》，第37卷，第4期，2007年，第537页。Richard H. Speier et al., *Hypersonic Missile Nonproliferation: Hindering the Spread of a New Class of Weapons*, Rand Corporation, Santa Monica, CA, U.S., pp. xi-xiii. Richard P. Hallion et al., *Hypersonic Weapons and US National Security: A 21st Century Breakthrough*, The Mitchell Institute for Aerospace Studies, Air Force Association, Arlington, VA, U.S., p. 2。

力[1]的颠覆性技术（Emerging Disruptive Technology），[2]但发展路径明确，技术水平可预测，应用场景清晰，研究者可以理解技术本身并分析其安全影响。同时，多数既有报道和分析尽管能够基于公开信息介绍高超音速飞行器的特点和军事意义，但仍然缺乏专业研究必备的准确描述和系统性分析，因此在这项技术日益成熟的当下，有必要研究其具体的战略影响。

一、高超音速飞行器：关键技术特点

当前，高超音速飞行器主要包括高超音速助推—滑翔飞行器（Hypersonic Glide Vehicles, HGV）与高超音速巡航导弹（Hypersonic Cruise Missiles, HCM）。前者利用火箭助推进入临近空间，随后有动力（使用超燃冲压发动机）或无动力的乘波体飞行器重返大气层高超音速滑翔，并机动飞行，直至击中目标。后者则类似传统巡航导弹，使用超燃冲压发动机全程动力飞行。[3]

与人工智能类似，高超音速飞行器也并非新出现的概念，甚至可上溯到美国1959年开始的X15验证机项目。[4] 21世纪以来，美国试飞了X43A验证机、HTV-2飞行器、X51A验证机等高超音速飞行器，各有成败，影响并未超出专业技术领域和航空航天爱好者范畴。近年来，高超音速飞行器之所以成为一个政策、战略和公众议题，是因为技术突破可能导致新作战能力的产生。各国近期取得成功的试验项目包括：美国2017年10月由海军主导的"常规快速打击项目"第一次飞行试验（CPS FE-1）、[5]美国与澳大利亚于2017年7月联合完成的"高超音速国际飞行研究试验"（HiFire）第8次飞行试验、[6]中国于2018年8月乘波体高超音速飞行器"星空-2号"的试飞[7]等。当然，还有中国备受关注的所谓"8次

---

[1] 严格说，截至发稿，高超音速飞行器作为作战单元的实际作战能力没有得到任何官方或公开材料证明。

[2] 颠覆性技术（Disruptive Technology）并不一定是在体系层面造成"翻天覆地"影响的技术，当前技术体系、作战体系的复杂程度甚高，很难再出现核武器这样的决定性技术变革，"颠覆"的含义在于既有体系内的创新和带来明显作战优势的新能力的产生。在安全研究中，一般而言可将高超音速技术、无人机技术、人工智能技术等聚合不同领域多种具体应用技术的创新视为颠覆性技术。

[3] Richard H. Speier et al., *Hypersonic Missile Nonproliferation: Hindering the Spread of a New Class of Weapons*, pp.2-3.

[4] https://www.history.nasa.gov/x15/cover.html, 2018年8月30日登录。当然，X15使用火箭发动机，不符合当前的定义。

[5] https://missilethreat.csis.org/navy-tests-hypersonic-glide-vehicle-technology/, 2018年8月30日登录。这次试验使用了美国陆军先进高超音速武器项目（AHW）的成熟技术，是美国军方自2014年AHW项目重大试验事故后的首次成功试验。

[6] https://www.eait.uq.edu.au/hypersonic-flight-test-g2018-08-30.oes-rocket, 2018年8月30日登录。这是一次研究高超音速飞行过程中飞行器控制的试验，科学研究和技术验证色彩更浓。

[7] 《国产高超声速飞行器试飞成功》，《新闻联播》，2018年8月5日，视频见央视网：http://tv.cctv.com/2018/08/05/VIDEWvBd45ciBotVeF8T3MK2180805.shtml, 2018年8月30日登录。这次试飞特别强调了"横向机动能力"。

高超音速飞行器试验",西方媒体将试验型号称为 WU-14 或 DF-ZF（东风 –ZF），并将形成初始作战能力的对应的中程弹道导弹命名为 DF-17（东风 –17），认为其射程在 1400 千米左右。[1] 总之，依据成功试验提供的不完全信息，结合关于高超音速技术的背景知识，[2] 可以推断，中国和美国作为在高超音速飞行器领域的"第一梯队"，[3] 已经基本解决或初步解决了高超音速飞行器实战化所面对的一系列技术难题，如推进技术、气动热力学、材料与结构、飞行控制、热管理及其系统集成技术。[4] 以上技术进步是作战能力的基础，基于技术发展前提的实际作战场景，可以总结高超音速飞行器作为信息化作战体系中新型作战单元的关键技术特点：

> 高超音速飞行器作为作战单元的根本特点是在高速飞行、快速打击的同时能够具备相对较高的机动性并可以精确制导。

高超音速飞行器作为作战单元的根本特点是在高速飞行、快速打击的同时能够具备相对较高的机动性并可以精确制导。这个特点是统一而不可分割的，既是高超音速飞行器与传统空面、面面武器的本质区别，也是其在当前技术发展水平下极难甚至无法拦截的基础。

（一）临近空间中的高速度是高超音速飞行器技术特点的显著表现和界定指标，是其难于拦截的技术基础

高超音速飞行器的飞行速度超过 M5，最高可以达到 M20，即洲际弹道导弹的再入飞行器（RV）的速度级别。速度高的飞行器更难拦截，甚至在一定时期的技术条件下不可拦截，这是自弹道导弹出现就被公认的常识，也是核时代的威慑理论区别于 20 世纪早期基于空权理论的威慑学说，成为真正的威慑理论的技术基础之一的原因。[5] 对高超音速飞行器而言，即使不考虑高机动性这一关键要素，高超音速本身即意味着现有导弹防御系统对其成功拦截的概率很低。

首先，从实际反导拦截作战过程来看，上升段之后，在临近空间飞行的高超音速飞行器比传统的弹道导弹再入飞行器更难被导弹防御系统的雷达探测锁定。高超音速飞行器高速飞行过程中不仅与临近空间的大气产生摩擦，并对其挤压产

---

[1] 有代表性的文章例如 Ankit Panda, "Introducing the DF-17: China's Newly Tested Ballistic Missile Armed With a Hypersonic Glide Vehicle", https://thediplomat.com/2017/12/introducing-the-df-17-chinas-newly-tested-ballistic-missile-armed-with-a-hypersonic-glide-vehicle/，2018 年 8 月 1 日登录。但美国国防部的相关文件和发言都没有使用这些型号的说法。

[2] 中美等国科学家在美国航空航天学会相关会议上发表了系列论文，特别是在厦门主办的第 21 届国际航天飞机和高超声速系统与技术会议，会议论文可作为参考，参见：https://arc.aiaa.org/doi/book/10.2514/MHYP17，2018 年 8 月 24 日登录。

[3] 尽管俄罗斯的"高超音速武器"备受媒体和公众关注，但其技术水平和科研能力距中美尚有差距。

[4] 黄志澄：《高超声速武器及其对未来战争的影响》，《飞航导弹技术》，2018 年第 3 期，第 1 页。

[5] 参见：贾子方：《技术、威慑与中美关系》，北京大学国际关系学院博士研究生学位论文，2016 年，第 24—36 页，第 38—55 页。

生激波，导致电离气体层形成，可以理解为飞行器周围套上了等离子体"外套"，这种电离层造成雷达电磁信号的明显衰减，导致探测锁定难度增大。[1] 简言之，高超音速飞行器不仅具备高速度，而且利用速度获取了更好的隐身性能。

值得补充的是，即使假定现有雷达能够探测到高超音速飞行器，其探测距离也远远小于对传统再入飞行器（惯性飞行器）的探测距离，这是由不同弹道特点决定的。高超音速飞行器弹道主要位于临近空间，相比传统再入飞行器的惯性弹道低平很多，受到地球曲率的影响，陆基/海基X波段雷达对其探测距离远小于对传统再入飞行器的探测距离。[2] 高超音速飞行器的飞行速度本身就意味着预警时间非常短暂，而上述信号特性和弹道特点进一步缩短了导弹防御系统的反应时间。基于相同的原理，留给导弹防御系统的拦截窗口也非常短暂，甚至可以短至数秒，极端情况下可能为零，对导弹防御系统造成巨大挑战。

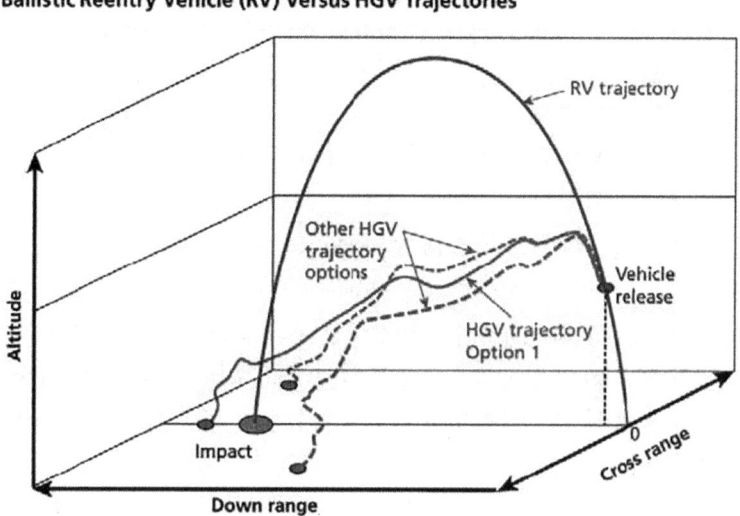

图1 传统RV与HGV弹道对比示意图

即便假定现有的导弹防御系统能够探测到目标，并最小化决策需要的时间（特别是人下达命令的时间，即使是今天，主要大国的反导作战仍然离不开人的

---

1 李淑艳等：《临近空间高超音速武器防御综述》，《现代雷达》，第36卷，第6期，2014年，第14页。

2 Richard H. Speier et al., *Hypersonic Missile Nonproliferation: Hindering the Spread of a New Class of Weapons*, p.4. 一般而言，根据公式计算，美国现有X波段雷达对RCS=0.01的再入飞行器探测距离大约为700—800千米，而对高超音速飞行器的探测距离远小于之。示意图见图1，来源同上。图1展示的仅是HGV的弹道，特此说明。

决断),完美抓住极短拦截窗口发射拦截弹,现有技术水平下,拦截弹对高速目标的拦截本身也非常困难。一方面,在仍然不考虑机动性的前提下,对高速目标的成功拦截意味着要在极高的相对速度下,实现对拦截弹的极高精度制导,最终令动能战斗部撞击目标完成杀伤,比用子弹拦截子弹更加困难。既有实战经验和反导试验证明,在针对传统弹道导弹的反导作战中,单发拦截弹的命中率较低,只能采取多发拦截弹拦截一发目标的拦截策略。拦截高超音速飞行器将面临类似的困境。另一方面,假使多打一的策略具备可接受的命中率和经济成本,当前的困境在于,中美等大国并没有适合拦截高超音速飞行器的拦截弹。用于中段拦截的导弹,例如标准 –3IIA,速度高,动能大,技术相对先进,[1] 但最小射高过高,不适合拦截弹道低平的高超音速飞行器。用于再入段拦截的导弹,例如"萨德"(THAAD)系统所用拦截弹,拦截高度相对合适但速度和动能都不足,无法拦截高超音速飞行器。[2]

总之,仅考虑高超音速飞行器技术特点中高速度这一个方面,就已经可以确定,高超音速飞行器在现有技术条件下极难拦截,至少具备了作为战术级别的"绝对武器"(Absolute Weapon)破击对方作战体系的可能性。

(二)高速度基础上的高机动性使拦截高超音速更加困难,甚至无法实现,是高超音速飞行器成为规则改变者(Game Changer)的关键因素

如前所述,高速度是高超音速飞行器的特点和标志。然而,不考虑弹道特性的话,高速度这一特点显然并非高超音速飞行器独有,现有的洲际弹道导弹,其再入飞行器中段甚至再入段速度可超过 M20,设计相对简单的单级近程弹道导弹,再入段速度一般也超过 M5。这种高速度同样使反导拦截非常困难,但从既有导弹防御系统来看,拦截弹道导弹至少在技术上可行。这主要是因为弹道导弹在具备高速度的同时,并不具备高机动性的特点。

弹道导弹中,少数使用机动再入飞行器的弹道导弹,如美国潘兴 –II(Pershing II)中程弹道导弹(因中导条约已于 20 世纪 80 年代末退役)和中国东风 –15B 近程弹道导弹等,具备在弹道再入段有限变轨的能力。更先进的东风 –21D 反舰弹道导弹和东风 –26 中远程弹道导弹,很可能和高超音速飞行器共享部分技术,再

---

1 但近期试验失败多于成功,例如:Ankit Panda, "Missile Defense Blues: SM-3 Block IIA Fails Second Intercept Test", June 23 2017, https://thediplomat.com/2017/06/missile-defense-blues-sm-3-block-iia-fails-second-intercept-test/, 2018 年 8 月 30 日登录。

2 综合考虑射高等技术指标,将萨德系统归入中段拦截亦没有错。考虑到英文名称 Terminal 对应末端/末段 / 再入段,本文暂归入末端拦截系统范畴。标准的末端拦截系统,如战区级别的"爱国者 –3"(PAC-3)更不足以拦截高超音速飞行器。

入机动飞行器使用新的双锥体外形,并具备更高性能空气舵,[1] 在弹道再入段高速飞行过程中机动能力更强并能精确制导。然而,这些弹道导弹在再入机动之前只能沿着惯性弹道飞行,没有机动能力,而惯性弹道是可以解算的。在解算弹道的基础上,导弹防御系统可以发射拦截弹,在预计的交汇点拦截目标。这是当前可行性最高的反导中段拦截的基础。

而高超音速飞行器的弹道中段和再入段都具备高速条件下的高机动性。达成高机动性,意味着解决了一系列技术问题,特别是如何在高速激波的"干扰"下确保空气舵的有效性并予以控制,实现机动飞行。这是高超音速飞行器实用化的最大挑战之一。在美国国防部高级研究计划局(DARPA)主导的"猎鹰"HTV-2(Falcon Hypersonic Technology Veihcle-2)试验失败后,其项目主管曾表示:

"我们知道如何将航空器推进到临近空间。我们知道如何在大气层内实现高超音速飞行。但我们还不知道如何在空气动力学飞行阶段实现想要的飞行控制。这令人苦恼。"[2]

解决了这一难题,才能够实现"高超音速下的高机动性"这一关键技术进步。而这意味着和弹道导弹不同,高超音速飞行器的弹道无法通过传统数学方法解算、预测。[3] 并且,在临近空间的乘波体飞行器由于受到激波的影响,飞行轨迹很难通过统计学规律得出,这意味着当前最热的人工智能技术对解算弹道并预测轨迹的任务几乎没有帮助。正因如此,传统的导弹防御系统极难甚至根本无法实施中段拦截。当前技术条件下,具备"双高"特性的高超音速飞行器实质上是不可拦截的。即使新的导弹防御系统利用新的天基传感器等手段,并克服前述电磁信号特性造成的困难,实现全程跟踪,现有拦截弹极为有限的机动性也决定了其无法拦截高机动性目标,而开发动能和机动性均足够高的全新拦截弹,甚至天基激光/动能拦截器,[4] 并非朝夕之功,并且会面临更多的未知技术难题。

总之,高超音速飞行器在临近空间的高飞行速度本身已经给反导拦截造成了

---

1 朱广生等:《高超声速轴对称再入机动飞行器气动外形设计与布局研究》,《空气动力学学报》,第34卷,第3期,2016年,第328—332页。蔡萌:《广袤无垠 气动人生——访中国航天科技集团公司一院研究员朱广生》,《中国科技奖励》,2015年第8期,第60页。

2 https://www.ft.com/content/7e32e8ae-c4de-11e0-9c4d-00144feabdc0, 2018-08-30. 此外将Falcon翻译为"猎鹰"是国内约定俗成的译法,实际上Falcon翻译为"隼",是隼属几十种鸟类的统称,其中"猎鹰"是猎隼(Saker falcon, Falco cherrug)的俗称。本文无意介绍与国际安全研究无关的生物分类学知识,但翻译准确是所有涉及外文文献资料研究的必要前提。

3 李淑艳等:《临近空间高超音速武器防御综述》,第14页。相关仿真方法见:孟凡坤等:《机动弹道对抗导弹防御系统的效能分析》,《飞行器测控学报》,第33卷,第5期,2014年,第399—405页。

4 但天基拦截器的问题在于部署高度,部署在太空轨道的拦截器是否可以有效拦截临近空间的目标是个实际问题。

极大的困难,而高速度下的高机动性则意味着当前对高超音速飞行器几乎无法拦截。这是其成为"颠覆性技术"和"规则改变者"的根本原因。

综合以上两个方面,可以确信,与现代导弹防御系统初步具备实战能力前的弹道导弹类似,高超音速武器的"双高"特征决定了其将成为新一代的"绝对武器",在信息时代中的体系对抗中发挥打击体系关键节点[1]的作用。表面上,或者说在技术和战术层面,其体现的是攻防平衡的再度被打破,而实际上,或者说在战役和战略层面,高超音速飞行器的出现和近期的实用化,意味着信息化体系对抗中非对称打击手段的变革。以之为基础,可以讨论这一技术进步对安全与战略的影响。

> 高超音速武器的"双高"特征决定了其将成为新一代的"绝对武器",在信息时代中的体系对抗中发挥打击体系关键节点的作用。

二、高超音速飞行器的战略影响

技术层面上,高超音速飞行器具备极难拦截、高速精确打击的特点,因而具备在信息化战争中高效打击对方体系关键节点的能力。将这种能力置于实际战役过程视角下分析(尽管只是缺乏模拟、推演的抽象大略分析),并理解其在信息化作战体系中的地位和作用,可以初步推断出其战略影响:对于中美两大国而言,高超音速飞行器显著增强了常规战争中信息化作战体系的能力,但不会引发导致战略失衡的系统性变革,有利于基于常规威慑的战略稳定。高超音速技术也可以增强核武器的突防能力,但不会对核平衡产生重大影响。

(一)高超音速飞行器是高效的非对称打击手段,增强作战系统的能力,有助于大国间相互常规威慑的稳定

近期,美国主管科研与工程的国防部副部长迈克尔·格里芬(Michael D. Griffin,曾任美国国家航空航天局局长)公开强调了高超音速飞行器作为常规打击手段的重要意义。格里芬指出,高超音速飞行器响应速度快、飞行速度快、机动性高,难于发现、跟踪和拦截,因而其战术层面能力对于战区级别冲突和地区冲突影响甚大。[2] 这是对高超音速飞行器军事意义的准确概括,从冲突视角观之,

---

1 体系是不同的次级系统和单元通过特定联系组成的复杂有机体。作战体系就是有指挥机构、作战部队和武器装备同一的作战目标驱动下行动的作战整体。节点是作战体系中不同联系产生交汇的单位。而关键节点,就是作战体系中处于联系网络中最重要位置的单位,是对系统宏观结构和功能起到决定性作用的子系统。网络状、一体化的信息化作战体系中,关键节点是有限的,主要包括关键的C4ISR设备、指挥控制中心和火力平台。贾子方:《技术、威慑与中美关系》,第98—100页。

2 Aaron Mehta, "3 Thoughts on Hypersonic Weapons from the Pentagon's Technology Chief", July 16 2018, https://www.defensenews.com/air/2018/07/16/3-thoughts-on-hypersonic-weapons-from-the-pentagons-technology-chief/,2018年8月30日登录。

在 ISR 系统[1] 的支持下，高超音速飞行器适合打击陆基和海基高价值目标，是信息化常规冲突中的先进非对称打击手段，可以摧毁对方作战体系中关键节点，导致体系失能，实现破击体系的目标。正因如此，高超音速飞行器才具备战略层面的影响。

具体而言，高超音速飞行器并不是仅有的非对称打击手段。在中美两大国的信息化作战体系中，第五代战斗机、反卫星武器、[2] 中／近程弹道导弹（包括反舰弹道导弹）和少数先进的巡航导弹，以及正在开发的先进无人作战单元都具备一定的"破击体系"能力。以这种能力为基础，中美两大国至少在西太平洋地区可以实现相互常规威慑。[3] 高超音速飞行器则不仅是现有非对称打击手段的补充，而且以技术进步为基础，更新升级信息化作战体系中现有作战单元，从而实现中远程精确常规打击。

一方面，如前所述，高超音速飞行器具备高速、高机动性、高隐身性能等技术特性，使现有的陆基、海基拦截手段无效化。现有的非对称打击手段通过同样的技术特性最小化了拦截概率，从而实现对关键节点的远程快速精确打击。但这种"最小化"只是在统计意义上降低拦截概率，技术改进、拦截弹增加和协同发射等手段都可以提升拦截概率。技术层面的拦截概率无论多低，战略和政治意义上，这些武器可以拦截。这将在战争的推演中引入更多的统计数据和公式，增加了结果的不确定性。而高超音速飞行器不可拦截。如格里芬所直言，美国无法防御中国的高超音速投送系统（Hypersonic Delivery System）。[4] 这是经由技术分析确定的事实。这意味着防御已经无法"抵消"（offset）其战场作用，[5] 拒止性威慑（Deterrence by Denial）的概念也不再适用。应对战争中高超音速飞行器打击和总体上的"高超音速挑战"，唯一策略是使用相同或类似的非对称打击手段直接攻击敌方目标。战略领域的决策者对此有所认识。美国战略司令部司令约翰·海顿上将（John E. Hyten，曾任空军太空司令部司令）明确表示，中国正在

---

1 情报、监视与侦察系统。值得补充的是，高超音速飞行器特别是HGV同样可以作为ISR单元承担相应任务。

2 在实际作战中，反卫星武器，主要是和中段反导共享技术的直升式反卫星导弹，最大的风险是导致常规战争的升级，因此并不一定会真正使用这类武器。但从技术层面而言，无疑属于先进非对称打击手段。

3 解释参见贾子方:《技术、威慑与中美关系》全文。

4 Michael D. Griffin, "Statement by Dr. Mike Griffin, Under Secretary of Defense for Research and Engineering before the Emerging Threats and Capabilities Subcommittee of the Senate Armed Services Committee on Technology Transfer and the Valley of Death", Second Session, April 18, 2018, Department of Defense Videos, https://dod.defense.gov/Videos/videoid/595010/dvpccr/, 2018年8月30日登录。

5 对于其他信息时代的非对称打击手段皆然，无论防御还是攻防平衡，在信息时代都是过时的概念，无法分析技术的战略影响。

发展的高超音速技术是用以"击败"弹道导弹防御系统的技术，[1] 因此美国必须发展同类技术，高超音速常规精确打击（Hypersonic CPS）武器才能使美国使用常规手段阻止对手，并达到自身军事目标。[2]

另一方面，高超音速飞行器的飞行特性使其相对同尺寸的传统飞行器射程更远。这意味着其部署地点更加灵活，战时对基地位置要求更低。在大陆上部署的高超音速飞行器可以利用广阔地域复杂地形隐蔽部署，在更强生存能力基础上，打击位于第二岛链甚至更远的目标。反之亦然，由海到陆的攻击也更加灵活和难于预测。在西太平洋地区，高超音速飞行器的实用化趋向于使传统的军事部署，特别是基于岛链的军事部署"无效化"。可以说，高超音速飞行器的出现对常规快速打击（Conventional Prompt Strike, CPS）这一概念[3]的实现具有关键意义。其兼具战略武器强大的打击能力和常规武器较低的使用门槛等特性，[4] 并且长期来看生产和使用成本有望低于传统战略打击手段。这种远程、快速、精确的打击能力也将削弱传统的海空优势，提升非对称打击能力在作战体系中的地位。

此外，高超音速飞行器加速信息化战争中的OODA循环（OODA Loop）。OODA循环是指作战过程中观察（Observe）、调整（Orient）、决策（Decide）和行动（Act）的循环往复的过程。[5] 观察是指人员和传感器获取战场信息；调整则是利用信息修正旧的战场态势，形成新的战场态势；决策是指根据战场态势选择行动路线；行动则是最终执行决策，并评估和检验上一循环的效果。高超音速飞行器的速度优势显著减少己方行动环节耗时，并显著提升敌方观察、调整和决策环节的难度。[6] 此消彼长，使用高超音速武器能够获取明显的战场优势。从作战单元能力角度看，应对这种优势的途径是使用相同或类似的非对称打击手段，而从信息化作战体系对抗过程的角度看，最优途径只能是使用相同的高超音速武器。

综上所述，高超音速飞行器是常规领域中先进的非对称打击手段，相较既有的打击手段，可以更加高效地打击军事基地、指挥中心、雷达站、弹道导弹

---

1 John E. Hyten, "Statement of John E. Hyten, Commander, United States Strategic Command, before the Senate Committee on Armed Services", March 20, 2018, https://www.armed-services.senate.gov/imo/media/doc/Hyten_03-20-18.pdf, p.3.

2 Ibid., p.16.

3 原为常规快速全球打击（Conventional Prompt Global Strike, CPGS）。

4 廖孟豪：《美国海军潜射型中程高超声速助推滑翔导弹的背景、现状与前景》，《飞航导弹》，2018年第3期，第23页。

5 其源自空战理论，由美国空军知名理论家，曾提出能量机动理论的约翰·博伊德（John Boyd）上校提出。Frans Osinga, *Science, Strategy and War: The Strategic Theory of John Boyd*, The Netherlands: Eburon Academic Publishers, 2005, pp.268-279。

6 Richard P. Hallion et al., *Hypersonic Weapons and US National Security: A 21st Century Breakthrough*, p.13.

和反导拦截弹发射装置、大型水面作战舰艇等作战体系中关键节点。[1]一旦高超音速武器具备初始作战能力，信息化战争的参战方没有可靠的防御系统，无法通过防御抵消其军事影响，只有采用相同或其他非对称打击手段反击的策略。打击敌方作战体系关键节点的策略意味着在大国间高烈度常规战争中，参战方相互摧毁彼此信息化作战体系的关键节点，导致作战体系失能，在短时间内呈现两败俱伤的相互摧毁。[2]这种相互摧毁在高超音速飞行器成为一个安全与战略议题之前就初露端倪，但与核威慑中的确保相互摧毁（MAD）相比，依据现有的公开资料很难确定在高烈度信息化战争中是否存在可以用于第二次打击的常规打击手段。而高超音速飞行器的生存能力和精确打击能力意味着其可以在第二次打击中发挥作用。总之，高超音速武器将提升常规战争中作战体系相互摧毁的几率，给战争双方造成巨大的成本损失并导致不可接受的战略后果。[3]与冷战年代核战争中工业和人口的损失类似，这是全球化时代中大国不可承受的损失。因此，常规领域的非对称打击手段导致大国间相互常规威慑的出现，高超音速飞行器通过技术进步增强了相应的威慑能力，增强了威慑稳定性，增强了地区和全球战略稳定。

（二）高超音速飞行器本身是常规武器，具备"核常兼备"特点，其技术也可以用于改造升级现有核武器，增强其突防能力，但高超音速技术应用不会对核平衡造成关键影响

现有高超音速飞行器试验与技术发展趋势，以及政策制定者的相关表述表明，高超音速飞行器仍然是在信息化常规战争中使用的武器。然而，从技术视角来看，这种常规武器与核武器不存在泾渭分明的界限。一方面，高超音速助推—滑翔飞行器和高超音速巡航导弹搭载核战斗部显然可行，高超音速助推—滑翔飞行器的核心乘波体飞行器本身即属于再入飞行器范畴，作为现有洲际弹道导弹的再入飞行器使用并无特别的技术障碍，因此高超音速飞行器本身具备"核常兼

---

[1] 在高超音速飞行器尚未完全实用化的今天，决策者和战略界已经意识到其带来的能力变化。例如，格里芬在参议院军事委员会听证会上明确表示："中国已经部署，或者说可以部署……高超音速投送系统，可以对距离中国海岸数千公里的目标进行常规快速打击，这可以威慑我们的航母打击群或前沿部署的部队。我们，今天，没有能够进行对等威慑的手段，而且我们也无法防御这类系统。"参见：Michael D. Griffin, "Statement by Dr. Mike Griffin, Under Secretary of Defense for Research and Engineering before the Emerging Threats and Capabilities Subcommittee of the Senate Armed Services Committee on Technology Transfer and the Valley of Death"。

[2] 贾子方：《技术、威慑与中美关系》，第1页。

[3] 同上，第121—126页。对于中国而言，作战体系失能造成的政治和战略后果可以概括为安全环境的严重恶化与和平发展进程的中段，对美国而言则是丧失亚太霸权、全球主导地位和控制全球公域的军事基础。

备"的特点。¹ 另一方面，高超音速飞行器应用的先进技术，特别是气动热力学和热管理，以及飞行控制技术，可以增强再入飞行器再入段甚至中段的突防能力。因此，现有高超音速技术在核领域的应用是必然的趋势。

高超音速技术在核领域导致的能力变化不足以改变大国间的核平衡。

然而，与常规领域不同，高超音速技术在核领域导致的能力变化不足以改变大国间的核平衡。格里芬指出，在（俄罗斯）已经部署了装备核弹头的洲际弹道导弹的情况下，高超音速武器不会改变战略态势。² 这是准确的概括。从单元层面看，高超音速飞行器具备高速度、高机动性、高隐身性和高精度的技术特点，比现有弹道导弹更难被探测和拦截，甚至无法被拦截，理论上更适于打击加固目标（加固发射井）和时敏目标（运输—起竖—发射一体车，TEL），无疑是核打击中更高效的投射手段。这种能力提升和常规领域的能力提升是相同的。关键在于，从系统层面看，与常规领域完全不同，投射手段的技术升级没有直接造成系统层面的关键影响。

原因在于，当前的核平衡只与核国家的核弹头总数和核力量总体生存能力相关，这决定了核国家是否具备有效的二次打击能力，而有效的二次打击能力决定了核威慑的有效和核平衡的稳定。当前，公开资料显示，美国和俄罗斯拥有核弹头6000—7000枚，部署1800枚左右。中国拥有核弹头270—280枚，没有实际部署。³ 美俄两国基于军控条约正在逐步削减源自冷战的总数过剩的核弹头，除此之外，没有任何趋势表明这些核国家的核弹头总数将在未来一段时期内显著增减。⁴ 相应的核战略和相关军事学说短期内也不会发生重大变化。⁵ 在核弹头总数不变情况下，核力量的总体生存能力直接影响核平衡的稳定，而高超音速技术带来的投射手段技术升级并不会削弱核力量的总体生存能力。一方面，在旨在打

---

1 尽管自冷战以来，多种武器，特别是弹道导弹和巡航导弹都可以装备不同的核战斗部与常规战斗部，但"核常兼备"实际上是一个新概念，基于可靠的中远程精确打击能力提出，意指可以使用核/常规战斗部打击多种目标。在2015年9月3日的阅兵式上，中国首次使用这一概念，描述东风–26弹道导弹。

2 Aaron Mehta, "3 Thoughts on Hypersonic Weapons from the Pentagon's Technology Chief". 该观点套用了国防部长马蒂斯（James N. Mattis）对俄罗斯高超音速武器试验的评论：俄罗斯的军事能力没有变化，这些武器没有改变军力平衡。其也并未影响我们改变威慑态势的任何需求，参见：http://www1.cbn.com/cbnnews/world/2018/march/mattis-calls-russias-hyper-sonic-missile-threat-disappointing-but-unsurprising, 2018年9月1日登录。因此有俄罗斯作为主语，实际上是对各大国高超音速武器影响的概括。

3 https://www.sipri.org/media/press-release/2017/global-nuclear-weapons-modernization-remains-priority. https://www.sipri.org/research/armament-and-disarmament/disarmament-arms-control-and-non-proliferation/world-nuclear-forces. 2018年8月30日登录。

4 对于中国，由于拥有和实际部署的核弹头都"很少"，所以即使未来数年中国核弹头数量增加100%，只要最小核威慑与反核威压的战略不变，不首先使用和不对无核国家使用的原则不变，也并不改变核平衡，可视为没有增减。

5 最可能出现的新战略、新学说可能和西太平洋的战区核实战相关，但只能推测发展趋势，提出研究结论还为时过早。高超音速武器可能是最适合"有限且逐步升级"的战区核实战的武器。

击军事力量（counter force）的第一次打击中，装备核战斗部和先进常规战斗部（如钻地弹头）的高超音速飞行器理论上可以更高效地打击发射井和发射车，但不可能将其完全摧毁，使之丧失反击能力。[1] 另一方面，高超音速飞行器可以对大型水面目标实施远程精确打击，但并不适于打击正在战备巡逻的弹道导弹核潜艇，无法从根本上削弱对方海基核力量的反击能力。因此，掌握高超音速技术的核国家，无论是第一梯队的中国和美国，还是正在追赶的俄罗斯，都不可能以之削弱敌方的二次打击能力，核平衡依然稳定。事实上，高超音速飞行器作为更先进的投射手段，其不可拦截的技术特点反而使中国这种核武库规模有限的核国家的二次打击能力更加可信、可靠，[2] 有利于核平衡的稳定。总之，高超音速飞行器及其核心技术，可以改进现有的洲际弹道导弹和潜射弹道导弹，使之在核战争中更加灵活高效，但基于二次打击的核威慑无法改变，这种投射技术的进步因而对核平衡影响甚微。

总而言之，无论在常规领域还是核领域，高超音速飞行器作为一种"颠覆性技术"，实际上在信息时代中发挥了冲突稳定器的作用，其出现及实用化不仅不会打破既有战略平衡，而且增强了大国间相互威慑的稳定性，有利于维持当前的和平与战略稳定。

三、结语

一般而言，研究技术的战略影响，都在技术实用化，并在战争、演习或试验中展示变化的能力之后，从《绝对武器》[3] 以来莫不如此。当前，更加丰富的公开资料、不同学科的技术专业知识和国际关系领域跨学科研究的经验使研究者可以在高超音速技术实用化和高超音速飞行器部署的前夕较为严谨地分析其战略影响。参考反舰弹道导弹案例，并结合技术常识推测，可以确定，高超音速飞行器实用化并公开部署并不会太久。其作为一种信息时代的高技术武器，势必成为战略领域、安全研究、军控界和公众媒体的重要议题。因此有必要尽早利用作战系统属性和冲突实际过程的相关专业知识，按照技术—能力—影响的研究主线，得出关乎战略影响的结论：高超音速飞行器的战略影响主要体现在常规领域，其是

---

[1] 赫鲁晓夫在1962年古巴导弹危机前的表述最为直观："我知道美国能将我们一些导弹打掉，但不会全部消灭。如果我们的导弹有四分之一，甚至十分之一保存了下来——甚至至于只有一支或者两支大个头导弹安然无恙——我们仍然可以袭击纽约，那么纽约就会所剩无几。我的意思并不是说在纽约的每一个人都会被杀死——当然不是每一个人，但是有非常大的一部分人全得完蛋。"参见：[苏] 赫鲁晓夫著，赵绍棣等译：《赫鲁晓夫回忆录（上下卷）》，北京：中国广播电视出版社，1988年，第486—487页。

[2] 考虑到美国导弹防御系统的规模、技术水平和经济成本，中国增加核弹头数量也可以达成类似的效果。

[3] Bernard Brodie, ed., *The Absolute Weapon: Atomic Power and World Order*, New York: Harcourt, Brace and co., 1946.

大国常规威慑能力的重要补充升级，有利于基于常规威慑的战略稳定。在核领域中，这种新的投射手段不会削弱现有核平衡，并增强特定行为体的核威慑可信性。只要未来不突然出现特别重大的、系统层面的技术变革，[1] 高超音速飞行器这种大国冲突稳定器的属性就不会改变。[2]

在此基础上，可以得出高超音速飞行器相关国际政治议题的初步推论。例如，与20世纪末以来的弹道导弹防御系统不同，高超音速飞行器作为一种冲突稳定器，不大可能引发进一步的国际政治争论。再例如，高超音速飞行器作为信息化作战体系中的一类先进作战单元，也不足以引发所谓的军备竞赛——一方面，颇受关注的中美"高超音速导弹差距"[3] 实际是技术而非战略问题，增加研发投入[4] 将显著减少初期的差距；另一方面，高超音速飞行器不会加剧导弹防御竞赛，无论现有的导弹拦截手段，还是未来的天基拦截和新概念拦截器，都不可能从根本上削弱高超音速飞行器的远程精确打击能力。最后，也许未来高超音速飞行器会应用更先进的技术，展示更强的作战能力，受到更多的公众关注，从而提出更多的国际政治议题，其中有些议题或具体问题可能是全新的。然而，对这些议题的讨论不会是空中楼阁，本研究指出的技术事实和战略影响将是未来研究与分析的基础和起点。

---

1 例如：在全新的ISR系统支持下，新的高超音速武器可以完全摧毁一个核国家用于第二次打击的核力量。

2 当然，大国间冲突可能性的进一步降低，意味着大国在以武力解决其他安全问题，特别是周边安全问题时，只要不触动其他大国的"核心利益"，就不用过度担心其他大国的军事干涉。这显然具有现实意义。

3 Dan Goure, "A Real Missile Gap Is Looming In Hypersonic Weapons", May 1, 2018, https://nationalinterest.org/blog/the-buzz/real-missile-gap-looming-hypersonic-weapons-25650?page=0%2C1, 2018年9月10日登录。

4 美国2019财年在高超音速领域投入的国防预算是9.29亿美元，大幅增加。参见：https://www.appropriations.senate.gov/news/fy2019-defense-appropriations-bill-gains-senate-committee-approval, 2018年9月10日登录。

区域研究、政策研究与战略研究的交叉范本
——评弗雷德里克·斯塔尔等《丝绸之路上的长博弈》

康 杰

内容提要：《丝绸之路上的长博弈》(The Long Game on the Silk Road)一书是对1991年至今美国与欧盟中亚和高加索战略的批判性总结。该书在系统回顾美欧中亚和高加索政策的起源背景和各阶段的成果后，从政策范式、组织结构和政策体制等多个方面分析了上述政策的缺陷和问题，并对症下药，给予相应的政策建议。作者指出，政策理论范式落后、照搬既有政策经验、官僚部门缺乏协调、缺少政策反馈和效果评估机制等，是美欧地区战略的重要缺陷。考虑到作者在欧美学界的标志性地位和对既有政策的重要影响力，该书不仅有助于研判下阶段美欧中亚和高加索政策，对我推进相关区域的学术和政策研究也有一定借鉴意义。

关键词：中亚和高加索战略　美欧　长博弈

《丝绸之路上的长博弈：美国与欧盟的中亚和高加索战略》是一部在微妙时刻悄然出炉的重磅论著。其"微妙"在于，一方面，近年来，中亚—高加索地区在美国与欧盟对外政策中的优先级显著下降，对于这两个地区新的地缘政治经济态势，美欧的战略应对"青黄不接"，未能形成系统连贯的新政策，在其他玩家面前相形见绌。另一方面，正如该书题目中的"长博弈"(the Long Game)所显示的，西方学者并未放弃视中亚和高加索地区为大国战略竞技场的思维方式，而是在这一思维框架下回顾和反思旧政策，构想新建议。

康杰　中国国际问题研究院欧亚所助理研究员，博士。

考虑到该书作者及其机构在学界与政策界的重要地位，该书的出版可谓恰逢其时。弗雷德里克·斯塔尔（S. Frederick Starr）是美国当代最具代表性和影响力的中亚研究学者之一，其研究为美国2006年"大中亚计划"和2011年"新丝绸之路"战略提供了政策理念与蓝图。[1] 斯文特·康奈尔（Svante E. Cornell）则是瑞典和欧洲顶尖的土耳其和高加索地区专家。两位作者分任中亚—高加索研究所和丝绸之路研究项目联合中心的创始主席和主任。该中心是由美国约翰·霍普金斯大学高级国际问题研究院下设的中亚与高加索研究所和瑞典乌普萨拉大学丝绸之路研究项目合并而成，在美国和欧洲均有重要的学术和政策影响力。

这本仅有163页的论著，在内容和思想上却都堪称"重磅"。它不仅清晰而全面地勾画了自1991年至今的美欧中亚和高加索政策，更是第一次集中反思和批评了美欧决策部门在理论范式、决策体制、组织结构等方面的缺陷和问题，为新形势下的战略定位和方法提出了系统建议。

下文首先简要评述该书对美欧中亚和高加索政策的批评与建议，之后总结书中值得中国学界和政策界反思与借鉴的方面。

一、政策范式僵化，制约美欧"推行民主"

在用了前三章回顾中亚和高加索国家独立初期的背景、美欧在各个阶段的政策及其在各个领域的成果后，作者更进一步，直指美欧"民主化"政策的缺陷。他们指出，美欧的中亚和高加索政策，都是在苏联突然解体的震惊情绪中仓促出炉的，一开始就面临迫在眉睫的时间压力、区域资料信息和专门团队的严重匮乏，以及国内利益集团和官僚部门的扭曲。这使得政策目标的设计和政策手段的选择，都在很大程度上沿袭了既有的理论范式和政策经验。

1992年，国会通过了《支持自由法案》（Freedom Support Act），奠定了美国对新独立国家政策的基础。该法案将美国在中亚和外高加索地区的战略目标划入"安全、经济发展和民主化"这三个"篮子"。作者指出，无论是华盛顿还是布鲁塞尔，官员们都倾向于将民主视为独立变量，将"民主化"作为"安全"和"经济发展"的平行目标，而不考虑三者的相互作用和发生顺序。这实际上有利于不同官僚部门划分"自留地"，造成了此后的诸多问题。

在这一时期，"转型范式"（transition paradigm）是西方理解政治发展的主导

---

[1] 参见S. Frederick Starr, "A 'Greater Central Asia Partnership' for Afghanistan and Its Neighbors", Silk Road Paper, Washington D.C.: Central Asia-Caucasus Institute, 2005. S. Frederick Starr ed., "The New Silk Roads: Transport and Trade in Greater Central Asia," Silk Road Paper, Washington D.C.: Central Asia-Caucasus Institute, 2007; 另见潘光、张屹峰：《"大中亚计划"：美国摆脱全球困境的重要战略步骤》，《外交评论》，2008年4月，第85—86页。潘光：《美国"新丝绸之路"计划的缘起、演变和发展前景——对话"新丝绸之路"构想的提出人斯塔教授》，《当代世界》，2015年第4期，第25—27页。

理论。这一范式将转型国家视为同质化的个体,主张所有国家的政治发展路径是线性的、非黑即白的。"所有已经摆脱了独裁统治的国家,都可被视为正在经历民主转型的国家。"[1] 它忽视了西方民主制度的建立和稳固,实际上是历史传统、社会阶层与族群结构、政治制度基础、经济发展和外部环境等复杂因素在特定时间的结合,既不是凭空产生,也难以一蹴而就。

与此同时,美欧将20世纪80年代策动苏联和东欧国家和平演变的政策经验视为法宝,将其移植和套用在对中亚和高加索新独立国家的政策中。美欧政策部门不加选择和调整,照搬"团结工会""公民论坛"的经验,把各类人权非政府组织和群众反抗运动视为推行民主化的主要盟友和抓手。在作者看来,人权非政府组织和群众运动主要是破坏性的,即使是在80年代苏东案例中,"自下而上"的施压路线并未有助于苏东国家的民主转型,而只是造成其政权崩溃。中亚和高加索国家独立伊始,内部凝聚力和国家认同十分脆弱,首要任务是完成国族塑造和国家机器建构。美欧"自下而上"推行民主化,令很多新独立国家深感威胁。

在推行民主化的步骤和重点上,美欧政策界也犯了本末倒置的错误。作者指出,中亚国家庞大的官僚机器和官僚文化,社会充斥腐败,治理效率低下,成为推行民主化的重要障碍。西方国家本应帮助中亚国家改革行政体系,培训新文官阶层,构建廉政制度,提高治理能力,但政策界的重点却仅仅放在选举上。吉尔吉斯斯坦虽然政权动荡短命、腐败丛生、南部如同无政府状态,但只因为有选举,仍然被美国视为中亚的"民主样板"。

美欧政策界还惯于把地区国家划分为"优等生"和"差等生",加以区别对待。美国和欧洲也热衷于锦上添花(more for more)的奖赏,而非雪中送炭的援助。吉尔吉斯斯坦和格鲁吉亚由于贴合了美欧对民主化的想象,得到了比例远超邻国的援助,而一些人口更多、对美国地区战略更有价值的国家,如阿塞拜疆,则被排除在援助以外。作者指出,"美国对地区国家的政策,并不是权衡区域内的安全、经济和人权利弊后的结果,而仅仅依据一个因素:假想的区域民主与人权排名"。[2]

此外,作者还批评了美欧在信息、媒体和文化领域投入不足,使俄语媒体仍然在中亚和外高加索国家大行其道。北约在为中亚国家军队提供军官培训的同时,却屡次拒绝为其内务部武装力量提供培训,放弃了彻底消除其中的"专制文化"的机会。

作者建议,仍用民主化和人权的透镜来审视与中亚和高加索国家的关系显然不合时宜,更实际和有效的方式是,效仿越南、沙特等先例,在承认并尊重其国

---

[1] S. Frederick Starr and Svante E. Cornell, *The Long Game on the Silk Road: US and EU Strategy for Central Asia and the Caucasus*, p.79.

[2] *The Long Game on the Silk Road*, p.85.

内政治安排的前提下展开战略合作。

二、组织结构和决策体制的弊病

该书在集中批评美欧决策界的政策范式后，进一步列举了政策制定与执行中的结构性缺陷：官僚部门"烟囱林立"、缺乏协调；决策过程中专业性不足，给利益集团提供了制造舆论噪音和扭曲决策信息的空间；缺少政策反馈和效果评估机制等。

首先，"安全、经济发展和民主化"这三大目标，各自由不同部门负责——分别对应国防部、商务部、国务院民主人权与劳工事务局——对接不同的国会委员会，各自有不同的外部利益集团。在行政部门之外，国会建立和授权了欧亚基金会，促进欧亚地区的民主改革、公民社会发展和企业家精神培育。该基金会由参议院外交关系委员会的幕僚长领导，设立了中亚投资基金和高加索投资基金。两大党派还分别支持建立了不同的"促进民主"机构。这助长了叠床架屋、重复建设的局面。使安全、经济发展和民主化逐步成为三座互不通气的"烟囱"。各个部门在执行各自政策时，很少考虑到安全、经济与民主化之间如何相互促进，各自的优先次序如何协调。

部门各行其是不仅存在于各大部门之间，还存在于国务院内部。国务院各个地区局之间，地区局与事务局之间，都存在着协调障碍。2008年前，中亚和高加索由国务院欧洲局主管，2008年后，中亚地区被划入新成立的南亚与中亚局，高加索地区仍由欧洲与欧亚局主管，造成了高加索地区的相对边缘化。负责民主化事务的民主人权与劳工事务局经常撇开地区局，推行强硬和单方面的政策倡议。2011年成立的能源与资源局的加入，进一步加重了中亚与高加索政策上的协调难度。

由于部门议题分割，各部门将推行相关政策视为照章办事的官僚程序，往往是助理国务卿级别的官员与各国政府对接，不存在对等的谈判和利益互让。作者引用一位地区国家官员的评价是，与美方代表的会见"先是像小学生一样挨骂"，然后美方再"像巴扎商人一样抛出几个新倡议"。[1] 这也导致美国对C5+1这样的区域对话机制不够重视，使其缺乏后劲，未能发挥潜力。在作者看来，美国最好用整体议题来进行高层对等谈判，能够挖掘出比单独抛售倡议更大的潜在利益。而这种整体式谈判，没有"持续的自上而下的部门间协调"是不可能实现的。[2]

作者指出，基础性文件《自由支持法案》中设置的国务院协调官员级别太低，

---

[1] *The Long Game on the Silk Road*, p.115.

[2] Ibid., 116.

比国务卿低三级,根本没有足够权威,也没有设置常设的部门联席协调机制。导致的后果是,国务院民主人权与劳工事务局经常单方面否决其他部门的倡议,将推进或废止安全与经济合作作为民主化的奖惩手段,损害了美国在中亚和高加索地区的实际利益。

同时,美欧之间的协调也非常不足。双方有大量功能重叠的项目,尤其是在跨区域能源项目上,美国主导的土阿巴印四国天然气管道计划(TAPI)和欧盟主导的跨里海管道项目之间缺乏协调,两败俱伤。

美欧决策中的另一大问题是决策过程中的噪音和扭曲问题。由于政策目标太多太分散,国务院、五角大楼和其他政府机构长期缺乏足够的专业团队处理众多彼此独立的项目。另一方面,大量非政府组织和利益集团开始对决策施加影响。作者以1998年成立的美国国际宗教自由理事会为例,宗教自由理事会本身缺乏独立调查团队,严重依赖各类非政府组织的报告,甚至也无从检验这些报告的准确性。穆斯林占多数的中亚国家和阿塞拜疆都实行政教分离原则,全体公民享有信仰自由权利,非穆斯林信众和妇女享有平等的公民权。宗教自由理事会从非政府组织的报告入手,无视中亚国家和阿塞拜疆面临的宗教极端主义威胁,反而站在宗教极端主义一方攻击政教分离原则。它攻击塔吉克斯坦和乌兹别克斯坦的限制向未成年人传教、提高宗教机构注册门槛、审查外来宗教读物等政策,攻击阿塞拜疆禁止在学校戴头巾、禁止外籍人员担任宗教职务的做法。[1] 另一个例子是,2005年安集延事件中,美国政府对"人权观察"等非政府组织的报告不加鉴别地全盘接受,导致美国与乌兹别克斯坦关系一度冻结,美国在中亚信誉大跌。但事后证明,非政府组织宣称的"平民",实际上是重武装的极端宗教分子。[2]

此外,美欧都未能建立有效的信息反馈渠道和后续评估机制。作者指出,《支持自由法案》批准了数十亿美元援助,却并未批钱建立一套关于当地人如何评价和回应美国政策的信息反馈渠道。欧盟的各个援助项目也是如此。另一方面,如前所述,对援助的标准缺乏系统性分析,带有较强的随意性,如同"抛绣球选亲",在判断民主化水平上缺乏详细具体的指标。[3]

三、对美欧未来战略的建议

在该书的最后一章,作者针对上述缺陷和问题,对美国和欧盟下阶段的中亚和高加索战略提出了15条建议,其中10条是关于概念和战略层面的,5条是关于

---

1 *The Long Game on the Silk Road*, pp.101-102.

2 Ibid., p.86.

3 *The Long Game on the Silk Road*, p.92.

决策结构和组织的。简要摘录如下：

1. 尊重地区国家对主权和安全的敏感性。
2. 将援助视为一种投资，而非奖励。
3. 改善地区国家的治理能力。
4. 与当地政府合作，而非改造它们（work with governments, not on them）。
5. 减少对非政府组织的依赖。
6. 支持世俗主义法律、政府和教育。
7. 增加对媒体和信息行业的投资。
8. 对地区国家一视同仁。
9. 更多采用地区性多边路径，与地区国家整体打交道。
10. 增强战略耐心。
11. 建议由国安会和国务卿承担部门协调和整合的角色。
12. 减少部门业务管辖范围叠床架屋的问题。
13. 用整体性的谈判推进部门整合。
14. 避免点名批评的方式。
15. 增强政府内部的专业分析能力。

上述15条建议极富针对性，条分缕析，环环相扣。2018年7月，斯塔尔曾携书出席美众议院外交委员会的中亚问题听证会，在发言中再次提及上述部分建议。[1] 结合2017年以来欧洲学者对欧盟新中亚战略的建议，可以管窥处在酝酿和萌芽期的美欧新中亚和高加索战略。

四、不足与启示

在诸多优点背后，《长博弈》一书仍有一些缺憾与不足。首先是缺乏大国互动和战略博弈的维度。该书名为《长博弈》，却并未展开讨论美欧与中俄等其他大国在中亚和高加索地区的互动，对大国战略博弈更是一笔带过。虽然中亚和高加索地区在西方战略蓝图中仍位居边缘，这两个地区也远未重现历史上英俄"大博弈"的态势。但在特朗普将中俄界定为战略竞争对手，撕毁伊朗核协议之后，中亚和高加索地区形势已趋于复杂化，未来仍有可能成为大国角力的新竞技场。作者并未系统探讨大国在中亚和高加索地区的互动前景，对读者无疑是一种缺憾。

同时，政策讨论脱离大国互动和战略博弈，也削弱了自身论述的力度。美国和欧盟相关政策的出台背景、目标和执行效果，与其他大国密不可分。一方

---

[1] 参见 S. Frederick Starr, "The Emergence of Central Asia, 2018, And U.S. Strategy," Testimony on the Hearing before House Committee on Foreign Affairs, 2018年7月18日登录，https://docs.house.gov/meetings/FA/FA14/20180718/108568/HHRG-115-FA14-Wstate-StarrS-20180718.pdf, 2018年8月2日登录。

面，美国和欧洲各个阶段的中亚和高加索政策，始终包含有对中国、俄罗斯、伊朗等地区大国进行防范、竞争与遏制的战略目标。作者批评美欧用破坏性而非建设性的方式推行民主化，偏袒宗教极端组织，对恐怖主义采取双重标准，并聚焦于组织和决策的维度，将其归咎于政策界沿用了错误的理论范式和政策经验。但若从制衡其他大国的角度，扰乱欧亚腹地稳定，建立长期战略支点，似乎比单纯无私地输出民主化更有战略意义。"颜色革命"和双重标准就不仅仅是组织决策局限性的无心之误，而是有意为之。另一方面，俄格战争、乌克兰危机等有大国地缘战略博弈背景的事件，也直接影响了美欧在中亚和高加索地区的战略资源投入。

同时，书中对美国和欧盟的政策多采取交互而非并列、重共性而轻差异的叙述方式。这不仅在篇幅结构上有失衡之嫌，而且也在一定程度上忽视了两者的内在差异。作者在讨论欧盟政策的内在缺陷时，往往将美国政策混入同样的范畴中，使用同一套分析概念和视角。但众所周知的是，欧盟本身是一个超国家实体，分析其决策过程很难沿用诸如利益集团、官僚政治等国内政治的分析范式，而必须考虑其他因素。在现实中，欧盟地区政策的出台，虽然受到欧盟层面的官僚机构的偏好影响，但更重要的是成员国之间的利益妥协。此外，轮值主席国也能对重点政策议程的转换施加影响。如拉脱维亚担任轮值主席国期间，积极主导了对中亚国家的边境管理项目。同时，欧盟在中亚和高加索地区的利益重点，与美国有较大差异。由于中亚和高加索地区是欧洲国家能源、粮食的重要来源地，欧盟推动跨区域基础设施连通和贸易等事务的积极性大于美国。

中亚和高加索地处欧亚大陆腹地和"新月脆弱带"外缘，其发展与稳定牵动我国周边安全和地区格局。中亚和高加索国家是"丝绸之路经济带"的重要参与者，中国与中亚和高加索国家间有广阔的合作前景和共同利益。《长博弈》一书虽然聚焦美欧，但其中见解和观点也能为中国政策界与学界带来启发。作为一部范本性的政策研究论著，它抽丝剥茧，从理论、组织、政治结构等多个维度发掘政策设计、规划、执行和评估等各个环节中的缺陷和问题。无论是中亚和高加索地区专家，还是从事决策研究和比较政治学研究的学者，或是一线职能部门，都能从中获益匪浅。

> 《长博弈》一书虽然聚焦美欧，但其中见解和观点也能为中国政策界与学界带来启发。

首先，随着中国外交转型的深入，打通地区研究、理论研究与政策研究的必要性日益凸显。政策研究者要提出合理的政策建议，不仅要立足于相关地区的大量一手信息和数据，也有赖于恰当的地区理论范式和工具。没有地区理论指导的政策研究，往往容易落入硬套既有经验和简单拍脑袋的陷阱。另一方面，理论创新也不能停留在学术共同体内部，而是通过结合地区研究，发展应用型的中层理论。举例而言，可尝试将比较政治学与地区研究相结合，建立针对某一国别和地区的政治度稳定度模型和治理绩效模型。中亚和高加索地区国家数目多、政治经济状况和社会结构差异大,非常适合进行这类学术试验。

其次,在新形势下如何增强我国对外政策的协调性,也是亟待研究的重要课题。近年来,我国对外交往的主体日趋多元化,除了传统的外交部门外,其他职能部门、国有和民营企业、非政府组织、媒体、学术界和普通公民,都成为对外交往的参与者。如何完善部门间、政企间、部门与媒体间、官民间的协调机制,需要尽早提上学术界的日程。

"自由霸权主义"为何注定失败
——简评米尔斯海默《大妄想：自由主义理想与国际现实》

李 卓

内容提要：米尔斯海默教授的新著《大妄想：自由主义理想与国际现实》（《大妄想》），从检讨自由主义政治哲学的内部矛盾出发，严厉批判了冷战后美国的"自由霸权主义"战略。他认为深受"民主和平论"影响、以在全世界推行"政权变更"为终极目标的这一战略，不仅毫无成功可能，还会让美国付出巨大的损失。其原因在于该战略与主导世界政治的另两股力量（以国家生存为归宿的现实主义和以民族自主自立为归宿的民族主义）的冲突不可避免，且后两者远比"自由主义"强大坚韧。最后考虑到美国根深蒂固的自由主义传统及新兴大国不确定的前景，米尔斯海默认为美国未来重回现实主义"节制"（Restraint）路线的可能性不高。本书的一些具体论证和解读或仍有商榷之处，但作为现实主义取向的国际关系研究的新成果，相信《大妄想》对我国国际关系理论和美国外交战略的研究仍会有一定启发意义。

关键词：现实主义 自由主义 民族主义 美国对外战略 霸权主义

自由民主主义国家（Liberal Democracy）在对外政策上为何会选择"自由霸权主义"（Liberal Hegemony）战略？而这一激进战略又为什么根本不可能成功？芝加哥大学教授米尔斯海默在新著《大妄想：自由主义理想与国际现实》[1]

李卓 北京大学国际关系学院—早稻田大学亚太研究科 博士生。

1 John J. Mearsheimer, *The Great Delusion: Liberal Dreams and International Realities*, New Haven, Connecticut: Yale University Press, 2018.

中，回答了这两个问题。他认为，美国推行以普世民主化为最终诉求的"自由霸权主义"战略，是因为其所尊奉的自由主义政治哲学（尤其是进步自由主义，Progressive Liberalism）珍视并力图保护世界上每个人不可剥夺的自然权利。其逻辑在于保障非民主政权下人民的自然权利，最好的办法是推动"政权变更"（Regime Change）；为保障民主政权下人民已享有的自然权利，办法也还是促成非民主政权的民主转型，唯此才能彻底消除与外国的战争危险（民主和平论），根除大规模杀伤性武器扩散和恐怖主义的根源，最大限度保障自由民主国家人民的安全与自由。"单极时刻"的到来给了以美国为首的西方阵营全力推行"自由霸权主义"的余裕，于是就有了1993—2016年克林顿、小布什和奥巴马三任总统的积极对外干涉，其中尤以小布什总统的大中东政策最为典型。但米尔斯海默认为该战略有两大问题：一方面，民主化不会轻易成功，即便成功，对国际和平的贡献也不大，还可能催生侵蚀国内人民权利的民主国家的"军国主义化"；另一方面，国际关系中的另两大力量，即民族主义和现实主义，会从根本上阻碍这一战略的成功。前者意味着世界上大多数人只关心与自己同族人、同国人的权利，而不认同"普世权利"，不会积极支持西方国家的"自由霸权主义"，还可能在自己所归属民族、国家的自存自决受到威胁时激烈反击该战略；后者则意味着无政府状态将迫使国家在多数情况下遵循均势逻辑，为维护自己的生存而制衡"自由霸权主义"的侵袭。这便使得冷战后美国对外战略的挫折不断，尤其是"大中东"民主化的彻底失败。

米尔斯海默还对美国未来外交战略的转变做出了预测，他认为由于其他大国的实力上升和美国的实力消耗，美重回现实主义"自我节制"路线的可能性在上升。但考虑到"自由霸权主义"在美国内政治和外交政策精英圈子中的影响力与合法性，以及中国经济增长放缓（即"单极时刻"可能持续更长时间）的影响，美国战略现实主义转型的前景仍不明朗，"自由霸权主义"继续得到实施的可能性仍然很高。而从长计议的话，他同意沃尔特"破坏自由主义霸权的最佳途径是构建一个支持现实主义外交政策的精英反对派"[1]的观点，即需要加强宣传，让更多的精英、年轻人和美国人民整体认识到美国是安全的，认识到此战略注定失败且成本高昂。在对特朗普的认识上，米尔斯海默尚无定论：一方面，他注意到特朗普在竞选中表现出了与美国外交传统相偏离的趋势；另一方面，他认为特朗普也有可能重蹈奥巴马的覆辙，其外交战略主导权最终还是会落到深信"自由霸权主义"的华盛顿外交精英的手中，无法实现美国对外战略的现实主义转型。

相信对大多数读者来说，上述观点并不新奇，它们是典型的现实主义对自由主义及其政策实践的批评。本书在学理上的新意主要体现在政治哲学和国际关系

---

[1] Stephen M. Walt, *The Hell of Good Intentions: America's Foreign Policy Elite and the Decline of U.S. Primacy*, New York: Macmillan Publishers, 2018.

研究的结合上,即米尔斯海默是通过深刻反思"自由霸权主义"的政治哲学基础来对这一战略进行批判的,对当代国际关系理论研究(尤其是美国的国际关系理论研究)来说,基于前一代政治哲学讨论[1]的"主义"批判是高度反常的:一方面,当代研究不仅早已远离了古典现实主义者的研究路数,通常不再进行政治哲学性的理念探讨,而且随着中层理论和受理论影响的具体政策问题成为国际关系研究的主要对象,"主义"以及"主义"间关系的学术价值都已经是被质疑中的状态。[2]因此,本书以"主义"为出发点,并探讨"主义"的政治哲学基础,是远离主流的一种尝试。

另一方面,米尔斯海默对自由主义的讨论又深受国际关系理论研究的影响,并不是政治哲学研究的路数。这充分反映在他执着于为自由主义寻求跨层次的连贯逻辑上。他认为自由主义在个人层次上既高度重视个人权利和诉求,也尊重人在公共事务的各持己见;则国家层次上为协调个人权利不可侵犯和个人见解差异重重的矛盾,便需要一个提倡容忍宽容(多元主义)并兼具"守夜人"—规则制定者—矛盾仲裁者角色的自由主义国家的存在(即自由主义的国家理论);国际层次则如前所述,为确保个人权利能在国内外都得到更好的保护,自由主义国家会不可避免地希望对外扩展自己的政治制度。对当代国际关系研究来说,跨三个层次的分析是罕见的,[3]何况还要找到一条打通三个层次的逻辑。这也是米尔斯海默分析的反常之处:毕竟本书立意之一是批判自由主义,而打通该主义各层次间的联系,也就意味着给自己树立了一个更强大的对手。

当然,学术上的反常通常意味着有趣。本书反常地以"主义"为中心的讨论

---

[1] 参见 John J. Mearsheimer, The Great Delusion, p.26, 注11。

[2] 参见 ISQ 和 EJIR 杂志上的两组讨论, David A. Lake, "Why 'Isms' are Evil: Theory, Epistemology, and Academic sects as Impediments to Understanding and Progress", *International Studies Quarterly*, Vol.55, No.2, 2011, pp. 465-480; Rudra Sil and Peter J. Katzenstein. "De-centering, Not Discarding, the 'Isms': Some Friendly Amendments", *International Studies Quarterly*, Vol.55, No.2, 2011, pp. 481-485; Henry R. Nau. "No Alternative to 'Isms'", *International Studies Quarterly*, Vol.55, No.2, 2011, pp.487-491; EJIR2013年9月题为 "The End of International Relations Theory?" 的特辑,重点文章包括 John J. Mearsheimer and Stephen M. Walt, "Leaving Theory Behind: Why Simplistic Hypothesis Testing is Bad for IR," *European Journal of International Relations*, Vol. 19, No. 3, 2013, pp. 427-457; Andrew Bennett, "The Mother of all Isms: Causal Mechanisms and Structured Pluralism in International Relations theory", *European Journal of International Relations*, Vol. 19, No. 3, 2013, pp. 459-481; David A. Lake, "Theory Is Dead, Long Live Theory: The End of The Great Debates and The Rise of Eclecticism in International Relations", *European Journal of International Relations*, Vol. 19, No. 3, 2013, pp. 567-587。

[3] 多见的是跨两个层次的,如将国内政治作为干预变量的新古典现实主义(参见 Kevin Narizny, "On Systemic Paradigms and Domestic Politics: A Critique of the Newest Realism", *International Security*, Vol. 51, No. 4, 2017, pp. 155-190)、认为国家偏好形成于国内但谈判策略选择及结果得看国际互动的主流 IPE 的 OEP 理论(参见 David A. Lake, "Open Economy Politics: A Critical Review", *The Review of International Organizations*, Vol. 4, No. 3, 2009, pp. 219-244)、安全研究中兼顾国际压力和国内政治—组织因素的绝大多数理论性解释(如 M. Taylor Fravel, "Shifts in Warfare and Party Unity: Explaining China's Changes in Military Strategy", *International Security*, Vol. 42, No. 3, 2017/18, pp. 37-83)。

方式增加了其分析的深度和广度，而反常的跨层次梳理在找到自由主义逻辑一致性的同时，也挖掘出了其漏洞的一致性，更增加了批评的力度，且这两点又是相互联系的。具体来说，米尔斯海默认为各种主义的差异根源于对人性和人类政治生活本质的不同认识，而外交战略往往反映其指导思想（即某种主义）对人和世界的终极关照，因此要批倒"自由霸权主义"，就得撼动进步自由主义的政治哲学，这也正是重新探讨"主义"的价值所在。而在自由主义漏洞的跨层次一致性上，他认为自由主义从一开始就在对人的终极关照上陷入了自相矛盾的境地——个体权利不可侵犯和尊重个体间想法差异是难以两全的，因为个体间想法差异完全可以激化到不侵犯他人权利就得不到解决的地步。自由主义补窟窿的办法要么根本没补到，要么是增加了新的窟窿——提倡宽容和容忍并不治本，而自由主义国家对内行使权威则既会侵犯个人权利，也不会真的消除想法差异。场景推广到国际层次后，问题就更严重了：一方面这里不存在世界政府，更不用说类似自由主义国家的自由主义世界政府；另一方面，自由主义国家若想解决别国的个人权利问题，就无可避免地会干涉乃至侵犯其他国家的主权，并在这一过程中可能侵犯更多的权利、制造更大的想法差异。总之，米尔斯海默认为个体权利不可侵犯和个体间想法差异的难以两全是自由主义的软肋，其即有解决方案只是将问题逐层上交到国际层次，并一路导致权利被侵犯并激化观念差异，反而有损自由主义的初衷。

通过上述政治哲学的梳理，米尔斯海默对"自由霸权主义"进行了釜底抽薪式的批判，力度不可谓不大。但从国际政治思想史、国际关系理论和美国外交政策研究的角度出发，本书的批判仍有值得进一步思考的地方。

首先，国际政治思想史的先行研究中已有基于政治哲学源流的三大主义的提法，如马丁·怀特有现实主义、理性主义和革命主义的三种传统，多伊尔也有现实主义、自由主义和社会主义的三分。怀特和多伊尔的三分相互间虽有很大差异，[1] 但它们同米尔斯海默的提法还是有本质性的区别。在怀特和多伊尔的分类中，每种传统不仅反映了国际关系层次三种不同的运转逻辑，也对应着对国际关系本质的不同认识和政策建议（如怀特理性主义所对应的国际社会和恰如其分的外交；多伊尔则更为丰富，其对现实主义和自由主义内部都进行了更为细致的梳理）。与怀特和多伊尔相比较，米尔斯海默的分析深度显然是有限的。米尔斯海默的三大主义（现实主义、自由主义和民族主义）实际上只是自由主义及其面临的强势敌人的两大阵营。本书中的民族主义和现实主义是表里合一的，即民族为生存势必要最大化自己的影响力，一定要形成自己的国家；而国家为生存，又要

---

[1] 参见 Martin Wight, *International Theory: The Three Traditions*, Leicester: Leicester University Press, 1991; Michael W. Doyle, *Ways of War and Peace Realism, Liberalism, and Socialism*, New York: WW Norton, 1997; 吴征宇：《马丁·怀特与国际关系理论三大思想传统》，《世界经济与政治》，2011年第5期，第4—17页。

按照进攻性现实主义的逻辑,最大化自己的权力,即现实主义在这里是民族主义在国际层次上的直接延伸。政治生活无论国际国内,本质都是类似的,都是在危险中最大化生存可能性,而国际相对于国内的区别只是无政府状态让"最大化"变得更为迫切。这便意味着相对于自由主义从个人到国际的跨层次连贯性,米尔斯海默的现实主义没有自己的国家理论,而他的民族离开国家又根本就没办法在国际系统中互动,相当于没有自己的国际关系理论。[1] 于是,相对于作为批评对象的自由主义,米尔斯海默认为力量更强大的另两个主义在学理上却显得更为薄弱。如果非要做一个学理选择不可,有缺陷但各层次存在连续逻辑的自由主义,和国际或国内必缺一环的现实主义或民族主义,很难说哪个阵营更强。

其次,即便把民族主义—现实主义连起来,米尔斯海默所选择的连接点,即他关于民族—民族国家的看法,较为薄弱也过于悲观。无论是考虑到当代研究已不再认为"族群国族主义"(Ethnic nationalism)是族群冲突的唯一原因,[2] 最大化自己影响力不必然是族群间互动的主要动力,还是考虑到国家建设有如此之多的侧面和丰富复杂的历史经验,以至于很多时候根本不是"国族"创建国家,而反过来是现代国家创造了"国族",[3] 再考虑到多民族国家的普遍存在,都可知这个连接点是较为薄弱的。说到底以民族主义作为现实主义的国内基础,就需要讲一个"族群国族主义"的国家理论,而这已经是前一个世代对国家建设和族群关系的理解了。

在国际关系理论上,对进攻性现实主义的批评(尤其是"最大化"并不等于对自己最有利)已有充分的前人工作,[4] 这里就不再赘述了。此处值得提示的是,米尔斯海默对自由主义国际关系理论的支柱(即"民主和平论")的批评有过时之嫌。他的看法是,该理论最大的问题在于虽主张"民主国家间相互不打仗",但其论证一直只做到了"民主国家主动开战的可能性低"。这个批评本身是有道理的,但"民主和平论"的支持方仍可做进一步的辩护,一方面主流对"民主国家间相互不打仗"的经验可靠性本身仍有相当共识,现在的问题是如何解释这

---

[1] 此外,米尔斯海默虽承认民族的本质是一种身份认同,但他在分析上将民族完全看作一个偏好固定的行为体,一点建构主义的内容都没有涉及,一以贯之地坚持了其现实主义立场。

[2] 主流的族群冲突文献大致有三种解释逻辑,不满(社会经济的或政治的不公义)、贪婪(改善个体物质利益)和机会(暴力性动员变得更加容易),其中和米尔斯海默的民族谋求建立独立国家相对关联密切的,实际上只是少数族群对政治上所受到不公义的不满这一部分。参见 Lars-Erik Cederman, Manuel Vogt, "Dynamics and Logics of Civil War", *Journal of Conflict Resolution*, Vol. 61, No. 9, 2017, pp. 1-25。

[3] 此类著作甚多,如 Anthony W. Marx, *Making Race and Nation: A Comparison of South Africa, The United States, and Brazil,* Cambridge: Cambridge University Press, 1998; Rogers Brubaker, "Ethnicity, Race, and Nationalism", *Annual Review of Sociology*, Vol. 35, 2009, pp. 21-42。

[4] 如 Glenn H. Snyder, "Mearsheimer's World-Offensive Realism and the Struggle for Security: A Review Essay", *International Security*, Vol. 27, No. 1, 2002, pp. 149-173, 值得注意的是,已有研究尝试将进攻性现实主义同防御性现实主义在沃尔兹框架下进行整合,参见 Davide Fiammenghi, "The Security Curve and the Structure of International Politics: A Neorealist Synthesis", *International Security*, Vol. 35, No.4, 2011, pp.126-154。

一经验事实，至少自由主义试图对这个现象做理论解释并取得了一定进展，而不是诉诸巧合；另一方面，近年来通过结合"选举人团理论"（Selectorate Theory）和民主国家公众舆论的特殊性（不倾向于对其他民主国家动武），即在微观层次的选民偏好（基于实验结果）和国内制度层次的民主国家的特性间建立联系，新理论在区分两种互动上已有进展。[1]

在美国外交政策研究上，所谓"重回现实主义"的合理性，仍值得进一步的考虑。

首先，米尔斯海默在此书中并未点明其现实主义外交战略，即"自我节制"（Self-restrain）的实质内容。他前一个阶段的看法[2]是美国应按照进攻性现实主义逻辑，集中力量优先对付最可能给美国造成威胁的对手，即将力量撤出中东和其他次要地区，以尽快加强对华遏制。这种不利于中美关系发展的提法，未必真的有利于美国的国家利益，且与米尔斯海默在本书中多次表达的"美国是安全的"的观念相互冲突。此外，如果这里的"自我节制"是参考其他现实主义者的主张（如波森以此为题的近著[3]），则意味着美国应在欧洲和东亚采取离岸平衡策略，让欧洲国家在北约框架下、让日本在东亚发挥更大作用，而美国只负责提供保证与支援——但这一战略不仅面临盟国有没有能力、是否愿意负担更多成本、面对更多风险的问题，而且更多极的局面也会增加地区安全困境的复杂性，相关的讨论也一直在进行。[4] 坦率而论，这两个版本的"自我节制"，其实质都是在次要或者麻烦的地区"节制"，而对俄对中加强对抗，它们相对于"接触"或者至少是有相当接触要素的"接触+遏制"，是不是更有利于美国的国家利益与世界的和平发展，是值得怀疑的。

其次，"自由霸权主义"虽历经三代总统24年，本书中所论及的主要战略挫折仍是小布什政权2003年开始的伊拉克战争及其失败的战后重建和2013年开始至今的乌克兰危机。但实证角度而论，这两个失败和"自由霸权主义"的联系

---

[1] 如 Michael R. Tomz, Jessica L.P. Weeks, "Public Opinion and the Democratic Peace", *American Political Science Review*, Vol. 107, No.4, 2013, pp. 849-865，当然这一新理论也不是没有挑战，如 Mark S. Bell and Kai Quek, "Authoritarian Public Opinion and the Democratic Peace", *International Organization*, Vol.72. No.1, 2018, pp. 227-242, Allan Dafoe, Baobao Zhang, and Devin Caughey, 2015, Confounding in Survey Experiments: Diagnostics and Solutions, Working Paper, http://www.sas.rochester.edu/psc/polmeth/papers/confounding.pdf, 2018年11月30日登录。

[2] 如 John J. Mearsheimer, "Can China Rise Peacefully?" *the National Interest*, October 25, 2014, https://nationalinterest.org/commentary/can-china-rise-peacefully-10204, 2018年11月30日登录；"The Gathering Storm: China's Challenge to US Power in Asia", *The Chinese Journal of International Politics*, Vol 3, 2010, pp. 381-396。

[3] Barry R. Posen, *Restraint: A New Foundation for U.S. Grand Strategy*, Ithaca, NY: Cornell University Press, 2014.

[4] 如 Richard K. Betts, Jolyon Howorth, Robert J. Lieber, Paul K. Macdonald, Barry R. Posen, "Roundtable 8-16 on Restraint: A New Foundation for U.S. Grand Strategy", H-Diplo ISSF, July 11 2016, https://issforum.org/roundtables/8-16-restraint, 2018年11月30日登录。

可能是松散的。美国在伊拉克的失败是"自由霸权主义"的大战略问题,还是占领—民主化—反暴乱作战上的具体战略问题[1];对于乌克兰危机的发生与持续,相对于乌克兰国内政治势力间的互动和俄罗斯的强烈反应,美国的政策是否确实应该负更大的责任[2],这些都还需要进一步的研究。若上述失败并不是该战略导致的,则我们就需要更为审慎地对待米尔斯海默的分析了。当然,如果是探讨"颜色革命"和"阿拉伯之春"中美国的作用是不是决定性的,主流研究还是更倾向于认为这只是部分软威权—竞争性威权国家和无资源租(Resource Rent)的"失败国家"自己积重难返所致。[3] 政权垮台的根源不是霸权国家强力输出民主,而仍是"祸起萧墙"。

对我国国际关系理论发展和美国外交研究来说,米尔斯海默的新著还是颇有启发性的。首先,发掘友邻学科的知识资源,如加强国际关系理论和政治哲学研究的联系,加强国际关系理论和比较政治研究间的联系(如民族主义),仍是理论创新和发展的主要手段;其次,对理论发展而言,批评和建设间的关系是一个微妙但必须有所把握的课题;再次,美国外交思想—意识形态与特定政策领域间的联系,"范式"意义的大理论和主流中层理论间的联系,这两类抽象与具体间关系的把握是不容易的,研究者或许还是要有一个侧重的选择;最后,米尔斯海默这本书的问题意识还是美国自己的问题,回答问题的方式也是高度美国中心的(考察美国外交战略的意识形态基础),但本书的答案未必让所有读者心悦诚服。这或许暗示着,如果我国国际关系理论的问题意识还是中国与世界如何相处,并意在推广我们对这一问题的答案,仅仅照搬—改良以美国为中心的国际关系学是不够的,以中国中心的心态去

> 对我国国际关系理论发展和美国外交研究来说,米尔斯海默的新著还是颇有启发性的。

---

[1] 如 Paul. D Miller. *Armed State Building: Confronting State Failure, 1898-2012*, Ithaca, NY: Cornell University Press, 2013, 尤其在反暴乱领域,学者们仍然在评估"彼得雷乌斯"效应是否存在(如 Fred Kaplan, "The End of the Age of Petraeus", *Foreign Affairs*, Vol. 92, No.1, 2013, pp. 75-90),但评估的存在本身就说明大家不真认为问题出在大战略层次上,而更多的是一个相对具体的政治—军事战略乃至策略问题。本书中相关的另一个有趣之处在于,米尔斯海默已不再强调"游说集团"是如何导致美国中东战略的失败。

[2] 如 Michael McFaul, Stephen Sestanovich and John J. Mearsheimer, "Faulty Powers: Who Started the Ukraine Crisis?" *Foreign Affairs*, Vol. 93, No.6, 2014, pp. 167-178(这实际上是三篇文章的合集,前两位作者不同意米尔斯海默认为责任主要在美的说法);Samuel Charap, Timothy J. Colton, *Everyone Loses: The Ukraine Crisis and the Ruinous Contest for Post-Soviet Eurasia*, London: Routledge, 2018;一个明显倾向是美国的俄罗斯问题专家(如 McFaul, Colton)认为俄罗斯的责任更大。

[3] 参见 Henry E. Hale, "Regime Change Cascades: What We Have Learned from the 1848 Revolutions to the 2011 Arab Uprisings", *Annual Review of Political Science*, Vol. 16, 2013, pp. 331-353; Valerie J. Bunce and Sharon Wolchik, *Defeating Authoritarian Leaders in Post-Communist Countries*, New York: Cambridge University Press, 2011; Ibrahim Elbadawi and Samir Makdisi, *Democratic Transitions in the Arab World*, New York: Cambridge University Press, 2016.

作答可能也是不够的。考虑到类似问题广泛存在于世界各国,[1]我国国际关系研究在学习美国与挖掘自身外,应给予中美之外其他国家与地区的国际关系研究以一定的关注。对于这样一个充满未知数的探索旅程,多一些探索路径,多看一些世界各国的既有成果,总还是会更有益些。

---

1 日本学者对此问题的思考或值得一定的重视,可参考大矢根聪编『日本の国際関係論:理論の輸入と独創の間』、東京:勁草書房、2016。以及《国际政治研究》,2018年第5期"日本国际政治学研究的经验及借鉴"的主题讨论。

《中国国际战略评论》征稿启事

《中国国际战略评论》(*China International Strategy Review*)是由北京大学国际战略研究院主办的每年两期的刊物。刊物主要发表国际战略相关领域的学术研究和政策研究成果,既包括"大战略"层面的宏观评论展望,也涵盖对现实国际问题的微观分析探讨;既以国内学者的论述为主体,又向海外学者的真知灼见敞开大门。刊物致力于为中国的对外战略决策提供智力支持,引导公众全面、准确、理性地认识国家安全与国际战略问题,尤其重视兼具战略性、现实性和开创性的科研成果与国际事务评论。热诚欢迎海内外学者惠赐佳作。

来稿内容依次包括:题目、作者姓名、内容提要(250—400字)、关键词(3—5个)、正文。文章篇幅(不包括注释)为8000—10000字,注释(页下注)务须规范谨严。另请提供作者简介及详细通讯地址。刊物仅接受原创性稿件,来稿文责自负,恕不退稿,稿件寄出3个月后未收到用稿通知可自行处理。刊物出版后即付稿酬,并赠样刊两本。刊物将逐步实行双向匿名审稿制度,对来稿有删改权,如有异议,请来稿时注明。

投稿请以电子邮件方式将文章电子版发至编辑部电子信箱:IISS@pku.edu.cn。

《中国国际战略评论》编辑部

图书在版编目（CIP）数据

中国国际战略评论2018（下）/王缉思主编.—北京：世界知识出版社，2018.12
ISBN 978-7-5012-5911-3

Ⅰ.①中… Ⅱ.①王… Ⅲ.①国际形势—研究—2018 ②对外政策—研究—中国—2018 Ⅳ.①D5 ②D820

中国版本图书馆CIP数据核字（2018）第283492号

责任编辑	袁路明
责任出版	赵 玥
责任校对	陈可望
封面设计	山 峰

书　　名	中国国际战略评论2018（下）
	Zhongguo Guoji Zhanlüe Pinglun 2018 (xia)
主　　编	王缉思
出版发行	世界知识出版社
地址邮编	北京市东城区干面胡同51号（100010）
电　　话	010-65265923（发行）　010-85119023（邮购）
网　　址	www.ishizhi.cn
经　　销	新华书店
印　　刷	北京虎彩文化传播有限公司
开本印张	787×1092毫米　1/16　16印张
字　　数	350千字
版次印次	2019年1月第一版　2019年1月第一次印刷
标准书号	ISBN 978-7-5012-5911-3
定　　价	45.00元

版权所有　侵权必究